CHARLES DICKENS

MEISTERERZÄHLUNGEN

Aus dem Englischen
übersetzt von Trude Fein
Nachwort von Andreas Fischer

MANESSE VERLAG

ISBN 3-7175-1552-7 (Leinen)
ISBN 3-7175-1553-5 (Leder)

 · Druck: Conzett + Huber AG, Zürich
Imprimé en Suisse · Printed in Switzerland

Inhalt

Ein Weihnachtslied 7
Das Heimchen am Herd 125
Die Stechpalme 253
Das Gepäck von einem Herrn 309
Möblierte Zimmer zu vermieten 363
Mugby Junction 419
Doktor Marigolds Rezepte 505

Nachwort 551

Ein Weihnachtslied

Zunächst einmal: Marley war tot. Darüber besteht kein Zweifel. Sein Begräbnisschein wurde vom Pfarrer, vom Küster, vom Leichenbestatter und vom Hauptleidtragenden unterschrieben. Scrooge unterschrieb ihn. Und Scrooges Name war auf der Börse gut für jeden Abschluß, den er zu tätigen gedachte.

Der alte Marley war so tot wie ein Türnagel.

Wohlgemerkt! Damit will ich nicht behaupten, daß ich aus eigener Kenntnis wüßte, was an einem Türnagel so besonders tot sein soll. Ich persönlich würde vielleicht dazu neigen, einen Sargnagel für den totesten Artikel der ganzen Eisenwarenbranche zu halten. Aber in Gleichnissen offenbart sich die Weisheit unserer Altvorderen, und meine profanen Hände sollen nicht daran rühren, sonst geht das Land vor die Hunde. Man wird mir daher gestatten, nachdrücklich zu wiederholen, daß Marley so tot wie ein Türnagel war.

Ob Scrooge wußte, daß er tot war? Natürlich wußte er das. Wie konnte es anders sein? Scrooge und er waren, ich weiß nicht genau wie viele Jahre lang, Kompagnons gewesen. Scrooge war sein alleiniger Testamentsvollstrecker, sein alleiniger Nachlaßverwalter, sein alleiniger Rechtsnachfolger, sein alleiniger Nachvermächtnisnehmer, sein alleiniger Freund und der einzige Leidtragende. Und sogar Scrooge war von dem traurigen Ereignis nicht so fürchterlich mitgenommen, daß er sich nicht noch am Begräbnistag selbst als ausgezeichneter Geschäftsmann erwiesen und ihn mit einem unzweifelhaft günstigen Handel begangen hätte.

Die Erwähnung von Marleys Begräbnis bringt mich zu meinem Ausgangspunkt zurück. Es besteht kein Zweifel, daß Marley tot war. Davon ist auszugehen, sonst kann bei der Geschichte, die ich hier berichten will, nichts Wunderbares herauskommen. Wenn wir nicht vollkommen überzeugt wären, daß Hamlets Vater vor Beginn des Stückes verstarb, wäre an der Tatsache, daß er nachts bei Ostwind über seine eigenen Schloßwälle spazierte, nichts Bemerkenswerteres, als wenn sonst ein beliebiger älterer Herr sich nach Anbruch der Dunkelheit leichtsinnigerweise an einem zugigen Ort – zum Beispiel dem St.-Pauls-Friedhof – aufhielte; und nichts, um den im wahren Sinn des Wortes schwachen Geist seines Sohnes zu befremden.

Scrooge hatte Marleys Namen nicht ausgestrichen. Er stand noch viele Jahre nachher über der Tür des Kontors: «Scrooge & Marley». Die Firma war unter dem Namen Scrooge & Marley bekannt. Manchmal nannten neue Kunden Scrooge Scrooge und manchmal Marley, aber er hörte auf beide Namen. Das war ihm ganz egal.

Oh, aber er war ein knausriger Kerl und Leuteschinder, ja, das war Scrooge! Ein habgieriger alter Sünder, der gar nie genug herauspressen, herausquetschen, an sich raffen, zusammenkratzen, eisern festhalten konnte! Hart und kantig wie ein Feuerstein, aus dem aber kein Stahl je einen großmütigen Funken geschlagen hatte; einsiedlerisch und schweigsam und verschlossen wie eine Auster. Die Kälte in seinem Inneren ließ seine alten Züge in Frost erstarren, kniff seine spitze Nase ein, runzelte seine Wange, machte seinen Gang steif und seine

Lippen blau, rötete seine Augen und knirschte beißend in seiner rauhen Stimme. Er trug seine persönliche tiefe Temperatur ständig mit sich herum; er vereiste sein Kontor in den Hundstagen und taute es zu Weihnachten auch nicht um ein Grad auf.

Äußere Hitze und Kälte hatten wenig Einfluß auf Scrooge. Kein warmer Tag vermochte ihn zu erwärmen, kein winterlicher Frost ließ ihn erschauern. Kein Wind war schneidender als er, kein Schneefall hartnäckiger, kein Platzregen unerbittlicher. Doch Schnee und Regen, Hagel und Graupeln konnten sich ihm gegenüber eines Vorzugs rühmen: sie traten oft freigebig auf – das tat Scrooge nie.

Niemand hielt ihn je auf der Straße an, um mit freudigem Blick auszurufen: «Wie geht's, mein lieber Scrooge? Wann kommen Sie mich einmal besuchen?» Kein Bettler bat ihn um ein Scherflein, kein Kind fragte ihn, wieviel Uhr es sei, und in seinem ganzen Leben hatte ihn noch kein Mensch um Auskunft ersucht, wie man an diesen oder jenen Ort gelangte. Sogar die Blindenhunde schienen ihn zu kennen; wenn sie ihn kommen sahen, zerrten sie ihre Besitzer in Hauseingänge oder Nebengäßchen, und dann pflegten sie mit dem Schweif zu wedeln, als wollten sie sagen: «Keine Augen haben ist besser als ein übles Auge haben, Herrchen!»

Doch was kümmerte das Scrooge! Gerade so war es ihm lieb. Neben den wimmelnden Pfaden des Lebens einherzuschleichen und sich jede menschliche Beziehung vom Leibe zu halten, das war sein Fall.

Es begab sich einmal – von allen guten Tagen des Jahres just am Heiligen Abend –, daß der alte Scrooge emsig arbeitend in seinem Kontor saß. Es herrschte trübes, düsteres, beißend kaltes Wetter, und obendrein war es neblig. Er hörte, wie die Leute, die draußen vorbeikeuchten, sich mit den Fäusten auf die Brust schlugen und mit den Füßen aufstampften, um sich zu erwärmen. Die Uhren in der City hatten eben erst drei geschlagen, aber es war schon ganz dunkel – es war den ganzen Tag lang nicht hell gewesen –, und hinter den Fenstern der benachbarten Büros flammten die Kerzen wie rötlich verschmierte Flecken auf der zum Greifen dicken, braunen Luft. Der Nebel drang durch jede Ritze und jedes Schlüsselloch ein, und draußen lag er so dicht, daß die Häuser auf der gegenüberliegenden Seite des Gäßchens bloße Phantome zu sein schienen, obwohl es zu den allerschmälsten gehörte. Wenn man so die schmuddligen Wolken herabwallen und alles verdunkeln sah, hätte man meinen können, die Natur wohne gerade um die Ecke und braue Bier in großen Mengen.

Die Tür von Scrooges Kontor stand offen, damit er seinen Kommis im Auge behalten konnte, der nebenan in einem trübseligen Kämmerchen, einer Art Wandschrank, Briefe kopierte. Scrooge hatte ein sehr kleines Feuer, aber das Feuer des Kommis war um soviel kleiner, daß es wie eine einzelne Kohle aussah. Der Kommis konnte nicht nachlegen, denn die Kohlenkiste hielt Scrooge in seinem eigenen Zimmer, und sowie der Angestellte mit der Kohlenschaufel in der Hand eintrat, prophezeite der Chef unfehlbar, ihre Wege würden sich wohl bald trennen; weshalb der Kommis seinen langen weißen Wollschal umband und sich an der Kerze zu wärmen versuchte, doch weil er nicht viel Phantasie besaß, gelang es ihm nicht.

«Fröhliche Weihnachten, Onkel! Grüß Gott!» rief

eine muntere Stimme. Sie gehörte dem Neffen von Scrooge, der so rasch eingetreten war, daß Scrooge seiner erst bei diesem Anruf gewahr wurde.

«Pah!» sagte Scrooge. «Unsinn!»

Er war bei seinem raschen Gang durch Frost und Nebel so warm geworden, dieser Neffe von Scrooge, daß er förmlich glühte. Sein hübsches Gesicht war gerötet, seine Augen funkelten, und sein Atem dampfte.

«Weihnachten ein Unsinn, Onkel!» rief der Neffe. «Das meinst du doch nicht im Ernst?»

«Doch», sagte Scrooge. «Fröhliche Weihnachten! Mit welchem Recht willst du fröhlich sein? Aus welchem Grund willst du fröhlich sein? Du bist arm genug.»

«Na also», erwiderte der Neffe lustig. «Mit welchem Recht willst du verdrießlich sein? Aus welchem Grund willst du mürrisch sein? Du bist reich genug.»

Da Scrooge im Augenblick keine bessere Antwort einfiel, sagte er wieder: «Pah!» und fügte hinzu: «Unsinn!»

«Sei nicht ärgerlich, Onkel», bat der Neffe.

«Was soll ich denn sonst sein, in einer solchen Narrenwelt!» versetzte der Onkel. «Fröhliche Weihnachten! Du mit deinen fröhlichen Weihnachten! Was bedeutet denn Weihnachten für dich? Eine Zeit, in der du Rechnungen zahlen mußt, ohne Geld zu haben; eine Zeit, in der du plötzlich um ein Jahr älter, aber um keine Stunde reicher bist; eine Zeit, in der du Bilanz machst und jeder Posten in deinen Büchern dir zur Zahlung präsentiert wird, auf rund ein Dutzend Monate zurück. Wenn es nach mir ginge», rief Scrooge ungehalten, «müßte jeder Trottel, der mit einem ‹Fröhlichen Weihnachten› auf den

Lippen herumgeht, mit seinem eigenen Pudding gekocht und mit einem Stechpalmenspieß im Herzen begraben werden. Wahrhaftig!»

«Onkel!» bat der Neffe.

«Neffe!» erwiderte der Onkel hart. «Feiere Weihnachten auf deine Art und laß es mich auf die meine feiern.»

«Feiern!» wiederholte der Neffe. «Du feierst es ja eben nicht!»

«Dann laß mich damit in Frieden», entgegnete Scrooge. «Möge es dir wohl bekommen! Was es dir schon Gutes gebracht hat!»

«Es gibt gewiß viele Dinge, die mir zum Guten hätten gereichen können und die ich nicht richtig genutzt habe», versetzte der Neffe, «und Weihnachten mag dazugehören. Aber jedesmal, wenn das Christfest wiederkehrt, habe ich es – ganz abgesehen von der Verehrung, die seinem heiligen Namen und Ursprung gebührt, falls man davon überhaupt absehen kann – als eine gesegnete Zeit betrachtet, als eine freundliche, versöhnliche, barmherzige, fröhliche Zeit. Meines Wissens die einzige Zeit im langen Jahreskalender, zu der die Menschen einmütig ihr Herz aufzutun und an Tieferstehende zu denken scheinen, als wären sie tatsächlich Wandergefährten auf dem Weg zum Grabe und nicht eine andere Art von Geschöpfen, die andere Ziele verfolgen. Und darum glaube ich, Onkel, daß es mir wirklich Gutes gebracht hat, wenn es auch nie ein Bröcklein Gold oder Silber in meine Taschen zauberte, und daß es mir noch viel Gutes bringen wird, und darum sage ich: ‹Gott segne es!›»

Der Kommis in seinem Kasten klatschte unwillkürlich Beifall. Doch er wurde sich augenblicklich der Unziemlichkeit dieses Tuns bewußt und schürte aus Verlegenheit das Feuer, womit er den letzten schwachen Funken endgültig auslöschte.

«Lassen *Sie* mich noch einen Laut hören, und Sie werden zur Feier des Christfests Ihre Stellung verlieren», sagte Scrooge. «Du bist ja ein gewaltiger Redner, mein Freund», fügte er, zu seinem Neffen gewandt, hinzu. «Ich staune, daß du noch nicht im Parlament sitzst.»

«Sei nicht ärgerlich, Onkel! Komm morgen zum Essen zu uns!»

Scrooge antwortete, eher würde er ihn – ja, das sagte er tatsächlich! Er ließ kein Wort der Redensart aus und sagte, eher würde er ihn – nun ja, an jenem Ort sehen.

«Aber warum?» rief der Neffe. «Warum?»

«Warum hast du geheiratet?» fragte Scrooge.

«Weil ich mich verliebt habe.»

«Weil du dich verliebt hast!» knurrte Scrooge, als sei dies das eine und einzige Ding auf der Welt, das noch lächerlicher wäre als fröhliche Weihnachten. «Guten Abend!»

«Aber, Onkel, du hast mich ja auch vorher nie besucht. Warum soll das jetzt plötzlich der Grund sein?»

«Guten Abend», sagte Scrooge.

«Ich verlange nichts von dir. Ich habe dich nie um etwas gebeten. Warum können wir nicht gute Freunde sein?»

«Guten Abend!» sagte Scrooge.

«Es tut mir von Herzen leid, daß du so abweisend bist. Wir hatten nie einen Streit, bei dem ich mitgetan hätte. Aber ich habe Weihnachten zu Ehren mein möglichstes versucht und will meine weihnachtliche Stimmung bis zuletzt bewahren. Fröhliche Weihnachten, Onkel!»

«Guten Abend!» sagte Scrooge.
«Und ein glückliches neues Jahr!»
«Guten Abend!» sagte Scrooge.

Trotzdem verließ der Neffe das Zimmer ohne ein zorniges Wort. In der Tür blieb er stehen, um seine guten Wünsche zum Fest auch dem Kommis zu übermitteln, der, so sehr ihn auch fror, doch wärmer war als Scrooge, denn er erwiderte sie herzlich.

«Das ist auch so einer!» murmelte Scrooge, der es hörte. «Mein Schreiber mit fünfzehn Shilling pro Woche und Frau und Kindern redet von fröhlichen Weihnachten! Ich muß mich wohl ins Irrenhaus zurückziehen.»

Dieser Irre hatte, als er den Neffen von Scrooge hinausgeleitete, gleichzeitig zwei weitere Besucher eingelassen: stattliche, würdige Herren, die jetzt mit gezogenem Hut im Kontor standen. Sie hielten Bücher und Papiere in der Hand und verbeugten sich vor Scrooge.

«Scrooge und Marley, wenn ich recht bin», sagte einer der Herren nach einem Blick auf seine Liste. «Habe ich das Vergnügen mit Mr. Scrooge oder Mr. Marley?»

«Mr. Marley ist vor sieben Jahren verstorben», erwiderte Scrooge. «Heute ist es auf den Tag sieben Jahre her.»

«Wir bezweifeln nicht, daß seine Freigebigkeit von seinem Kompagnon würdig fortgesetzt wird», sagte der Herr, indem er sein Beglaubigungsschreiben vorwies.

Das traf zu, denn die beiden waren verwandte Seelen gewesen. Bei dem ominösen Wort «Freigebigkeit» runzelte Scrooge die Stirn und reichte das Papier kopfschüttelnd zurück.

«Zu dieser festlichen Jahreszeit, Mr. Scrooge»,

sagte der Herr, nach einer Feder greifend, «ist es noch wünschenswerter als sonst, daß wir der Armen und Hilflosen gedenken, die gerade jetzt besondere Not leiden. Vielen Tausenden mangelt es am Allernotwendigsten, Sir, Hunderttausenden mangelt es an den bescheidensten Bequemlichkeiten.»

«Gibt es denn keine Gefängnisse mehr?» fragte Scrooge.

«Leider nur allzu viele», sagte der Herr und legte die Feder wieder nieder.

«Und die Armenhäuser der Kirchenpflege? Sind die nicht mehr in Betrieb?» fragte Scrooge.

«Das sind sie noch immer», versetzte der Herr. «Ich wollte, ich könnte die Frage verneinen.»

«Die Tretmühle und die Armenfürsorge bestehen also noch?» fragte Scrooge.

«Und beide stark in Anspruch genommen, Sir.»

«Oh! Nach dem, was Sie sagten, hatte ich schon gefürchtet, daß etwas sie in ihrer nützlichen Tätigkeit behindert hätte», sagte Scrooge. «Es freut mich, daß dem nicht so ist.»

«Unter dem Eindruck, daß diese Einrichtungen kaum dazu angetan sind, den Menschen christliche Labung für Leib und Seele zu spenden», versetzte der Herr, «haben sich einige von uns zusammengetan. Wir bemühen uns, die Mittel aufzubringen, um den Allerärmsten Speise und Trank und Heizmaterial zu beschaffen, und wir haben bewußt diese Jahreszeit gewählt, weil gerade in dieser Zeit die Not am schmerzlichsten empfunden wird, während die Wohlhabenden im Überfluß schwelgen. Wieviel darf ich in Ihrem Namen eintragen?»

«Nichts!» erwiderte Scrooge.

«Sie wünschen ungenannt zu bleiben?»

«Ich wünsche, in Ruhe gelassen zu werden», sagte Scrooge. «Da Sie mich nach meinen Wünschen fragen, Gentlemen, ist dies meine Antwort. Ich selber gebe mich zu Weihnachten keinen Lustbarkeiten hin und kann es mir nicht leisten, Müßiggänger zu Lustbarkeiten einzuladen. Ich unterstütze die von mir erwähnten Institutionen – das kostet mich Geld genug. Wem es schlecht geht, der muß sich eben an diese Stellen wenden.»

«Viele können es nicht, und viele würden lieber sterben.»

«Wenn sie zu sterben vorziehen», sagte Scrooge, «sollten sie es tun und so den Bevölkerungsüberschuß verringern. Im übrigen müssen Sie mich entschuldigen – ich weiß nichts davon.»

«Sie könnten es aber wissen», bemerkte der Herr.

«Das geht mich nichts an», sagte Scrooge. «Es ist genug, wenn ein Mensch sein eigenes Geschäft versteht und sich nicht in anderer Leute Angelegenheiten mischt. Die meinen nehmen mich ständig in Anspruch. Guten Abend, Gentlemen.»

Die Herren sahen, daß es nutzlos wäre, ihr Anliegen weiter zu verfolgen, und entfernten sich. Scrooge wandte sich mit erhöhtem Selbstgefühl und besser aufgelegt als sonst wieder seiner Arbeit zu.

Inzwischen verdichteten sich der Nebel und die Finsternis dermaßen, daß draußen Leute mit brennenden Fackeln herumliefen und den Kutschern ihre Dienste anboten, nämlich vor den Pferden herzugehen und ihnen den Weg zu weisen. Ein uralter Kirchturm, dessen mürrische alte Glocke durch ihr gotisches Fenster hinterhältig auf Scrooge hinabzuschielen pflegte, wurde unsichtbar und schlug die Stunden und die Viertel mitten in den Wolken und mit so zittrigem Nachhall, als klapperten ihm dort oben die Zähne in seinem erfrorenen Kopf. Die Kälte wurde immer durchdringender. An dem Eck, wo das Gäßchen in die Hauptstraße mündete, wurde gerade die Gasleitung repariert. Die Arbeiter hatten ein mächtiges Feuer in einer Kohlenpfanne angezündet, und jetzt drängte sich eine Schar von zerlumpten Männern und Jungen darum herum, die sich mit wohligem Blinzeln die Hände über der Glut wärmten. Der Hydrant lag verlassen da, und das überquellende Wasser erstarrte in seiner Verdrossenheit zu misanthropischem Eis. Die strahlende Helligkeit der Kaufläden, wo die Stechpalmenzweige mit ihren roten Beeren in den von Lampen überhitzten Schaufenstern knisterten, ließ die bleichen Gesichter der Vorbeihastenden rosig erglühen. Der Handel mit Geflügel und Delikatessen wurde zu einem brillanten Scherz, einem prächtigen Schaugepränge, das unmöglich etwas mit so langweiligen Dingen wie Kauf und Verkauf zu tun haben konnte. In der mächtigen Feste von Mansion House, seinem Amtssitz, gab der Lord Mayor seinen fünfzig Köchen und Dienern Befehl, Weihnachten so zu feiern, wie es sich für den Haushalt eines Lord Mayors gehörte; und sogar das kleine Schneiderlein, das er am vergangenen Montag wegen Trunkenheit und blutdürstigen Äußerungen auf offener Straße mit fünf Shilling gebüßt hatte, rührte in seiner Dachkammer eifrig den Teig zu dem morgigen Weihnachtspudding an, während seine magere Frau mit dem Baby loszog, um den Rindsbraten zu kaufen.

Immer noch mehr Nebel und Kälte, eine durchdringende, schneidende und beißende Kälte. Hätte der gute St. Dunstan, anstatt seine herkömmlichen

Waffen anzuwenden, die Nase des Bösen nur mit einem Hauch von diesem Wetter gezwickt, hätte der wahrhaftig Grund zum Brüllen gehabt. Der Eigentümer einer dürftigen jungen Nase, an der die Kälte biß und nagte wie Hunde an einem Knochen, neigte sich zu Scrooges Schlüsselloch hinab, um ihn mit einem Weihnachtslied zu ergötzen. Doch bei den ersten Tönen griff Scrooge mit einer so energischen Bewegung nach dem Lineal, daß der Sänger entsetzt floh und das Schlüsselloch dem Nebel und einem noch geistesverwandteren Frost überließ.

Endlich kam die Stunde, zu der das Kontor geschlossen wurde. Scrooge stieg widerwillig von seinem hohen Stuhl herab und gab damit die Tatsache schweigend dem erwartungsvollen Kommis in seinem Kasten bekannt, der augenblicklich seine Kerze auslöschte und seinen Hut aufsetzte.

«Morgen werden Sie wohl den ganzen Tag freinehmen wollen?» sagte Scrooge.

«Wenn es konveniert, Sir...»

«Es konveniert mir nicht», sagte Scrooge, «und es ist ungehörig. Wenn ich Ihnen dafür eine halbe Krone vom Lohn abziehen wollte, würden Sie bestimmt finden, daß Ihnen Unrecht geschieht.»

Der Kommis lächelte matt.

«Aber Sie finden nicht, daß *mir* Unrecht geschieht, wenn ich einen Tageslohn für keine Arbeit zahle», sagte Scrooge.

Der Kommis bemerkte, daß es ja nur einmal im Jahr wäre...

«Eine schlechte Ausrede, um jeden fünfundzwanzigsten Dezember einen Menschen zu bestehlen!» sagte Scrooge, während er seinen dicken Mantel bis zum Kinn zuknöpfte. «Aber ich muß Ihnen wohl den ganzen Tag geben. Kommen Sie übermorgen um so früher!»

Der Kommis versprach es, und Scrooge entfernte sich mit einem knurrenden Laut. Das Kontor war im Nu geschlossen, und der Kommis schlitterte, Weihnachten zu Ehren, hinter eine Reihe von Buben eine Schlittelbahn in Cornhill hinunter, zwanzigmal hintereinander, wobei die Enden seines langen weißen Wollschals hinter ihm herflatterten (denn er konnte sich mit keinem Wintermantel brüsten), worauf er in höchster Geschwindigkeit nach Camden Town heimrannte, um Blindekuh zu spielen.

Scrooge nahm sein trübseliges Mahl in seiner gewohnten trübseligen Kneipe ein, und nachdem er alle Zeitungen gelesen und sich noch eine Weile lang mit seinem Bankbuch beschäftigt hatte, ging er nach Hause, um sich schlafen zu legen. Er wohnte in einer Wohnung, die ehemals seinem verstorbenen Kompagnon gehört hatte. Es war eine düstere Zimmerflucht in einem finster aufragenden Gebäudeklotz am Ende einer engen Sackgasse, der dort so wenig zu suchen hatte, daß man unwillkürlich auf die Idee kam, er wäre als junges Häuschen beim Versteckspiel mit anderen Häusern hierher geraten und hätte nicht wieder hinausgefunden. Jetzt war das Haus alt und verödet, denn es lebte kein Mensch darin außer Scrooge; alle anderen Räume waren als Büros vermietet. Die Gasse war so dunkel, daß sogar Scrooge, der hier jeden Stein kannte, sich mit den Händen weitertasten mußte, und der eisige Nebel trieb sich so dicht vor dem alten schwarzen Haustor herum, daß es schien, als säße der Wettergeist, in kummervolle Meditation versunken, auf der Schwelle.

Nun ist es Tatsache, daß der Türklopfer sich durch keinerlei Eigentümlichkeit auszeichnete – außer daß er sehr groß war. Es ist gleichfalls Tatsache, daß Scrooge ihn, seit er in dem Haus wohnte, Tag um Tag abends und morgens gesehen hatte; und auch daß Scrooge so wenig von dem besaß, was man gemeinhin Phantasie nennt, wie nur irgendein Mensch in der guten Stadt London, mit inbegriffen – und das ist ein großes Wort – Stadtbehörde, Ratsherren und Zünfte. Ebenso muß erwähnt erwähnt werden, daß Scrooge seit seiner kurzen Bemerkung am Nachmittag seinem vor sieben Jahren verstorbenen Kompagnon Marley keinen einzigen Gedanken geweiht hatte. Und jetzt erkläre mir einer, wenn er kann, wie es kam, daß Scrooge, während er seinen Schlüssel ins Schloß steckte, in dem Klopfer plötzlich, ohne jeden dazwischenliegenden Verwandlungsprozeß – keinen Klopfer sah, sondern Marleys Gesicht!

Marleys Gesicht. Es lag nicht in undurchdringlichem Schatten wie die anderen Dinge in der Gasse, sondern leuchtete in einem trüben Licht, wie ein verdorbener Hummer in einem dunklen Keller. Es sah auch nicht zornig oder wild drein, sondern blickte Scrooge an, wie Marley es zu tun pflegte, die geisterhafte Brille auf die geisterhafte Stirn hinaufgeschoben. Sonderbarerweise war das Haar leicht bewegt, wie von heißer Luft oder menschlichem Atem, und die Augen starrten völlig unbeweglich, obwohl sie weit offen standen. Dieser Umstand und die fahle Farbe machten es zu etwas Grauenhaftem; doch das Grauen schien eher dem Gesicht zu Trotz und unabhängig von ihm zu bestehen und nichts mit dessen eigenem Ausdruck zu tun zu haben.

Als Scrooge seinen Blick fest auf das Phänomen richtete, war es wieder ein Türklopfer.

Es wäre eine Unwahrheit, zu behaupten, daß er nicht erschrak oder daß er sich nicht eines furchtbaren Gefühls in seinem Blut bewußt wurde, wie er es zeit seines Lebens nie gekannt hatte. Doch er legte wieder die Hand auf den Schlüssel, den er unwillkürlich losgelassen hatte, drehte ihn mit Festigkeit um, trat ein und zündete seine Kerze an.

Tatsächlich hielt er einen Augenblick unentschlossen inne, ehe er die Tür hinter sich zumachte, und tatsächlich warf er zuerst einen vorsichtigen Blick dahinter, als erwarte er halb und halb, durch den Anblick von Marleys in die Halle hereinragendem Zöpfchen erschreckt zu werden. Doch auf der Rückseite der Tür war nichts zu sehen als die Schrauben und Nieten, die den Klopfer festhielten; so sagte er: «Ach was!» und haute sie mit einem Knall zu.

Der Lärm hallte wie Donner durch das ganze Haus. Jeder Raum oben und jedes Faß im Keller des Weinhändlers unten schien sein eigenes, eigentümliches Echo zu besitzen. Scrooge war nicht der Mann, sich vor einem Echo zu fürchten. Er verriegelte die Tür und schritt durch die Eingangshalle und die Treppen hinauf – noch dazu gemächlich, da er im Gehen die Kerze zurechtmachte.

Manchmal sagt man so redensartlich, eine richtige alte Treppe aus der guten alten Zeit hätte man mit einer sechsspännigen Kutsche hinauffahren können; ich aber behaupte ganz ernsthaft, daß man auf dieser Treppe einen Leichenwagen hinaufgebracht hätte, obendrein der Breite nach, den Wagenschwengel gegen die Wand und die Tür gegen das Geländer zu, und dies bequem. Die Treppe bot

Raum genug dafür und darüber hinaus; und das ist vielleicht der Grund, warum es Scrooge dünkte, daß sich ein Leichenwagen selbsttätig in der Dämmerung vor ihm herbewegte. Ein halbes Dutzend Gaslaternen von der Straße draußen hätten das Treppenhaus nicht allzu hell beleuchtet; man kann sich also denken, daß es mit Scrooges armseliger Kerze noch ganz hübsch finster war.

Scrooge marschierte hinauf, ohne sich einen Deut darum zu scheren. Finsternis ist billig, darum war Scrooge ihr gewogen. Doch bevor er seine schwere Tür schloß, durchmaß er seine Zimmerflucht, um zu sehen, ob alles in Ordnung wäre. Die Erinnerung an das Gesicht unten war gerade noch eindrücklich genug, um ihn dazu zu veranlassen.

Wohnzimmer, Schlafzimmer, Rumpelkammer. Alles, wie es sich gehörte. Niemand unterm Tisch, niemand unterm Sofa. Ein kärgliches Feuer im Kamin; Teller und Napf griffbereit, und auf dem Kamineinsatz das Töpfchen Haferschleim (Scrooge hatte einen Schnupfen). Niemand unterm Bett, niemand im Wandschrank, niemand in seinem Morgenrock, der in einer verdächtigen Pose an der Wand hing. Rumpelkammer wie gewöhnlich: ein altes Kamingitter, alte Schuhe, zwei Fischreusen, ein dreibeiniger Waschständer und ein Schürhaken.

Völlig befriedigt schloß er die Tür, sperrte sie ab und drehte den Schlüssel - gegen seine sonstige Gewohnheit - zweimal im Schloß um. Solchermaßen gegen jede Überraschung gesichert, legte er seine Krawatte ab, schlüpfte in Morgenrock und Pantoffeln, setzte die Nachtmütze auf und nahm am Feuer Platz, um seinen Haferschleim zu essen.

Es war wahrhaftig ein sehr kärgliches Feuer, ein Nichts an einem so eiskalten Abend. Er mußte ganz nahe heranrücken und geradezu über der Handvoll Glut brüten, bevor ihn nur das leiseste Gefühl von Wärme durchströmte. Der Kamin war sehr alt, vor langer Zeit von irgendeinem holländischen Handelsmann erbaut und ringsum mit altmodischen Kacheln ausgelegt, die biblische Szenen darstellten. Da gab es Kains und Abels, Pharaos Töchter, Königinnen von Saba, Engelsboten, die auf federbettähnlichen Wolken durch die Lüfte schwebten, und Abrahams, Belsazars, Apostel, die auf einer Art Saucieren in See stachen, Hunderte von Gestalten, um seine Gedanken zu fesseln; und dennoch erschien jenes Gesicht, das Gesicht des seit sieben Jahren verstorbenen Marley, wie der Stab des Propheten und verschlang das Ganze. Wenn jede Kachel ursprünglich blank und leer gewesen wäre, aber mit der Macht begabt, Scrooges unzusammenhängende Gedankenfetzen als Bild auf ihre Oberfläche zu bannen, so hätte jede einzelne das Abbild von Marleys Haupt gezeigt.

«Unsinn!» sagte Scrooge und begann durchs Zimmer zu wandern.

Nach ein paar Runden setzte er sich wieder hin. Als er den Kopf im Sessel zurücklehnte, fiel sein Blick zufällig auf eine Klingel, eine nicht mehr gebrauchte Klingel, die im Zimmer hing und aus irgendeinem längst vergessenen Grund mit einem Raum im obersten Stockwerk des Hauses in Verbindung stand. Mit großem Erstaunen und einem seltsamen, unerklärlichen Grauen sah er, daß diese Glocke unter seinen Augen zu schwingen begann; zunächst so sacht, daß sie kaum einen Laut hervorbrachte, doch bald schallte sie laut und mit ihr jede andere Glocke im ganzen Haus.

Das dauerte vielleicht eine halbe Minute oder

eine Minute lang, aber Scrooge dünkte es eine Stunde. Die Glocken verstummten jäh, alle auf einmal, wie sie auch zu läuten begonnen hatten. Ihre Klänge wurden von einem rasselnden Geräusch in den untersten Tiefen des Hauses abgelöst – als schleppte jemand eine schwere Kette über die Fässer im Keller des Weinhändlers. Da erinnerte sich Scrooge, gehört zu haben, daß Gespenster in Spukhäusern Ketten hinter sich herschleppen sollen.

Die Kellertür flog mit einem gewaltigen Dröhnen auf, und jetzt hörte er das Geräusch viel lauter im Erdgeschoß. Dann kam es die Treppe herauf und geradewegs auf seine Tür zu.

«Unsinn!» sagte Scrooge. «Ich will es nicht glauben.»

Trotzdem erbleichte er, als es, ohne anzuhalten, durch die schwere Tür kam und vor seinen Augen ins Zimmer eindrang. Bei seinem Nahen loderte das erlöschende Feuer auf, als riefe es: «Ich kenne ihn! Marleys Geist!» und sank wieder zusammen.

Dasselbe Gesicht. Genau dasselbe Gesicht. Marley mit seinem Zöpfchen, seiner gewöhnlichen Weste, seinen Kniehosen und Stiefeln. Die Troddeln auf diesen letzteren sträubten sich, wie auch sein Zöpfchen, seine Rockschöße und sein Haupthaar. Die Kette, die er hinter sich herschleppte, war um seine Mitte geschlungen. Sie war lang und wand sich wie ein Schwanz; und sie bestand (Scrooge besah sie genau) aus eisernen Geldkassen, Schlüsseln, Vorhängschlössern, Hauptbüchern, Geschäftsverträgen und schweren, aus Stahl gewirkten Geldbörsen. Sein Körper war durchsichtig, so daß Scrooge, der ihn aufmerksam musterte, durch seine Weste hindurch die zwei Knöpfe hinten auf seinem Frack erkennen konnte.

Scrooge hatte oft sagen gehört, Marley habe keine Eingeweide im Leibe, aber bis zum heutigen Tag hatte er es nicht geglaubt.

Nein, und sogar jetzt glaubte er es noch nicht. Obwohl er durch das Gespenst hindurchblickte und es vor sich stehen sah; obwohl er die eisige Wirkung seiner todeskalten Augen spürte und noch das Gewebe des Tuches vermerkte, mit dem sein Kinn aufgebunden war (was er vorher nicht beachtet hatte), war er noch immer ungläubig und traute seinen eigenen Sinnen nicht.

«Nanu!» sagte Scrooge, sarkastisch und kühl wie eh und je. «Was willst du von mir?»

«Viel!» Marleys Stimme – daran war nicht zu zweifeln.

«Wer bist du?»

«Frag mich, wer ich war!»

«Wer warst du also?» sagte Scrooge, die Stimme erhebend. «Für einen Schatten nimmst du es ja genau.»

«Im Leben war ich dein Kompagnon, Jacob Marley.»

«Kannst du – kannst du dich hinsetzen?» fragte Scrooge mit zweifelndem Blick.

«Das kann ich.»

«Dann nimm Platz.»

Scrooge hatte gefragt, weil er nicht wußte, ob ein dermaßen durchsichtiger Geist imstande wäre, sich zu setzen; und für den Fall, daß es nicht möglich wäre, hätte das, wie er fürchtete, peinliche Erklärungen erforderlich gemacht. Doch der Geist nahm ihm gegenüber am Kamin Platz, als ob das für ihn ganz normal wäre.

«Du glaubst nicht an mich», bemerkte der Geist.

«Nein, das tue ich nicht», sagte Scrooge.

«Deine Sinne sagen dir, daß ich wirklich bin. Welchen Beweis forderst du noch?»

«Ich weiß nicht», sagte Scrooge.

«Warum traust du deinen eigenen Sinnen nicht?»

«Weil eine Kleinigkeit sie beeinträchtigt», sagte Scrooge. «Eine leichte Magenverstimmung macht sie zu Betrügern. Du könntest ein unverdauter Bissen Rindfleisch sein, ein Klümpchen Senf, ein Stückchen Käse, ein Scheibchen von einer nicht gar gekochten Kartoffel. Was immer du bist, steigst du eher aus der Bratpfanne auf als aus dem Grabe.»

Scrooge pflegte im allgemeinen keine Witze zu reißen, und augenblicklich fühlte er sich im tiefsten Gemüt durchaus nicht zum Scherzen aufgelegt. Die Wahrheit ist, daß er forsch zu tun versuchte, um seine eigene Aufmerksamkeit abzulenken und sein Grauen zu verscheuchen, denn die Stimme des Gespenstes verstörte ihn bis ins innerste Mark.

Scrooge hatte das Gefühl, daß es eine verteufelte Sache wäre, auch nur einen Moment lang schweigend dazusitzen und in diese unbeweglichen, glasigen Augen zu starren. Grauenhaft war es auch, daß der Geist von seiner eigenen höllischen Atmosphäre umgeben zu sein schien, denn obwohl er völlig reglos dasaß, wurden seine Haare und Kleider und Schuhtroddeln wie von heißer Ofenluft bewegt.

«Siehst du diesen Zahnstocher?» fragte Scrooge, aus dem soeben erwähnten Grund rasch auf das Thema zurückkommend; außerdem wünschte er den steinernen Blick des Phantoms, wenn auch nur für einen Moment, von sich abzulenken.

«Ich sehe ihn», sagte der Geist.

«Du siehst ja gar nicht hin!»

«Ich sehe ihn dennoch», sagte der Geist.

«Nun also», versetzte Scrooge, «ich brauchte ihn nur zu schlucken, um für den Rest meiner Tage von einer Schar Kobolde verfolgt zu werden, die ich alle selbst geschaffen hätte. Unsinn, sage ich! Nichts als Unsinn!»

Daraufhin stieß das Gespenst einen so grauenhaften Schrei aus und schüttelte seine Kette mit einem so entsetzlichen und schaurigen Geräusch, daß Scrooge sich krampfhaft an seinen Sessel klammerte, um einer Ohnmacht zu widerstehen. Doch um wieviel größer war sein Grauen, als der Geist die Kinnbinde abnahm (fast als wäre es hier drinnen zu warm, um sie zu tragen) und sein Unterkiefer auf seine Brust hinunterklappte!

Scrooge fiel auf die Knie und schlug die Hände vors Gesicht.

«Gnade!» rief er. «Fürchterliche Erscheinung, warum verfolgst du mich!»

«Mann mit dem weltlichen Verstand!» erwiderte der Geist. «Glaubst du an mich oder nicht?»

«Ich glaube an dich!» rief Scrooge. «Ich muß an dich glauben! Aber warum wandeln Geister auf Erden, und warum suchst du mich heim?»

«Von jedem Menschen wird gefordert», versetzte das Gespenst, «daß der ihm innewohnende Geist unter seinen Mitmenschen umherwandere, weit und breit, und wenn der Geist es im Leben nicht tut, ist er dazu verurteilt, diese Pflicht nach seinem Tode zu erfüllen. Er ist dazu verdammt, durch die Welt zu ziehen – Weh über mich! –, um als stummer Zeuge mitanzusehen, woran er nicht mehr teilhaben kann – woran er aber in seinem Erdenlauf hätte teilnehmen können und sollen, um es zum Guten zu wenden!»

Wieder entrang sich dem Gespenst ein lauter

Schrei, und es rasselte mit seiner Kette und rang verzweifelt seine schattenhaften Hände.

«Du bist gefesselt!» murmelte Scrooge zitternd. «Sag mir warum!»

«Ich trage die Kette, die ich im Leben schmiedete», erwiderte der Geist. «Ich schuf sie Glied um Glied, Elle um Elle. Ich legte sie aus eigenem freien Willen um und trug sie aus eigenem freien Willen. Ist ihr Gefüge dir fremd?»

Scrooge zitterte mehr und mehr.

«Oder möchtest du wissen, wie lang und gewichtig die starke Kette ist, die dich selbst umwindet?» fuhr der Geist fort. «Vor sieben Weihnachtsabenden kam sie dieser hier an Gewicht und Länge gleich. Und seither hast du daran wacker weitergeschafft. Es ist eine gewaltige Kette!»

Scrooge sah sich scheu auf dem Boden um, als erwartete er, sich von einem fünfzig oder sechzig Faden langen Eisenseil umgeben zu sehen, konnte aber nichts erblicken.

«Jacob!» rief er flehend. «Sag mir mehr, mein alter Jacob Marley! Sprich mir Trost zu, Jacob!»

«Den kann ich dir nicht schenken», erwiderte der Geist. «Er kommt aus anderen Regionen, Ebenezer Scrooge, und wird, von anderen Mittlern, Menschen anderer Art gewährt. Auch kann ich dir nicht alles sagen, was ich möchte. Nur wenig mehr ist mir gestattet. Ich darf nicht ruhen, darf nicht rasten, darf nirgends verweilen. Im Leben verließ mein Geist nie unser Kontor – achte meiner Worte! Im Leben schweifte mein Geist nie über die engen Grenzen unserer Wechslerhöhle hinaus, und lange, ermüdende Wanderungen liegen vor mir.»

Wenn Scrooge in Sinnen verfiel, hatte er die Gewohnheit, die Hände in die Hosentaschen zu stekken. Das tat er auch jetzt, während er über die Worte des Geistes nachdachte, doch ohne aufzuschauen oder sich von den Knien zu erheben.

«Du mußt recht langsam vorangekommen sein, Jacob», bemerkte Scrooge sachlich, wenn auch demütig und ehrfurchtsvoll.

«Langsam!» wiederholte der Geist.

«Seit sieben Jahren tot», sagte Scrooge sinnend, «und die ganze Zeit unterwegs!»

«Die ganze Zeit!» rief der Geist. «Ohne Rast und Ruh. Die unaufhörliche Qual der Reue!»

«Und du reisest schnell?»

«Auf Flügeln des Windes», versetzte der Geist.

«Da mußt du in sieben Jahren ein gutes Stück zurückgelegt haben», sagte Scrooge.

Als er dies hörte, stieß der Geist aufs neue einen Schrei aus und rasselte in der nächtlichen Totenstille so gräßlich mit seiner Kette, daß der Nachtwächter ihn füglich wegen Ruhestörung hätte anzeigen können.

«Ach! Gefangen, gebunden, in doppeltes Eisen gelegt!» rief der Geist. «Nicht zu wissen, daß unzählige Menschenalter in die Ewigkeit eingehen müssen, bis das Gute, dessen diese Erde fähig ist, dank den unaufhörlichen Mühen höherer Wesen gänzlich vollbracht wird! Nicht zu wissen, daß jeder christliche Geist, der freundlich in seinem kleinen Umkreis wirkt, sein Erdenleben viel zu kurz finden wird für allen Nutzen, den er wirken könnte! Nicht zu wissen, daß kein Maß an Reue für die ungenutzten Möglichkeiten des Lebens Ersatz zu leisten vermag! Und so einer war ich! Weh, so einer war ich!»

«Du warst doch immer ein guter Geschäftsmann, Jacob», stammelte Scrooge, der das Gehörte allmählich auf sich selbst zu beziehen begann.

«Geschäft!» rief der Geist händeringend. «Die Menschheit wäre mein Geschäft gewesen! Das allgemeine Wohl wäre mein Geschäft gewesen! Mitleid, Barmherzigkeit, Nachsicht, Wohlwollen, dies alles wäre mein Geschäft gewesen! Meine beruflichen Unternehmungen waren nur ein Tropfen im grenzenlosen Ozean meiner Geschäfte!»

Er hielt seine Kette auf Armeslänge von sich ab, als wäre sie die Ursache seines fruchtlosen Grams, und schleuderte sie dann wieder heftig zu Boden.

«Zu dieser Zeit des rastlos abrollenden Jahres», sagte der Geist, «leide ich am meisten. Warum, ach warum, ging ich mit abgewandtem Blick durch die Scharen meiner Mitmenschen, ohne ihn je zu dem gesegneten Stern emporzuheben, der die drei Weisen zu der ärmlichen Krippe führte! Als ob es keine ärmlichen Stätten mehr gäbe, zu denen sein Licht *mir* den Weg weisen konnte!»

Scrooge war überaus bestürzt, das Gespenst in diesem Sinne weiterreden zu hören, und begann ganz erbärmlich zu zittern.

«Höre mich!» rief der Geist. «Meine Zeit ist fast um!»

«Ich höre», sagte Scrooge. «Aber sei nicht hart zu mir! Drück dich nicht blumenreich aus, Jacob! Ich bitte dich darum!»

«Wie es kommt, daß ich in sichtbarer Gestalt vor dir erscheine, das darf ich dir nicht sagen. Unsichtbar bin ich manchen Tag neben dir gesessen.»

Das war keine angenehme Vorstellung. Scrooge erschauerte und wischte sich den Schweiß von der Stirn.

«Dies ist kein geringer Teil meiner Buße», fuhr der Geist fort. «Heut nacht bin ich hier, um dich zu warnen und dir zu sagen, daß du noch eine Möglichkeit und eine Hoffnung hast, meinem Los zu entrinnen. Eine Möglichkeit und eine Hoffnung, Ebenezer, die ich dir erwirkte.»

«Danke vielmals», sagte Scrooge. «Du warst mir immer ein guter Freund.»

«Du wirst von drei Geistern heimgesucht werden», fuhr das Gespenst fort.

Scrooge machte ein fast ebenso unglückliches Gesicht wie das Gespenst.

«Ist das die Möglichkeit und die Hoffnung, die du erwähntest, Jacob?» fragte er mit stockender Stimme.

«Das ist sie.»

«Ich – ich denke – ich möchte lieber nicht...», murmelte Scrooge.

«Ohne diese Besuche kannst du nicht hoffen, den Pfad zu vermeiden, den ich wandern muß. Erwarte den Ersten morgen, wenn die Glocke die erste Tagesstunde schlägt.»

«Könnte ich sie nicht alle auf einmal abmachen und die Sache hinter mich bringen?» wagte Scrooge vorzuschlagen.

«Erwarte den Zweiten in der darauffolgenden Nacht zur gleichen Stunde und den Dritten eine Nacht später, wenn der letzte Schlag der zwölften Stunde verhallt ist. Mich wirst du nie wieder erblikken. Sieh um deiner selbst willen zu, daß du dich an dieses Gespräch erinnerst!»

Nach diesen Worten nahm das Gespenst seine Kinnbinde vom Tisch und legte sie wieder um. Scrooge merkte es an dem klappernden Geräusch der Zähne, als die Kiefer wieder zusammenschlugen. Er wagte den Blick zu heben und sah seinen übernatürlichen Besucher aufrecht vor sich stehen, die Kette aufgewunden und über den Arm gelegt.

Der Geist entfernte sich, rückwärts schreitend, von ihm, und bei jedem Schritt, den er tat, ging das Schiebefenster ein wenig mehr in die Höhe, so daß es weit offenstand, als die Erscheinung es erreichte.

Er winkte Scrooge zu sich heran, und der näherte sich. Als er zwei Schritt entfernt war, hob Marleys Geist haltgebietend die Hand, und Scrooge blieb stehen.

Nicht so sehr aus Gehorsam, als vor Überraschung und Angst. Denn als sich die Hand hob, vernahm er verworrene Geräusche in der Luft, unzusammenhängende Jammerlaute, unbeschreiblich kummervolle und reuevolle Klagen und Selbstanklagen. Das Gespenst lauschte einen Augenblick, dann stimmte es in den schauerlichen Chor ein und schwebte in die kalte schwarze Nacht hinaus.

Scrooge folgte ihm in verzweifelter Neugier bis ans Fenster und blickte hinaus.

Die Luft war von Gespenstern erfüllt, die unter jämmerlichem Stöhnen in ruheloser Hast dahin und dorthin strebten. Ein jedes trug Ketten wie Marleys Geist; manche (vielleicht schuldhafte Regierungen?) waren zu mehreren aneinandergefesselt, keiner war frei. Viele hatte Scrooge zu ihren Lebzeiten persönlich gekannt. So war er recht gut bekannt mit einem alten Gespenst in weißer Weste, das einen ungeheuerlichen eisernen Geldschrank – an seinen Knöchel gekettet – mit sich herumschleppte und kläglich weinte, weil es nicht imstande war, einem armen Weib mit einem Säugling im Arm zu Hilfe zu kommen, das es unter sich auf einer Türschwelle sitzen sah. Das Elend all dieser Geister bestand offensichtlich darin, daß sie danach lechzten, wohltätig in menschliche Schicksale einzugreifen, jedoch das Vermögen dazu unwiederbringlich verloren hatten.

Ob diese Erscheinungen sich in Nebel auflösten oder ob der Nebel sie seinen Blicken verbarg, vermochte Scrooge nicht zu sagen. Aber sie vergingen gleichzeitig mit ihren geisterhaften Stimmen, und die Nacht war wieder still wie vorhin, als er nach Hause zurückkehrte.

Scrooge schloß das Fenster und untersuchte die Tür, durch die der Geist eingetreten war. Sie war doppelt verschlossen, wie er es mit eigener Hand getan hatte, und die Riegel unberührt. Er versuchte zu sagen: «Unsinn!», kam aber nicht über die erste Silbe hinaus. Und da er sich infolge der Aufregungen oder der Mühen des Tages oder des kurzen Einblicks in die Welt des Unsichtbaren oder der langweiligen Unterhaltung mit dem Geist oder der späten Stunde äußerst ruhebedürftig fühlte, ging er geradewegs zu Bett und sank, ohne sich erst auszukleiden, augenblicklich in tiefen Schlaf.

Zweite Strophe: Der erste Geist

Als Scrooge erwachte, war es so dunkel, daß er, aus dem Bett spähend, kaum das durchsichtige Fenster von den undurchsichtigen Wänden seiner Schlafkammer zu unterscheiden vermochte. Er versuchte noch, die Finsternis mit seinen scharfen Augen zu durchdringen, als die Glocke einer benachbarten Kirche die vier Viertel schlug. So wartete er also auf die volle Stunde.

Doch zu seinem großen Erstaunen schlug die schwere Glocke weiter: sechs und sieben und acht und so fort bis zwölf. Dann verstummte sie. Zwölf!

Es war nach zwei gewesen, als er sich schlafen legte. Die Uhr ging falsch. Ein Eiszapfen mußte in das Werk geraten sein. Zwölf!

Er drückte auf die Feder seiner Repetieruhr, um diese verrückte Uhr zu korrigieren. Ihr rascher, kleiner Puls schlug zwölfmal. Und stand still.

«Es ist doch ausgeschlossen», sagte Scrooge, «daß ich den ganzen Tag und noch die halbe Nacht verschlafen haben sollte. Es ist auch ausgeschlossen, daß der Sonne etwas zugestoßen ist und daß es jetzt zwölf Uhr mittag wäre!»

Da dies ein beängstigender Gedanke war, stieg er aus dem Bett und tastete sich zum Fenster. Er mußte den Frost mit dem Ärmel seines Morgenrocks von der Scheibe wegreiben, bevor er überhaupt etwas sehen konnte, und auch dann sah er sehr wenig. Er konnte nur erkennen, daß es noch immer sehr neblig und sehr kalt war, und er vernahm auch nicht den Lärm aufgeregt hin und her rennender Menschen, was doch fraglos der Fall gewesen wäre, wenn die Nacht den hellen Tag verdrängt und von der Welt Besitz ergriffen hätte. Das war ihm eine große Erleichterung, denn wenn man nicht mehr nach Tagen hätte rechnen können, wäre «zahlbar drei Tage nach Sicht an Mr. Ebenezer Scrooge oder seine Order» und so weiter nicht mehr wert gewesen als ein amerikanisches Staatspapier.

Scrooge begab sich wieder zu Bett und dachte und dachte und dachte darüber nach und nach und nach und fand keine Erklärung. Je mehr er nachdachte, desto verdutzter war er, und je mehr er sich bemühte, nicht zu denken, desto inständiger dachte er nach.

Marleys Geist plagte ihn über die Maßen. Jedesmal, wenn er nach reiflicher Überlegung bei sich beschlossen hatte, daß alles nur ein Traum wäre, schnellten seine Gedanken zum Ausgangspunkt zurück wie eine entspannte Feder, und das Problem präsentierte sich von neuem: War es ein Traum oder nicht?

In diesem Zustand lag Scrooge da, bis die Glocke drei weitere Viertel schlug, und dann fiel ihm plötzlich ein, daß der Geist ihm auf Schlag eins einen Besuch angekündigt hatte. Er beschloß, bis zu dieser Stunde wachzubleiben, und in Anbetracht der Tatsache, daß er ebensowenig imstande gewesen wäre zu schlafen wie in den Himmel aufzufahren, war das vielleicht das klügste, was er tun konnte.

Diese letzte Viertelstunde wurde ihm so lang, daß er mehr als einmal überzeugt war, er müsse unversehens eingenickt sein und den Glockenschlag überhört haben, doch endlich tönte er an sein lauschendes Ohr.

«Bim-Bam!»

«Ein Viertel!» sagte Scrooge, der mitzählte.

«Bim-Bam!»

«Halb», sagte Scrooge.

«Bim-Bam!»

«Drei Viertel», sagte Scrooge.

«Bim-Bam!»

«Die volle Stunde!» rief Scrooge triumphierend. «Und nichts passiert!»

Er sagte es, bevor die Stundenglocke schlug, was sie jetzt mit einem tiefen, dumpfen, hohlen, melancholischen Klang tat: «Eins!» Im gleichen Augenblick flammte ein Licht im Zimmer auf, und die Vorhänge seines Bettes wurden aufgezogen.

Die Bettvorhänge, ich erkläre es ausdrücklich, wurden von einer Hand aufgezogen. Nicht die Vorhänge zu seinen Füßen und nicht die hinter seinem

Rücken, sondern die Vorhänge, denen er sein Gesicht zuwandte; und Scrooge, der sich halb liegend auf dem Ellbogen aufrichtete, sah sich von Angesicht zu Angesicht dem unheimlichen Besucher gegenüber, der sie aufgezogen hatte: so nahe, wie ich jetzt dem geneigten Leser bin, und ich stehe im Geist dicht an seiner Seite.

Es war eine seltsame Gestalt – sie glich einem Kind; doch eigentlich nicht so sehr einem Kind als einem sehr alten Mann, durch ein übernatürliches Medium betrachtet, was ihm den Anschein gab, als wäre er sehr weit entfernt und auf die Größe eines Kindes reduziert. Sein Haar, das ihm tief in den Nacken hing, war greisenhaft weiß, doch das Gesicht zeigte keine einzige Runzel, und die Wangen blühten im zarten Schmelz der Jugend. Die Arme waren auffallend lang und muskulös, die Hände ebenso, als vermöchten sie mit außerordentlicher Kraft zuzupacken. Die überaus zierlich gebildeten Beine und Füße waren, wie die oberen Extremitäten, nackt. Im übrigen trug das Wesen ein Gewand von reinstem Weiß, das mit einem Gürtel von wunderbar strahlendem Glanz zusammengefaßt war. In der Hand hielt es einen frischen grünen Stechpalmenzweig, und in eigentümlichem Gegensatz zu diesem winterlichen Sinnbild war sein Gewand mit Sommerblumen besetzt. Doch das Sonderbarste war, daß von seinem Scheitel ein hell leuchtender Lichtstrahl ausging, in dessen Schein das alles sichtbar wurde; dies war zweifellos auch der Grund, warum es in seinen schwächeren Augenblicken ein großes Löschhütchen, das es jetzt unter dem Arm hielt, als Kopfbedeckung benützte.

Doch Scrooge, der es mit wachsender Gefaßtheit betrachtete, sah bald, daß sogar dies nicht seine seltsamste Eigenschaft war; denn je nachdem der Gürtel bald hier, bald dort aufblitzte und funkelte, so daß Hell und Dunkel ständig abwechselten, schwankten auch die deutlichen Umrisse der Gestalt: bald schien sie nur einen Arm oder ein Bein zu besitzen, bald zwanzig Beine, dann ein Paar Beine ohne Kopf, dann einen Kopf ohne Körper. Von den verschwindenden Teilen war in dem dichten Dunkel, in dem sie sich auflösten, keine Spur mehr zu sehen, und während man noch darüber staunte, stand das Wesen wieder unversehrt da, so hell und deutlich erkennbar wie zuvor.

«Seid Ihr der Geist, Sir, dessen Kommen mir angekündigt wurde?» fragte Scrooge.

«Ich bin es!»

Die Stimme war weich und milde; eigentümlich leise, als käme sie aus weiter Ferne.

«Wer seid Ihr? Was seid Ihr?» fragte Scrooge.

«Ich bin der Geist der Vergangenen Weihnacht.»

«Lange vergangen?» forschte Scrooge, im Hinblick auf seine zwerghafte Gestalt.

«Nein. Im Lauf deines Lebens vergangen.»

Scrooge hätte vielleicht über Befragen den Grund nicht angeben können, doch er empfand den heftigen Wunsch, den Geist in seiner Mütze zu sehen, und bat ihn, sich zu bedecken.

«Was!» rief der Geist. «Willst du das Licht, das ich spende, so rasch mit weltlicher Hand auslöschen? Ist's nicht genug, daß du zu jenen gehörst, deren Leidenschaften diese Mütze erzeugen und mich zwingen, sie lange Jahre hindurch auf meinem Haupt zu tragen!»

Scrooge stritt mit gebührender Ehrfurcht jede Absicht ab, den Geist zu beleidigen; auch sei er sich nicht bewußt, ihm jemals willentlich die Mütze über die Ohren gezogen zu haben. Hierauf erlaubte er sich zu fragen, welches Geschäft ihn hergeführt hätte.

«Dein Wohl!» erwiderte der Geist.

Scrooge erklärte sich sehr verbunden, dachte aber unwillkürlich, daß eine ungestörte Nachtruhe diesem Zweck förderlicher gewesen wäre.

Der Geist mußte seine Gedanken vernommen haben, denn er versetzte unverzüglich: «Dann also deine Besserung. Gib acht!»

Mit diesen Worten streckte er seine starke Hand aus und umfaßte Scrooges Arm mit sanftem Griff. «Erhebe dich! Komm mit!»

Es wäre für Scrooge ein vergebliches Unterfangen gewesen, einzuwenden, daß Zeit und Wetter sich nicht zu Spazierzwecken eigneten, daß es im Bett warm sei, während draußen das Thermometer tief unter dem Gefrierpunkt stünde, daß er in Morgenrock, Nachtmütze und Pantoffeln zu leicht gekleidet wäre und überhaupt gerade Schnupfen hätte. Obwohl der Griff so leicht war wie von einer Frauenhand, gab es keinen Widerstand dagegen. Er erhob sich; doch als er sah, daß der Geist sich dem Fenster zuwandte, packte er ihn flehend am Gewand.

«Ich bin ein Sterblicher! Ich könnte fallen!» protestierte er.

«Wenn meine Hand dich *hier* berührt», sagte der Geist, indem er sie Scrooge aufs Herz legte, «kann dir nichts zustoßen.»

Noch unter diesen Worten durchdrangen sie die Mauer und standen plötzlich auf einer offenen Landstraße mit Feldern zu beiden Seiten. Die Stadt war gänzlich verschwunden, keine Spur davon war zu sehen; verschwunden waren auch Nebel und

Finsternis. Es war ein klarer, kalter Wintertag, und Schnee lag auf dem Boden.

«Grundgütiger Himmel!» rief Scrooge, um sich blickend, und faltete unwillkürlich die Hände. «Hier bin ich aufgewachsen! Hier war ich ein Kind!»

Der Geist blickte ihn milde an. So kurz seine leichte Berührung gedauert hatte, glaubte der alte Mann sie noch zu spüren. Ihm schien, als webten unzählige Düfte in der Luft, von denen jeder unzählige, lang, lang vergessene Gedanken und Hoffnungen, Freuden und Leiden heraufbeschwor.

«Deine Lippen zittern», sagte der Geist, «und was ist dies hier auf deiner Wange?»

Scrooge murmelte mit sonderbar gepreßter Stimme, es wäre wohl ein Pickel, und bat den Geist, ihn weiterzuführen.

«Erinnerst du dich an den Weg?» fragte der Geist.

«Und ob!» rief Scrooge eifrig. «Ich könnte ihn mit verbundenen Augen gehen!»

«Seltsam, daß du ihn jahrelang vergessen hattest», bemerkte der Geist. «Laß uns weitergehen.»

Sie wanderten die Straße entlang. Scrooge erkannte jeden Zaun und Pfosten und Baum, bis in der Ferne ein kleines Marktstädtchen mit seiner Brücke, seiner Kirche und seinem sanft gewundenen Fluß auftauchte. Nun begegneten sie auch einigen Jungen, die auf zottigen Ponys ritten und muntere Grüße mit anderen Jungen in Bauernwagen und ländlichen Fuhrwerken tauschten. All diese Jungen waren in übermütiger Stimmung und riefen einander schallend an, bis die weiten Felder von der fröhlichen Musik ihrer Stimmen widerhallten und die frische Winterluft förmlich darüber zu lachen schien.

«Dies sind nur die Schatten vergangener Dinge», sagte der Geist. «Sie sehen und hören uns nicht.»

Die munteren Reisenden kamen näher, und Scrooge erkannte jeden und nannte ihn bei seinem Namen. Warum freute es ihn so übermäßig, sie zu sehen? Warum leuchtete sein kaltes Auge, warum hüpfte sein Herz vor Freude, als sie vorbeizogen? Warum machte es ihn so froh, zu hören, wie sie einander fröhliche Weihnachten wünschten, wenn sie sich an Kreuzwegen und Abzweigungen trennten? Was hatte Scrooge mit fröhlichen Weihnachten zu tun? Was hatte es ihm je für Nutzen gebracht?

«Die Schule ist nicht ganz leer», bemerkte der Geist. «Ein Kind ist einsam und verlassen zurückgeblieben.»

Ja, das wüßte er, sagte darauf Scrooge. Und er schluchzte.

Sie verließen die Landstraße auf einem wohlbekannten Seitenweg und kamen bald zu einem Landhaus, einem dunkelroten Backsteinbau mit einer kleinen Kuppel, die von einem Wetterhahn gekrönt war und ein Glöckchen beherbergte. Es war ein großes Haus, aber offenbar ins Unglück geraten. Die weitläufigen Wirtschaftsgebäude schienen kaum benützt, ihre Mauern waren feucht und moosbewachsen, die Fenster zerbrochen, die Türen verfallen. In den Pferdeställen scharrten und gakkerten Hühner, und die Wagenschuppen und Remisen waren von Gras überwuchert. Auch inwendig hatte es nicht seinen alten Stand bewahrt; als sie in die öde Eingangshalle traten und durch die offenstehenden Türen in die zahlreichen Zimmer blickten, fanden sie diese nur dürftig möbliert, kalt und leer. Ein muffiger Geruch lag in der Luft, und der ganze Ort hatte etwas Dürftiges, Frostiges an sich, was irgendwie an allzu häufiges Aufstehen bei Kerzenlicht und nicht allzu reichliche Mahlzeiten denken ließ.

Der Geist und Scrooge durchquerten die Halle und kamen zu einer Tür im Hintergrund. Sie tat sich vor ihnen auf und ließ einen trübseligen, kahlen, langgezogenen Raum sehen, der durch einige Reihen von unschönen Schulbänken und Pulten aus dem billigsten Weichholz noch kahler schien. Ein einsamer Junge saß lesend vor einem spärlichen Feuer, und Scrooge setzte sich auf eine Bank und weinte über sein armes, verlassenes, früheres Ich.

Da war kein heimliches Echo im Haus, kein Quietschen und Trippeln der Mäuse hinter der Täfelung, kein Tropfen aus der halb eingefrorenen Wassertraufe in dem vernachlässigten Hinterhof, kein Seufzer in den entblätterten Zweigen des einzigen verzagten Pappelbaums, kein sinnloses Zuschlagen der Türen in der leeren Speisekammer, kein Knistern im Feuer, das nicht eine erweichende Wirkung auf Scrooges Herz ausübte und seine Tränen ungehemmter strömen ließ.

Der Geist berührte seinen Arm und wies ihn auf sein jüngeres Ich hin, das tief in sein Buch versunken war. Und plötzlich stand draußen vor dem Fenster, ganz wunderbar deutlich und wirklich anzusehen, ein Mann in fremdartiger Kleidung; er trug eine Axt im Gürtel und führte einen holzbeladenen Esel am Zaum.

«Das ist doch Ali Baba!» rief Scrooge ganz entzückt. «Der liebe, alte, wackere Ali Baba! Ja, ja, ich weiß! Einmal zu Weihnachten, als das einsame Kind dort ganz verlassen zurückblieb, kam er wirklich, zum erstenmal, genau wie er da steht! Armer

Junge! Und Valentin!» fuhr Scrooge fort. «Und sein wilder Bruder Orson! Dort gehen sie ja! Und der, wie hieß er doch gleich, der schlafend vor das Stadttor von Damaskus niedergelegt wurde – siehst du ihn nicht? Und der Reitknecht des Sultans, den die Genien einfach auf den Kopf stellten – dort drüben steht er! Recht geschieht ihm! Wie kam er dazu, die Prinzessin zu heiraten!»

Zu hören, wie Scrooge in höchst ungewöhnlichen Tönen, zwischen Lachen und Weinen, die ganze Ernsthaftigkeit seines Naturells an solche Dinge wandte und dabei sogar Tränen vergoß; und sein hochgerötetes, erregtes Gesicht zu sehen – das hätte seine Geschäftsfreunde in der City wahrlich überrascht.

«Und dort ist der Papagei!» rief Scrooge. «Der grüne Papagei mit dem gelben Schwanz und dem salatartigen Schopf auf dem Kopf! ‹Armer Robin Crusoe›, nannte er ihn, als der wieder heimkam, nachdem er die Insel umsegelt hatte. ‹Armer Robin Crusoe, wo bist du gewesen, Robin Crusoe?› Der dachte, er träume, aber es war kein Traum. Es war der Papagei, verstehst du. Und dort rennt Freitag zu der kleinen Bucht hinunter, als ginge es um sein Leben! Holla hopp, Freitag!»

Drauf rief er wieder, mit einem jähen Stimmungsumschwung, der seiner gewohnten Wesensart sehr fremd war: «Armer Junge!» und weinte aus Mitleid mit seinem früheren Ich.

«Ich wollte...», murmelte Scrooge, die Hand in die Tasche steckend und sich umblickend, nachdem er sich die Augen mit dem Ärmel getrocknet hatte. «Aber jetzt ist es zu spät...»

«Was gibt's?» fragte der Geist.

«Ach, nichts», sagte Scrooge. «Gar nichts. Gestern

abend hat ein Junge vor meiner Tür ein Weihnachtslied gesungen. Ich würde ihm gern eine Kleinigkeit geben.»

Der Geist lächelte gedankenvoll und sagte, die Hand hebend: «Wir wollen uns ein anderes Weihnachtsfest ansehen.»

Bei diesen Worten wurde Scrooges früheres Ich größer und das Zimmer noch etwas dunkler und vernachlässigter. Die Wandtäfelung war geworfen, große Stücke Mörtel fielen von der Decke und ließen das nackte Gebälk sehen – aber wie das alles geschah, begriff Scrooge ebensowenig wie der geneigte Leser. Er wußte nur, daß es stimmte, daß es wirklich so gewesen und daß er wieder allein war, während alle anderen Jungen fröhlich zum Fest heimgefahren waren.

Jetzt las er nicht, sondern ging ganz verzweifelt auf und ab. Scrooge sah den Geist an und blickte dann mit traurigem Kopfschütteln ängstlich zur Tür hin.

Sie öffnete sich, und ein kleines Mädchen, viel jünger als der Knabe, stürmte ins Zimmer. Sie flog ihm um den Hals und küßte ihn immer wieder, während sie rief: «Lieber, lieber Bruder!»

«Ich komme dich holen, lieber Bruder!» rief sie lachend und vor Freude in die kleinen Händchen klatschend. «Du darfst heim, heim, heim!»

«Heim, kleine Fanny?» wiederholte der Bruder.

«Ja!» rief die Kleine glückstrahlend. «Heim für immer und immer! Vater ist jetzt so gut und lieb geworden, daheim ist es wie im Himmel! Unlängst sprach er so zärtlich zu mir, als ich abends zu Bett ging, daß ich Mut faßte und ihn noch einmal fragte, ob du nicht heimkommen dürftest – und er hat ‹Ja› gesagt und mich in einer Kutsche hergeschickt, um dich zu holen! Und du sollst jetzt ein Mann werden!» fügte sie mit großen Augen hinzu, «und niemals hierher zurückkehren. Aber zuerst werden wir zu Weihnachten alle beisammen sein und es so lustig haben!»

«Du bist ja eine richtige kleine Frau geworden, kleine Fanny!» rief der Bruder.

Sie klatschte wieder lachend in die Hände und versuchte seinen Kopf zu umfangen, aber da sie so klein war, mußte sie sich auf die Zehenspitzen stellen, um ihm einen Kuß zu geben. Das brachte sie wieder zum Lachen, und dann zog sie ihn in ihrem kindlichen Eifer zur Tür, und er hatte gar nichts dagegen, sie zu begleiten.

Draußen schrie eine furchterregende Stimme: «Bring den Koffer von Master Scrooge herunter!», und in der Halle erschien der Schulleiter selbst, der mit ingrimmiger Herablassung auf Master Scrooge starrte und ihn in einen fürchterlichen Gemütszustand versetzte, indem er ihm die Hände schüttelte. Dann führte er ihn und seine Schwester in den frostigsten alten Brunnenschacht von einem Empfangszimmer, der je gesehen wurde, wo die Landkarten an den Wänden und die Erd- und Himmelsgloben in den Fenstern vom Frost wie von Wachs überzogen waren. Hier holte er eine Karaffe mit erstaunlich leichtem Wein und eine Platte mit einem erstaunlich schweren Kuchen aus dem Buffet und maß den jungen Leuten mit sparsamer Hand von diesen Leckereien zu. Gleichzeitig schickte er ein dünnes Dienstmädchen hinaus, um dem Postkutscher «etwas zu trinken» anzubieten, doch der ließ sagen, er danke dem Herrn ergebenst, aber wenn es aus dem gleichen Faß käme wie das letztemal, dann lieber nicht. Da der Koffer inzwischen auf dem

Dach der Chaise verstaut war, nahmen die Kinder höchst bereitwillig Abschied von dem Schulmeister, sprangen in den Wagen und fuhren dem Gartentor zu, daß unter den fröhlich dahinrollenden Rädern Reif und Schnee von den dunkel glänzenden Blättern der wintergrünen Sträucher wie Spreu davonstäubten.

«Sie war ein zartes Geschöpfchen, ein Atemzug hätte sie davonblasen können», sagte der Geist, «aber sie hatte ein großes Herz!»

«Ja, das hatte sie!» rief Scrooge. «Du hast recht, Geist. Gott bewahre, daß ich es bestreite!»

«Sie starb als junge Frau», sagte der Geist, «und hatte, wenn ich nicht irre, Kinder?»

«Ein Kind», versetzte Scrooge.

«Richtig!» rief der Geist. «Dein Neffe!»

Scrooge schien unruhig zu werden und antwortete nur kurz: «Ja.»

Obwohl sie die Schule gerade erst verlassen hatten, befanden sie sich auf einmal in den belebten Hauptstraßen einer Stadt, wo schattenhafte Menschen hin und her eilten, schattenhafte Wagen und Fuhrwerke einander die Fahrbahn streitig machten und der lebhafte Verkehr und Betrieb einer großen Stadt zu spüren war. An den festlich geschmückten Läden merkte man, daß auch hier Weihnachten gefeiert wurde. Es war Abend, und die Lichter brannten in den Straßen.

Der Geist blieb vor der Tür eines Lagerhauses stehen und fragte Scrooge, ob er es kenne.

«Und ob!» rief Scrooge. «Hier war ich doch Lehrling!»

Sie traten ein. Ein alter Herr mit einer mächtigen Perücke saß hinter einem Kassenpult, und das Pult war so hoch, daß er sich, wäre er nur zwei Zoll größer gewesen, den Kopf an der Decke angeschlagen hätte.

Bei seinem Anblick rief Scrooge in heller Aufregung: «Das ist doch der alte Fezziwig! Der gute alte Fezziwig, wie er leibt und lebt!»

Der alte Fezziwig legte die Feder aus der Hand und blickte auf die Uhr, die auf die siebente Stunde zuging. Er rieb sich die Hände, rückte die geräumige Weste zurecht, schüttelte sich vor heimlichem Lachen (von den Schuhen bis zu seinem ausgeprägten Gutmütigkeitsorgan hinauf) und rief mit gemütlicher, öliger, üppiger, fetter Stimme: «Hoho, Jungens! Ebenezer! Dick!»

Scrooges früheres Ich, das nun zu einem jungen Mann herangewachsen war, eilte, von seinem Mitlehrling begleitet, munter herbei.

«Dick Wilson, wahrhaftig!» bemerkte Scrooge zum Geist. «Du meine Güte! Ja, das ist er. Er war mir sehr zugetan, der gute Dick. Armer Junge! Wahrhaftig, das ist er!»

«Hoho, Jungens!» rief Fezziwig. «Schluß mit der Arbeit für heut! Heiliger Abend, Dick und Ebenezer! Jetzt legt die Läden vor!» rief der alte Fezziwig und klatschte scharf in die Hände. «Rasch, eh' noch ein Mensch Jack Robinson sagen kann!»

Es ist nicht zu glauben, wie rasch die beiden machten! Eins, zwei, drei stürzten sie auf die Straße – vier, fünf, sechs waren die Läden an ihrem Platz – sieben, acht, neun eingehakt und verriegelt – und bevor man noch hätte bis zwölf zählen können, waren sie wieder da, keuchend wie Rennpferde.

«Jupheidi!» schrie der alte Herr, mit erstaunlicher Gelenkigkeit von seinem erhöhten Platz herunterspringend. «Wegräumen, Jungens! Platz geschafft! Jupheidi, Dick! Munter, Ebenezer!»

Wegräumen! Es gab nichts, was die zwei nicht weggeräumt hätten oder hätten wegräumen können, wenn der alte Fezziwig zusah. Im Nu war's getan. Jeder bewegliche Gegenstand beiseite geschafft, als wär' er auf ewig aus dem öffentlichen Leben ausgestoßen. Der Fußboden ausgefegt und mit Wasser besprengt, die Lampen geputzt, Kohle aufs Feuer gehäuft – und das Geschäftslokal war zu einem so gemütlichen, warmen, trockenen, hellerleuchteten Tanzsaal geworden, wie man sich's an einem Winterabend nur wünschen kann.

Bitte einzutreten! Es erschien ein Fiedler mit seinem Notenheft und nahm an dem hohen Pult Platz, machte ein Orchester daraus und stimmte es wie fünfzigmal Bauchweh. Es erschien Mrs. Fezziwig, ein einziges, umfangreiches, behäbiges Lächeln. Es erschienen die drei Fräulein Fezziwig, über die Maßen hold und lieblich anzusehen. Es erschienen die sechs Verehrer, deren Herzen sie brachen. Es erschienen sämtliche jungen Männer und jungen Mädchen, die im Geschäft arbeiteten. Es erschien das Stubenmädchen mit ihrem Cousin, dem Bäkkerburschen. Es erschien die Köchin mit dem besten Freund ihres Bruders, dem Milchmann. Es erschien der Lehrjunge von gegenüber, von dem es hieß, sein Meister gäbe ihm nicht genug zu essen, und versteckte sich verlegen hinter dem Dienstmädchen von nebenan, von der man wußte, daß ihre Frau sie an den Ohren zog. Alle erschienen sie, einer nach dem anderen; manche schüchtern, manche keck, manche anmutig, manche unbeholfen, stoßend oder ziehend – alle erschienen sie irgendwie und auf jegliche Art. Und los ging's, zwanzig Paare aufs Mal – Hand in Hand, einmal hin, einmal her, durch die Mitte und zurück und rundherum – in den unterschiedlichsten, zärtlichsten Gruppierungen: das erste Paar immer am falschen Fleck, das nächste erste Paar immer zur falschen Zeit, schließlich lauter erste Paare und kein letztes, um den Tanz abzuschließen. Als dieses Resultat erreicht war, klatschte der alte Fezziwig in die Hände und rief: «Gut gemacht!», und der Fiedler versenkte sein erhitztes Antlitz in einem Krug Bier, der eigens zu diesem Zweck bereitstand. Doch sobald er wieder daraus auftauchte, fing er, jegliche Rast verschmähend, unverzüglich wieder an, auch ohne Tänzer, grad als wäre der erste Fiedler erschöpft von der Walstatt fortgetragen worden und er ein nagelneuer Musikant, grimmig entschlossen, den ersten zu übertreffen und siegend unterzugehen.

Es gab noch viele Tänze, und es gab Pfänderspiele und weitere Tänze, und es gab Punsch und Kuchen, und es gab ein mächtiges Stück kalten Braten und ein mächtiges Stück kaltes Siedfleisch und Pasteten, mit Äpfeln und Rosinen gefüllt, und massenhaft Bier. Doch der große Augenblick des Abends kam, als der Fiedler (ein schlauer Fuchs, müßt ihr wissen! Einer, der sein Handwerk besser verstand, als ihr und ich es ihn hätten lehren können!) *Sir Roger de Coverley* anstimmte. Da trat wahrhaftig Mr. Fezziwig persönlich mit Mrs. Fezziwig zum Tanz an! Noch dazu als erstes Paar! Und das bedeutete nicht weniger, als daß jedes von ihnen mit drei- oder vierundzwanzig anderen Partnern tanzen mußte, und zwar mit Leuten, mit denen nicht zu spaßen war, mit Leuten, die richtig tanzen wollten und nicht nur umherpromenieren!

Doch wären es doppelt so viele gewesen – ach was, viermal soviel! –, der alte Mr. Fezziwig wäre mit ihnen fertiggeworden, und Mrs. Fezziwig nicht minder. Was sie betraf, war sie ihm eine würdige Gefährtin, in jedem Sinn des Wortes, und wenn das kein hohes Lob ist, bitte ich, mir ein höheres zu nennen, und ich werde mich seiner bedienen. Von Fezziwigs Waden schien tatsächlich ein eigener Glanz auszugehen, sie leuchteten in jeder Phase des Tanzes wie zwei Monde. Man hätte zu keinem gegebenen Zeitpunkt voraussagen können, was sie im nächsten Augenblick anstellen würden. Und als der alte Fezziwig und Mrs. Fezziwig sämtliche Figuren ausgeführt hatten, vor und zurück, Hand reichen, Kompliment, «Korkenzieher», «Nadel einfädeln» und an den alten Platz zurück, und wie sie alle heißen – da tat Mr. Fezziwig einen so kühnen Sprung, daß er mit beiden Beinen gleichzeitig zu winken schien, und kam ohne jegliches Wanken wieder auf seine zwei Füße zu stehen!

Als die Uhr elf schlug, nahm der Hausball ein Ende. Mr. und Mrs. Fezziwig standen zu beiden Seiten der Tür und schüttelten einem jeden und einer jeden mit einem «Fröhlichen Weihnachten» die Hand. Als schließlich alle gegangen waren, bis auf die zwei Lehrlinge, wünschten sie ihnen ein gleiches. Die fröhlichen Stimmen verklangen, und die beiden Burschen suchten ihre Lagerstätten auf – die sich unter einem Ladentisch im Hinterzimmer befanden.

Während dieser ganzen Vorgänge hatte sich Scrooge aufgeführt, als wäre er von Sinnen. Er nahm mit Leib und Seele an der Szene und an seinem früheren Ich teil. Er erinnerte sich an alles, tat bei allem mit, freute sich über alles und verfiel in die merkwürdigste Aufregung. Erst jetzt, als sein einstiges Ich und Dick die freudestrahlenden Gesichter abwandten, besann er sich wieder auf den

Geist und wurde sich bewußt, daß dieser ihn ansah, während das Licht auf seinem Haupt einen sehr hellen Schein verbreitete.

«Wie närrisch von den beiden Dummköpfen», sagte der Geist, «wegen einer Kleinigkeit vor Dankbarkeit außer sich zu geraten.»

«Eine Kleinigkeit?» wiederholte Scrooge.

Der Geist bedeutete ihm, den beiden Lehrlingen zu lauschen, die sich an begeisterten Lobesworten für den Meister überboten, und sagte dann: «Was denn? Er hat nur ein paar Pfund von euerem sterblichen Geld ausgegeben, drei oder vier vielleicht. Verdient er dafür so großes Lob?»

«Darauf kommt es nicht an!» rief Scrooge, durch diese Bemerkung aufgestachelt und unbewußt wie sein einstiges, nicht wie sein gegenwärtiges Ich sprechend. «Es geht nicht darum, Geist! Aber er hat es in der Hand, uns glücklich oder unglücklich zu machen, unseren Dienst erfreulich oder lästig zu gestalten, ihn zur Lust oder zur Plage werden zu lassen. Seine Macht liegt vielleicht nur in Worten und Blicken, in so geringfügigen und unbedeutenden Dingen, daß es unmöglich ist, sie aufzuzählen und zu berechnen. Was tut's? Das Glück, das er uns schenkt, ist genauso groß, wie wenn es ein Vermögen kostete.»

Doch unter dem Blick des Geistes verstummte er jäh.

«Was gibt's?» fragte der Geist.

«Ach, nichts Besonderes», murmelte Scrooge.

«Etwas, dächte ich doch?» beharrte der Geist.

«Nein, wirklich nicht», sagte Scrooge. «Ich würde nur gern ein paar Worte mit meinem Kommis reden – gerade jetzt. Das ist alles.»

Während er den Wunsch aussprach, löschte sein

einstiges Ich die Lampe aus, und Scrooge und der Geist standen wieder nebeneinander im Freien.

«Schnell! Meine Zeit verfliegt», drängte der Geist.

Das Wort richtete sich nicht an Scrooge oder sonst jemanden, den er sehen konnte, doch es wirkte unverzüglich. Scrooge erblickte wieder seine eigene Person. Er war jetzt älter, ein Mann in der Blüte seiner Jahre. Sein Gesicht war noch nicht so barsch und streng wie in späteren Zeiten, doch es zeigte die ersten Spuren von Habsucht und Berechnung. In seinem Auge lag ein wachsamer, gieriger, unruhiger Blick, der anzeigte, daß die Leidenschaft Wurzel geschlagen hatte und wohin der Schatten des heranwachsenden Baumes fallen würde.

Er war nicht allein, sondern saß neben einem lieblichen jungen Mädchen in Trauerkleidung. In ihren Augen standen Tränen, die im Licht, das vom Geist der Vergangenen Weihnacht ausging, funkelten.

«Dir liegt wenig daran», sagte sie leise, «sehr wenig. Ein anderes Idol hat mich aus deinem Herzen verdrängt, und wenn es dir in deinem weiteren Leben Freude und Trost zu schenken vermag, wie ich es so gern getan hätte, steht es mir nicht zu, zu klagen.»

«Welches Idol sollte dich denn verdrängt haben?» fragte er.

«Ein goldenes.»

«Das ist die lügnerische Art der Welt», versetzte er. «Gegen nichts verfährt sie so hart wie gegen Armut, während sie vorgibt, nichts so streng zu verdammen wie das Trachten nach Reichtum!»

«Du fürchtest die Welt zu sehr», erwiderte sie sanft. «All dein Hoffen und Streben ist in der einzigen Hoffnung aufgegangen, der Welt keinen Anlaß zu ihrer schnöden Verachtung zu geben. Ich habe zugesehen, wie alle deine edleren Bestrebungen der Reihe nach zurückgedrängt wurden, bis dich schließlich nur eine Leidenschaft beherrscht – Gewinnsucht. Ist es nicht so?»

«Und wenn es so wäre?» gab er zurück. «Wenn ich wirklich soviel klüger geworden wäre? An meinem Gefühl für dich hat sich nichts geändert.»

Sie schüttelte leise den Kopf.

«Oder bin ich dir gegenüber ein anderer?»

«Unser Verlöbnis ist nicht neu», sagte sie. «Wir haben es geschlossen, als wir beide arm waren und es gern bleiben wollten, bis es uns zu guter Zeit gelingen würde, unseren weltlichen Besitz durch geduldigen Fleiß zu mehren. Du hast dich verändert. Damals warst du ein anderer.»

«Ich war ein grüner Junge», sagte er ungeduldig.

«Dein eigenes Gefühl sagt dir, daß du ein anderer warst», erwiderte sie. «Ich bin die alte geblieben. Was uns glückverheißend schien, als wir in unseren Herzen eins waren, verheißt jetzt, da wir zwei sind, Elend und Jammer. Wie oft und wie schmerzlich ich darüber nachgedacht habe, will ich nicht sagen. Es genügt, daß ich es bedacht habe – und imstande bin, dich freizugeben.»

«Habe ich das je von dir verlangt?»

«In Worten nicht. Nie.»

«Wie denn?»

«Durch dein verändertes Wesen. Durch eine mir fremde Denkungsart, eine verwandelte Atmosphäre, ein gänzlich anderes Ziel – in allen Dingen, die dir meine Liebe einst wert machten. Sag mir», fuhr das Mädchen fort, während sie ihm sanft, aber mit großer Festigkeit ins Gesicht blickte, «würdest du mich jetzt begehren und mich zu gewinnen suchen, wenn nicht das alte Versprechen zwischen uns bestünde? Nein, ganz sicher nicht!»

Er schien sich unwillkürlich der Richtigkeit ihres Spruchs zu beugen, doch er kämpfte dagegen an und sagte: «Das denkst du!»

«Der Himmel weiß, wie gern ich anders denken würde, wenn ich könnte!» erwiderte sie. «Aber daß sogar ich diese Wahrheit erkannt habe, zeigt, wie stark und unwiderstehlich sie sein muß. Wenn du heute, morgen, gestern frei wärest – wie könnte ich glauben, daß du da ein unbemitteltes Mädchen wählen würdest – du, der du in jedem vertraulichen Gespräch mit ebendiesem Mädchen alles nach Gewinn und Profit beurteilst? Und falls du sogar einen Augenblick lang deinem einen mächtigen Leitsatz untreu würdest, wie würdest du es alsbald bereuen! Das weiß ich und gebe dich frei – voller Trauer um die Liebe zu dem Mann, der du einst warst.»

Er wollte etwas sagen, doch sie fuhr mit abgewandtem Kopf fort: «Vielleicht tut es dir weh – die Erinnerung an das, was einmal zwischen uns war, läßt mich dies beinahe hoffen –, aber nach sehr kurzer Zeit wirst du jeden Gedanken daran herzlich gern verbannen, so wie einen nutzlosen Traum, aus dem du glücklicherweise erwacht bist. Sei glücklich in dem Leben, das du dir erwählt hast!»

Damit ging sie.

«Geist!» rief Scrooge. «Zeige mir nichts mehr! Bring mich nach Hause! Warum macht es dir Freude, mich zu quälen?»

«Nur noch einen Schatten!» gebot der Geist.

«Nein!» rief Scrooge. «Keinen einzigen mehr! Ich will ihn nicht sehen. Zeig mir nichts mehr!»

Doch der Geist packte ihn unerbittlich an beiden Armen und zwang ihn, die nächste Szene zu betrachten.

Sie waren an einem anderen Ort, in einem Zimmer, welches weder sehr groß noch prunkvoll, doch überaus behaglich war. Vor dem winterlichen Feuer saß ein schönes junges Mädchen, der soeben verlassenen so ähnlich, daß Scrooge sie zuerst für die gleiche Person hielt, bis er *sie,* die jetzt eine anmutige, stattliche Matrone war, der Tochter gegenübersitzen sah. Im Zimmer herrschte großer Tumult, denn es waren mehr Kinder da, als Scrooge in seinem erschütterten Gemütszustand zu zählen vermochte, und im Gegensatz zu dem berühmten Vers waren es nicht vierzig Kinder, die sich wie eines aufführten, sondern jedes Kind führte sich wie vierzig auf. Die Folge war ein unbeschreiblicher Lärm, doch das schien niemanden zu stören. Im Gegenteil, die Mutter wie die große Schwester lachten herzlich mit und hatten ihre Freude daran; die letztere, die sich bald in das lustige Treiben mischte, wurde von der jugendlichen Räuberbande erbarmungslos ausgeplündert. Was hätte ich nicht darum gegeben mitzutun! Aber so grob wäre ich nie gewesen, o nein! Um keinen Preis der Welt hätte ich die glänzenden Flechten heruntergerissen und gelöst, und den süßen kleinen Schuh hätte ich beim Himmel nie von ihrem Füßchen gerissen, um mein Leben nicht. Auch hätte ich es keineswegs über mich gebracht, zum Spaß ihren Taillenumfang zu messen, wie die dreiste junge Brut es sich vermaß. Ich hätte gefürchtet, der Arm, mit dem ich sie umfing, wäre zur Strafe alsbald festgewachsen, so daß ich ihn nimmermehr gerade gekriegt hätte. Und doch, ich muß es gestehen, hätte ich liebend gern ihre Lippen berührt oder sie keck ausgefragt, damit sie sie öffnete. Gern hätte ich auf die niedergeschlagenen Wimpern geblickt, ohne sie zum Erröten zu bringen, und hätte ich ihr gar eine Locke aus dem üppig wallenden Haar rauben dürfen, wäre das ein unschätzbares Andenken gewesen! Ja, ich gestehe, ich hätte mir gern die Freiheit eines Kindes herausgenommen – falls ich daneben Manns genug geblieben wäre, um diese Freiheit richtig zu schätzen!

Doch nun ertönte ein Klopfen an der Tür, und augenblicklich erfolgte ein solcher Sturm in diese Richtung, daß sie mit lachendem Gesicht und geplündertem Kleid von der erhitzten, lärmenden Schar mitgerissen wurde – gerade rechtzeitig, um den Vater zu begrüßen, welcher, von einem mit Weihnachtsgaben beladenen Dienstmann begleitet, heimkehrte. Nun ging es unter lautem Geschrei und Gezappel auf den hilflosen Träger los. Wie sie mit Hilfe von Stühlen an ihm hinaufkraxelten, um in seinen Taschen zu wühlen, ihm seine Päckchen zu entreißen, wie sie sich in überbordender Zärtlichkeit an seine Krawatte klammerten, seinen Hals umschlangen, auf seinem Rücken herumtrommelten und ihm Fußstöße versetzten! Und die entzückten, erstaunten Ausrufe, unter denen jedes einzelne Paket ausgepackt wurde! Die erschreckliche Meldung, daß man den Kleinsten dabei ertappt hatte, wie er eine Puppenbratpfanne in den Mund gesteckt und höchstwahrscheinlich den darauf festgeklebten nachgemachten Truthahn verschluckt hätte! Die unsagbare Erleichterung, als sich dieser Verdacht als falscher Alarm erwies! Die Freude, die Begeisterung, die Dankbarkeit! Doch wer vermöchte das alles zu beschreiben! Genug, daß die Kinder mitsamt ihren stürmischen Gefühlen nach und nach aus dem Wohnzimmer und stufenweise die Treppe hinaufgeschafft wurden, wo sie zu Bett gingen und so von der Bildfläche verschwanden.

Doch nun sah Scrooge mit erhöhter Aufmerksamkeit zu, wie der Herr des Hauses mit der Mutter und der zärtlich an ihn geschmiegten Tochter an seinem eigenen Herd Platz nahm; und als er dachte, daß vielleicht ein ähnliches Wesen, mit der gleichen Anmut und der gleichen Glückverheißung, ihn, Scrooge, heute «Vater» nennen und im rauhen Winter seines Lebens zu seinem Frühling werden könnte, da trübte sich wahrhaftig sein Blick.

«Belle», sagte der Mann, sich lächelnd zu seiner Frau wendend, «heut nachmittag hab ich einen alten Freund von dir gesehen.»

«Wen denn?»

«Rate einmal!»

«Wie könnte ich das! Aber warte!» fügte sie, da sie ihn lachen sah, lachend hinzu. «Ich weiß es schon! Mr. Scrooge!»

«Erraten! Ich ging am Fenster seines Kontors vorbei, und da es nicht verhängt war und drinnen eine Kerze brannte, war es kaum zu vermeiden, daß ich ihn sah. Wie ich höre, soll sein Kompagnon im Sterben liegen, und er saß allein da. Ich glaube, ganz allein auf der Welt.»

«Geist!» flehte Scrooge mit gebrochner Stimme. «Bring mich fort von hier!»

«Ich sagte es dir schon: Das sind die Schatten gewesener Dinge», erwiderte der Geist. «Sie sind, was sie sind. Ich kann nichts dafür.»

«Bring mich fort!» rief Scrooge. «Ich ertrage es nicht!»

Doch als er sich dem Geist zuwandte, sah er, daß dieser ihn mit einem Gesicht anblickte, in dem auf unbegreiflich seltsame Art, gleichsam bruchstückweise, alle Gesichter enthalten waren, die er zu sehen bekommen hatte, und er begann mit dem Geist zu ringen.

«Fort mit dir! Bring mich zurück! Laß ab von mir!»

In diesem Kampf – sofern es ein Kampf genannt werden kann, da der Geist, ohne irgendwelchen merkbaren Widerstand zu leisten, von den Anstürmen seines Gegners völlig unberührt blieb – sah Scrooge, daß sein Licht immer höher und strahlender brannte; und da er unklar einen Zusammenhang zwischen diesem Licht und der Kraft des Geistes ahnte, packte er mit jähem Griff das Löschhütchen und stülpte es dem Geist auf den Kopf.

Der Geist sank darunter zusammen, so daß das Löschhütchen seine ganze Gestalt bedeckte, doch obwohl Scrooge mit aller Kraft darauf drückte, vermochte er das Licht nicht auszulöschen, das unentwegt darunter hervorleuchtete und in weitem Umkreis den Erdboden erhellte.

Er fühlte sich völlig erschöpft, von unwiderstehlicher Schläfrigkeit übermannt, und war sich nur noch bewußt, daß er sich in seinem eigenen Schlafzimmer befand. Mit erschlaffender Hand quetschte er noch einmal das Löschhütchen zusammen und hatte gerade noch Zeit, in sein Bett zu taumeln, bevor er in einen bleiernen Schlaf versank.

Dritte Strophe: Der zweite Geist

Als Scrooge mitten in einem besonders lauten Schnarcher erwachte und sich im Bett aufsetzte, um seine Gedanken zu klären, brauchte ihm niemand ausdrücklich zu sagen, daß die Uhr gerade wieder im Begriff stand, die erste Stunde zu schlagen. Er spürte, daß er just zur rechten Zeit wieder zu sich gekommen war, zum ausdrücklichen Zweck, eine Besprechung mit dem zweiten Geist abzuhalten, der über Jacob Marleys Veranlassung zu ihm entsandt war. Doch da ihm ungemütlich kalt wurde, während er dasaß und darauf wartete, welchen Teil des Bettvorhangs das neue Phantom wohl wegziehen würde, öffnete er sie alle mit eigener Hand und kroch dann wieder unter die Decke, um weiterhin aufs schärfste nach allen Seiten Ausschau zu halten; denn er wünschte den Geist im Augenblick seines Erscheinens zur Rede zu stellen, anstatt von ihm überrascht und nervös gemacht zu werden.

Flotte Herren von freizügiger Lebensführung, die sich rühmen, den einen oder anderen Trick zu kennen und den Anforderungen der Stunde jeweils gewachsen zu sein, bedienen sich, um den weiten Kreis ihrer Leistungen zu beschreiben, bisweilen der Redensart, sie wären zu allem zu gebrauchen, «von Kopf und Adler bis zu Totschlag» – zwischen welchen beiden Extremen fraglos eine recht lange und umfassende Reihe von diversen Fähigkeiten liegt. Ohne in bezug auf Scrooge ganz so weit zu gehen, möchte ich doch behaupten, daß er auf die unterschiedlichsten Erscheinungen gefaßt war und daß nichts, was sich zwischen einem Säugling und einem Rhinozeros einreihen ließ, ihn sonderlich überrascht hätte.

Nun also, da er sozusagen auf alles gefaßt war, war er keineswegs auf gar nichts gefaßt, und darum wurde er, als die Uhr eins schlug und keinerlei Gestalt erschien, logischerweise von einem heftigen

Zittern gepackt. Fünf Minuten, zehn Minuten, eine Viertelstunde vergingen, ohne daß sich irgendwas zeigte. Dabei lag er die ganze Zeit im Brennpunkt eines rötlichen Lichtscheins, der sich seit dem ersten Stundenschlag über das Bett ergoß und ihn, da es sich bloß um Licht handelte, beängstigender dünkte als ein Dutzend Geister, eben weil er nicht zu erkennen vermochte, was es bedeutete oder bezweckte, so daß er zeitweise sogar befürchtete, daß er, Scrooge, in ebendiesem Augenblick einen wissenschaftlich interessanten Fall von Selbstentzündung darstellte, aber ohne den Trost, es selber zu wissen. Zum Schluß begann er jedoch zu denken – was der geneigte Leser und ich von Anfang an gedacht hätten, denn der Außenstehende weiß immer, was man in einer mißlichen Lage hätte tun sollen, und hätte es zweifellos auch getan –, zum Schluß, sage ich, begann er zu denken, daß die geheimnisvolle Quelle des geisterhaften Lichts vielleicht im Nebenzimmer liegen könnte, woher es, bei näherer Untersuchung, auch zu kommen schien. Da er alsbald von dieser Überzeugung durchdrungen wurde, erhob er sich leise und schlurfte in seinen Filzpantoffeln zur Tür.

Gerade als Scrooge seine Hand auf die Klinke legte, rief ihn eine fremde Stimme beim Namen und gebot ihm einzutreten. Er gehorchte.

Es war sein eigenes Wohnzimmer. Kein Zweifel. Doch es hatte sich seltsam verwandelt. Wände und Decke waren so reich mit üppigem Wintergrün behangen, daß es einem richtigen Wäldchen glich, wo rote und weiße Beeren aus dem Laub glänzten. Die frischen Blätter der Stechpalmen-, Mistel- und Efeuzweige reflektierten das Licht wie unzählige Spiegelchen, und im Kamin loderte ein so prächtiges Feuer, wie dieses Fossil einer Feuerstelle es weder in Scrooges noch in Marleys Zeit so manchen Winter lang erlebt hatte. Auf dem Fußboden häuften sich, zu einer Art Thron aufgestapelt, die leckersten Eßwaren: Truthähne, Gänse und anderes Geflügel, alle möglichen Sorten Wild, Schweinsköpfe, mächtige Lendenstücke, Spanferkel, lange Wurstkränze, Pasteten, Plumpuddings, ganze Fäßchen voll Austern, knusprig geröstete Kastanien, rotbackige Äpfel, saftige Orangen, köstliche Birnen, riesenhafte Rosinenstollen und Kannen voll leise brodelndem Punsch, aus denen der verlockendste Duft aufstieg. Auf diesem wohlschmeckenden Lager lehnte in bequem lässiger Haltung ein höchst vergnügter Riese, bei dessen Anblick einem buchstäblich warm ums Herz wurde. In der Hand hielt er eine brennende Fackel, deren Form an Fortunas Füllhorn erinnerte, und die hob er jetzt hoch empor, um ihr Licht über Scrooge zu verströmen, der vorsichtig hinter der Tür hervorlugte.

«Tritt ein!» befahl der Geist. «Tritt ein, Mensch, damit du mich besser kennenlernst!»

Scrooge trat zaghaft ein und stand mit gesenktem Kopf vor dem Geist. Er war nicht mehr der verbissene Scrooge, der er gewesen, und obwohl die Augen des Geistes hell und freundlich blickten, scheute er sich, ihnen zu begegnen.

«Ich bin der Geist der Gegenwärtigen Weihnacht», verkündete die Erscheinung. «Sieh mich an!»

Scrooge tat es mit gebührender Ehrfurcht. Der Geist war in ein weites, grünes, mit weißem Pelz verbrämtes Gewand gekleidet. Es hing so lose um seine Gestalt, daß es die mächtige Brust bloß ließ, als verschmähte sie jeden künstlichen Schutz. Die

Füße, die aus den Falten des weiten Gewandes hervorschauten, waren gleichfalls bloß, und er trug keine andere Kopfbedeckung als einen Stechpalmenkranz, in dem hie und da Eiszapfen glitzerten. Das Haar wallte in langen dunklen Locken frei auf die Schultern herab; frei wirkten auch seine lebhaften Züge, seine weit geöffneten Hände, seine herzliche Stimme, sein ungekünsteltes Gehaben, seine freudige Miene. Er war mit einem antiken Degengehänge gegürtet, aber kein Schwert steckte darin, und die uralte Scheide war von Rost zerfressen.

«Meinesgleichen hast du nie erblickt!» rief der Geist aus.

«Niemals», bestätigte Scrooge.

«Und bist auch nie mit den jüngeren Mitgliedern meiner Familie lustwandelt? Ich meine, mit meinen älteren Brüdern (denn ich bin der Jüngste), die in den letzten Jahren das Licht der Welt erblickten?» fuhr das Phantom fort.

«Meines Wissens nicht», sagte Scrooge. «Nein, ich fürchte nicht. Hast du viele Brüder, Geist?»

«Über achtzehnhundert», versetzte der Geist.

«Eine große Familie zu versorgen», murmelte Scrooge.

Der Geist der Gegenwärtigen Weihnacht erhob sich.

«Geist», sprach nun Scrooge unterwürfig, «führe mich, wohin du willst. Gestern nacht ging ich gezwungenermaßen mit und erhielt eine Lehre, die Früchte zu tragen beginnt. Wenn du mich heute nacht etwas zu lehren hast, will ich es gut beherzigen.»

«Berühre mein Gewand!»

Scrooge gehorchte und hielt sich daran fest.

Stechpalmen, Mistelzweige, Beeren und Efeu, Puten und Gänse, Wild, Geflügel, Schweinsköpfe, Fleisch, Spanferkel und Würste, Austern, Pasteten, Puddings, Früchte und Punsch, alles war augenblicklich verschwunden. Ebenso das Zimmer, das Feuer, der rötliche Lichtschein, die Nachtstunde. Es war Weihnachtsmorgen, und sie standen auf der Straße, mitten in der City, wo allenthalben (denn das Wetter war kalt) eine rauhe, aber muntere und nicht ungefällige Musik ertönte, denn die Leute waren damit beschäftigt, den Schnee vor ihren Häusern wegzuschippen und von ihren Dächern zu fegen, zum tollen Entzücken der Gassenjungen, die jubelnd zusahen, wie er in großen Klumpen herabfiel und künstliche kleine Schneestürme hervorrief.

Schwarz und düster wirkten die Fassaden der Häuser und noch schwärzer die Fenster, im Gegensatz zu der glatten weißen Schneedecke auf den Dächern und dem schmutzigeren Schnee auf der Straße, in den die schweren Wagenräder tiefe Furchen gepflügt hatten; auf den Plätzen, wo sich mehrere große Straßen kreuzten, bildeten diese Furchen ein dichtes Gewirr und verzweigten sich zu einem komplizierten System von Kanälen, die in dem dikken gelblichen Matsch aus Schnee und halb aufgetautem Eis nur schwer zu verfolgen waren. Der Himmel war düster und die Sackgassen von einem schmierigen, halbgefrorenen Nebel verstopft, dessen schwerere Partikel in Form eines Rußregens herabsanken, als hätten sämtliche Schornsteine von Großbritannien einmütig beschlossen, Feuer zu fangen und nach Herzenslust abzubrennen. Das Klima hatte nichts Erheiterndes an sich, und doch lag eine heitere Stimmung über der Stadt, wie sie die klarste Sommerluft und die strahlendste Sommersonne nicht so leicht hätten verbreiten können.

Die Leute, die ihre Schwellen und Dächer fegten, waren so vergnügt und fröhlich! Sie riefen einander scherzhafte Worte zu und tauschten wohl auch ab und zu zum Spaß einen Schneeball – ein weit gutmütigeres Geschoß als so mancher Wortwitz –, wobei allseits herzlich gelacht wurde, wenn er traf, und nicht minder herzlich, wenn er danebenging. Die Geflügelhandlungen waren noch halb geöffnet, und die Obstgeschäfte strahlten in vollem Glanz. Da gab es große, runde, dickbauchige Körbe voll Kastanien, die an die korpulente Figur von wohlgelaunten alten Herren erinnerten, die behaglich vor der Tür standen und in ihrer schlagflüssigen Fülle die Stufen hinabzustolpern drohten. Da gab es rötlich braune spanische Zwiebeln, die fetten spanischen Mönchen ähnelten und von ihrem Bord aus mit verstohlener Lüsternheit den jungen Mädchen zuzwinkerten, die sittsam vorbeigingen und nur einen züchtigen Blick zu dem über der Tür hängenden Mistelzweig hinaufwarfen. Da gab es Äpfel und Birnen, zu üppigen Pyramiden gehäuft; Bündel von saftigen Weintrauben, die dank der Menschenfreundlichkeit der Ladenbesitzer recht auffallend an langen Haken herabbaumelten, damit den Passanten gratis das Wasser im Munde zusammenliefe; Körbe voll glänzend braunen Haselnüssen, die mit ihrem moosigen Duft an frohe Waldwanderungen und das vergnügliche Waten im welken Laub erinnerten. Da waren handfeste englische Landäpfel, die sich feist und bräunlich vom Gelb der Apfelsinen und Zitronen abhoben und mit der ganzen Gewichtigkeit ihrer saftigen Person dringend verlangten und flehten, in Papiertüten nach Hause getragen und nach dem Dinner verspeist zu werden. Und obwohl sie doch einer stumpfen, kaltblütigen Rasse angehörten, wußten anscheinend sogar die gold- und silbergleißenden Fische, die in einem gläsernen Behältnis zwischen den erlesenen Früchten hausten, daß etwas Besonderes im Gange war, und schwammen vom ersten bis zum letzten Fisch in gemächlicher, leidenschaftsloser Erregung luftschnappend unaufhörlich rund um ihre kleine Welt herum.

Aber erst der Kolonialwarenhändler, ach, der Kolonialwarenhändler! Halb geschlossen, ein oder zwei Fensterläden bereits herabgelassen, aber welche Herrlichkeiten nahm man durch die Spalten wahr! Nicht nur, daß die auf den Ladentisch herabsinkenden Waagschalen einen so fröhlichen Klang von sich gaben und daß der Bindfaden so hurtig von seiner Rolle ablief; nicht nur, daß die Blechdosen mit jongleurartiger Gewandtheit auf und nieder klapperten oder daß die vereinten Tee- und Kaffeedüfte die Nase so angenehm kitzelten, und nicht einmal, daß die Rosinen so köstlich klebrig, die Mandeln so außergewöhnlich weiß, die Zimtrinden so lang und gerade, die anderen Gewürze so pikant, die kandierten Früchte so dick mit gesponnenem Zucker überzogen waren, daß die kaltblütigsten Betrachter schwach und infolgedessen reizbar wurden. Es lag auch nicht daran, daß die Feigen so feucht und prall glänzten, daß die französischen Pflaumen so schamhaft-neckisch aus ihren prächtig dekorierten Schachteln hervorlugten oder daß alle die guten Dinge in ihrem schönsten Weihnachtsschmuck prangten. Doch die Kunden hatten es alle so eilig, diesen verheißungsvollen Tag zu beginnen, daß sie in ihrem Eifer in der Tür zusammenstießen, wobei ihre Einkaufskörbe wild aneinanderkrachten, daß sie ihre Einkäufe auf dem Ladentisch liegenließen und zurückrennen mußten, um sie zu holen, und hundert kleine Irrtümer begingen, alles in der denkbar besten Laune; während der Kaufmann und seine jungen Leute sich so frank und frei betrugen, daß die blankpolierten Herzen, mit denen ihre Schürzen hinten zusammengehakt waren, ihre eigenen Herzen hätten sein können, die sie zwecks kostenloser Besichtigung und zur allfälligen Bedienung der Weihnachtsdohlen ausnahmsweise außen trugen.

Doch bald begannen die Glocken alle guten Leute zu Kirche und Kapelle zu rufen, und sie kamen, sie strömten in ihren besten Kleidern und mit ihren fröhlichsten Gesichtern scharenweise durch die Straßen. Und gleichzeitig tauchten aus unzähligen Seitengassen, Durchgängen und namenlosen Quersträßchen unzählige Leute auf, die ihr Festessen in die Backstuben trugen. Der Anblick dieser bescheidenen Schwelger schien den Geist besonders zu interessieren; er stellte sich mit Scrooge in die Tür einer Bäckerei und lüftete, während die Leute an ihm vorbeizogen, unbemerkt den Deckel von ihren Töpfen und Pfannen, um ihre Speisen mit Weihrauch aus seiner Fackel zu besprengen. Es war offenbar eine ganz ungewöhnliche Fackel, denn als ein- oder zweimal zwischen den bepackten Essensträgern, die einander im Gedränge in die Quere kamen, Streit auszubrechen drohte, besprengte er sie mit ein paar Tropfen Wasser aus der Fackel, und augenblicklich waren sie wieder in bester Laune. Sie sagten, es wäre doch eine Schande und lohne sich nicht, am Weihnachtstag zu zanken. Und so war es auch, bei Gott, so war es auch!

Allmählich verstummten die Glocken, und die Backstuben wurden geschlossen. Trotzdem konnte man das allmähliche Garwerden der vielen Weihnachtsmähler ganz vergnüglich gleichsam im Abbild verfolgen, denn über jedem Backofen taute das gefrorene Straßenpflaster zu einem feuchten Fleck auf und dampfte, als ob die Steine selbst gebacken würden.

«Liegt eine besondere Würze in dem, was du aus deiner Fackel versprengst?» fragte Scrooge.

«Gewiß. Meine eigene.»

«Und eignet sie sich für jedes Mahl, das heute verzehrt wird?» fragte Scrooge.

«Für jedes, das aus freundlichem Herzen dargeboten wird - vor allem für ein karges Mahl.»

«Warum vor allem für ein karges Mahl?»

«Weil sie da am notwendigsten gebraucht wird.»

«Geist», sagte Scrooge nach einigem Nachdenken, «ich wundere mich, daß von allen überirdischen Wesen gerade du darauf aus bist, die harmlosen Vergnügungen dieser armen Menschen einzuschränken.»

«Ich sollte das wünschen!» rief der Geist.

«Du möchtest sie der Gelegenheit berauben, jeden siebenten Tag ein schmackhaftes Mahl zu sich zu nehmen, nicht wahr?» sagte Scrooge. «Dabei ist dies doch in vielen Fällen der einzige Tag, an dem sie überhaupt behaglich speisen könnten.»

«Ich sollte das tun!» wiederholte der Geist.

«Du verlangst, daß Garküchen und ähnliche Plätze am siebenten Tag geschlossen bleiben - das kommt auf dasselbe heraus», sagte Scrooge.

«Ich sollte das verlangen!» rief der Geist.

«Verzeih, wenn ich etwas Falsches behaupte - aber es wird in deinem Namen oder zumindest im Namen deiner Verwandten gefordert», sagte Scrooge.

«Auf dieser euerer Erde», versetzte der Geist, «gibt es manche, die Anspruch darauf erheben, uns zu kennen, und die behaupten, Handlungen, zu denen Leidenschaft, Hochmut, Übelwollen, Haß, Neid, Engstirnigkeit und Selbstsucht sie treiben, in unserem Namen zu vollbringen. Sie sind uns und allem, was zu uns gehört, so fremd, als hätten sie nie gelebt. Denke daran und leg ihre Taten nicht uns, sondern ihnen selbst zur Last.»

Scrooge versprach es, und sie gingen unsichtbar wie bisher weiter, bis sie in die Vororte der Stadt gelangten. Es war eine merkwürdige Eigenschaft des Geistes (die Scrooge schon beim Bäcker aufgefallen war), daß er ungeachtet seiner Riesengröße an jedem Ort mit Leichtigkeit Platz fand und daß seine Haltung unter einem niedrigen Dach genauso anmutig und hoheitsvoll wirkte, als stünde er in der erhabensten Säulenhalle.

Vielleicht machte es dem guten Geist Spaß, mit dieser Fähigkeit ein bißchen großzutun, oder er ließ sich einfach von seiner herzlichen, großmütigen Natur und seiner Sympathie für die Armen und Bedrückten leiten – jedenfalls begab er sich geradewegs in die Wohnung von Scrooges Kommis und nahm Scrooge, der sich an seinem Gewand festhielt, mit. Auf der Schwelle von Bob Cratchits ärmlicher Behausung blieb der Geist lächelnd stehen und segnete sie mit einem Spritzer aus seiner Fackel. Man denke! Bob verdiente pro Woche nur fünfzehn «Bobs»*; er konnte am Samstag jeweils nur fünfzehn Abdrücke seines Taufnamens in die Tasche stecken. Und dennoch segnete der Geist der Gegen-

* Bob: Shilling (Anm. d. Übers.)

wärtigen Weihnacht sein enges Vierzimmerhäuschen!

Drinnen stand Mrs. Cratchit, Cratchits Eheliebste, in einem ärmlichen, zweimal gewendeten Kleid, aber wacker im Schmuck von Bändern prangend – denn Bänder sind billig, und für Sixpence kann man da schon einigen Staat machen –, und deckte den Tisch, unterstützt von Belinda Cratchit, ihrer zweitältesten Tochter, die gleichfalls wacker im Schmuck von Bändern prangte. Master Peter Cratchit aber prüfte mit einer Gabel, ob die Kartoffeln schon gar wären, wobei ihm die Spitzen seines gewaltigen Hemdkragens (Bobs Privateigentum, zu Ehren des Tages seinem Sohn und Erben geliehen) ständig in den Mund kamen; er sonnte sich im Bewußtsein seiner Eleganz und lechzte danach, sich damit im mondänen Zirkel des Parks zu zeigen. Und jetzt stürmten zwei kleinere Cratchits, ein Junge und ein Mädchen, herein und verkündeten mit gellender Stimme, sie hätten vor dem Bäckerladen den Gänsebraten gerochen und am Geruch ihre eigene Gans erkannt! In üppigen Phantasien von Zwiebel- und Salbeisauce schwelgend, tanzten die jugendlichen Cratchits um den Tisch herum und zollten Master Peter Cratchit bewundernden Beifall, während er (nicht hochmütig, obwohl der hohe Kragen ihn schier erstickte) ins Feuer blies und pustete, bis die schwerfälligen Kartoffeln heftig aufbrodelten und laut an den Topfdeckel pumperten, um endlich herausgenommen und geschält zu werden.

«Warum wohl euer lieber Vater mit Klein-Tim so lange ausbleibt?» sagte Mrs. Cratchit. «Und Martha ist letzte Weihnachten auch nicht so spät gekommen.»

«Martha ist da, Mutter!» rief ein junges Mädchen, zur Tür hereintretend.

«Martha ist da, Mutter!» schrien die zwei kleinen Cratchits. «Hurra! Martha, es gibt *so* eine Gans!»

«Ach du meine Güte, wie spät du dran bist, Herzchen!» rief Mrs. Cratchit, während sie ihre älteste Tochter wohl ein dutzendmal küßte und ihr geschäftig Tuch und Hut abnahm.

«Wir hatten gestern noch eine Menge Arbeit fertigzumachen, bis spät abends, und heute gab es viel aufzuräumen», erwiderte Martha.

«Wenn du nur überhaupt gekommen bist», sagte Mrs. Cratchit. «Jetzt setz dich ans Feuer und wärme dich auf, mein Schatz.»

«Nein, nein!» schrien die beiden jugendlichen Cratchits, die überall zugleich waren. «Vater kommt! Du mußt dich verstecken, Martha!»

So versteckte sich Martha, und Vater trat ein, der kleine Bob, dem sein Schal mindestens drei Fuß lang über die Brust hing, die Franse nicht mitgerechnet, das fadenscheinige Röckchen so sauber geflickt und gebürstet, daß er ganz festlich aussah, und Klein-Tim saß auf seiner Schulter. Armer Klein-Tim! Er trug eine kleine Krücke, und seine dünnen Beinchen steckten in eisernen Schienen.

«Ja, wo ist denn unsere Martha?» rief Bob Cratchit nach einem Blick in die Runde.

«Sie kommt nicht», sagte Mrs. Cratchit.

«Kommt nicht!» rief Bob mit einem jähen Absinken seiner frohen Stimmung, denn er war den ganzen Weg von der Kirche her Tims Vollblutroß gewesen und in ungebändigter Wildheit ins Haus gestürmt. «Kommt nicht – zu Weihnachten!»

Martha ertrug es nicht, ihn so enttäuscht zu sehen, nicht einmal zum Spaß; sie sprang vorzeitig hinter der Schranktür hervor und fiel ihm um den Hals, während die zwei jugendlichen Cratchits sich Klein-Tims bemächtigten und ihn schleunigst in die Waschküche schleppten, damit er hören konnte, wie der Pudding im Waschkessel bullerte.

«Und wie hat sich denn Klein-Tim benommen?» fragte Mrs. Cratchit, nachdem sie Bob wegen seiner Leichtgläubigkeit ausgelacht und Bob seine Tochter nach Herzenslust geherzt hatte.

«So gut wie Gold und noch besser», erwiderte Bob. «Manchmal verfällt er in Sinnen, weil er doch soviel allein ist, und dann kommt er auf die sonderbarsten Gedanken. Auf dem Rückweg sagte er mir, hoffentlich hätten ihn die Leute in der Kirche gesehen, weil er ein Krüppel sei und sie sich am Weihnachtstag doch sicher gern daran erinnerten, wer die Lahmen gehend und die Blinden sehend machte.»

Bob sagte es mit zitternder Stimme, und sie zitterte noch stärker, als er hinzufügte, daß Klein-Tim ja mit jedem Tag kräftiger und gesünder würde.

Doch jetzt war der Klang der geschäftigen kleinen Krücke auf dem Fußboden zu hören, und Klein-Tim kehrte, von seinem Bruder und seiner Schwester geleitet, zu seinem Stühlchen vor dem Feuer zurück; während Bob die Ärmel aufkrempelte – armer Kerl, als ob irgend etwas vermocht hätte, sie noch schäbiger zu machen, als sie schon waren! – und in einem Krug ein heißes Getränk aus Gin und Zitronen zusammenbraute, eifrig darin herumrührte und es zum Köcheln auf den Kaminvorsatz stellte. Master Peter aber und die beiden allgegenwärtigen jugendlichen Cratchits machten sich auf, um die Gans zu holen, mit welcher sie alsbald in feierlicher Prozession zurückkehrten.

Nun folgte ein so aufgeregtes Treiben, daß man hätte meinen können, eine Gans sei der allerseltenste Vogel, ein gefiedertes Phänomen, mit dem verglichen ein schwarzer Schwan etwas ganz Alltägliches wäre – und so war es ja in diesem Hause auch. Mrs. Cratchit machte die Bratensauce (die schon in einem Töpfchen bereitstand) siedend heiß. Master Peter zerstampfte die Kartoffeln mit schier unglaublicher Kraft zu Brei. Miss Belinda tat Zukker an das Apfelmus. Martha rieb die erwärmten Teller blank. Bob Cratchit setzte Klein-Tim in sein Winkelchen neben sich an den Tisch. Die beiden jugendlichen Cratchits stellten die Stühle für alle zurecht, ohne sich selber zu vergessen, und bezogen Posten, den Löffel in den Mund gezwängt, um nicht am Ende «Gans!» zu schreien, bevor sie an der Reihe wären. Schließlich wurden die Schüsseln auf den Tisch gestellt und das Tischgebet gesprochen. Eine atemlose Pause folgte, während Mrs. Cratchit ihren Blick langsam über die ganze Länge des Tranchiermessers schweifen ließ und sich bereitmachte, es in die Brust zu stoßen. Doch als sie es endlich tat und das langerwartete Zischen, mit dem die Füllung hervorquoll, zu vernehmen war, erhob sich ringsum ein einmütiges Murmeln der Begeisterung, und sogar Klein-Tim hämmerte, von den beiden jugendlichen Cratchits angespornt, mit dem Griff seines Messers auf den Tisch und schrie mit schwacher Stimme: «Hurra!»

So eine Gans hatte es nie gegeben. Bob sagte, er könne nicht glauben, daß je vorher eine solche Gans gebraten worden sei. Ihre Zartheit und ihr Wohlgeschmack, ihre Größe und ihr billiger Preis bildeten den Gegenstand der allgemeinen Bewunderung. Durch Apfelmus und Kartoffelbrei verlängert, lieferte sie eine ausreichende Mahlzeit für die ganze Familie; ja, sie hatten gar nicht alles aufessen können – wie Mrs. Cratchit, ein Atom von einem Knöchelchen auf der Schüssel betrachtend, hocherfreut erklärte! Und dabei hatte jeder genug gehabt, und insbesondere die beiden jugendlichen Cratchits troffen bis zu den Augenbrauen von Salbei- und Zwiebelsauce. Doch nun wechselte Miss Belinda die Teller, und Mrs. Cratchit verließ – allzu nervös, um Zuseher zu dulden – allein die Küche, um den Pudding aus dem Waschkessel zu fischen und aufzutischen.

Wenn er nicht ganz durchgekocht wäre! Wenn er zerfiele! Wenn jemand über die Hofmauer gestiegen wäre und ihn gestohlen hätte, während sie sich an der Gans gütlich taten – ein Gedanke, der die beiden jugendlichen Cratchits erbleichen ließ! Was konnte ihm nicht alles zugestoßen sein!

Hallo! Eine Menge Dampf! Der Pudding war aus dem Waschkessel gezogen. Ein Geruch nach Waschtag! Das war die Serviette, in der er gekocht wurde. Ein Geruch wie nach einem Gasthaus und einer Zuckerbäckerei und einer Wäscherei daneben – das war der Pudding! Gleich darauf erschien auch Mrs. Cratchit, hochrot, aber mit stolzer Siegermiene, mitsamt dem Pudding; letzterer anzusehen wie eine gesprenkelte Kanonenkugel, so hart und fest, in einem Viertelmaß Brandy lodernd und weihnachtlich geschmückt mit einem Stechpalmenzweiglein!

Ach, welch köstlicher Pudding! Bob Cratchit sagte, noch dazu mit größter Seelenruhe, er betrachte ihn als die größte Glanzleistung, die Mrs. Cratchit seit ihrer Hochzeit vollbracht hätte. Mrs. Cratchit sagte, jetzt, da es ihr wie ein Stein vom

Herzen gefallen sei, wolle sie gestehen, daß sie bezüglich der Mehlmenge ihre Zweifel gehegt hätte. Jeder hatte etwas über den Pudding zu sagen, aber keiner sagte oder dachte auch nur, daß er für eine so große Familie etwas klein geraten sei. Das wäre pure Ketzerei gewesen. Jeder der Cratchits hätte sich geschämt, so etwas auch nur anzudeuten.

Schließlich war das Mahl zu Ende, der Tisch abgeräumt, der Herd gefegt, das Feuer neu aufgebaut. Nachdem man die Mischung im Krug gekostet und für vortrefflich erklärt hatte, wurden Äpfel und Orangen auf den Tisch gestellt und eine Schaufel voll Kastanien zum Rösten über die Glut gelegt. Die ganze Familie Cratchit setzte sich im Kreis – wie Bob Cratchit sagte, womit er einen Halbkreis meinte – um den Herd, und an Bob Cratchits Seite stand, was die Familie an Trinkgläsern vorzuweisen hatte: zwei Wassergläser und ein henkelloses Saucekännchen.

Doch diese Gefäße faßten die heiße Flüssigkeit aus dem Krug genausogut, wie goldene Becher es getan hätten, und Bob schenkte mit strahlendem Gesicht ein, während die Kastanien auf dem Feuer geräuschvoll krachten und knallten.

Dann brachte Bob einen Trinkspruch aus: «Uns allen fröhliche Weihnachten, meine Lieben! Gott segne uns!»

Was die ganze Familie wiederholte.

«Gott segne jeden von uns», sagte Klein-Tim als letzter.

Er saß auf seinem Stühlchen ganz dicht neben seinem Vater, und Bob hielt das welke Händchen umfaßt, als müßte er das geliebte Kind festhalten; als fürchtete er, daß es ihm geraubt werden könnte.

«Geist!» rief Scrooge mit einer Anteilnahme, wie

er sie noch nie empfunden hatte. «Sag mir, ob Klein-Tim am Leben bleiben wird!»

Der Geist erwiderte: «Ich sehe einen leeren Platz im Winkel dieser ärmlichen Feuerstelle und eine liebevoll aufbewahrte, herrenlose kleine Krücke. Falls die Zukunft diese Schatten unverändert läßt, wird das Kind sterben.»

«Nein, nein!» rief Scrooge. «Nein, gütiger Geist! Sag, daß es am Leben bleibt!»

«Falls die Zukunft diese Schatten unverändert läßt, wird keiner meiner Brüder ihn hier vorfinden», versetzte der Geist. «Was ist dabei? Wenn er nicht lebensfähig ist, soll er lieber sterben und den Bevölkerungsüberschuß verringern.»

Als er den Geist seine eigenen Worte zitieren hörte, ließ Scrooge, von Kummer und Reue übermannt, den Kopf hängen.

«Mensch!» sprach der Geist. «Sofern dein Herz ein Menschenherz und nicht von Stein ist, laß ab von solchem sündhaften Gerede, solang du nicht entdeckt hast, *was* der Überschuß ist und *wo* er ist. Willst *du* etwa entscheiden, welche Menschen leben und welche Menschen sterben sollen? Es könnte sein, daß du in den Augen des Himmels unwürdiger und unnützer bist als dieses Kind der Armut und Millionen seinesgleichen! Herrgott! Zu hören, wie das Insekt auf dem Blatt seinen Spruch über die allzu große Zahl seiner im Staube hungernden Brüder fällt!»

Unter dem strengen Verweis des Geistes senkte Scrooge zitternd den Blick zu Boden. Doch er erhob ihn rasch wieder, als er seinen Namen hörte.

«Mr. Scrooge!» rief Bob. «Aufs Wohl von Mr. Scrooge, den Stifter des festlichen Mahls!»

«Stifter des festlichen Mahls, wahrhaftig!» rief

Mrs. Cratchit und wurde ganz rot. «Ich wollte, ich hätte ihn hier! Ich würde ihm etwas von meiner Meinung zu kosten geben und ihm guten Appetit dazu wünschen!»

«Meine Liebe!» mahnte Bob. «Die Kinder! Es ist Weihnachten.»

«Es muß wohl Weihnachten sein», erwiderte sie, «wenn man aufs Wohl eines so bösen, geizigen, hartherzigen und gefühllosen Menschen wie Mr. Scrooge trinkt! Du weißt, daß er das ist, Robert! Niemand weiß es besser als du, du Armer!»

«Meine Liebe, es ist Weihnachten!» wiederholte Bob milde.

«Dir zuliebe und dem Tag zuliebe will ich auf sein Wohl trinken», sagte Mrs. Cratchit, «obwohl er es nicht verdient. Er lebe! Fröhliche Weihnachten und ein glückliches neues Jahr für ihn! Ich bezweifle nicht, daß er sehr fröhlich und sehr glücklich sein wird.»

Die Kinder wiederholten den Trinkspruch; zum erstenmal lag keine Herzlichkeit in ihrem Ton. Klein-Tim trank als letzter, doch ohne Freude. Scrooge war für die ganze Familie der Schwarze Mann. Die Erwähnung seines Namens warf einen düsteren Schatten auf die kleine Gesellschaft, der ganze fünf Minuten lang nicht verflog.

Als er sich schließlich auflöste, waren sie noch zehnmal fröhlicher als zuvor, aus purer Erleichterung, daß der Unhold Scrooge jetzt abgetan war. Bob Cratchit berichtete, er hätte eine Stellung für Master Peter im Auge, die, falls man sie erlangen könnte, ganze fünfeinhalb Shilling wöchentlich eintragen würde. Die beiden jugendlichen Cratchits wollten sich bei der Vorstellung, daß Peter ein richtiger Geschäftsmann sein würde, schier zu Tode lachen, während Peter seinerseits zwischen seinen Kragenspitzen gedankenvoll ins Feuer starrte, als überlegte er, welche Anlagewerte er begünstigen sollte, wenn er in den Genuß dieses überwältigenden Einkommens gelangte. Dann erzählte Martha, die bei einer Putzmacherin in der Lehre stand, von ihrer Arbeit und wie viele Stunden hintereinander sie pausenlos schaffe und wie lang sie morgen früh im Bett bleiben und sich richtig ausschlafen wolle, denn den morgigen Feiertag durfte sie zu Hause verbringen; und daß sie vor ein paar Tagen eine richtige Gräfin und einen Lord gesehen hätte, und der Lord wäre ungefähr so groß wie Peter – worauf Peter seinen Kragen so hoch hinaufzog, daß ihr seinen Kopf nicht gesehen hättet, auch wenn ihr dort gewesen wäret! Der Krug und die Kastanien machten dabei die ganze Zeit die Runde, und zum Schluß gab es noch ein Lied von einem Kind, das sich im Schnee verirrt hatte, vorgetragen von Klein-Tim, der ein hübsches, klagendes Stimmchen hatte und es wirklich sehr gut sang.

An alldem war nichts Großartiges. Sie waren keine schöne, vornehme Familie und nicht elegant angezogen. Ihre Schuhe waren durchaus nicht wasserdicht, sie trugen dürftige Kleider, und Peter wußte höchstwahrscheinlich, wie es in der Bude eines Pfandleihers aussah. Aber sie waren froh und dankbar, sie liebten einander und waren zufrieden. Als der Geist sie zum Abschied noch einmal mit seiner Fackel besprengte und sie in deren letzten Aufleuchten noch glücklicher aussahen, bis sie allmählich verblaßten, behielt Scrooge sie bis zuletzt im Auge – besonders Klein-Tim.

Inzwischen begann es zu dunkeln und immer heftiger zu schneien, und als Scrooge und der Geist durch die Straßen wanderten, verbreiteten die hell lodernden Feuer in Küchen, Wohnstuben und allen möglichen anderen Räumen eine ganz wunderbare Helligkeit. Hier sah man im Licht der aufflackernden Glut die Vorbereitungen zu einem gemütlichen Weihnachtsmahl: heiße Teller, die vor dem Feuer gründlich durchbuken, und dunkelrote Vorhänge, die alsbald zugezogen wurden, um die Kälte und Finsternis auszuschließen. Dort rannten sämtliche Kinder des Hauses in den Schnee hinaus, um ihre Onkel, Tanten, Cousins und verheirateten Geschwister, die zu Besuch kamen, als erste zu begrüßen. Anderswo malten sich die Schatten der versammelten Gäste auf den Fenstervorhängen ab, und dort drüben trippelte eine ganze Schar von hübschen Mädchen, alle in Pelzkapuzen und Pelzstiefelchen und alle gleichzeitig durcheinander zwitschernd, leichtfüßig zu einem benachbarten Haus hinüber; weh dem wehrlosen Junggesellen, der sie so strahlend eintreten sah – und das wußten sie ganz genau, die listigen kleinen Hexen!

Nach der Zahl der Leute zu schließen, welche zu einer fröhlichen Gesellschaft unterwegs waren, hätte man gedacht, daß nirgends jemand daheim sein könnte, um sie willkommen zu heißen, während es doch andererseits schien, als würden in jedem Haus mit seinen lichterloh brennenden Feuerstätten Gäste erwartet! Du meine Güte, wie sich der Geist freute! Wie er seine breite Brust entblößte und seine Arme ausbreitete und mit weit geöffneten Händen seine strahlende Fröhlichkeit großzügig über alles im Umkreis ergoß! Noch der Lampenanzünder, der – schon festlich gekleidet für eine abendliche Lustbarkeit – vor ihnen herlief und die düstere Straße mit Lichtpünktchen betupfte, lachte hell auf, als der Geist an ihm vorbeischwebte, obwohl der Lampenanzünder doch wahrhaftig nicht wissen konnte, in welcher Gesellschaft er sich befand!

Doch plötzlich standen sie, ohne daß der Geist ein Wort gesagt hätte, auf einem öden, verlassenen Moor, wo ungeheuere Massen von unbehauenen Steinen verstreut umherlagen, als wäre es die Begräbnisstätte von Riesen; wo sich allenthalben Wassertümpel ausbreiteten oder es getan hätten, wenn der Frost sie nicht hätte zu Eis erstarren lassen, und wo nichts als Moos und Dornengestrüpp und grobes, hartes Riedgras wuchs. Tief unten am westlichen Himmel hatte die untergehende Sonne einen feuerroten Streifen zurückgelassen, der noch einen Augenblick lang wie ein zorniges Auge über der trostlosen Landschaft erglühte, bis es sich, finsterer und immer noch finsterer blickend, schließlich in der tiefen Dunkelheit der Nacht verlor.

«Wo sind wir?» fragte Scrooge. «Was ist dies für ein Ort?»

«Hier leben Bergleute, die sich im Inneren der Erde mühen», erwiderte der Geist. «Doch sie kennen mich. Sieh nur!»

Im Fenster einer Hütte leuchtete ein Licht. Sie näherten sich rasch und durchdrangen die aus Lehm und Steinen roh zusammengefügte Mauer. Drinnen fanden sie eine fröhliche Gesellschaft um das hell lodernde Feuer versammelt: ein uraltes Paar mit seinen Kindern und Kindeskindern und noch einer weiteren Generation dazu, alle in festtäglichem Putz. Mit einer Stimme, die sich kaum einmal über das Heulen des Windes draußen erhob, sang der alte Vater ihnen ein Weihnachtslied vor – es war ein sehr altes Lied gewesen, als er noch ein kleiner Junge war –, und von Zeit zu Zeit fielen sie alle in den Kehrreim ein. Sobald ihre hellen Stimmen sich erhoben, sang auch der Alte ganz laut und munter, und sobald sie verstummten, verging auch ihm die Kraft.

Hier verweilte der Geist nicht lange. Er gebot Scrooge, sich an seinem Gewand festzuhalten, und eilte mit ihm über das Moor hinweg – ja, wohin denn? Doch nicht aufs Meer hinaus? Jawohl, wahrhaftig aufs Meer hinaus! Als Scrooge sich umblickte, sah er zu seinem Entsetzen das letzte Stück Land, eine Reihe schreckerregender, hoher Klippen, hinter sich entschwinden, und seine Ohren waren vom donnernden Getöse des Wassers betäubt, das in den fürchterlichen, von ihm selbst ausgewaschenen Schlünden und Höhlen schäumte und wogte und raste, als wollte es in seinem wilden Grimm das ganze Land untergraben.

Eine gute Seemeile vom Ufer entfernt erhob sich auf einem unzugänglichen, halbversunkenen Felsenriff, an dem die Wogen das ganze stürmische Jahr lang wild gischtend emporbrandeten, ein einsamer Leuchtturm. Mächtige Haufen von Seetang umklammerten seinen Fuß, und Sturmschwalben – vom Wind geboren wie der Tang aus dem Wasser – umflatterten ihn, bald hoch emporsteigend, bald jäh hinabstürzend, wie die Wellen, deren Kämme sie im Flug streiften.

Doch sogar hier hatten die beiden Männer, die das Licht hüteten, ein fröhliches Feuer angezündet, dessen Schein durch den Sehschlitz in der mächtigen Steinmauer hell auf die fürchterliche See fiel. Quer über den rohen Tisch hinweg, an dem sie saßen, reichten sie sich die schwieligen Hände und tranken einander aus ihrer Blechkanne voll Grog fröhliche Weihnachten zu; und einer, noch dazu der ältere, dessen Gesicht die Spuren von Sturm und Wetter trug wie die Galionsfigur eines alten Schiffes, stimmte ein wackeres Lied an, das selbst wie eine steife Brise klang.

Auch von hier enteilte der Geist, immer weiter fort, über die schwarze, wild wogende See hinweg, bis sie, fern von jeder Küste (wie er Scrooge mitteilte), ein Schiff sichteten. Sie standen neben dem Steuermann am Ruder, neben dem Mann, der im Bug Ausguck hielt, neben dem Offizier auf Wache – dunklen, gespenstischen Gestalten allesamt; doch jeder Mann an Bord summte ein Weihnachtslied vor sich hin oder hing einem weihnachtlichen Gedanken nach oder unterhielt sich mit einem Gefährten halblaut über ein vergangenes Weihnachtsfest, an das sich heimwärts gerichtete Hoffnungen knüpften. Und jeder einzelne Mann an Bord hatte an diesem Tag, schlafend oder wachend, gut oder böse, ein freundlicheres Wort zum nächsten gesprochen als an jedem anderen Tag des Jahres, hatte auf irgendeine Art an den Festlichkeiten teilgenommen, hatte seiner Lieben in der Ferne gedacht und hatte gewußt, daß auch sie in Liebe seiner gedachten.

Es war eine große Überraschung für Scrooge, wie er so dem Heulen des Sturmes lauschte und dachte, welch ernste Sache es doch wäre, in einsamer Finsternis über unbekannte Abgründe dahinzugleiten, deren Tiefen so unergründlich waren wie der Tod – es war, sage ich, eine große Überraschung für Scrooge, mitten in diesen erhabenen Überlegungen ein herzliches Lachen zu vernehmen. Es war eine noch weit größere Überraschung für Scrooge, darin das Lachen seines eigenen Neffen zu erkennen und sich mit einem Mal in einem hellen, trockenen, festlich erleuchteten Zimmer zu sehen, während der Geist lächelnd neben ihm stand und ebendiesen Neffen mit sichtlichem Wohlgefallen betrachtete!

«Haha!» lachte Scrooges Neffe. «Hahaha!»

Sollte der geneigte Leser dank einem unwahrscheinlichen Zufall einen Mann kennen, der besser zu lachen versteht als Scrooges Neffe, kann ich nur sagen, daß ich ihn liebend gern kennenlernen würde. Bitte, man stelle mich ihm vor, und ich werde die Bekanntschaft nach besten Kräften pflegen.

Es ist eine gerechte, billige und geradezu edle Einrichtung, daß es auf dieser Welt nicht nur infektiöse Krankheiten und Sorgen gibt, sondern daß nichts so unwiderstehlich ansteckend ist wie Lachen und gute Laune! Während Scrooges Neffe sich nach seiner Art vor Lachen die Seiten hielt, den Kopf schüttelte und das Gesicht zu den sonderbarsten Grimassen verzerrte, lachte seine Frau, Scrooges angeheiratete Nichte, ebenso herzlich mit, und ihre versammelten Freunde standen ihnen in nichts nach.

«Haha! Hahahaha!»

«So wahr ich lebe, er sagte, Weihnachten wäre ein Unsinn!» lachte Scrooges Neffe. «Und das Schönste ist, daß er es wirklich glaubt!»

«Er sollte sich schämen, Fred!» rief Scrooges Nichte entrüstet. Gott segne die Frauen! Sie kennen keine Halbheiten. Sie gehen immer aufs Ganze.

Sie war sehr hübsch, ganz wunderhübsch: mit einem lieben, ständig erstaunten, ganz kapitalen Gesichtchen und einem vollen roten Mund, der eigens dazu geschaffen schien, um geküßt zu werden – was zweifellos auch geschah; mit so allerlei herzigen Grübchen ums Kinn herum, die beim Lachen ineinander verschmolzen, und den sonnigsten zwei Augen, die je in einem Köpfchen erblickt wurden. Alles in allem war sie, was man aufreizend nennen könnte, wißt ihr, aber dabei zufriedenstellend – oh, durchaus zufriedenstellend!

«Er ist ein komischer alter Kauz, das stimmt», sagte Scrooges Neffe, «und nicht so liebenswürdig, wie er allenfalls sein könnte. Aber mit seiner Art bestraft er nur sich selber, und ich habe ihm nichts vorzuwerfen.»

«Er muß doch schrecklich reich sein, Fred», meinte Scrooges Nichte. «Wenigstens erzählst du mir das immer.»

«Und wenn schon!» sagte Scrooges Neffe. «Er hat nichts von seinem Reichtum, er weiß nichts damit anzufangen. Weder vollbringt er etwas Gutes mit dem Geld, noch macht er es sich selber gemütlich. Er hat nicht einmal die Befriedigung, zu denken – hahaha! –, daß er *uns* jemals damit fördern könnte!»

«Ach was, ich mag ihn nicht!» bemerkte Scrooges Nichte. Die Schwestern von Scrooges Nichte und sämtliche anderen Damen drückten die gleiche Ansicht aus.

«Doch, ich habe ihn gern», sagte Scrooges Neffe. «Er tut mir leid – ich könnte ihm beim besten Willen nicht böse sein. Wer leidet denn unter seiner grämlichen Art? Immer nur er selber. Jetzt setzt er es sich in den Kopf, daß er uns nicht leiden kann, und will nicht zu uns kommen. Wem schadet das schon? Er hat an dem Essen wohl nicht viel verloren.»

«*Ich* meine, daß er *sehr* viel an dem Essen verloren

hat!» unterbrach ihn Scrooges Nichte. Alle anderen bestätigten es, und man muß ihnen wohl ein sachkundiges Urteil zubilligen, weil sie soeben gespeist hatten und jetzt, mit dem Dessert auf dem Tisch, beim Lampenschein rund ums Feuer saßen.

«Nun, das höre ich mit Vergnügen», sagte Scrooges Neffe, «weil ich nämlich kein großes Zutrauen zu diesen jungen Hausfrauen habe. Was meinst *du* dazu, Topper?»

Topper hatte sichtlich ein Auge auf eine der Schwestern von Scrooges Nichte geworfen, denn er antwortete, so ein armer Junggeselle sei ein elender Ausgestoßener, der nicht das Recht hätte, eine Meinung über diesen Punkt abzugeben; worauf die Schwester von Scrooges Nichte - die Mollige mit der Spitzenkrause, nicht die mit den Rosen - hold errötete.

«Erzähl doch weiter, Fred!» rief Scrooges Nichte, in die Hände klatschend. «Nie erzählt er zu Ende, was er angefangen hat! Er ist so ein lächerlicher Mensch!»

Scrooges Neffe begann aufs neue zu lachen, und da es unmöglich war, der Ansteckung zu entgehen - obwohl die mollige Schwester mit Hilfe ihres Riechfläschchens große Anstrengungen in dieser Richtung unternahm -, wurde sein Beispiel einmütig befolgt.

«Ich wollte nur bemerken», sagte Scrooges Neffe, «daß sein Entschluß, uns nicht zu mögen und nicht mit uns zu feiern, keine weiteren Folgen hat, als daß er sich selbst um ein paar angenehme Stunden bringt, die ihm nicht schaden könnten. Er verliert bestimmt eine nettere Gesellschaft, als er sie in seinen eigenen Gedanken finden kann, sei es in seinem muffigen alten Kontor oder seiner verstaubten

Wohnung. Ich gedenke ihm jedes Jahr wieder die Chance dazu zu geben, ob es ihm paßt oder nicht, weil er mir einfach leid tut. Er mag bis zu seinem seligen Ende über Weihnachten lästern, aber ich möchte doch sehen, ob er nicht etwas besser davon denken *muß*, wenn ich ihn Jahr für Jahr in der gleichen versöhnlichen Stimmung besuche und ihn frage: ‹Wie geht's, Onkel Scrooge?› Wenn es ihn nur dazu veranlaßt, seinem armen Kommis fünfzig Pfund zu vermachen, wäre das schon allerlei; und ich glaube, gestern habe ich ihn doch aufgerüttelt.»

Jetzt war es an den anderen, ihn auszulachen: die Idee, daß er Onkel Scrooge aufgerüttelt hätte! Doch da es ihm in seiner vollkommenen Gutmütigkeit ziemlich egal war, worüber sie lachten, wenn sie nur überhaupt lachten, stimmte er in ihre Lustigkeit ein und ließ fröhlich die Flasche kreisen.

Nach dem Tee gab es Musik, denn sie waren eine musikalische Familie und wußten, worauf sie sich einließen, wenn sie ein mehrstimmiges Lied oder einen Rundgesang anstimmten, das kann ich versichern – vor allem Topper, der einen Baß hinlegte wie ein rechter Mann, ohne daß ihm je die Stirnadern anschwollen oder daß er ein puterrotes Gesicht bekam. Scrooges Nichte spielte sehr hübsch Harfe, und unter anderem spielte sie ein einfaches kleines Lied (ein Nichts von einem Liedchen, in zwei Minuten konnte man es nachpfeifen), das dem kleinen Mädchen, das Scrooge dazumal aus der Schule abgeholt hatte, sehr vertraut gewesen war – wie es ihm der Geist der Vergangenen Weihnacht in Erinnerung gerufen hatte. Als diese Melodie ertönte, kam Scrooge alles in den Sinn, was der Geist ihm gezeigt hatte; er wurde weicher und weicher und dachte, wenn er es vor vielen Jahren öfter hätte hören können – ja, dann hätte er wohl die Freuden des Lebens mit eigener Hand und zu seinem eigenen Glück pflanzen und pflegen gelernt, ohne auf die Schaufel von Jacob Marleys Totengräber angewiesen zu sein.

Doch sie widmeten nicht den ganzen Abend der Musik. Nach einer Weile gab es Pfänderspiele, denn manchmal tut es einem gut, wieder ein Kind zu sein, und niemals besser als zu Weihnachten, der Zeit, da der mächtige Begründer des Festes selbst noch ein Kind war. Doch nein, halt! Zuerst spielten sie Blindekuh. Natürlich, wie denn nicht! Und ich glaube ebensowenig, daß Topper blind war, wie ich glaube, daß er Augen in den Schuhen hatte. Meine bescheidene Meinung ist die, daß es zwischen ihm und Scrooges Neffe abgekartet war und daß der Geist der Gegenwärtigen Weihnacht darum wußte! Denn die Art und Weise, wie Topper der molligen Schwester mit der Spitzenkrause nachsetzte, war ein gröblicher Mißbrauch der menschlichen Leichtgläubigkeit. Die Schürhaken herunterschlagend, über die Stühle stolpernd, ins Klavier hineinrennend, sich in die Vorhänge verwickelnd – wo sie hinlief, mußte er auch hin! Und er wußte immer, wo die mollige Schwester war. Er wollte niemanden anderen fangen. Wenn man ihm absichtlich in die Arme lief (wie es manche taten), führte er ein Scheinmanöver aus, das geradezu einem Affront gleichkam, und schwenkte unverzüglich in die Richtung der molligen Schwester ab. Sie rief oft ärgerlich, das wäre nicht fair, und das war es auch wirklich nicht. Doch als er sie schließlich erwischte, als er sie all ihrem seidenen Rascheln und ihrem flinken Vorbeiflitzen zum Trotz in einen Winkel kriegte, wo sie ihm nicht entkommen konnte, da wurde seine Aufführung ganz abscheulich; denn daß er tat, als erkenne er sie nicht, daß er behauptete, er müsse ihren Kopfputz berühren und sich auch sonst noch ihrer Identität versichern, indem er ihr einen gewissen Ring an den Finger steckte und eine Kette um den Hals hängte – das war gemein, das war ungeheuerlich! Zweifellos sagte sie ihm tüchtig ihre Meinung, als sie sich dann während der Fortsetzung der Partie so überaus vertraulich hinter dem Fenstervorhang unterhielten.

Scrooges Nichte beteiligte sich nicht an dem Blindekuh-Spiel, sondern mußte es sich in einem großen Lehnstuhl und mit einem Fußbänkchen im behaglichsten Winkel am Kamin bequem machen, wo der Geist und Scrooge dicht hinter ihr standen. Aber bei den Pfänderspielen tat sie wacker mit und liebte ihre Liebe durch alle Buchstaben des Alphabets hindurch. Auch beim «Wie? Was? Wo?» hielt sie sich großartig und schlug, zur heimlichen Freude von Scrooges Neffen, ihre Schwestern mit Abstand – obwohl die ebenfalls äußerst aufgeweckte Mädchen waren, wie Topper hätte bestätigen können. Alles in allem waren sie etwa zwanzig Leute, Jung und Alt, aber sie spielten sämtlich mit und Scrooge auch. Denn da er in seinem Interesse für die lustigen Rätselfragen völlig vergaß, daß seine Stimme für irdische Ohren unhörbar war, platzte er manchmal ganz laut mit seiner Antwort heraus und traf sehr oft das Richtige; denn die feinste Nähnadel, Marke Whitechapel – sticht garantiert nicht ins Auge –, war nicht feiner als Scrooges Verstand, so grob er sich auch zu stellen beliebte.

Der Geist freute sich sehr, ihn in dieser Stimmung zu sehen, und betrachtete ihn so wohlwollend, daß Scrooge wie ein Kind bettelte, bleiben zu dürfen, bis alle nach Hause gingen. Doch das, sagte der Geist, ließe sich nicht machen.

«Jetzt kommt ein neues Spiel!» rief Scrooge. «Nur noch eine halbe Stunde, Geist, eine einzige halbe Stunde!»

Das Spiel hieß «Ja und Nein». Scrooges Neffe dachte sich etwas aus, und die anderen mußten durch Fragen herauskriegen, was es war, wobei er nur mit «Ja» oder «Nein» antworten durfte. Das erste Trommelfeuer von Fragen, die auf ihn herabprasselten, ergab, daß er an ein Geschöpf dachte, ein lebendiges Geschöpf, ein ziemlich unangenehmes Geschöpf, ein wildes Geschöpf, ein Geschöpf, das manchmal knurrte und brummte und manchmal sprach und in London lebte und in den Straßen herumging und nicht für Geld gezeigt und von niemandem an der Kette geführt wurde und nicht in einer Menagerie lebte und nie geschlachtet wurde und weder ein Pferd noch ein Esel, noch eine Kuh, noch ein Stier, noch ein Tiger, noch ein Hund, noch ein Schwein, noch eine Katze, noch ein Bär war.

Bei jeder neuen Frage, die ihm gestellt wurde, brach der Neffe in ein neues helles Gelächter aus und amüsierte sich so unbeschreiblich, daß er vom Sofa aufspringen und mit den Füßen aufstampfen mußte, bis schließlich die mollige Schwester in einen ähnlichen Zustand geriet und rief: «Ich hab's! Ich weiß, was es ist, Fred! Ich hab's erraten!»

«Nun, was ist es?» rief Fred.

«Dein Onkel Scrooge!»

Und das war es tatsächlich! Das vorherrschende Gefühl war Bewunderung, wiewohl manche einwandten, die Antwort auf die Frage «Ist es ein Bär?» hätte «Ja» lauten müssen, insofern eine verneinende Antwort genügte, um die Gedanken, vorausgesetzt sie hätten diese Richtung eingeschlagen, von Mr. Scrooge abzulenken.

«Nun, jedenfalls hat er uns viel Spaß gemacht, und es wäre undankbar, nicht auf seine Gesundheit zu trinken», sagte Fred. «Hier haben wir gerade ein Glas Punsch zur Hand, und ich erhebe es auf sein Wohl. Onkel Scrooge soll leben!»

«Onkel Scrooge soll leben!» riefen alle.

«Fröhliche Weihnachten und ein glückliches neues Jahr dem alten Herrn!» fuhr Scrooges Neffe fort. «Er wollte es nicht von mir annehmen, aber es sei ihm trotzdem gewünscht. Auf Onkel Scrooge!»

Onkel Scrooge war unversehens so lustig und übermütig geworden, daß er der nichtsahnenden Gesellschaft seinerseits zugetrunken und in einer unhörbaren Ansprache gedankt hätte, wenn der Geist ihm nur Zeit gelassen hätte. Doch die ganze Szene verschwand im gleichen Atemzug wie das letzte Wort seines Neffen, und er und der Geist setzten ihre Reise fort.

Vieles sahen sie, weit führte sie ihr Weg, so manches Heim besuchten sie, und überall verbreiteten sie Glück. Der Geist stand an Krankenbetten, und die Kranken waren heiter; auf fremder Erde, und die Menschen fühlten sich der Heimat nahe; neben solchen, die schwer zu kämpfen hatten, und neue Hoffnung verlieh ihnen Kraft; bei Armen, und sie dünkten sich reich. In Armenhaus, Hospital und Kerker, in jedem Schlupfwinkel des menschlichen Elends, wo der Mensch in seiner Eitelkeit und seiner kurzen Machtvollkommenheit nicht die Tür verrammelt und den Geist ausgesperrt hatte, ließ er seinen Segen zurück und lehrte Scrooge seine Gebote.

Es war eine lange Nacht, sofern es bloß eine einzige Nacht war; doch daran zweifelte Scrooge, weil die ganzen Weihnachtstage in die Zeitspanne, die sie miteinander verbrachten, zusammengedrängt schienen. Es war auch seltsam, daß der Geist sichtlich älter und älter wurde, während Scrooge äußerlich unverändert blieb. Scrooge hatte diesen Wandel beobachtet, sprach aber nie davon, bis sie in der Dreikönigsnacht eine fröhliche Kindergesellschaft verließen und wieder im Freien standen; da sah er den Geist an und merkte, daß er weiße Haare hatte.

«Ist das Leben der Geister so kurz?» fragte Scrooge.

«Mein Leben auf dieser Erde ist sehr kurz bemessen», erwiderte der Geist. «Es endet heute.»

«Heute!» rief Scrooge.

«Heut um Mitternacht. Horch! Der Augenblick naht.»

Die Glocken schlugen soeben das dritte Viertel nach elf.

«Verzeih mir, falls ich zu dieser Frage nicht berechtigt bin», sagte Scrooge, der aufmerksam das Gewand des Geistes musterte, «aber ich sehe etwas Sonderbares, das nicht zu dir gehört, aus deinem Kleid hervorlugen. Ist es ein Fuß oder eine Klaue?»

«Es könnte eine Klaue sein, so wenig Fleisch ist daran», erwiderte der Geist bekümmert. «Sieh her!»

Aus den Falten seines Gewandes holte er zwei Kinder hervor, zwei elende, gemeine, abstoßende, scheußliche Jammergestalten. Sie warfen sich vor ihm auf die Knie und klammerten sich an den Saum seines Kleides.

«O Mensch, sieh her! Blicke hinab!» rief der Geist aus.

Ein Knabe und ein Mädchen. Mit fahler Haut,

abgemagert, zerlumpt, mit wölfischem Blick, doch gleichzeitig geduckt in ihrer Unterwürfigkeit. Wo die Anmut der Jugend ihre Züge hätte runden und mit den frischesten Farben schmücken sollen, hatte eine dürre, verrunzelte Hand, der Hand des Alters ähnlich, sie entstellt und verzerrt. Wo Engel hätten thronen können, grölten drohend lauernde Teufel. In aller Rätselhaftigkeit des Schöpfungswunders hat keine wie immer geartete Veränderung, keine Erniedrigung, keine Entstellung der menschlichen Natur auch nur annähernd so grauenhafte Ungeheuer hervorgebracht.

Scrooge wich entsetzt zurück. Da man sie ihm gleichsam zur Schau stellte, versuchte er zu sagen, es wären prächtige Kinder, doch die Worte gaben sich nicht zu einer so ungeheuerlichen Lüge her und blieben ihm in der Kehle stecken.

«Geist! Sind das deine Kinder?» Mehr vermochte Scrooge nicht herauszubringen.

«Es sind Kinder des Menschen», erwiderte der Geist, auf sie hinabblickend, «und sie klammern sich an mich, um Anklage gegen ihren Vater zu erheben. Dieser Knabe ist der Mangel, dieses Mädchen die Unwissenheit. Fürchte beide und alle ihrer Art, doch am meisten das Mädchen, denn auf seiner Stirn sehe ich die Zeichen geschrieben, die Verderben bedeuten, falls sie nicht gelöscht werden. Wage es zu leugnen!» rief der Geist, seine Hand gegen die Stadt ausstreckend. «Wage, die es behaupten, der Verleumdung zu bezichtigen! Wage, es zu deinen parteilichen Zwecken zuzugeben und dadurch noch schlimmer zu machen! Und du wirst sehen, wie es endet!»

«Finden sie nirgends Zuflucht? Nirgends Hilfe?» stammelte Scrooge.

«Gibt es keine Gefängnisse?» fragte der Geist, sich mit seinen eigenen Worten zum letztenmal an ihn wendend. «Gibt es keine Armenhäuser?»

Die Glocke schlug zwölf.

Scrooge schaute sich nach dem Geist um und sah ihn nicht mehr. Als der letzte Schlag verklang, erinnerte er sich der Ankündigung seines alten Jacob Marley. Er hob die Augen auf und erblickte eine seltsame Erscheinung, die tief verhüllt auf ihn zuglitt, wie ein über den Boden dahinziehender Nebel.

Vierte Strophe: Der letzte Geist

Das Phantom kam langsam, in feierlichem Schweigen heran. Als es nahe war, beugte Scrooge die Knie, denn noch die Luft, durch die sich der Geist bewegte, schien von düsterem Geheimnis erfüllt.

Er war in ein tiefschwarzes Gewand gehüllt, das sein Haupt, sein Antlitz, seine ganze Gestalt verbarg und nichts sehen ließ als eine ausgestreckte Hand. Ohne diese wäre es schwer gewesen, die Erscheinung von der nächtlichen Dunkelheit, die sie umgab, zu trennen.

Als die Gestalt vor ihm anhielt, spürte Scrooge, daß sie groß und stattlich war und daß ihre geheimnisvolle Gegenwart ihn mit feierlichem Grauen erfüllte. Mehr wußte er nicht, denn der Geist sprach nicht und bewegte sich nicht.

«Stehe ich vor dem Geist der Künftigen Weihnacht?» fragte Scrooge.

Statt aller Antwort wies der Geist mit der Hand nach vorn.

«Du willst mir die Schatten von Dingen zeigen, die sich noch nicht ereignet haben, sich aber in Zukunft ereignen werden», fuhr Scrooge fort. «Ist dem so, Geist?»

Die Falten im oberen Teil des Gewandes zogen sich einen Augenblick lang dichter zusammen, als hätte der Geist das Haupt geneigt. Das war die einzige Antwort, die Scrooge erhielt.

Obwohl er unterdessen schon an geisterhafte Gesellschaft gewöhnt war, empfand Scrooge solche Angst vor der schweigenden Gestalt, daß ihm die Beine unter dem Leibe zitterten, und als er sich ihr zu folgen anschickte, vermochte er sich kaum aufrecht zu halten. Der Geist blieb einen Moment lang stehen, als merke er Scrooges Zustand und ließe ihm Zeit, sich zu fassen.

Doch darum wurde Scrooge nur noch schlimmer zumute. Es erfüllte ihn mit einem undeutlichen, unbestimmten Grauen, daß sich hinter dem dunklen Tuch geisterhafte Augen eindringlich auf ihn richteten, während er, so sehr er auch seinen Blick anstrengte, nichts erkennen konnte als eine gespenstische Hand und eine große schwarze Masse.

«Geist der Zukunft!» rief er. «Ich fürchte dich mehr als alle anderen Geister, die ich sah! Doch da ich weiß, daß du es gut mit mir meinst, und da ich hoffe, daß es mir vergönnt sein wird, als ein gewandelter Mensch weiterzuleben, bin ich gewillt, dir zu folgen, und tue es dankbaren Herzens. Willst du nicht zu mir sprechen?»

Der Geist gab ihm keine Antwort. Seine Hand wies nach vorn.

«Führe mich!» bat Scrooge. «Geh voran! Die Nacht schwindet rasch, und ich weiß, daß ihre Zeit für mich kostbar ist. Geh voran, Geist!»

Das Phantom schritt weiter, wie es gekommen war. Scrooge folgte im Schatten seines Gewandes, das ihn, wie ihn dünkte, aufhob und mit sich forttrug.

Es war kaum, als begäben sie sich in die Stadt, eher schien die Stadt rings um sie aufzuschießen. Jedenfalls befanden sie sich plötzlich in ihrem Herzen, auf der Börse, mitten unter den Handeltreibenden, die hin und her hasteten, mit dem Geld in ihren Taschen klimperten, sich gruppenweise miteinander unterhielten, auf die Uhr schauten und nachdenklich mit ihren großen goldenen Petschaften spielten – ganz wie Scrooge sie so oft gesehen hatte.

Der Geist hielt neben einem kleinen Häuflein von Geschäftsleuten an. Da Scrooge bemerkte, daß die Hand ihn auf sie hinwies, trat er näher, um ihrem Gespräch zu lauschen.

«Nein, ich weiß auch nichts Näheres», sagte ein großer, dicker Mann mit einem gewaltigen Doppelkinn. «Ich weiß nur, daß er tot ist.»

«Wann ist er gestorben?» fragte ein anderer.

«Heut nacht, glaube ich.»

«Was hat ihm denn gefehlt?» erkundigte sich ein dritter, während er eine mächtige Prise aus einer großmächtigen Tabaksdose nahm. «Ich hätte gedacht, der würde nie sterben.»

«Weiß Gott», erwiderte der erste gähnend.

«Wie hat er über sein Geld verfügt?» fragte ein schlagflüssiger Herr mit einem Auswuchs an der Nasenspitze, der herabbaumelte wie die Kehllappen eines Truthahns.

«Davon habe ich nichts gehört», sagte der Herr mit dem Doppelkinn unter neuerlichem Gähnen. «Vielleicht hat er es seiner Firma hinterlassen. *Mir* hat er es nicht vermacht. Das ist alles, was ich weiß.»

Dieser Scherz wurde mit allgemeinem Lachen aufgenommen.

«Es wird vermutlich ein sehr billiges Leichenbegängnis sein», fuhr der Sprecher fort. «Ich wüßte wahrhaftig nicht, wer sich daran beteiligen sollte. Vielleicht gehen wir gemeinsam hin?»

«Sofern ein Lunch vorgesehen ist, hätte ich nichts dagegen», bemerkte der Herr mit dem Gewächs an der Nase. «Aber wenn ich ihm die letzte Ehre erweise, will ich auch zu essen bekommen.»

Neues Gelächter.

«Nun, ich scheine der Uneigennützigste von Ihnen zu sein», sagte der erste Sprecher. «Ich trage nie schwarze Handschuhe und esse nie Lunch, aber trotzdem bin ich bereit hinzugehen, wenn noch jemand mitkommt. Wenn ich's recht bedenke, bin ich gar nicht sicher, ob ich nicht sein allerbester Freund war, denn wenn wir einander begegneten, pflegten wir jedesmal stehenzubleiben und ein paar Worte zu wechseln. Also auf später!»

Sprecher und Zuhörer trieben auseinander und vermischten sich mit anderen Gruppen. Scrooge kannte die Herren alle und blickte den Geist fragend an.

Dieser glitt weiter, auf die Straße hinaus, und wies mit der Hand auf zwei Leute, die einander gerade begegneten. Scrooge dachte, daß er hier vielleicht die Erklärung für die ihm unverständlichen Reden vernehmen würde, und lauschte wieder.

Auch diese Herren kannte er gut. Sie waren beide sehr reiche und sehr angesehene Geschäftsleute, und er hatte stets großes Gewicht auf ihre Wertschätzung gelegt – das heißt, vom geschäftlichen Standpunkt, ausschließlich vom geschäftlichen Standpunkt.

«Wie geht's?» sagte der erste.
«Wie geht's?» sagte der zweite.
«Na, jetzt hat unser alter Harpagon auch das Zeitliche gesegnet», sagte der erste.
«Ja, das habe ich gehört», sagte der zweite. «Kalt, nicht?»
«Richtiges Weihnachtswetter. Sie sind wohl auch kein Schlittschuhläufer?»
«Ich? Nein. Da habe ich andere Sorgen. Guten Morgen.»
Kein Wort mehr. Das war ihre Begegnung, ihr Gespräch, ihr Abschied.
Zuerst wollte es Scrooge erstaunen, daß der Geist so alltäglichen Gesprächen überhaupt Beachtung schenkte, doch dann dachte er, sie müßten irgendeine geheime Bedeutung haben, und begann Überlegungen anzustellen. Auf den Tod seines alten Kompagnons, Jacob Marley, konnten sie sich kaum beziehen, denn der lag in der Vergangenheit, und das Reich dieses Geistes war die Zukunft. Es fiel ihm aber auch niemand anderer in seinem unmittelbaren Umkreis ein, auf den er sie hätte anwenden können. Da er jedoch überzeugt war, daß alle diese Worte, auf wen sie sich auch beziehen mochten, eine verborgene Nutzanwendung zu seinem eigenen Besten enthielten, beschloß er, alles, was er zu sehen und zu hören bekäme, sorgsam in seiner Erinnerung aufzubewahren und vor allem seinen eigenen Schatten, sobald er auftauchen würde, scharf zu beobachten. Er erwartete nämlich, daß das Verhalten seines künftigen Ich ihm die fehlenden Anhaltspunkte liefern und die Lösung all dieser Rätsel leichtmachen würde.
Er sah sich gleich hier, vor der Börse, nach seinem Abbild um, doch ein anderer stand an seinem

gewohnten Platz, und obwohl die Uhr die Tageszeit anzeigte, zu der er sich sonst hier aufzuhalten pflegte, erblickte er in der zur Tür hereinströmenden Menge niemanden, der ihm selber glich. Das überraschte ihn jedoch kaum, denn er hatte ja im stillen schon eine Veränderung seiner Lebensweise erwogen und hoffte nun, seine neuen Entschlüsse in dieser Weise verwirklicht zu sehen.

Das Phantom stand mit ausgestreckter Hand dunkel und schweigend neben ihm. Als Scrooge sich aus seinem Sinnen aufraffte, glaubte er, aus seiner Haltung und aus der Richtung der Hand zu schließen, daß die unsichtbaren Augen ihn scharf anblickten, und ein eisiger Schauer überlief ihn.

Sie verließen das geschäftige Treiben und begaben sich in einen verrufenen Teil der Stadt, wo Scrooge nie zuvor gewesen war, doch er erkannte, wo er sich befand. Hier waren die Straßen eng und schmutzig, die Läden und Häuser elend und verlottert, die Menschen halbnackt, betrunken, verkommen, häßlich. Sackgassen und Hauseingänge spien wie Senkgruben die Widerlichkeit ihrer Abfälle und Gerüche in die menschenwimmelnden Gassen hinaus, und das ganze Viertel stank nach Verbrechen, Dreck und Elend.

Im innersten Dickicht dieses schändlichen Winkels lag unter einem niedrigen Vordach ein windschiefer, finsterer Laden, wo Alteisen, Lumpen, Flaschen, Knochen und sonstige schmierige Abfälle feilgeboten wurden. Auf dem Fußboden türmten sich Haufen von verrosteten Schlüsseln, Nägeln, Ketten, Türangeln, Feilen, Waagschalen, Gewichten und eisernem Ausschuß jeglicher Art. Geheimnisse, in denen wohl kaum einer gern herumgewühlt hätte, lagen in Bergen von ekelhaften Lumpen, Haufen von stinkigem Fett und Grabstätten von schimmligen Knochen verborgen. Mitten unter den Waren, die er feilhielt, saß an einem aus alten Ziegeln zusammengemauerten Holzkohlenofen ein wohl siebzigjähriger grauhaariger Spitzbube; ein Vorhang aus schmutzstarrenden Lappen und Lumpen, über eine Leine gehängt, schirmte ihn von der Kälte draußen ab, und er schmauchte seine Pfeife im Hochgenuß stillen Behagens.

Gerade als Scrooge und der Geist sich dem Mann näherten, stahl sich eine Frau mit einem schweren Bündel in den Laden. Sie war noch kaum eingetreten, als eine zweite Frau mit einer ähnlichen Last ihr folgte, und gleich darauf erschien ein Mann in verschossenem Schwarz, der beim Anblick der beiden Weiber nicht weniger erschrocken zusammenfuhr als sie bei dem seinen. Nach einer kurzen Pause sprachloser Verblüffung, an der sich auch der Alte mit der Pfeife beteiligte, brachen alle drei in lautes Gelächter aus.

«Die Putzfrau soll die erste sein!» schrie die Frau, die zuerst eingetreten war. «Die Waschfrau soll die zweite sein! Und der Sargträger soll der dritte sein! He, Meister Joe, das ist ein glücklicher Zufall! Es hat sicher was zu bedeuten, daß wir uns ungewollt hier getroffen haben!»

«Ihr hättet Euch keinen besseren Ort aussuchen können», sagte der alte Joe, die Pfeife aus dem Mund nehmend. «Kommt in den Salon. Ihr habt längst freien Zutritt, das wißt Ihr, und die beiden anderen sind hier auch nicht fremd. Wartet nur, ich will die Ladentür schließen. Wie sie kreischt! So ein rostiges Stück Metall wie diese Türangeln gibt's im ganzen Laden nicht mehr und bestimmt auch keine älteren Knochen als die meinigen, hahaha! Wir passen gut zu unserem Gewerbe, wir passen zusammen. Aber kommt in den Salon, kommt in den Salon!»

Der Salon war der Winkel hinter dem Lumpenvorhang. Der Alte rechte mit einer Treppenläuferstange das Feuer zusammen, und nachdem er die blakende Lampe mit seinem Pfeifenstiel geputzt hatte (denn es war Nacht), steckte er die Pfeife wieder in den Mund.

Indessen warf die Frau, die bereits gesprochen hatte, ihr Bündel auf den Boden und ließ sich in frecher Haltung auf einem Schemel nieder. Sie stützte die Ellbogen auf die gespreizten Knie und sah die beiden andern herausfordernd an.

«Na, was ist denn dabei? Was ist denn dabei, Mrs. Dilber?» fuhr sie fort. «Jeder Mensch hat das Recht, an sich selber zu denken. *Er* hat's auch getan.»

«Das ist die reine Wahrheit!» bestätigte die Waschfrau. «Keiner hat's besser verstanden.»

«Was steht Ihr dann da, als hättet Ihr Angst, Weib? Wer kann uns was nachweisen? Und untereinander werden wir uns wohl nicht die Augen aushacken, was?»

«Nein, wahrhaftig nicht!» riefen Mrs. Dilber und der Mann wie aus einem Munde. «Das wollen wir nicht hoffen.»

«Dann ist's ja gut!» kreischte die Frau. «Wer wird das bißchen Kram schon entbehren? Ein Toter, mein' ich, kann nichts mehr damit anfangen.»

«Nein, wahrhaftig nicht!» bemerkte Mrs. Dilber lachend.

«Wenn er's über den Tod hinaus bewahren wollte, der böse alte Geizkragen», fuhr die Frau fort, «dann hätte er zu seinen Lebzeiten wie ein Mensch leben sollen. Dann wär' auch jemand dagewesen, um ihm in seiner letzten Stunde beizustehen, und er hätte nicht mutterseelenallein seine Seele aushauchen müssen.»

«Das ist die reine Wahrheit», wiederholte Mrs. Dilber. «Es ist die Strafe für seine Sünden.»

«Ich wollt', die Strafe wär' etwas schwerer», versetzte die Frau, «und sie wär' es auch, drauf könnt Ihr Euch verlassen, wenn ich was anderes hätte auftreiben können. Jetzt macht das Bündel auf, Meister Joe, und sagt mir, was es wert ist. Redet gerade heraus. Nehmt mich nur als erste dran, ich fürchte mich nicht. Die anderen dürfen es ruhig sehen. Ich glaub', wir wußten ganz gut, noch eh' wir uns hier trafen, daß jeder nach Kräften für sich selber gesorgt hat. Das ist keine Sünde. Macht das Bündel auf, Meister Joe.»

Doch das wollte die Artigkeit ihrer Freunde nicht zulassen, und der Mann im verschossenen schwarzen Rock sprang zuerst in die Bresche, um *seine* Beute vorzuweisen. Sie war nicht überwältigend. Ein Petschaft, ein Bleistiftkästchen, ein, zwei Paar Manschettenknöpfe und eine Krawattennadel von geringem Wert, das war alles. Der alte Joe prüfte sorgfältig Stück für Stück und schrieb den Betrag, den er für jedes zu zahlen gewillt war, mit Kreide an die Wand, um schließlich die Posten zu addieren.

«Das ist Euere Rechnung», sagte Joe, «und ich gebe keinen Penny mehr, auch wenn ich lebend gesotten würde. Wer kommt als nächster dran?»

Mrs. Dilber war die nächste. Bettlaken und Handtücher, ein paar Wäschestücke, zwei altmodische silberne Teelöffel, eine Zuckerzange, zwei

Paar Schuhe. Ihre Rechnung wurde in der gleichen Weise an der Wand aufgestellt.

«Den Damen zahle ich immer zuviel. Das ist meine Schwäche, und damit ruiniere ich mich», sagte der alte Joe. «Wenn Ihr den Mund auftätet, um einen halben Penny mehr zu verlangen, würde ich meine Großmütigkeit bereuen und augenblicklich eine halbe Krone abziehen.»

«Und jetzt macht mein Bündel auf, Joe», sagte die erste Frau.

Joe ließ sich der Bequemlichkeit halber auf die Knie nieder und zog – nachdem er eine Menge Knoten aufgeknüpft hatte – schließlich eine dicke, schwere Rolle von dunklem Stoff hervor.

«Was ist denn das?» rief Joe. «Doch nicht Bettvorhänge?»

«Gewiß doch, Bettvorhänge!» gab die Frau lachend zurück und lehnte sich noch herausfordernder vor.

«Ihr wollt doch nicht behaupten, daß Ihr sie abgenommen habt, mitsamt den Ringen und allem Zubehör, während er darunter aufgebahrt lag?»

«Doch!» sagte die Frau. «Warum nicht?»

«Ihr werdet Euch noch ein Vermögen erwerben!» rief Joe bewundernd. «Ihr seid dazu geboren!»

«Wenn ich nur die Hand auszustrecken brauche, um was zu erwischen, werd' ich sie nicht in die Tasche stecken, drauf könnt Ihr Euch verlassen», erwiderte die Frau kühl. «Jedenfalls nicht, wo's um so einen geht, wie *er* war. Achtung, daß Ihr keine Ölflecken auf die Bettdecken macht!»

«Sind das seine Decken?» fragte Joe.

«Von wem denn sonst? Er kann sie entbehren, mein' ich. Er wird sich wohl keinen Schnupfen mehr holen.»

«Hoffentlich ist er an nichts Ansteckendem gestorben? Wie?» fragte Joe, von seiner Tätigkeit aufschauend.

«Das braucht Ihr nicht zu befürchten», versetzte die Frau. «In dem Fall wär' ich dort nicht herumgelungert, so lieb war mir seine Gesellschaft wieder nicht. Aha, das Hemd! Ihr könnt es gegen das Licht halten, bis Euch die Augen weh tun, Ihr werdet doch kein Löchlein und keine fadenscheinige Stelle drin entdecken. Es war sein bestes Hemd und ist wirklich feine Ware. Wenn ich nicht wäre, hätten sie's verschleudert.»

«Was heißt verschleudert?» fragte der alte Joe.

«Begraben hätten sie ihn darin!» erwiderte die Frau lachend. «Irgendein Narr hatte es ihm tatsächlich angezogen, aber ich hab's ihm wieder abgenommen. Wenn Kaliko für den Zweck nicht gut genug ist, weiß ich nicht, wozu er taugt. Dem Leichnam steht er grad so gut. Er kann drin nicht häßlicher ausschauen, als er schon ist.»

Scrooge lauschte voller Grauen diesem Zwiegespräch. Wie sie da im kärglichen Licht des Öllämpchens über ihrem schändlichen Raub saßen, betrachtete er sie mit solchem Ekel und Abscheu, als wären sie unzüchtige Dämonen, die um den Leichnam selbst feilschten.

«Haha!» lachte die Frau wieder, als der alte Joe einen flanellenen Geldbeutel hervorzog und jedem ein Häuflein Münzen auf dem Fußboden abzählte. «Das ist das Ende vom Lied! Zu seinen Lebzeiten hat er jeden Menschen weggegrault, damit wir nach seinem Tod was profitieren! Hahaha!»

«Geist!» rief Scrooge, von Kopf bis Fuß schaudernd. «Ich verstehe, ich verstehe! Mir könnte es ebenso ergehen wie diesem Unglücklichen. Mein

Leben hätte eine ähnliche Richtung genommen, wenn... Barmherziger Himmel, was ist das!»

Er wich voller Grauen zurück, denn die Szene hatte sich gewandelt, und jetzt stand er dicht vor einem Bett, einem kahlen, vorhanglosen Bett. Darauf lag unter einem zerlumpten Leintuch ein verhülltes Etwas, das trotz seiner Stummheit in fürchterlicher Sprache verkündete, was es war.

Im Zimmer war es sehr dunkel, zu dunkel, als daß man es hätte genau betrachten können, obwohl Scrooge, einem heimlichen Impuls gehorchend, rings um sich blickte, um Näheres zu erkennen. Doch nun erhob sich draußen ein matter Lichtschein, der gerade auf das Bett fiel - und auf dem ausgeplünderten, ausgeraubten Lager lag die Leiche eines Mannes - unbehütet, unbeweint, von keiner lieben Hand betreut.

Scrooge warf einen Blick auf den Geist. Seine Hand war unbeweglich auf das Haupt des Toten gerichtet. Es war so nachlässig bedeckt, daß die leiseste Bewegung von Scrooges Finger genügt hätte, um das Gesicht zu entblößen. Er dachte, wie leicht es wäre, die Hülle wegzuziehen, und hätte es gern getan, doch er war dazu ebensowenig imstande, wie den Geist an seiner Seite zu entlassen.

O Tod, kalter, kalter, starrer, furchtbarer Tod, errichte nur deinen Altar und statte ihn mit allen Greueln aus, die dir zu Gebote stehen, denn hier bist du Herrscher! Doch das geliebte, verehrte, geschätzte Haupt vermagst du nicht zu entstellen; du kannst kein Haar für deine schrecklichen Zwecke nutzen und keinen Zug abstoßend machen. Die Hand mag schwer herabsinken, wenn man sie losläßt, das Herz mag stillestehen, der Puls nicht mehr schlagen - doch es war eine offene, treue, großmütige Hand, es war ein tapferes, warmes, zärtliches Herz, und der Puls war der Puls eines Mannes. Schlag zu, düsterer Schatten, schlag zu! Und sieh, wie der Wunde seine guten Taten entspringen, um unsterbliches Leben in der Welt auszusäen!

Keine Stimme rief diese Worte in sein Ohr, und dennoch vernahm sie Scrooge, während er auf das Bett blickte. Er dachte, was der erste Gedanke dieses Menschen wäre, wenn er jetzt vom Tode erwachen könnte? Geiz? Hartherzige Geldgier? Wahrhaftig, seine Gewinnsucht hat ihn weit gebracht!

Da lag er, in dem dunklen leeren Haus. Kein Mann, keine Frau, kein Kind stand an seiner Seite, um zu sagen: «Er war einmal gut zu mir, und im Gedenken an ein gutes Wort will ich gut zu ihm sein...» Nur eine Katze kratzte an der Tür, und man hörte die Ratten unter der Kaminplatte nagen. Was sie in dem Totenzimmer suchten, warum sie so verstört und unruhig waren, wagte Scrooge nicht einmal zu denken.

«Geist, dies ist ein fürchterlicher Ort!» stieß er hervor. «Glaub mir, ich werde seine Lehre nicht vergessen, wenn ich ihn verlasse – aber gehen wir!»

Noch immer wies der Geist mit unbeweglichem Finger auf das tote Haupt.

«Ich verstehe dich», versetzte Scrooge, «und ich würde es tun, wenn es mir möglich wäre, aber es liegt nicht in meiner Macht, Geist. Es liegt nicht in meiner Macht!»

Wieder schien der Geist ihn anzusehen.

«Wenn es in dieser Stadt einen Menschen gibt, in dem der Tod dieses Mannes ein Gefühl erregt, dann zeig mir diesen Menschen!» rief Scrooge ganz verzweifelt. «Ich flehe dich an, Geist!»

Der Geist breitete einen Augenblick lang sein

schwarzes Gewand aus, wie einen Flügel. Als er es wegzog, offenbarte er ein taghelles Zimmer, in dem sich eine junge Mutter mit ihren Kindern befand.

Offensichtlich wartete sie in lebhafter Unruhe auf jemanden, denn sie ging rastlos im Zimmer auf und ab und fuhr bei jedem Geräusch zusammen; sie schaute bald auf die Uhr, bald zum Fenster hinaus, nahm ihre Näharbeit zur Hand und legte sie wieder weg, ja, sie schien kaum die Stimmen der spielenden Kinder zu ertragen.

Endlich ertönte das sehnlich erwartete Klopfen. Sie eilte zur Tür, um ihren Mann zu begrüßen; er war noch jung, doch sein Gesicht war verhärmt und sorgenvoll. Jetzt trug es einen merkwürdigen Ausdruck – eine Art ernsthafter Freudigkeit, die er zu unterdrücken suchte, als schämte er sich ihrer.

Er setzte sich zu dem Essen, das sie für ihn warmgehalten hatte, und als sie ihn leise fragte, welchen Bescheid er brächte (was sie erst nach langem Zögern tat), schien er um eine Antwort verlegen.

«Steht es gut – oder schlecht?» fragte sie, um ihm zu helfen.

«Schlecht», antwortete er.

«Dann sind wir also ruiniert?»

«Nein, Caroline. Wir dürfen noch hoffen.»

«Wenn *er* zu erweichen war», rief sie verblüfft, «dürfen wir es wahrhaftig tun! Nichts ist hoffnungslos, solang solche Wunder geschehen!»

«Er ist nicht mehr zu erweichen», sagte der Mann. «Er ist tot.»

Wenn ihr Gesicht nicht gänzlich trog, war sie ein sanftes, geduldiges Geschöpf, doch als sie die Nachricht vernahm, war sie aus tiefster Seele dankbar und sprach es mit gefalteten Händen aus. Im nächsten Augenblick empfand sie Reue und bat Gott, es ihr zu verzeihen – doch ihr erstes Gefühl war Dankbarkeit gewesen.

«Ich habe dir gestern erzählt, was das halb betrunkene Weib mir sagte, als ich ihn sprechen wollte, um eine Woche Aufschub zu erbitten», fuhr der Mann fort. «Was ich für eine Ausrede hielt, um mich abzuwimmeln, hat sich als Wahrheit erwiesen. Er war nicht nur wirklich krank, er lag schon im Sterben.»

«Auf wen wird unsere Schuld übertragen?»

«Ich weiß nicht. Doch bis dahin werden wir das Geld beisammen haben, und sogar wenn das nicht der Fall wäre, müßte es schon ganz besonders schlimm kommen, wenn sein Nachfolger ebenso unbarmherzig wäre. Heute dürfen wir ruhigen Herzens schlafen, Caroline.»

Ja, sosehr sie es auch zu mildern suchten, sie waren erleichtert. Die Gesichter der Kinder, die sie in ängstlichem Schweigen umringten, um zu hören, was sie doch kaum verstanden, leuchteten heller. Das ganze Haus war glücklicher, weil dieser Mann gestorben war! Das einzige durch seinen Tod erregte Gefühl, das der Geist Scrooge zeigen konnte, war Freude.

«Laß mich ein zärtliches Gefühl sehen, das mit dem Tod eines Menschen verbunden ist, Geist!» bat Scrooge. «Sonst wird mir das dunkle Zimmer, das wir soeben verließen, ewig vor Augen stehen!»

Der Geist führte ihn durch Straßen, die seinem Fuß vertraut schienen, und Scrooge schaute sich nach allen Seiten um, um sich selbst zu erblicken, konnte sich aber nicht entdecken. Sie betraten Bob Cratchits Haus, das ärmliche Heim, das er schon einmal besucht hatte, und fanden die Mutter und die Kinder rund um das Feuer sitzen.

Still. Sehr still. Die lärmenden kleinen Cratchits saßen so ruhig wie Statuen in einem Winkel und sahen zu Peter auf, der ein Buch vor sich liegen hatte. Mutter und Töchter nähten emsig. Aber sie waren alle so still!

«Und er nahm ein Kind und stellte es in ihre Mitte...»

Wo hatte Scrooge diese Worte gehört? Er hatte sie nicht geträumt. Peter mußte sie gerade laut gelesen haben, als er und der Geist die Schwelle betraten. Warum las er nicht weiter?

Die Mutter legte ihre Arbeit auf den Tisch und bedeckte das Gesicht mit der Hand.

«Die Farbe tut meinen Augen weh», sagte sie.

Die Farbe? Ach, armer Klein-Tim!

«Es wird schon wieder besser», sagte Mrs. Cratchit. «Meine Augen tränen vom Kerzenlicht, und ich möchte Vater keine tränenden Augen zeigen, wenn er heimkommt - um nichts auf der Welt. Er muß jetzt gleich dasein.»

«Er sollte schon dasein», sagte Peter, das Buch zuschlagend, «aber mir scheint, er geht in den letzten Tagen ein bißchen langsamer als sonst, Mutter.»

Wieder waren sie sehr still.

Schließlich sagte sie mit ruhiger und fröhlicher Stimme, die nur ein einziges Mal brach: «Ich habe ihn mit... Ich habe ihn mit Klein-Tim auf den Schultern sehr schnell gehen gesehen.»

«Ich auch!» rief Peter. «Sehr oft!»

«Ich auch!» rief ein anderes. Alle riefen es.

«Aber er war ja eine sehr leichte Last», fuhr sie emsig nähend fort, «und Vater hatte ihn so lieb, daß es keine Mühe für ihn war - keine Mühe... Aber jetzt ist Vater da!»

Sie eilte zur Tür, um ihn zu begrüßen, und der

kleine Bob in seinem großen Schal trat ein. Sein Tee war bereit, und alle wetteiferten, ihn zu bedienen. Die beiden jüngsten Cratchits kletterten auf seine Knie, und jedes schmiegte eine kleine Wange an sein Gesicht, als wollten sie sagen: «Kränk dich nicht, Vater! Sei nicht traurig!»

Bob war sehr munter und plauderte fröhlich mit allen. Er besah sich die Näharbeit auf dem Tisch und pries den Fleiß und die Geschicklichkeit von Mrs. Cratchit und den Mädchen. Sie würden lange vor Sonntag fertig sein, sagte er.

«Sonntag! Du bist also heute hingegangen, Robert?» sagte seine Frau.

«Ja, Liebste», antwortete Bob. «Ich wollte, du hättest mitkommen können. Es hätte dir wohlgetan, zu sehen, wie grün es dort ist. Aber du wirst es oft sehen. Ich habe ihm ja versprochen, daß ich sonntags dort spazierengehen würde... Mein Kleiner!» rief Bob plötzlich. «Mein liebes, kleines Kind!»

Er brach jäh zusammen, er konnte nichts dagegen tun. Hätte er etwas dagegen tun können, wären er und sein Kind einander wohl nicht so nahe gewesen.

Er verließ das Zimmer und stieg in die darüberliegende Kammer hinauf, die hell erleuchtet und weihnachtlich geschmückt war. Ein Stuhl stand dicht neben dem Lager des Kindes, und man merkte, daß noch vor kurzem jemand hier gewesen war. Der arme Bob setzte sich, und als er ein wenig nachgedacht und sich wieder gefaßt hatte, küßte er das kleine Gesichtchen. Jetzt hatte er sich wieder in das Schicksal gefügt und stieg ganz vergnügt hinunter.

Sie setzten sich erneut ums Feuer und plauderten, während die Mädchen und die Mutter weiternähten. Bob erzählte ihnen von der außerordentlichen Freundlichkeit von Mr. Scrooges Neffe, den er kaum je einmal gesehen und heute zufällig auf der Straße getroffen hatte; und der sich – da er merkte, daß er, Bob, «gerade ein bißchen bedrückt war, wißt ihr», sagte Bob – erkundigte, ob ihm etwas zugestoßen wäre. «Woraufhin ich es ihm erzählte», sagte Bob, «denn er ist der freundlichste Herr, den ihr euch vorstellen könnt. ‹Das tut mir von Herzen leid, Mr. Cratchit›, sagte er, ‹besonders auch für Ihre liebe, gute Frau.› – Woher er übrigens *das* weiß, kann ich mir nicht erklären.»

«Was, Lieber?»

«Daß du eine liebe, gute Frau bist», erwiderte Bob.

«Das weiß doch jeder!» rief Peter.

«Sehr richtig bemerkt, mein Junge!» versetzte Bob. «Und ich möchte es auch hoffen! – ‹Besonders leid für Ihre liebe, gute Frau›, sagte er. ‹Wenn ich Ihnen irgendwie dienlich sein kann›, sagte er und gab mir seine Karte, ‹dies ist meine Adresse. Bitte besuchen Sie mich doch!› – Nein!» rief Bob. «Es ist nicht, weil er vielleicht etwas für uns tun könnte! Es war seine Freundlichkeit, die mich so gefreut hat. Es war fast, als hätte er Klein-Tim gekannt.»

«Er ist sicher ein guter Mensch», sagte Mrs. Cratchit.

«Und ob!» rief Bob. «Du solltest ihn nur einmal sehen und mit ihm reden! Es würde mich gar nicht verwundern – jetzt paßt gut auf! –, wenn er Peter eine bessere Stellung verschaffen könnte.»

«Hör nur, Peter!» sagte Mrs. Cratchit.

«Und dann», rief eins der Mädchen, «wird Peter sich eine Liebste suchen und seinen eigenen Hausstand gründen!»

«Aber geh doch!» versetzte Peter grinsend.

«Das ist sehr wahrscheinlich», sagte Bob. «Sicher wird es einmal so kommen – obzwar er dazu noch reichlich Zeit hat. Aber wann immer und wie immer wir uns voneinander trennen – wir werden niemals Klein-Tim vergessen, nicht wahr? Es war die erste Trennung, die wir erlebt haben.»

«Niemals, Vater!» riefen sie alle.

«Und ich weiß, meine Lieben», fuhr Bob fort, «ich weiß, wenn wir daran denken, wie geduldig und sanft er immer war, obwohl er doch noch ein kleines, kleines Kind war, werden wir nicht so leicht miteinander in Streit geraten, denn das hieße ja, Klein-Tim vergessen.»

«Nein, niemals, Vater!» riefen sie wieder.

«Ach, ich bin sehr glücklich», sagte der kleine Bob. «Ich bin sehr glücklich!»

Mrs. Cratchit gab ihm einen Kuß, seine Töchter gaben ihm einen Kuß, die beiden jüngsten Cratchits gaben ihm einen Kuß, und Peter schüttelte ihm die Hand. O Klein-Tim! Dein kindlicher Geist war von Gott!

«Geist», sprach Scrooge, «etwas, ich weiß nicht was, sagt mir, daß der Augenblick unserer Trennung nahe bevorsteht. Sag mir, wer war der Tote, den wir dort liegen sahen?»

Der Geist der Künftigen Weihnacht führte ihn wie zuvor – doch es dünkte ihn, zu einer anderen Zeit; überhaupt schien in diesen letzten Bildern keinerlei Ordnung zu herrschen, bis darauf, daß sie alle in der Zukunft lagen – wieder zu den Treffpunkten der Geschäftsleute, zeigte ihm aber nicht sein eigenes Abbild. Der Geist hielt sich übrigens nirgends auf, sondern er eilte immer weiter, bis Scrooge ihn bat, einen Augenblick zu verweilen.

«Mein Kontor liegt hier, in dieser Gasse», sagte Scrooge. «Dort drüben steht das Haus, wo ich schon die längste Zeit meiner Tätigkeit nachgehe. Laß mich einen Blick hineintun, um zu sehen, wie ich in künftigen Tagen sein werde.»

Der Geist blieb stehen, doch seine Hand wies in eine andere Richtung.

«Das Haus ist dort!» rief Scrooge. «Warum zeigst du anderswo hin?»

Der unerbittliche Finger rührte sich nicht.

Scrooge eilte zum Fenster seines Kontors und blickte hinein. Es war noch immer ein Kontor, doch nicht das seine. Es war anders möbliert, und am Schreibpult stand ein Fremder. Der Geist wies indessen noch immer in die gleiche Richtung wie zuvor.

Scrooge gesellte sich wieder zu ihm und folgte ihm, während er sich fragte, wohin sie wohl gingen und zu welchem Zweck. Schließlich kamen sie zu einem schmiedeeisernen Tor, und er blieb stehen und sah sich um.

Hinter dem Tor lag ein Kirchhof. Hier also ruhte der unselige Mann, dessen Namen er jetzt erfahren sollte, unter der Erde. Der Ort war seiner würdig: von Hausmauern eingezwängt, von Gras und Unkraut, wie es dem Tod und nicht dem Leben entsprießt, überwuchert, mit allzu vielen Gräbern vollgestopft, als wäre er vom Tod gemästet – wahrlich ein würdiger Ort!

Der Geist stand unter den Gräbern und wies auf ein bestimmtes hinab. Scrooge näherte sich bebend. Das Phantom war unverändert, wie es gewesen, doch er meinte voller Grauen eine neue Bedeutung in der feierlichen Gestalt zu erkennen.

«Ehe ich mich diesem Stein nähere, beantworte

mir eine Frage!» rief Scrooge. «Sind dies die Schatten von Dingen, die eines Tages sein *werden,* oder sind es nur die Schatten von Dingen, die sein *könnten*?»

Der Geist wies noch immer schweigend auf das eine Grab.

«Die Bahn des Menschen läßt ein bestimmtes Ziel voraussehen, zu dem sie, beharrlich eingehalten, führen muß», sagte Scrooge. «Doch sobald man eine andere Bahn einschlägt, wird sich auch das Ziel ändern. Bestätige mir dies durch das, was du mir zeigst!»

Der Geist blieb unbeweglich wie eh und je.

Scrooge schlich zitternd näher und las, dem ausgestreckten Finger folgend, auf dem vernachlässigten Grab seinen eigenen Namen: EBENEZER SCROOGE.

«Bin ich der Mann, der auf dem Totenbett lag?» schrie er, in die Knie sinkend.

Der Finger richtete sich auf ihn und dann wieder auf das Grab.

«Nein, Geist! Nein, ach nein!»

Der Finger rührte sich nicht.

«Geist!» rief Scrooge, das schwarze Gewand umklammernd. «Höre mich an! Ich bin nicht mehr der Mann, der ich war. Ich will nicht länger der Mann sein, der ich ohne diese Lehre geblieben wäre! Warum zeigst du mir dies alles, wenn es keine Hoffnung für mich gibt?»

Zum erstenmal schien die Hand zu erbeben.

«Guter Geist!» flehte Scrooge, zu seinen Füßen liegend. «Dein eigenes Wesen tritt für mich ein und fühlt Mitleid. Versichere mir, daß ich diese Schatten durch ein anderes Leben noch zu ändern vermag!»

Die gütige Hand zitterte.

«Ich will Weihnachten in meinem Herzen ehren, das ganze Jahr lang. Ich will in Vergangenheit, Gegenwart und Zukunft leben. Die Geister aller drei sollen in mir wetteifern. Ich will die Lehren, die sie mir erteilen, treulich beherzigen. O sag mir, daß ich die Inschrift auf diesem Stein auszulöschen vermag!»

In seiner Herzensangst umklammerte er die Geisterhand. Sie suchte sich freizumachen, doch die Dringlichkeit seiner Bitte verlieh ihm die Kraft, sie festzuhalten. Der Geist stieß ihn mit noch größerer Kraft zurück.

Während er die Hände zu einem letzten Flehen erhob, gewahrte er eine Veränderung in dem Gewand, das Haupt und Gestalt des Phantoms verhüllte. Es schrumpfte ein, fiel in sich zusammen und wurde – zu einem Bettpfosten.

Fünfte Strophe: Das Ende vom Lied

Jawohl! Und es war sein eigener Bettpfosten. Es war sein eigenes Bett und sein eigenes Zimmer. Und was das Beste und Schönste war: die Zeit, die vor ihm lag, war seine eigene Zeit, und er konnte sie zur Wiedergutmachung nützen!

«Ich will in Vergangenheit, Gegenwart und Zukunft leben!» wiederholte Scrooge, während er aus seinem Bett kletterte. «Die Geister aller drei sollen in mir wetteifern. O Jacob Marley! Dem Himmel sei Dank dafür und der Weihnachtszeit! Das sage ich auf den Knien, alter Jacob, auf den Knien!»

Er war so aufgeregt und glühte dermaßen von

guten Vorsätzen, daß seine Stimme ihm kaum gehorchen wollte. In seinem Kampf mit dem Geist hatte er bitterlich geschluchzt, und sein Gesicht war von Tränen benetzt.

«Sie sind nicht heruntergerissen!» rief Scrooge, einen der Bettvorhänge ans Herz drückend. «Sie sind nicht mitsamt den Ringen und allem Zubehör heruntergerissen! Sie sind noch da - ich bin noch da - die Schatten der Dinge, die hätten sein können, sind noch zu verscheuchen. Und sie werden verscheucht werden - das weiß ich!»

Unterdessen hantierte er fieberhaft mit seinen Kleidern herum: drehte die Innenseite nach außen, zog sie verkehrt herum an, zerriß sie, verlegte sie, trieb die unerhörtesten Dinge mit ihnen.

«Ich weiß nicht, was tun!» rief Scrooge, während er vermittels seiner Strümpfe einen perfekten Laokoon aus sich machte. «Ich bin leicht wie eine Feder, ich bin glücklich wie ein Engel! Ich bin lustig wie ein Schuljunge, ich bin wirr wie ein Betrunkener! Fröhliche Weihnachten einem jedem! Ein glückliches neues Jahr der ganzen Welt! Hallohopp! Hoppla! Hallo!»

Er war ins Wohnzimmer gehüpft und stand nun völlig atemlos da.

«Das ist das Töpfchen, in dem der Haferschleim war!» begann er von neuem. «Das ist die Tür, durch die Jacob Marleys Geist eintrat! Das ist der Winkel, in dem der Geist der Gegenwärtigen Weihnacht saß! Dort ist das Fenster, durch das ich die anderen Geister erblickte! Alles ist da, alles ist wahr, es ist alles wirklich geschehen! Haha!»

Für einen Mann, der seit so vielen Jahren außer Übung war, war es tatsächlich ein prächtiges Lachen, ein geradezu historisches Lachen, das Haupt eines langen, langen Geschlechts von glänzenden Gelächtern.

«Ich weiß nicht, welchen Tag wir heute haben», rief Scrooge. «Ich weiß nicht, wie lang ich unter den Geistern weilte. Ich weiß gar nichts. Ich bin der reine Säugling. Schadet nichts. Stört mich nicht. Ich will gern ein Säugling sein. Hallo! Hoppla! Hallohopp!»

Sein Freudentaumel wurde durch das fröhlichste Glockengeläute unterbrochen, das er je vernommen. Sämtliche Kirchen stimmten ein. «Bim-Bam, Bim-Bam-Bum! – Ding-Dong-Dang, Dang-Dong-Ding, Bum! Auf-Ab-Auf-Ab, Bum!» Ach, welche Herrlichkeit!

Er rannte zum Fenster, riß es auf und streckte den Kopf hinaus. Kein Nebel, kein Dunst. Ein strahlend klarer, heller, kalter Tag! Eine frische Kälte, die dem Blut zum Tanz aufspielt. Goldener Sonnenschein, himmelblauer Himmel, frische, klare Luft, fröhliche Glockenklänge. Ach, welche Herrlichkeit!

«Was für ein Tag ist heut?» rief Scrooge einem Jungen in Sonntagskleidern zu, der sich unten auf der Straße herumtrieb.

«He?» erwiderte der Junge, mächtig erstaunt.

«Was für ein Tag ist heut, mein prächtiger Bursche?» wiederholte Scrooge.

«Heute!» rief der Junge. «Heut ist doch Weihnachtstag!»

«Weihnachtstag!» dachte Scrooge bei sich. «Ich habe ihn nicht versäumt! Die Geister haben alles in einer Nacht abgemacht! Sie können ja alles, was sie wollen. Natürlich können sie das. Natürlich! Hallo, du prächtiger Bursche!»

«Hallo!» antwortete der Junge.

«Kennst du die Geflügelhandlung in der nächsten Straße, am Eck?» erkundigte sich Scrooge.

«Das möchte ich meinen!» rief der Junge.

«Ein kluger Junge!» sagte Scrooge. «Ein bemerkenswerter Junge! Weißt du vielleicht auch, ob der preisgekrönte Truthahn verkauft ist, der im Schaufenster hing? Nicht der kleine preisgekrönte Truthahn - der große!»

«Ach der, der so groß ist wie ich?» gab der Junge zurück.

«Ein vortrefflicher Junge!» rief Scrooge. «Ein Vergnügen, mit ihm zu reden! Ja, mein Bürschchen.»

«Der hängt noch dort», sagte der Junge.

«Tatsächlich?» rief Scrooge. «Lauf hin und kauf ihn für mich!»

«Sie wollen mich wohl uzen?» sagte der Junge.

«Nein, nein, es ist ganz ernst gemeint», versicherte Scrooge. «Lauf hin und sag, man soll ihn herbringen, damit ich ihn bezahle und sage, wo er hingeschickt werden soll. Wenn du mit dem Mann zurückkommst, kriegst du einen Shilling. Wenn du in weniger als fünf Minuten mit ihm zurückkommst, kriegst du eine halbe Krone.»

Der Junge schoß davon wie eine Pistolenkugel. Und es mußte einer schon ein mächtig guter Schütze sein, um einen Schuß nur halb so schnell abzufeuern!

«Den schicke ich zu Bob Cratchit!» flüsterte Scrooge und rieb sich, vor Lachen schier platzend, die Hände. «Er wird keine Ahnung haben, woher er kommt! Der Vogel ist zweimal so groß wie Klein-Tim! So einen Witz hat's noch nicht gegeben!»

Die Hand, mit der er die Adresse schrieb, zitterte, doch irgendwie brachte er es zustande und ging hinunter, um die Haustür aufzuschließen. Wie er so in Erwartung des Geflügelhändlers dort stand, fiel sein Auge auf den Türklopfer.

«Den da werde ich lebenslänglich lieben!» rief Scrooge, den Klopfer streichelnd. «Bisher habe ich ihn kaum angesehen. Wie redlich er dreinschaut! Ja, das ist ein braver Türklopfer! – Aber da kommt ja der Truthahn! Hallo! Hoppla! Wie geht's, mein Bester? Fröhliche Weihnachten!»

Das war euch ein Truthahn! Ausgeschlossen, daß der je auf seinen eigenen Beinen stand! Die wären unter ihm glatt abgebrochen wie zwei Siegellackstäbchen.

«Den Vogel kann man nicht bis Camden Town schleppen», entschied Scrooge. «Ihr müßt einen Wagen nehmen.»

Das Schmunzeln, mit dem er diese Worte sprach, und das Schmunzeln, mit dem er den Truthahn bezahlte, und das Schmunzeln, mit dem er für den Wagen zahlte, und das Schmunzeln, mit dem er den Jungen belohnte, wurden nur durch das Schmunzeln übertroffen, mit dem er ganz außer Atem in seinen Stuhl sank und schmunzelte, bis er zu weinen begann.

Das Rasieren war keine leichte Sache, denn seine Hand zitterte noch immer heftig, und Rasieren erfordert Aufmerksamkeit, auch wenn man bei dieser Tätigkeit nicht tanzt. Aber sogar wenn er sich die Nasenspitze abgeschnitten hätte, hätte er einfach ein Stück Heftpflaster draufgeklebt und wäre hochbefriedigt gewesen.

Er zog sich seinen besten Staat an und gelangte endlich auf die Straße. Um diese Stunde war sie von Menschen überströmt, wie er sie mit dem Geist der Gegenwärtigen Weihnacht erblickt hatte, und

Scrooge, der, die Hände auf dem Rücken, dahinspazierte, betrachtete jeden einzelnen mit erfreutem Lächeln. Er sah so unwiderstehlich vergnügt drein, daß drei oder vier wohlgelaunte Gesellen ihm zuriefen: «Guten Morgen, Sir! Fröhliche Weihnachten!» Und Scrooge erklärte später oft, von allen fröhlichen Lauten, die er je vernommen, hätten diese seinen Ohren am fröhlichsten geklungen.

Er war noch nicht weit gegangen, als er den würdigen Herrn auf sich zukommen sah, der gestern sein Kontor aufgesucht und «Scrooge und Marley, wenn ich recht bin?» gesagt hatte. Der Gedanke, mit welchem Blick der alte Herr ihn messen würde, versetzte ihm einen Stich ins Herz, doch er wußte, was er zu tun hatte, und tat es.

«Mein lieber Sir», sagte Scrooge, indem er seine Schritte beschleunigte und beide Hände des alten Herrn ergriff, «wie geht es Ihnen? Ich hoffe, Sie hatten gestern Erfolg. Es war sehr gütig von Ihnen. Fröhliche Weihnachten, Sir!»

«Mr. Scrooge?»

«Ja, das ist mein Name, und ich fürchte, er klingt Ihnen nicht angenehm. Erlauben Sie mir, mich bei Ihnen zu entschuldigen. Und würden Sie die Güte haben...» Hier flüsterte Scrooge ihm etwas ins Ohr.

«Der Herr bewahre mich!» rief der alte Herr, als hätte es ihm den Atem verschlagen. «Mein lieber Mr. Scrooge, ist das Ihr Ernst?»

«Wenn Sie so gut sein wollen», sagte Scrooge. «Keinen Penny weniger. In dieser Ziffer sind eine Menge Nachzahlungen enthalten. Wollen Sie mir den Gefallen erweisen?»

«Mein lieber Sir!» rief der andere, ihm die Hand schüttelnd. «Ich weiß gar nicht, was ich zu dieser Freigebigkeit...»

«Bitte sagen Sie gar nichts», versetzte Scrooge. «Kommen Sie mich besuchen. Werden Sie kommen?»

«Und ob!» rief der alte Herr. Und man sah, daß er es tun würde.

«Danke!» sagte Scrooge. «Ich bin Ihnen äußerst verbunden. Tausend Dank, Sir! Ihr Ergebenster, Sir!»

Er ging in die Kirche und wanderte in den Straßen herum, er beobachtete die geschäftig umhereilenden Menschen und strich Kindern übers Haar, er fragte Bettler aus und guckte in Küchenfenster hinein und an den Häusern hinauf und entdeckte, daß alles ihm Vergnügen machte. Er hätte sich nie träumen lassen, daß ein einfacher Spaziergang – daß überhaupt irgend etwas – ihn so beglücken könnte. Nachmittags wandte er seine Schritte zum Hause seines Neffen.

Er ging wohl ein dutzendmal an der Haustür vorbei, bevor er den Mut fand, die Stufen hinaufzusteigen und anzuklopfen. Doch er gab sich einen Ruck und tat es.

«Ist der Herr zu Hause, liebes Kind?» fragte Scrooge das Mädchen, das aufmachen kam. Ein nettes Mädchen! So ein nettes Mädchen!

«Ja, Sir.»

«Wo ist er, mein Herzchen?» fragte Scrooge.

«Im Eßzimmer, Sir, mit der gnädigen Frau. Ich führe Sie hinauf, wenn's beliebt.»

«Danke, ich bin hier bekannt, mein Herzchen», sagte Scrooge, der schon die Hand auf der Eßzimmerklinke hatte. «Ich finde mich zurecht.»

Er öffnete leise die Tür und guckte hinein. Sie waren dabei, den gedeckten Tisch zu begutachten (der in großer Aufmachung prangte), denn junge

Hausfrauen sind in dieser Beziehung immer ein bißchen nervös und vergewissern sich gern, daß alles in Ordnung ist.

«Fred!» sagte Scrooge.

Du meine Güte, wie seine angeheiratete Nichte zusammenfuhr! Scrooge hatte momentan nicht daran gedacht, wie sie mit dem Fußbänkchen im Lehnstuhl gesessen war, sonst hätte er sie um keinen Preis so erschreckt.

«Heiliger Bimbam!» rief Fred. «Was sehe ich!»

«Ich bin's, Fred, dein Onkel Scrooge. Ich bin zum Dinner gekommen. Darf ich eintreten?»

Ob er eintreten durfte! Es war ein Glück, daß der Neffe ihm nicht die Arme aus den Gelenken schüttelte. Er strahlte förmlich, und seine Nichte blickte genauso herzlich drein. Das tat auch Topper, als *er* eintraf. Das tat auch die mollige Schwester, als *sie* eintraf. Das taten auch alle anderen, die eintrafen. Es war eine wunderbare Gesellschaft mit wunderbaren Spielen, wunderbare Harmonie, wun-der-ba-re Fröhlichkeit!

Doch am nächsten Morgen war Scrooge frühzeitig im Kontor. Oh, er beeilte sich! Er mußte doch als erster kommen und Bob Cratchit beim Zuspätkommen erwischen! Das lag ihm am Herzen.

Und es glückte, ja, es glückte ihm! Die Uhr schlug neun. Kein Bob zu erblicken. Ein Viertel nach neun. Immer noch kein Bob. Er kam volle achtzehneinhalb Minuten zu spät! Scrooge saß bei offener Tür da, damit er ihn auch sähe, wenn er in den Wandschrank schlüpfte.

Sein Hut war unten, bevor er noch die Tür aufriß – sein Schal ebenfalls. Im nächsten Augenblick saß er auf seinem Stuhl, und seine Feder flog über das Papier, als wollte er die neunte Stunde überholen.

«Hallo!» knurrte Scrooge in seinem gewohnten Ton, so gut er ihn vorzutäuschen verstand. «Was soll das heißen, daß Sie erst um diese Zeit einrükken?»

«Ich bitte vielmals um Entschuldigung, Sir», sagte Bob. «Ich habe mich tatsächlich verspätet.»

«So, haben Sie das?» brummte Scrooge. «Es scheint mir auch so. Bitte, sich hereinzubemühen, junger Mann.»

«Es ist ja nur einmal im Jahr, Sir», verteidigte sich Bob, aus dem Wandschrank auftauchend. «Es wird nicht wieder vorkommen, Sir. Wir haben gestern abend ein bißchen gefeiert...»

«Jetzt werde ich Ihnen mal etwas sagen, mein Freund», versetzte Scrooge. «Ich bin nicht gewillt, so etwas länger zu dulden. Und darum», fuhr er fort, indem er von seinem Stuhl aufsprang und Bob einen solchen Schlag auf die Brust versetzte, daß der in seinen Wandschrank zurückstolperte, «und darum – gedenke ich – Ihr Salär zu erhöhen!»

Bob begann zu zittern und näherte sich verstohlen dem Lineal. Einen Moment lang hatte er die Idee, Scrooge damit niederzuschlagen, ihn festzuhalten und zum Fenster hinaus um Hilfe und eine Zwangsjacke zu rufen.

«Fröhliche Weihnachten, Bob!» rief Scrooge mit einem Ernst, über den man sich unmöglich täuschen konnte, und klopfte ihm auf den Rücken. «Fröhlichere Weihnachten, mein braver Junge, als ich es Ihnen so manches Jahr bereitet habe! Ich will Ihr Salär erhöhen und mich bemühen, Ihrer Familie in allen Dingen zu helfen. Noch heute nachmittag werden wir Ihre Angelegenheiten über einem weihnachtlichen Krug Punsch besprechen. Jetzt aber legen Sie tüchtig Kohle aufs Feuer, Bob, und laufen

Sie, einen zweiten Kohlenkasten kaufen, bevor Sie auch nur ein *i* schreiben, Bob Cratchit!»

Scrooge war noch besser als sein Wort. Er tat alles, was er versprochen hatte, und unendlich viel mehr. Für Klein-Tim, der *nicht* starb, wurde er ein zweiter Vater. Er wurde ein so guter Freund, ein so guter Brotgeber und ein so guter Mensch, wie diese gute alte Stadt oder jede andere gute alte Stadt jeder beliebigen Größe auf dieser guten alten Welt es sich nur wünschen konnte. Manche Leute lachten über seine Verwandlung, doch er ließ sie lachen und scherte sich nicht weiter um sie, denn er war klug genug, um zu wissen, daß auf Erden nie etwas Gutes geschehen ist, ohne daß gewisse Leute anfangs darüber lachten. Und da er wußte, daß Leute dieser Art auf alle Fälle blind wären, fand er es noch besser, daß sie ihre Augen vor Lachen schlossen, als daß sie an dem Gebrechen in weniger erfreulicher Form litten. Sein eigenes Herz lachte, und das war ihm durchaus genug.

Er pflegte keinen weiteren Umgang mit Geistern, sondern lebte in diesem Punkt fortan nach dem Grundsatz der totalen Abstinenz. Und es hieß von ihm, wenn irgendein lebender Mensch Weihnachten richtig zu feiern verstünde, dann wäre er es. Möge dies von uns allen gesagt werden! Und damit, wie Klein-Tim so richtig bemerkte, segne uns Gott – einen jeden von uns!

Das Heimchen am Herd

Erstes Zirpen

Der Kessel fing an. Kommt mir nicht damit, was Mrs. Peerybingle sagt. Ich weiß es besser. Mrs. Peerybingle mag bis ans Ende der Zeiten behaupten, sie wüßte nicht, wer damit begonnen hätte – ich sage euch, es war der Kessel. Und ich meine, ich sollte es wissen. Der Kessel fing an, volle fünf Minuten – laut Zeugnis der kleinen, wachsgesichtigen Holländeruhr im Winkel –, bevor das Heimchen auch nur ein Zirpen von sich gab.

Als ob die Uhr nicht schon die Stunde zu Ende geschlagen und der kleine Mäher oben drauf, der vor einer maurischen Architektur mit seiner Sense so krampfhaft nach rechts und nach links zuckte, nicht mindestens ein halbes Joch imaginäres Gras abgemäht hätte, bevor das Heimchen überhaupt einstimmte!

Ich bin von Natur aus durchaus nicht rechthaberisch, das weiß jeder. Ich würde nie meine eigene Meinung der Meinung von Mrs. Peerybingle entgegensetzen, wenn ich sie nicht voll und ganz vertreten könnte. Nichts könnte mich dazu bewegen. Doch hier handelt es sich um Tatsachen. Und Tatsache ist, daß der Kessel damit anfing, mindestens fünf Minuten, bevor das Heimchen nur ein Lebenszeichen von sich gab. Falls ihr mir widersprecht, sage ich: zehn Minuten.

Laßt mich genau erzählen, wie es sich abspielte. Das hätte ich auch vom ersten Wort an getan, ohne die simple Überlegung: Wenn ich eine Geschichte zu erzählen habe, muß ich beim Anfang anfangen –

und wie wäre es möglich, beim Anfang anzufangen, ohne eben beim Kessel anzufangen?

Es schien nämlich, müßt ihr wissen, so etwas wie ein Wettstreit oder eine Leistungsprüfung zwischen dem Kessel und dem Heimchen stattzufinden. Und hier folgt der Bericht, wie es dazu kam und wohin es führte.

Mrs. Peerybingle ging in der naßkalten Abenddämmerung über den Hof, wobei ihre klappernden Holzpantinen ungezählte rohe Abdrücke des ersten Euklidischen Lehrsatzes auf den nassen Steinen hinterließen, um den Kessel am Wasserfaß zu füllen. Als sie dann, um die Holzpantinen vermindert, zurückkam (und ein Gutteil vermindert, denn sie waren hoch, und Mrs. Peerybingle war klein), setzte sie den Kessel aufs Feuer; wobei sie ihre gute Laune verlor oder für einen Moment verlegte, denn das Wasser, das ungemütlich kalt war und obendrein in dem glitschigen, matschigen, flutschigen Zustand, in dem es jede wie immer geartete Substanz, Pantinenösen mit inbegriffen, durchdringt, hatte Mrs. Peerybingles Zehen erwischt und sogar ihre Beine angespritzt. Und wenn wir uns (noch dazu mit Recht) etwas auf unsere hübschen Beine zugute tun und in bezug auf unsere Strümpfe besonders adrett sind, kann uns das schon einen Augenblick lang ärgern.

Obendrein benahm sich der Kessel störrisch und aufreizend. Er wollte sich einfach nicht gerade hinstellen lassen. Er dachte nicht daran, sich entgegenkommenderweise zwischen die hervorstehenden Kohlenstücke einzufügen. Er bestand darauf, sich mit betrunkener Miene vornüberzulehnen und wie ein richtiger Idiot von einem Kessel auf den Herd zu sabbern. Er war zänkisch und zischte und spritzte das Feuer griesgrämig an. Um den Ärger vollzumachen, widersetzte sich auch noch der Dekkel Mrs. Peerybingles Fingern; zuerst stellte er sich auf den Kopf, dann stürzte er sich mit einer raffinierten Hartnäckigkeit, die einer besseren Sache würdig gewesen wäre, hinein - bis auf des Kessels tiefsten Grund. Und nicht einmal das Wrack der «Royal George» hat auch nur halb so obstinat Widerstand geleistet, sich aus den Meeresfluten bergen zu lassen, wie dieser Deckel ihn Mrs. Peerybingle entgegensetzte, bis sie ihn wieder herauskriegte.

Auch dann noch sah der Kessel reichlich verdrossen und dickköpfig drein, sträubte herausfordernd seinen Henkel und reckte die Tülle frech und höhnisch gegen Mrs. Peerybingle, als wollte er sagen: «Nein, ich koche nicht! Nichts soll mich dazu bringen!»

Doch Mrs. Peerybingle hatte ihre gute Laune wiedergefunden. Sie schlug die rundlichen Händchen gegeneinander, um sie abzustauben, und setzte sich lachend an den Herd. Der fröhliche Feuerschein hob und senkte sich und funkelte den kleinen Mäher auf der Holländeruhr an, bis man hätte meinen können, er stünde stockstill vor dem maurischen Palast und nichts bewege sich als die Flammen.

Er rastete aber nicht, sondern bekam seine Krämpfe, zwei pro Minute, pünktlich, wie es sich gehört. Was er zu leiden hatte, wenn die Uhr zu schlagen anhob, das war gräßlich anzusehen; als der Kuckuck aus einer Falltür des Palastes herausguckte und sechsmal rief, ließ ihn jeder Ruf erbeben wie eine Geisterstimme - oder als ob ein Draht an seinen Beinen zerrte.

Erst als der gewaltige Aufruhr und das lärmende Gesurr der Gewichte und Ketten unter ihm völlig verklungen waren, kam der eingeschüchterte Mäher wieder zu sich. Er war auch nicht grundlos erschrocken, denn diese klappernden, knöchernen, skelettartigen Uhren haben eine sehr erschütternde Wirkung, und ich wundere mich sehr, daß irgendeine Menschenrasse und gar erst die Holländer Gefallen an dieser Erfindung haben können. Es besteht die weitverbreitete Meinung, daß die Holländer für ihre eigenen unteren Gliedmaßen weite Gehäuse und ausgiebige Kleidung bevorzugen, und sie sollten wahrhaftig vernünftig genug sein, ihre Uhren nicht so blank und bloß herumlaufen zu lassen.

Jetzt begann, wie man merken konnte, der Kessel sich des Abends zu freuen. Jetzt begann er, tief unten in der Kehle, milder und musikalischer zu gurgeln und kurze, klangvoll schnaubende Töne auszustoßen, die er aber im Keim erstickte, als sei er noch nicht ganz entschlossen, sich freundlich und gesellig zu zeigen. Doch nach zwei, drei vergeblichen Bemühungen, seine liebenswürdigen Gefühle zu unterdrücken, warf er kurzerhand alle Grämlichkeit und Zurückhaltung ab und brach in einen so harmonisch und heiter dahinströmenden Gesang aus, wie keine rührselige Nachtigall es sich auch nur vorstellen konnte.

Und dabei so schlicht und einfach! Meiner Seel, ihr hättet ihn so leicht verstehen können wie ein Buch – vielleicht leichter als manche Bücher, die ihr und ich aufzählen könnten. Während sein warmer Atem in einem leichten Wölkchen hervorquoll, das frohgemut ein paar Fuß hoch aufstieg und dann anmutig über dem Kamin schwebte wie an seinem eigenen häuslichen Himmel, trällerte er sein Liedchen mit so energischer Munterkeit, daß sein eiserner Leib über der Glut mitzuhüpfen begann. Und sogar der Deckel, der eben noch so rebellische Dekkel – das ist die Macht des guten Beispiels –, tanzte eine Art Gigue und klapperte wie eine taubstumme junge Tschinelle, die nie ihre Zwillingsschwester gekannt hat.

Daß dieses Lied als Einladung und Willkommensgruß für jemanden gemeint war, der gerade in diesem Augenblick dem schmucken Häuschen und dem hellen Feuer zustrebte, darüber besteht kein wie immer gearteter Zweifel. Es ist ein garstiger Abend, sang der Kessel, und die Luft ist eisig und klamm. Oben ist alles Nebel und Finsternis und unten alles Lehm und Schlamm. Auf den Wegen vermodert das Laub zu einem glitschigen Kot, und als einziger Trost steht am Himmel ein trübes, düsteres Rot. Wenn's ein Trost ist, denn es ist bloß wie ein zorniger Schein in der Nacht, wo die Sonne die Wolken in Brand gesetzt, weil sie so schlechtes Wetter gebracht. Und das weite Land ist nur eine öde, schwarze Masse, der Wegweiser ist bereift, und Schneematsch bedeckt die Straße. Das Eis ist fast noch Wasser, und das Wasser fließt nicht mehr frei, und man könnte ruhig sagen, daß nichts, wie es sein sollte, sei... Doch er kommt, er kommt, er kommt!

Und hier, wenn's euch beliebt, fiel das Heimchen ein! Mit einem gewaltigen Zirp-zirp-zirp als Kehrreim! Mit einer Stimme, die, im Vergleich zum Kessel, zu seiner Größe (Größe! Man konnte es nicht einmal sehen!) in einem lächerlichen Mißverhältnis stand. Wahrhaftig, wäre es über diesem Zirpen in fünfzig verschiedene Teile zerplatzt wie eine zu scharf geladene Kanone und auf der Stelle verendet, es wäre nur eine natürliche, unvermeidliche Folge seiner übermäßigen Anstrengung gewesen, fast als hätte es eigens darauf hingearbeitet.

Mit der Solovorstellung des Kessels war es aus. Er fuhr mit unvermindertem Eifer fort, doch das Heimchen spielte die erste Geige und ließ sie sich nicht entreißen. Du lieber Himmel, wie es zirpte! Seine schrille, scharfe und durchdringende Stimme hallte durch das ganze Haus und schien draußen in der Dunkelheit wie ein Stern zu flimmern. Wenn sie sich zu ihren lautesten Tönen erhob, lag ein unbeschreibliches Trillern und Beben darin, als würden die winzigen Beinchen von seiner eigenen Begeisterung unwiderstehlich zu gewaltigen Sprüngen hingerissen. Aber sie stimmten sehr gut zusammen, das Heimchen und der Kessel. Der Kehrreim des Gesangs war noch immer der gleiche, und sie sangen ihn in ihrem Wetteifer lauter und lauter und immer lauter.

Die holde kleine Zuhörerin – denn sie war hold und jung, wenn auch ein bißchen pummelig von Gestalt, doch dagegen habe ich persönlich nichts einzuwenden – zündete eine Kerze an, blickte auf den Mäher oben auf der Uhr, der eine recht ansehnliche Ernte von Minuten einheimste, und schaute zum Fenster hinaus, wo sie aber infolge der Dunkelheit nichts erblickte als ihr eigenes Bild. Wozu ich meine (was ihr ebenfalls getan hättet), daß sie weit hätte schauen können, ohne nur etwas halbwegs so Hübsches zu sehen. Als sie zum Herd zurückkam und sich wieder auf ihren Platz setzte, fuhren das Heimchen und der Kessel noch immer wie rasend in ihrem Wettstreit fort. Offensichtlich war es die schwache Seite des Kessels, daß er nicht wußte, wann er geschlagen war.

Es war so aufregend wie ein Wettrennen. Zirp, zirp, zirp! Heimchen eine Meile Vorsprung. Summ, summ, summ-m-m! Kessel brüstet sich wie ein Riesenkreisel im Hintergrund. Zirp, zirp, zirp! Heimchen um die Kurve! Summ, summ, summ! Kessel macht auf seine Art weiter, denkt nicht daran aufzugeben. Zirp, zirp, zirp! Heimchen munterer denn je. Summ, summ, summ! Kessel hält wacker mit. Zirp, zirp, zirp! Heimchen geht aufs Ganze, um ihm den Rest zu geben. Summ, summ, summ! Kessel läßt sich nicht den Rest geben. Bis sie schließlich in der Hitze des Gefechts so durcheinander und drunter und drüber gerieten, daß es einen klareren Kopf gebraucht hätte als eueren oder meinen, um halbwegs sicher zu entscheiden, ob der Kessel zirpte und das Heimchen summte oder das Heimchen zirpte und der Kessel summte oder ob sie beide zirpten oder beide summten. Jedoch über einen Punkt herrscht kein Zweifel: daß nämlich in ein und demselben Moment der Kessel und das Heimchen, kraft irgendeiner Macht der Verschmelzung, die ihnen selbst am besten bekannt ist, jedes sein Lied vom häuslichen Behagen in einen Strahl des Kerzenlichts strömen ließen, das durchs Fenster hinaus und ein weites Stück die Straße entlang leuchtete, und daß dieser Lichtschein sich über einen Menschen ergoß, der gerade da durch die Finsternis auf ihn zustrebte, und ihm das alles buchstäblich in einem Augenblick klarmachte und ihm zurief: «Willkommen daheim, alter Knabe! Willkommen daheim, mein Junge!»

Als dieses Ziel erreicht war, gab sich der Kessel geschlagen, kochte über und wurde vom Feuer gezogen. Worauf Mrs. Peerybingle zur Tür eilte, woselbst über dem Geratter von Wagenrädern, den

Hufschlägen eines Pferdes, dem Baß einer kräftigen Männerstimme, dem aufgeregten Gebell eines Hundes und dem überraschenden und rätselhaften Auftauchen eines Babys alsbald ein gewaltiger Höllenlärm entstand.

Woher auf einmal das Baby kam oder wie Mrs. Peerybingle sich im Handumdrehen seiner bemächtigte, vermag *ich* nicht zu sagen. Tatsache ist, daß plötzlich ein sehr lebendiges Baby in ihren Armen lag, und sie schien darauf nicht wenig stolz zu sein, während sie von einem stattlichen Kerl von einem Mann, viel größer und viel älter als sie selber, sanft zum Feuer gezogen wurde. Er mußte sich tief bücken, um ihr einen Kuß zu geben. Aber es lohnte sich. Noch bei einer Größe von sechs Fuß und sechs Zoll und einem Hexenschuß hätte es sich gelohnt.

«Gott bewahre, John!» rief Mrs. P. «Wie du aussiehst bei dem Wetter, du Armer!»

Es hatte ihm zugesetzt, das war nicht zu leugnen. Der Nebel hing in dicken Klumpen an seinen Wimpern wie kandierter Tau, und unter der gemeinsamen Einwirkung von Dunst und Feuer spielten wahrhaftig Regenbogen in seinem Schnurrbart.

«Ja, siehst du, Tüpfelchen», erwiderte John gemächlich, während er sich aus seinem Halstuch wickelte und seine Hände am Feuer wärmte, «es ist – es ist nicht gerade sommerlich draußen. Daher kommt es.»

«Ich wollte, du würdest mich nicht Tüpfelchen nennen, John. Das mag ich nicht», sagte Mrs. Peerybingle mit einem Schmollen, das deutlich zeigte, wie gern sie es im Gegenteil mochte.

«Was bist du denn sonst?» versetzte John, indem er auf sie hinablächelte und sie so zart an sich drückte, wie seine mächtige Hand und sein starker Arm es zuwege brachten. «Ein Tüpfelchen und...» Hier warf er einen Blick auf das Baby. «Ein Tüpfelchen und... Nein, ich will's nicht sagen, ich könnte es verpatzen. Aber ich war sehr nahe dran, einen Witz zu machen. Ich weiß nicht, wann ich näher dran gewesen wäre.»

Wenn man ihm glauben wollte, war er oft nahe daran, etwas Witziges zu sagen, der langsame, bedächtige, redliche John mit seiner rauhen Schale und seinem weichen Kern, der so schwerfällig und doch so feinfühlig war, äußerlich so langweilig und innerlich so behende, so stur, aber so gütig! O Mutter Natur, schenk deinen Kindern die wahre Poesie des Herzens, wie sie sich in der Brust dieses schlichten Fuhrmanns verbarg – er war, nebenbei gesagt, nur ein schlichter Fuhrmann –, dann wollen wir gern ertragen, daß sie prosaisch reden und ein prosaisches Leben führen, und dich um dieser Weggefährten willen preisen!

Es war ein erfreulicher Anblick, wie Tüpfelchen mit ihrer kleinen Gestalt und ihrem Kindchen, einer richtigen Puppe von einem Kindchen im Arm, nachdenklich ins Feuer blickte und ihr feines Köpfchen gerade so weit zur Seite neigte, daß es in einer halb natürlichen, halb koketten, aber ganz und gar liebenswerten Art an der massigen Gestalt des Fuhrmanns lehnte. Es war ein erfreulicher Anblick, wie er mit unbeholfener Zärtlichkeit sein rauhes Wesen ihrer Zartheit anzupassen bemüht war und sein kraftvolles Mannesalter zu einer gar nicht ungeeigneten Stütze für ihre blühende Jugend machte. Es war erfreulich zu beobachten, wie Tilly Slowboy, die im Hintergrund auf das Baby wartete, dieser Gruppierung (obwohl sie selbst erst im zartesten Jugendalter stand) volles Verständnis entgegenbrachte und mit weit vorgestrecktem Kopf dastand, um den Anblick mit offenem Mund und aufgerissenen Augen in sich aufzunehmen. Nicht minder erfreulich war es zu sehen, wie John, der Fuhrmann, als Tüpfelchen ihn auf besagtes Baby hinwies, die Hand, mit der er es schon liebkosen wollte, im letzten Moment zurückzog, als ob er es zu zerbrechen fürchtete, und es statt dessen aus sicherer Entfernung mit einem gewissen verblüfften Stolz betrachtete, wie etwa ein gutmütiger Fleischerhund, der eines schönen Tages unversehens als Vater eines Kanarienvögelchens aufwacht.

«Ist er nicht ein schönes Kind, John? Sieht er nicht süß aus, wenn er schläft?»

«Sehr süß», sagte John. «Wirklich sehr. Er schläft wohl immer?»

«Aber, John! Beileibe nicht!»

«Ach», sagte John sinnend. «Ich dachte, seine Augen wären meistenteils zu. Holla!»

«Du lieber Himmel, John, wie du einen erschrekken kannst!»

«Es kann doch nicht gesund sein, daß er die Augen so weit aufreißt», bemerkte John erstaunt. «Schau nur, wie er mit beiden zugleich blinzelt! Und schau seinen Mund an! Er schnappt ja nach Luft wie ein Gold- und Silberfisch.»

«Du bist wahrhaftig nicht wert, ein Vater zu sein», erklärte Tüpfelchen mit der ganzen Würde einer erfahrenen Matrone. «Aber woher solltest du dich auch auf kleine Kinder verstehen, du dummer Mann!» Und nachdem sie das Baby über den linken Arm gelegt und es zwecks Wiederherstellung seiner Gesundheit auf den Rücken geklopft hatte, zupfte sie ihren Mann lachend am Ohr.

«Nein», sagte John, seine Jacke ablegend. «Das stimmt, Tüpfelchen. Ich verstehe nicht viel davon. Aber ich weiß, daß ich heut abend ziemlich hart gegen den Wind ankämpfen mußte. Ein steifer Nordost, der den ganzen Heimweg lang geradewegs in den Wagen hineingeblasen hat.»

«Du armer, alter Mann!» rief Mrs. Peerybingle, auf einmal überaus geschäftig werdend. «Hier, Tilly, nimm den süßen Schatz, damit ich mich nützlich mache. Du lieber Gott, ich könnte ihn totküssen! He, Boxer, da bist du ja auch! Braver Hund! Laß mich nur rasch den Tee aufbrühen, John, dann helfe ich dir bei den Paketen wie ein fleißiges Bienchen. Summ, summ, summ, Bienchen, summ herum... Hast du das auch in der Schule gelernt, John?»

«Nicht so, daß ich es auswendig könnte», sagte John. «Ich war einmal sehr nahe dran, aber ich hätte es wohl nur verpatzt.»

«Haha!» lachte Tüpfelchen. Sie hatte das fröhlichste Lachen, das man sich vorstellen kann. «Was für ein lieber, alter Schafskopf von einem Mann du doch bist, John!»

Ohne diese Behauptung im mindesten zu bestreiten, ging John hinaus, um sich zu vergewissern, daß der Junge mit der Laterne, die wie ein Irrlicht vor dem Fenster herumtanzte, das Pferd ordentlich versorgte; letzteres war dicker, als ihr mir glauben würdet, wenn ich euch seinen Umfang verriete, und so alt, daß sein Geburtsjahr sich im Nebel der Vergangenheit verlor. Boxer, der sich bewußt war, daß seine Aufmerksamkeit der gesamten Familie gebührte und somit unparteiisch verteilt werden müsse, jagte mit verwirrender Unbeständigkeit ein und aus; bald beschrieb er unter lautem Gebell einen Kreis um das Pferd, das vor der Stalltür abgerieben wurde, bald tat er, als wolle er wild auf seine Herrin losspringen, um im letzten Augenblick nekkisch haltzumachen. Nun entlockte er Tilly Slowboy, die auf dem niedrigen Schemel vor dem Feuer das Kind wiegte, durch die unerwartete Annäherung seiner feuchtkalten Schnauze an ihr Gesicht einen lauten Schrei, dann wieder zeigte er ein aufdringliches Interesse an dem Baby. Schließlich umkreiste er ein paarmal den Herd und legte sich hin, als hätte er sich endgültig zur Ruhe begeben, um gleich darauf wieder aufzuspringen und sein Nichts von einem Schwanzstummel in den kalten Nebel hinaus zu verfrachten, als hätte er sich gerade an eine wichtige Verabredung erinnert und müsse sich beeilen, sie einzuhalten.

«Da! Der Tee ist fertig!» rief Tüpfelchen, geschäftig wie ein Kind, das Haushalt spielt. «Und hier ist Schinken und Butter und ganz knuspriges Brot! Und da ist der Wäschekorb für die kleinen Päckchen, John, falls du welche hast – John, wo bist du? Tilly, um Himmels willen, laß das Kind nicht in den Kamin fallen!»

Miss Slowboy wies zwar diese Möglichkeit aufs lebhafteste zurück, aber es ist zu bemerken, daß sie ein ganz ausnehmendes, erstaunliches Talent dafür besaß, das Baby in Schwierigkeiten zu bringen, und sein junges Leben schon mehrmals in aller Stille auf die eigentümlichste Art gefährdet hatte. Diese junge Dame war von so schmächtiger, dürrer Gestalt, daß ihre Kleider, die nur lose an den spitzigen Bügeln ihrer Schultern hingen, ständig hinunterzurutschen drohten. Ihr Anzug war insofern bemerkenswert, als er bei jeder nur möglichen Gelegenheit irgendwelche Teile eines sonderbar gebauten

Flanellunterrocks offenbarte und außerdem in der rückwärtigen Region den Ausblick auf ein Korsett von giftgrüner Farbe bot. Da sie sich dauernd in einem Zustand atemloser Bewunderung für alles in ihrer Umgebung befand und obendrein ständig in die Betrachtung der unbeschreiblichen Vollkommenheit ihrer Herrin und des Babys versunken war, darf gesagt werden, daß Miss Slowboys kleine Fehlleistungen ihrem Herzen wie ihrem Kopf gleichermaßen zur Ehre gereichten; und wenn sie auch dem Kopf des Babys weniger Ehre antaten, da sie ihn gelegentlich in enge Berührung mit Türklinken, Schrankecken, Treppengeländern, Bettpfosten und anderen Fremdkörpern brachten, waren sie doch die ehrenwerten Früchte von Tilly Slowboys nimmer endendem Erstaunen, sich in ein so behagliches Heim versetzt zu sehen, in dem sie so freundlich behandelt wurde. Denn Vater und Mutter Slowboy waren beide der Fama unbekannt, und Tilly war ein Findelkind, das auf Kosten der öffentlichen Wohltätigkeit großgezogen worden war.

Der Anblick, wie die kleine Mrs. Peerybingle, aus Kräften an dem Wäschekorb zerrend, mit ihrem Gatten zurückkam und unter den größten Anstrengungen gar nichts tat (denn er trug ihn ganz allein), hätte den geneigten Leser beinahe ebensosehr belustigt wie den wackeren John. Vielleicht belustigte er auch das Heimchen; jedenfalls begann es wieder heftig zu zirpen.

«Heda!» sagte John in seiner langsamen Art. «Heut legt es sich ja besonders ins Zeug.»

«Und es bringt uns bestimmt Glück, John! Das hat es von Anfang an getan. Ein Heimchen am Herd zu haben, bedeutet Glück.»

John sah sie an, als wäre ihm beinahe der Gedanke gekommen, daß sie sein Hauptheimchen sei und er ihr durchaus zustimme. Doch offenbar war es einer der Fälle, in denen er nahe daran gewesen und mit knapper Not davongekommen war, denn er sagte nichts.

«Weißt du, John, wann ich sein fröhliches Liedchen zum erstenmal gehört habe? An dem Abend, als du mich heimführtest – an dem du mich als seine kleine Herrin in mein neues Heim führtest. Es ist jetzt fast ein Jahr her. Erinnerst du dich, John?»

O ja, John erinnerte sich. Ich möchte es meinen!

«Sein Zirpen war so ein lieber Willkommensgruß für mich! Es schenkte mir soviel Hoffnung und Mut! So als verspräche es mir, du würdest immer gut und lieb zu mir sein und nicht erwarten (davor hatte ich damals Angst, John), einen alten Kopf auf den Schultern deiner dummen kleinen Frau zu finden!»

John streichelte nachdenklich die besagten Schultern und dann den Kopf, als wollte er damit sagen, nein, nein, das hätte er nicht erwartet, er wäre ganz zufrieden mit dem vorhandenen; und er hatte auch alle Ursache dazu, denn es waren sehr hübsche Schultern und ein sehr hübsches Köpfchen.

«Und es hat die Wahrheit gesprochen, John, denn du warst von Anfang an der beste, rücksichtsvollste, zärtlichste Ehemann. Wir haben ein glückliches Heim, John, und drum ist mir auch das Heimchen so lieb.»

«Mir auch», sagte der Fuhrmann. «Mir auch, mein Tüpfelchen.»

«Weil ich es so oft gehört und bei seiner unschuldigen Musik über so manches nachgedacht habe. Wenn ich mich manchmal in der Abenddämmerung ein bißchen einsam und verzagt fühlte, John –

bevor Baby da war, um mir Gesellschaft zu leisten und das Haus so fröhlich zu machen –, wenn ich dachte, wie verloren du sein würdest, wenn ich sterben müßte – wie verloren ich sein würde, wenn ich wissen könnte, daß du mich verloren hättest, Liebster –, dann war es, als erzählte mir das Zirp-zirp-zirp auf dem Herd von einem anderen süßen, geliebten Stimmchen, so daß meine Sorgen wie ein Traum verflogen. Und wenn ich manchmal fürchtete – denn weißt du, ich war doch sehr jung, John –, daß wir vielleicht nicht gut zusammenpassen würden, weil ich noch so kindisch war und du eher mein Vormund sein könntest als mein Mann, und daß du mich vielleicht bei allem guten Willen nicht so liebgewinnen könntest, wie du hofftest – ja, dann hat das Zirp-zirp-zirp mir wieder Mut gemacht und mich mit frischer Hoffnung und neuem Zutrauen erfüllt. Heute, als ich dasaß und auf dich wartete, habe ich über all das nachgedacht, und drum ist mir das Heimchen so lieb!»

«Mir auch», wiederholte John. «Aber was redest du da, Tüpfelchen? *Ich* hätte gehofft, daß ich dich liebgewinnen könnte? Das hatte ich doch längst getan, lang bevor ich dich herbrachte, damit das Heimchen eine kleine Hausmutter bekäme.»

Sie legte die Hand auf seinen Arm und sah mit erregtem Gesicht zu ihm auf, als wollte sie ihm etwas sagen. Doch im nächsten Moment kniete sie vor dem Korb und machte sich emsig mit den Paketen zu schaffen, während sie munter weiterplauderte.

«Heut sind es nicht so viele, John, aber ich habe ja hinter dem Wagen ein paar Frachtgüter gesehen, und obschon sie dir vielleicht mehr Mühe machen, sind sie dafür um so einträglicher. Wir haben also keinen Grund zu murren, nicht wahr. Und du hast sicher schon unterwegs einiges abgeliefert?»

«Doch, doch», sagte John. «Eine ganze Menge.»

«Was ist in der großen, runden Schachtel, John? Grundgütiger Himmel, das ist bestimmt ein Hochzeitskuchen!»

«Darauf kann doch wahrhaftig nur eine Frau kommen!» rief John bewundernd. «Einem Mann wäre das nie eingefallen. Hingegen bin ich fest überzeugt, man könnte einen Hochzeitskuchen in eine Teekiste, eine Bettlade, eine Heringstonne oder sonst was Unwahrscheinliches einpacken, und jede Frau würde ihm trotzdem augenblicklich auf die Spur kommen. Ja, den mußte ich beim Zuckerbäcker abholen.»

«Und wie schwer er ist! Der muß ja einen ganzen Zentner wiegen!» rief Tüpfelchen unter demonstrativen Anstrengungen, ihn zu heben. «Wer hat den bestellt, John? Für wen ist er?»

«Lies nur die Adresse», sagte John.

«Du meine Güte, John! So etwas!»

«Ja, wer hätte das gedacht», sagte John.

«Also wirklich und wahrhaftig für Grimm und Tackleton, den Spielzeughändler!» rief Tüpfelchen, die sich vor Erstaunen auf den Fußboden gesetzt hatte.

John nickte.

Mrs. Peerybingle nickte ebenfalls, wohl fünfzigmal hintereinander, aber nicht zustimmend, sondern in stummer, kummervoller Verblüffung, wobei sie ihre hübschen Lippen rümpfte, soweit das ging (die waren nämlich zu anderen Zwecken geschaffen, das steht für mich fest), und in ihrer Geistesabwesenheit durch den braven Fuhrmann hindurchstarrte, als wäre er Luft. Miss Slowboy, die das Talent besaß, alle Gespräche, die sie mitanhörte, zu Babys Unterhaltung, in unzusammenhängenden Satzfetzen und in die Mehrzahl versetzt, mechanisch zu wiederholen, erkundigte sich unterdessen mit lauter Stimme bei dem unschuldigen Geschöpf, ob die Kuchenschachteln wirklich für Grimms und Tackletons, die Spielzeughändler, bestimmt wären - und ob es die Hochzeitskuchen bei den Zuckerbäckern abgeholt hätte - und ob seine Mütter die Pakete erkennten, die seine Väter heimbrächten - und so fort.

«Nein, daß es wirklich dazu kommt!» sagte Tüpfelchen. «Sie und ich, wir sind zusammen auf der Schulbank gesessen, John!»

Möglicherweise dachte er daran (oder hätte um ein Haar daran gedacht), wie sie auf jener Schulbank ausgesehen hatte. Er schaute sie mit nachdenklichem Lächeln an, schwieg aber.

«Und er ist so alt! Und paßt so gar nicht zu ihr! Um wie viele Jahre älter als du ist Grimm und Tackleton, John?»

«Um wie viele Tassen Tee mehr werde ich heut auf einen Sitz trinken, als Grimm und Tackleton jemals auf vier Sitze getrunken hat? Das wüßte ich gern!» erwiderte John wohlgelaunt, während er einen Stuhl an den runden Tisch zog und sich über den kalten Schinken hermachte. «Was das Essen anbelangt, esse ich ja wenig, aber das wenige schmeckt mir, Tüpfelchen!»

Sogar diese Bemerkung, die er bei jeder Mahlzeit zu äußern pflegte (eine seiner harmlosen Selbsttäuschungen, denn sein Appetit konnte sich sehen lassen), brachte seine kleine Frau nicht zum Lächeln. Sie stand mit gesenkten Augen unter den Paketen und schob die Kuchenschachtel sacht mit dem Fuß von sich, ohne auch nur einen Blick auf den zierlichen kleinen Schuh zu werfen, den sie sonst so gern betrachtete; tief in Gedanken versunken, ohne des Tees oder ihres Johns zu achten (obwohl er sie anrief und sogar mit dem Messer auf den Tisch klopfte, um sie aufzurütteln), bis er aufstand und ihren Arm berührte. Da eilte sie an ihren Platz hinter dem Teebrett und lachte über ihre Vergeßlichkeit; aber nicht, wie sie vorher gelacht hatte – es war eine ganz andere Tonart.

Auch das Heimchen war verstummt. Irgendwie schien der Raum nicht so fröhlich wie zuvor – gar nicht zu vergleichen.

«Das sind also alle Pakete, John?» sagte sie nach einem langen Stillschweigen, das der redliche Fuhrmann benützt hatte, um einen Teil seines Lieblingsausspruchs praktisch zu illustrieren, denn was er aß, schmeckte ihm sichtlich, wenn es auch nicht gerade wenig war. «Das sind also alle Pakete, John?»

«Ja, das ist alles», erwiderte John. «Halt! Nein!» Und er legte vor Erstaunen Messer und Gabel hin und holte tief Atem. «Der alte Herr! So was! Da habe ich doch glatt den alten Herrn vergessen!»

«Einen alten Herrn?»

«Ja, im Wagen liegengelassen», erklärte John. «Als ich das letzte Mal nach ihm schaute, schlief er im Stroh. Seit ich zu Hause bin, hätte ich um ein Haar zweimal an ihn gedacht, aber er ist mir immer wieder entfallen. – Holla! Aufgewacht! Heda, Sir!»

Die letzten Worte rief John draußen im Hof, wohin er mit der brennenden Kerze geeilt war.

Tilly Slowboy, die eine geheimnisvolle Bemerkung über einen alten Herrn vernahm und in ihrer nicht sehr klaren Phantasie mit diesem Ausdruck gewisse religiöse Vorstellungen verband, war darob so erschrocken, daß sie hastig von ihrem Schemel im Kaminwinkel auffuhr, um hinter den Röcken ihrer Herrin Schutz zu suchen. Da sie dabei in einen ehrwürdigen Fremdling hineinrannte, der gerade das Zimmer betrat, und instinktiv mit dem nächsten besten zum Angriff geeigneten Instrument auf ihn losging, und da dieses Instrument zufällig das Baby war, kam es zu einem großen Getümmel und Aufruhr, was durch Boxers Klugheit eher noch gesteigert wurde; denn offenbar hatte der brave Hund, sorgsamer als sein Meister, den schlafenden alten Herrn bewacht, damit dieser nicht etwa mit ein paar jungen Pappelstämmen, die hinten am Wagen angebunden waren, durchginge, und behielt ihn auch jetzt noch scharf im Auge. Vor allem schien er seinen Gamaschen zu mißtrauen und unternahm immer wieder Ausfälle gegen ihre Knöpfe.

«Sie sind so ein guter Schläfer, Sir», sagte John, als die Ruhe wiederhergestellt war - während welcher Zeit der alte Herr barhäuptig und regungslos mitten im Zimmer stand –, «daß ich beinahe Lust hätte, Sie zu fragen, wo die Sieben geblieben ist - aber das wäre ein Witz, und ich würde ihn totsicher verpatzen. Aber ich war wahrhaftig sehr nahe dran», fuhr der Fuhrmann, in sich hineinlachend fort. «Ich war wahrhaftig ganz nahe dran!»

Der Fremde hatte lange weiße Haare, scharf geschnittene Züge, die für einen alten Mann erstaunlich kühn und lebhaft wirkten, und leuchtende, durchdringende, dunkle Augen. Er sah sich lächelnd um und verneigte sich feierlich vor der Frau des Hauses.

Seine wunderlich altväterische Tracht schien einer längst vergangenen Zeit zu entstammen. Er war ganz in Braun gekleidet. In der Hand hielt er einen großen braunen Knüppel oder Wanderstab. Mit dem stieß er kräftig auf den Boden auf, wodurch das Gerät aufklappte und zu einem Schemel wurde, auf dem der Fremde sich in aller Ruhe niederließ.

«Da!» rief der Fuhrmann, zu seiner Frau gewandt. «Genauso ist er am Straßenrand gesessen, aufrecht wie ein Meilenstein und beinah ebenso taub.»

«Draußen in der Kälte, John!»

«Draußen in der Kälte, gerad als es zu dunkeln begann», bestätigte der Fuhrmann. «Er sagte nur: ‹Fracht bezahlt› und gab mir anderthalb Shilling. Und jetzt sitzt er hier.»

«Mir scheint, er will wieder gehen, John.»

Keineswegs. Er wollte nur etwas sagen.

«Ich soll hier aufbewahrt werden, bis man mich abholt», sagte der Fremde milde. «Bitte sich nicht stören zu lassen.»

Darauf zog er aus einer seiner großen Taschen ein Buch und aus einer anderen eine Brille und begann mit größter Seelenruhe zu lesen. Boxer beachtete er so wenig, als wäre er ein Lämmchen!

Der Fuhrmann und seine Frau sahen einander verdutzt an.

Der Fremde hob den Kopf von seinem Buch auf, ließ seinen Blick zwischen den beiden hin und her schweifen und fragte: «Euere Tochter, mein Guter?»

«Frau», berichtigte John.

«Wie? Nichte?»

«Frau!» brüllte John.

«Ach so?» versetzte der Fremde. «Tatsächlich? Sehr jung!»

Damit kehrte er ruhig zu seiner Lektüre zurück. Doch er konnte noch nicht zwei Zeilen gelesen haben, als er sich aufs neue unterbrach, um zu fragen: «Euer Kind?»

Dies bestätigte John durch ein gewaltiges Kopfnicken – so etwa das Äquivalent einer durchs Sprachrohr herausgeschmetterten Antwort.

«Mädchen?»

«Juuunge!»

«Auch sehr jung, wie?»

Mrs. Peerybingle fiel augenblicklich ein: «Zwei Monate und drei Tage! Genau vor sechs Wochen geimpft! Hat sehr gut gegriffen! Ein besonders prächtiges Kind, sagt der Doktor! So gut entwickelt wie normalerweise ein Kind von fünf Monaten! Geistig erstaunlich rege! Kennt schon seine eigenen Beine, ob Sie's glauben oder nicht!»

Die kleine Mutter war ganz außer Atem, so laut hatte sie dem alten Herrn die kurzen Sätze in die Ohren geschrien, und ihr hübsches Gesichtchen war puterrot geworden. Jetzt hielt sie ihm das Baby als unumstößliche, triumphierende Tatsache vor die Nase, während Tilly Slowboy mit einer Art Kriegsgeschrei, das klang wie «Fang mich! Fang mich!», kuhartige Sprünge um den ahnungslosen Mittelpunkt der Unterhaltung herum vollführte.

«Achtung! Es ist jemand vor der Tür», sagte John. «Jetzt wird er wohl abgeholt. Mach auf, Tilly.»

Doch ehe Tilly noch hingelangen konnte, wurde die Tür schon von außen aufgemacht, denn es war eine völlig unraffinierte Tür mit einem simplen Riegel, den jeder, der Lust hatte, aufheben konnte – und tatsächlich hatte eine Menge Leute Lust dazu, weil jeder gern ein paar nachbarliche Worte mit dem guten Fuhrmann wechselte, obwohl der selber kein großer Redner war. Der Besucher, den die Tür jetzt einließ, war ein mageres kleines Männchen mit einem sorgenvollen, verhutzelten Gesicht. Sein Mantel war offenbar aus einem alten Sack verfertigt, denn als er sich umdrehte, um die Tür gegen das unfreundliche Wetter zu schließen, erblickte man auf dem Rücken seines Gewandes die Inschrift G & T in großen schwarzen Buchstaben und darunter in kühnen Zügen: «Vorsicht! Glas!»

«Guten Abend, John!» sagte der kleine Mann. «Guten Abend, Madam! Guten Abend, Tilly! Guten Abend, der Herr! Wie geht's dem Baby, Madam? Boxer hoffentlich gut zuwege?»

«Danke, Caleb, alles wohlauf», erwiderte Tüpfelchen. «Ihr braucht nur einen Blick auf das süße Kind zu werfen, um das zu sehen.»

«Und einen zweiten auf Euch», sagte Caleb.

Er sah sie aber durchaus nicht an. Seine unruhig sinnierenden Augen schienen stets auf einen anderen Punkt und in eine andere Zeit gerichtet, ganz gleich, was er sagte; dasselbe galt für seine Stimme.

«Oder einen dritten auf John», bemerkte Caleb, «oder einen vierten auf Tilly. Von Boxer gar nicht zu reden.»

«Augenblicklich viel Arbeit, Caleb?» fragte der Fuhrmann.

«Doch, doch, John», erwiderte Caleb mit der verlorenen Miene eines Menschen, der mindestens nach dem Stein der Weisen Ausschau hält. «Doch, doch, recht viel Arbeit. Gerade jetzt ist die Arche Noah sehr gefragt. Es tut mir nur leid, daß die Familie einiges zu wünschen übrig läßt, aber zu dem Preis ist es nicht anders zu machen. Es wäre mir eine herzliche Befriedigung, wenn man die Sems und Hams besser unterscheiden könnte und auch die Weiber. Und die Fliegen sind auch nicht im richtigen Maßstab, im Vergleich zu den Elefanten. Na ja... Hast du was Paketartiges für mich, John?»

Der Fuhrmann versenkte seine Hand in die große Tasche des Mantels, den er vorhin abgelegt hatte, und holte, sorgsam in Moos und Papier verpackt, ein winziges Blumentöpfchen hervor.

«Da haben wir es!» sagte er, es mit großer Sorgfalt zurechtzupfend. «Kein Blättchen geknickt! Voller Knospen!»

Calebs trübe Augen leuchteten auf, während er es dankend in Empfang nahm.

«Aber teuer, Caleb», fuhr der andere fort. «Sehr teuer, entsprechend der Jahreszeit.»

«Schadet nichts. Kein Preis wäre mir dafür zu hoch!» versetzte der kleine Mann. «Sonst noch was, John?»

«Ein kleines Päckchen», erwiderte der Fuhrmann. «Da ist es.»

«Caleb Plummer», buchstabierte nun der kleine Mann die Adresse. «Vorsicht Geld! Geld, John? Das ist bestimmt nicht für mich.»

«Vorsicht Glas!» verbesserte der Fuhrmann, der ihm über die Schulter sah. «Wo steht hier Geld?»

«O natürlich!» rief Caleb. «Dann stimmt's. Vorsicht Glas! Ja, ja, das ist für mich. Es könnte tatsächlich Geld heißen, wenn mein lieber Junge in Südamerika noch am Leben wäre, John. Du hast ihn wie deinen eigenen Sohn geliebt, nicht wahr? Du brauchst es mir nicht zu versichern, ich weiß es. Natürlich, da steht's: ‹Für Caleb Plummer, Vorsicht Glas!› Ja, ja, das stimmt. Es sind die Puppenaugen für die Arbeit meiner Tochter. Ich wollte, es wäre ihr eigenes Augenlicht, John.»

«Das wollte ich wahrhaftig auch!» rief der Fuhrmann. «Wenn's nur möglich wäre!»

«Danke, danke», sagte der kleine Mann. «Du sprichst von Herzen, John. Wenn man denkt, daß sie nie imstande sein wird, die Puppen zu sehen – und die starren sie den ganzen Tag lang frech an! Das kränkt einen am meisten. Was habe ich für deine Mühe zu entgelten, John?»

«Ich werde dir gleich was entgelten, wenn du so was fragst!» rief John. «Tüpfelchen, was sagst du? Jetzt war ich sehr nahe dran, was?»

«Nun, das sieht dir wieder einmal ähnlich, John», versetzte der kleine Mann. «Du bist die Güte selbst. Das ist jetzt aber alles, denk ich?»

«Ich denke nicht», erwiderte ihm der Fuhrmann. «Propier es noch einmal.»

«Dann ist's wohl was für unseren Chef?» meinte Caleb nach einigem Sinnieren. «Natürlich, darum hat er mich doch hergeschickt! Aber ich habe ja immer nur meine Archen und solches Zeug im Kopf. Er war wohl nicht hier?»

«Der? Dazu hat er keine Zeit. Er geht ja auf Freiersfüßen», bemerkte der Fuhrmann.

«Er wird aber trotzdem vorbeikommen», sagte Caleb. «Er hat mir gesagt, ich solle mich auf dem Heimweg auf der Straße halten, er würde mich höchstwahrscheinlich überholen und aufsteigen lassen. Na, jetzt muß ich aber gehen. Würdet Ihr mir wohl gütigst erlauben, Madam, Boxer ein bißchen in den Schwanz zu zwicken?»

«Aber, Caleb! Was ist das für eine Idee!»

«Nein, Madam, lassen wir es lieber bleiben», sagte der kleine Mann. «Es wäre ihm vielleicht nicht angenehm. Es ist nur gerade ein kleinerer Auftrag für eine Partie bellende Hunde eingegangen, und ich möchte es möglichst naturgetreu machen – für Sixpence das Stück. Aber lassen wir's bleiben, Madam.»

Es traf sich glücklich, daß Boxer auch ohne diesen Ansporn mit höchstem Eifer zu bellen begann. Doch da dies die Ankunft eines neuen Besuchers verhieß, verschob Caleb seine Studien nach der Natur auf einen gelegeneren Zeitpunkt, schulterte die runde Schachtel und nahm hastig Abschied. Er hätte sich die Mühe sparen können, denn er traf in der Tür mit dem Ankömmling zusammen.

«Ach, da seid Ihr ja! Wartet einen Moment, ich bringe Euch nach Hause. John Peerybingle, immer zu Diensten! Und noch mehr zu Diensten Euerer hübschen jungen Frau! Sie wird tatsächlich immer hübscher! Und besser, soweit es möglich ist! Und jünger auch», murmelte der Sprecher mit leiserer Stimme. «Zum Teufel damit!»

«Es würde mich sehr wundern, daß *Ihr* Komplimente macht, Mr. Tackleton», sagte Tüpfelchen nicht gerade sehr liebenswürdig, «wenn ich nicht wüßte, daß Ihr Eueren Stand zu ändern gedenkt.»

«Das wißt Ihr also schon!»

«Ja. Ich wollte es nicht glauben, aber ich muß wohl.»

Tackleton, der Spielzeughändler, ziemlich allgemein als Grimm und Tackleton bekannt – denn so hieß die Firma, wenn auch Grimm seit langem ausgetreten war und seinem Kompagnon nur seinen Namen und, wie böse Zungen behaupteten, das dem Namen entsprechende Naturell hinterlassen hatte –, Tackleton, der Spielzeughändler, war ein Mensch, dessen wahre Berufung von seinen Eltern und Erziehern verkannt worden war. Hätten sie aus ihm einen erbarmungslosen Geldverleiher, einen messerscharfen Advokaten, einen Polizeibeamten oder Gerichtsvollzieher gemacht, dann hätte er sein grämliches Temperament in der Jugend austoben können und wäre, nachdem er lange genug in seiner menschenunfreundlichen Tätigkeit geschwelgt, zu guter Letzt vielleicht noch zu einem liebenswerten Zeitgenossen geworden, wenn auch nur der Abwechslung und Neuartigkeit halber. Doch zum friedlichen Gewerbe eines Spielzeughändlers verdammt, fühlte er sich von allen Seiten bedrängt und beengt, wie ein gezähmtes Ungeheuer, das sich sein Leben lang von Kindern genährt hatte und Kinder haßte. Er verabscheute alle Spielsachen und hätte um nichts in der Welt etwas derartiges gekauft. In seiner Boshaftigkeit fand er ein Vergnügen daran, Bilderbogenbauern, die ihre Schweine zum Markt trieben, schellenbehangenen Hampelmännern, beweglichen hölzernen Weiblein, die Strümpfe strickten oder Kuchenteig kneteten, und ähnlichen Artikeln seines Warenlagers recht böse Gesichter zu verleihen. Was ihn freute, waren grauenerregende Masken; abscheuliche, behaarte, rotäugige Schachtelteufel; vampirähnliche Drachen; dämonische Stehaufmännchen, welche nicht zur Ruhe kommen wollten, sondern unschuldigen Kindlein ständig ins Gesicht sprangen und sie bis zu Tränen erschreckten. An solchen Erzeugnissen seiner Musterkollektion weidete er sich. Sie bildeten seine einzige Erleichterung, sozusagen sein Sicherheitsventil. In derartigen Erfindungen war er groß. Alles, was nur im geringsten geeignet sein konnte, Alpträume zu erzeugen, war ihm lieb und wert. Er hatte sogar Geld an einer «Teufelsserie» von Laterna-Magica-Bildern verloren (und dieses Erzeugnis war ihm besonders ans Herz gewachsen), auf denen die Mächte der Finsternis als eine Art von übernatürlichen Schalentieren mit menschlichen Gesichtern dargestellt waren. In die Porträtierung von abstoßenden Ungeheuern hatte er ein kleines Vermögen investiert, und obwohl er selbst kein Maler war, verstand er es, zur Instruktion seiner Künstler, mit Kreide einen gewissen teuflischen Gesichtsausdruck anzudeuten, der jeden jungen Gentleman zwischen sechs und elf Jahren die ganzen Sommer- oder Weihnachtsferien lang garantiert um seinen Seelenfrieden brachte.

Seiner Einstellung zu Spielsachen entsprach (wie bei den meisten anderen Menschen) seine Einstellung zu allen anderen Dingen. Man kann sich also denken, daß in dem bis über die Waden reichenden und bis zum Kinn zugeknöpften grünen Umhang ein ungewöhnlich liebenswürdiges Subjekt steckte und daß er ein so feinsinniger Geselle und angenehmer Gesellschafter war, wie er nur je in einem Paar dickköpfig aussehender Stiefel mit mahagonifarbenen Stulpen auf dieser Erde herumgestapft ist.

Und dennoch beabsichtigte Tackleton, der Spielzeughändler, zu heiraten. Alldem zum Trotz stand er im Begriff, Hochzeit zu halten. Noch dazu mit einem jungen Mädchen, einem schönen jungen Mädchen!

Er sah wahrhaftig nicht wie ein Bräutigam aus, wie er da in der Küche des Fuhrmanns stand, mit etwas Verknorkstem im Gesicht und etwas Verkrümmtem in der Gestalt, den Hut bis auf die Nase heruntergezogen und die Hände tief in die Hosentaschen vergraben, so daß sein ganzes übelwollendes, bösartiges Ich aus einem einzigen kleinen Äuglein herausschielte wie die konzentrierte Essenz einer beliebigen Anzahl von Raben. Aber ein Bräutigam war er und stand im Begriff, Hochzeit zu halten.

«In drei Tagen. Nächsten Donnerstag. Am letzten Tag des ersten Monats im Jahr. Das ist mein Hochzeitstag», sagte Tackleton.

Habe ich schon erwähnt, daß er immer ein Auge weit aufriß und das andere fast gänzlich zukniff? Und daß das beinahe gänzlich zugekniffene Auge das ausdrucksvollere war? Ich glaube, das hatte ich noch nicht erwähnt.

«Das ist mein Hochzeitstag!» sagte Tackleton und klimperte mit seinem Geld in der Hosentasche.

«He, das ist ja auch unser Hochzeitstag!» rief der Fuhrmann.

«Hihi!» lachte Tackleton. «Wie komisch! Aber ihr seid ja auch just so ein Paar wie wir! Genau!»

Tüpfelchens Entrüstung über diese unerhörte Anmaßung ist nicht zu beschreiben. Was noch? Nächstens würde der Mann am Ende gar die Möglichkeit eines ebensolchen Babys ins Auge fassen! Er war einfach verrückt.

«Heda - ein Wort unter uns!» murmelte Tackleton, indem er den Fuhrmann heimlich anstieß und beiseite zog. «Ihr werdet doch zu unserer Hochzeit kommen, wie? Versteht Ihr, wir sitzen beide in der gleichen Patsche.»

«Wieso in der gleichen Patsche?» fragte der Fuhrmann.

«Hm - der kleine Altersunterschied», versetzte Tackleton mit einem weiteren diskreten Rippenstoß. «Kommt doch morgen abend auf eine Tasse Tee zu uns!»

«Warum auf einmal?» fragte John, über diese übermäßige Gastlichkeit erstaunt.

«Warum auf einmal!» wiederholte der andere. «Das ist mir eine merkwürdige Antwort auf eine freundschaftliche Einladung! Zum Vergnügen natürlich – Geselligkeit, nicht wahr, und all solches Zeug.»

«Ich dachte, Ihr wäret kein geselliger Mensch», sagte John in seiner geraden Art.

«Tja – ich sehe schon, mit Euch muß man offen reden», versetzte Tackleton. «Nun, die Wahrheit ist – ihr beide, Ihr und Euere Frau, ihr macht, was die Klatschbasen einen glücklich verheirateten Eindruck nennen. Wir wissen natürlich, wie's in Wirklichkeit steht, aber...»

«Gar nichts wissen wir!» unterbrach ihn der Fuhrmann. «Was redet Ihr denn da zusammen, Mensch?»

«Also schön, dann wissen wir es nicht. Wie Ihr wünscht», erwiderte Tackleton. «Darum geht es nicht. Ich wollte nur sagen, weil ihr zwei eben diesen Eindruck macht, wird euere Gesellschaft einen günstigen Einfluß auf meine Zukünftige ausüben. Und wenn Euere gute Frau mir, soviel ich sehe, auch nicht sehr gewogen ist, muß sie in diesem Fall einfach meinen Absichten Vorschub leisten, weil etwas so Glückliches, Behagliches von ihr ausstrahlt, daß es seine Wirkung tut, ob sie will oder nicht. Also, Ihr versprecht mir, zu kommen?»

«Was unseren Hochzeitstag betrifft, haben wir uns vorgenommen, ihn zu Hause zu feiern», erklärte John. «Das ist schon seit einem halben Jahr so besprochen. Versteht Ihr, wir denken, daß man im eigenen Heim...»

«Pah! Was ist denn das eigene Heim?» rief Tackleton. «Ein Dach und vier Wände! (Zum Teufel, warum bringt Ihr dieses Heimchen nicht um?

Bei mir zu Hause bringe ich sie alle um. Ich kann den Lärm nicht ausstehen.) Aber was ich sagen wollte – ein Dach und vier Wände gibt's bei mir auch. Nicht wahr, Ihr kommt?»

«Ihr bringt also Euere Heimchen um?» fragte John.

«Jawohl, Sir. Einfach zertreten – so.» Und er stampfte heftig mit dem schweren Absatz auf. «Ihr kommt also, was? Wißt Ihr, es liegt ebenso in Euerem Interesse wie in dem meinen, daß die Weiber sich gegenseitig einreden, wie gut sie es getroffen hätten und daß es ihnen nicht besser gehen könnte. Ich kenne die Weiber und ihre Art. Was die eine sagt, sucht die andere alsbald zu überbieten. Es herrscht ein derartiger Konkurrenzgeist unter ihnen! Wenn die Eurige zu der Meinigen sagt: ‹Ich bin die glücklichste Frau der Welt und habe den besten Mann der Welt und liebe ihn zärtlich!› – dann behauptet die Meinige sofort das gleiche oder noch mehr und glaubt schließlich beinahe selber dran.»

«Wollt Ihr damit sagen, daß sie es in Wirklichkeit nicht tut?» fragte der Fuhrmann.

«Die!» rief Tackleton mit einem kurzen, mißtönigen Auflachen. «Daß sie was nicht tut?»

Der Fuhrmann war nahe daran zu sagen: «Euch zärtlich lieben!» Doch da er zufällig dem zugekniffenen Auge begegnete, das ihm über den hochgeschlagenen Kragen hinweg listig zublinzelte und (mitsamt allem Drum und Dran) so wenig dazu geeignet schien, zärtlich geliebt zu werden, ergänzte er statt dessen: «Daran glauben!»

«Oho, Ihr Witzbold! Ihr beliebt zu scherzen!» rief Tackleton.

Obwohl der Fuhrmann mit seinem etwas schwerfälligen Verstand nicht ganz begriff, wo der andere hinaus wollte, maß er ihn mit einem so ernsthaften Blick, daß Tackleton sich bewogen sah, seinen Gedankengang etwas ausführlicher zu erläutern.

«Mich», sagte Tackleton, indem er die linke Hand spreizte und mit der Rechten auf den Zeigefinger tippte, um seine Person zu bezeichnen, «mich packt die Laune, mein Lieber, eine junge Frau zu nehmen, und noch dazu eine hübsche junge Frau.» Hier tippte er auf seinen kleinen Finger, der die Braut darstellte, aber nicht leicht und zart, sondern sozusagen besitzergreifend. «Ich bin in der Lage, diese Laune zu befriedigen, und tue es somit. Eine Grille von mir. Aber – schaut mal!»

Er wies auf Tüpfelchen hin, die am Feuer saß und, das Kinn mit den Grübchen in die Hand gestützt, gedankenvoll in die helle Glut starrte. Der Fuhrmann betrachtete sie und dann Tackleton und dann wieder sie und dann nochmals Tackleton.

«Sie hält ihr Heiratsversprechen, zu ehren und zu gehorchen, das bezweifle ich nicht», sagte Tackleton, «und *mir* genügt das, weil ich nichts von Gefühlen halte. Aber glaubt Ihr, daß sie auch das dritte Gelöbnis hält?»

«Ich glaube», bemerkte der Fuhrmann, «daß ich jeden Mann, der das leugnen wollte, zum Fenster hinausschmeißen würde.»

«Genau!» stimmte der andere mit ungewöhnlicher Bereitwilligkeit zu. «Ohne jeden Zweifel! Das würdet Ihr ganz bestimmt tun! Natürlich! Ich bin dessen sicher! Einen schönen guten Abend, mein Lieber! Angenehme Träume!»

Dem Fuhrmann wurde, er wußte nicht recht warum, bei diesen Worten so unbehaglich zumute, daß er es unwillkürlich merken ließ.

«Gute Nacht, mein lieber guter Freund», sagte Tackleton in mitfühlendem Ton. «Ich muß gehen. Jetzt seht Ihr, daß wir genau in der gleichen Lage sind, nicht wahr? Ihr wollt uns also nicht den morgigen Abend schenken? Schade! Übermorgen habt Ihr selbst einen Besuch vor, wie ich weiß. Ich werde mit meiner Zukünftigen gleichfalls hinkommen. Es wird ihr gut tun. Ihr seid damit einverstanden? Danke! – Holla, was ist das?»

Es war ein lauter Schrei, den die Frau des Fuhrmanns ausstieß, ein jäher, gellender Aufschrei, der das Haus mitklingen ließ wie ein gläsernes Gefäß. Sie war von ihrem Sitz aufgesprungen und schien jetzt wie erstarrt vor Schreck und Erstaunen. Der Fremde hatte sich dem Feuer genähert, um sich zu wärmen, und stand einen kurzen Schritt von ihrem Stuhl entfernt, aber vollkommen still.

«Tüpfelchen!» rief der Fuhrmann. «Mary! Liebste! Was ist dir?»

Im nächsten Moment war sie von allen umringt. Caleb, der auf der Kuchenschachtel eingedämmert war, hatte bei der ersten, noch unvollkommenen Rückkehr seines Bewußtseins Tilly Slowboy an den Haaren gepackt, entschuldigte sich aber sofort für seinen Irrtum.

«Mary!» rief der Fuhrmann, der sie mit seinem Arm stützte. «Bist du krank? Was ist dir? Sag es mir doch, mein Schatz!»

Ihre Antwort bestand darin, daß sie die Hände zusammenschlug und wild zu lachen begann. Dann glitt sie in seiner Umarmung zu Boden, verbarg das Gesicht in der Schürze und brach in bitterliches Schluchzen aus. Darauf lachte sie wieder, und darauf weinte sie wieder, und schließlich sagte sie, wie kalt es doch wäre, und ließ sich von ihm zum Feuer führen, wo sie sich wieder hinsetzte. Der alte Mann stand wie zuvor ganz still da.

«Es ist mir schon besser, John», sagte sie. «Jetzt ist mir wieder ganz gut. Ich...»

«John!» Doch John stand auf ihrer anderen Seite. Warum wandte sie ihr Gesicht dem fremden alten Herrn zu, als spräche sie zu ihm? War ihr Sinn verwirrt?

«Es war nur eine Einbildung, John, mein Liebster – eine Art Schock – wie eine plötzliche Erscheinung... Ich weiß selbst nicht, was es war. Aber jetzt ist es weg, ganz weg.»

«Es freut mich, daß es weg ist», murmelte Tackleton, während er sein ausdrucksvolles Auge durch den ganzen Raum schweifen ließ. «Ich frage mich nur, wohin es verschwunden ist und was es war. Hm, hm! Caleb, kommt her! Wer ist der weißhaarige Mann?»

«Ich weiß nicht, Sir», erwiderte Caleb flüsternd. «Hab ihn mein Lebtag nie gesehen. Ein wunderbares Modell für einen Nußknacker, eine ganz neuartige Figur. Wenn er den Mund bis zum Bauch hinunter aufreißen könnte...»

«Nicht häßlich genug», entschied Tackleton.

«Oder auch als Feuerzeug», bemerkte Caleb, tief in seine Betrachtungen versunken. «Ein originelles Modell! Man müßte den Kopf abschrauben, um die Zündhölzer hineinzutun, und die Füße aufwärtskehren, so daß man die Zündhölzer an der Sohle anreibt. Wie er dasteht, würde er sich auf jedem Kaminsims ganz prächtig machen!»

«Längst nicht häßlich genug», wiederholte Tackleton. «Ich kann überhaupt nichts an ihm finden. Aber kommt jetzt. Nehmt die Schachtel. Hoffentlich wieder ganz wohl, Madam?»

«Ja, es ist weg, ganz weg», rief die kleine Frau, hastig abwinkend. «Gute Nacht!»

«Gute Nacht», sagte Tackleton. «Gute Nacht, John Peerybingle! Paßt auf, wie Ihr die Schachtel haltet, Caleb. Wenn Ihr sie fallen laßt, bringe ich Euch um. Huh, pechschwarz ist die Nacht, und das Wetter wird immer schlimmer! Gute Nacht allseits!»

Mit einem letzten scharfen Blick durchs Zimmer verschwand er. Caleb folgte ihm, den Hochzeitskuchen auf dem Kopf.

Der Fuhrmann war so erschrocken über das Gehaben seiner kleinen Frau und so eifrig damit beschäftigt, sie zu beruhigen und zu umsorgen, daß ihm die Gegenwart des Fremden kaum bewußt geworden war, bis er ihn jetzt wieder allein vor dem Feuer stehen sah.

«Er ist also nicht abgeholt worden», bemerkte er. «Ich muß ihm begreiflich machen, daß er nicht hierbleiben kann.»

«Um Vergebung», sagte jetzt der Fremde, auf ihn zutretend, «um so mehr als Euere Frau nicht wohl zu sein scheint. Doch da mein Begleiter, der mir bei meinem Gebrechen» (hier berührte er kopfschüttelnd seine Ohren) «so gut wie unentbehrlich ist, nicht gekommen ist, befürchte ich ein Mißverständnis. Das schlechte Wetter, das mir den Schutz Eueres Wagens (möge ich nie einen schlechteren finden) so willkommen machte, ist nicht freundlicher geworden. Hättet Ihr wohl die große Güte, mir ein Bett zu vermieten?»

«Ja!» schrie Tüpfelchen. «Ja, ja! Natürlich!»

«Oh!» sagte der Fuhrmann, erstaunt über ihre rasche Zustimmung. «Nun, ich habe nichts dagegen, aber ich bin nicht ganz sicher, ob...»

«Still!» rief sie. «Liebster John!»

«Er ist doch stocktaub», wandte John ein.

«Ich weiß, aber... Ja, Sir, natürlich! Ich mache ihm gleich ein Bett, John.»

Sie eilte davon, um es zu besorgen. Ihre Hast und ihre aufgeregte Art erschienen dem Fuhrmann so befremdlich, daß er ganz verblüfft dastand und ihr nachschaute.

«Und machen seine Mütter Betten für die fremden Herren!» rief Tilly Slowboy dem Baby zu. «Und dann waren seine Locken auf einmal ganz braun, wie er seine Haare abnahm! Und haben sie die lieben Schätze, wie sie so am Feuer saßen, erschreckt!»

Mit dem sonderbaren Interesse für belanglose Dinge, das sich oft in einem Zustand schwerer Verwirrung und Erschütterung bemerkbar macht, wiederholte der Fuhrmann, während er unruhig auf und ab ging, diese sinnlosen Reden ganz mechanisch – so oft, daß er sie bald auswendig konnte und sie wie eine Lektion noch immer vor sich hin murmelte, als Tilly dem Baby (nachdem sie dem kleinen Kahlköpfchen eine so tüchtige Abreibung verabfolgt hatte, wie es nach bewährtem Kinderfrauenbrauch als heilsam erachtet wird) wieder sein Häubchen umband.

«Und haben sie die lieben Schätze, wie sie so am Feuer saßen, erschreckt!» sinnierte der Fuhrmann. «Wenn ich nur wüßte, was mein Tüpfelchen erschreckt hat!»

Er wies die perfiden Anspielungen des Spielzeughändlers mit der ganzen Verachtung seiner ehrlichen Seele von sich, doch sie erfüllten ihn trotzdem mit einem vagen, unbestimmten Unbehagen. Denn Tackleton war gewandt und schlau, während er selber sich seiner eigenen geistigen Schwerfälligkeit so peinlich bewußt war, daß jeder abgerissene Wink ihn quälte. Er hatte gewiß nicht die Absicht, Tackletons Gerede mit der sonderbaren Aufführung seiner Frau in Zusammenhang zu bringen, doch die beiden beunruhigenden Überlegungen drängten sich seinem Geist gleichzeitig auf, und er vermochte sie nicht auseinanderzuhalten.

Das Bett war bald bereit, und der Gast zog sich zurück, nachdem er außer einer Tasse Tee jede Erfrischung dankend abgelehnt hatte. Dann schob Tüpfelchen – wieder ganz wohlauf, sagte sie, ganz wohl und munter – den großen Lehnstuhl im Kaminwinkel für ihren Mann zurecht, stopfte emsig seine Pfeife und nahm selbst ihren gewohnten Platz auf dem niedrigen Schemel zu seinen Füßen ein.

Sie wollte unbedingt immer auf dem Schemel sitzen! Mir scheint, sie hatte so eine Idee, was für ein koketter, betörender kleiner Schemel es war!

Sie war die beste Pfeifenstopferin weit und breit, in allen vier Vierteln der Weltkugel, möchte ich fast sagen. Wie sie ihren kleinen Finger in den Pfeifenkopf steckte und ganz fest in das Pfeifenrohr hineinpustete, um es zu reinigen, und dann so tat, als glaubte sie wirklich, daß noch etwas im Rohr steckte, und wohl ein dutzendmal hineinpustete und es wie ein Fernrohr vors Auge hielt und dabei ihr hübsches Gesichtchen auf die verführerischste Art verzerrte – das war ein großartiger Anblick! Mit dem Tabak kannte sie sich aus wie nur eine! Und wie sie die Pfeife, wenn der Fuhrmann sie schließlich im Mund hielt, mit einem Fidibus anzündete und dabei seiner Nase beängstigend nahe kam, ohne sie doch jemals zu verbrennen – das war Kunst, höchste Kunst!

Das bestätigten auch das Heimchen und der Kessel, indem sie sich wieder vernehmen ließen. Das Feuer bestätigte es durch sein helles Aufflakkern, der kleine Mäher auf der Uhr bestätigte es durch seine unablässige Arbeit. Und am bereitwilligsten bestätigte es der Fuhrmann selbst durch das frohe Lächeln, das allmählich wieder seine Züge erhellte und seine besorgte Stirn glättete.

Und wie er so dasaß und nachdenklich seine alte Pfeife schmauchte, während dabei die Holländeruhr tickte und das Feuer rot aufglühte und das Heimchen zirpte, da trat der gute Geist von Heim und Herd (denn das war das Heimchen) in elfenhafter Gestalt hervor und beschwor ringsum viele freundliche Bilder herauf. Tüpfelchen jedes Alters und jeder Größe erfüllten den Raum. Fröhliche Kinder, die alle Tüpfelchen waren, hüpften blumenpflükkend durch die Wiesen; verschämte Tüpfelchen lauschten, halb scheu zurückschreckend, halb zärtlich hingegeben, dem Werben seines eigenen rauhen Abbilds. Bräutliche Tüpfelchen betraten zagend die Schwelle ihres neuen Heims und nahmen stolz den hausfraulichen Schlüsselbund entgegen. Mütterliche kleine Tüpfelchen trugen, von unwirklichen Tillys begleitet, ihr Kindchen zur Taufe. Würdevoll matronenhafte Tüpfelchen, deren Gesichter noch in blühender Jugend strahlten, sahen töchterlichen Tüpfelchen beim ländlichen Tanz zu. Tüpfelchen von stattlicher Fülle, umringt von Scharen rosiger Enkelkinder; runzlige, alte Tüpfelchen, auf einen Stock gestützt. Dazu auch alte Fuhrleute mit altersblinden Boxern zu ihren Füßen und neue Frachtwagen mit kräftigen jungen Fuhrleuten (und der

Aufschrift «Gebrüder Peerybingle» auf dem Verdeck); alte, kranke Fuhrleute, von den zärtlichsten Händen betreut; und schließlich Gräber von verstorbenen alten Fuhrleuten, in liebevollem Blumenschmuck prangend. Und während das Heimchen ihm all diese Bilder vorgaukelte (er sah sie deutlich, obwohl sein Blick aufs Feuer gerichtet war), wurde das Herz des Fuhrmanns leicht und glücklich, und er dankte den häuslichen Geistern aus tiefster Seele und scherte sich nicht mehr um Grimm und Tackleton, als der geneigte Leser es tut.

Doch was bedeutete der jugendliche Mann, dessen Bild dasselbe elfenhafte Heimchen so nah von *ihrem* Schemel erscheinen ließ und der allein und verlassen dort stehen blieb? Warum verharrte er in ihrer Nähe, den Arm aufs Kaminsims gestützt, während er ständig wiederholte: «Verheiratet! Und nicht mit mir!»

O Tüpfelchen! Ungetreues Tüpfelchen! In den Bildern, die deinen Mann umschweben, ist für ihn kein Platz. Warum fällt sein Schatten auf den häuslichen Herd?

Zweites Zirpen

Caleb Plummer und seine blinde Tochter wohnten, wie das Märchenbuch sagt, ganz allein – und ich segne, hoffentlich mit dem Segen des geneigten Lesers, das Märchenbuch dafür, daß es in dieser Alltagswelt überhaupt noch etwas sagt! – Caleb Plummer und seine blinde Tochter wohnten also ganz allein in einem alterskrummen, hölzernen Häuschen, einer richtigen Nußschale von einem Häuschen, das in Wahrheit nicht viel mehr war als ein Pickel auf der imposanten roten Ziegelnase von Grimm und Tackleton. Die Baulichkeiten von Grimm und Tackleton beherrschten die Straße. Caleb Plummers Häuschen hingegen hätte man mit ein, zwei Hammerschlägen einreißen und die Trümmer in einem Handwägelchen wegkarren können.

Wer nach einem solchen Überfall der Wohnstätte von Caleb Plummer die Ehre angetan hätte, ihr Verschwinden überhaupt zu bemerken, hätte es zweifellos nur als Verschönerung gepriesen. Sie klebte an den Baulichkeiten von Grimm und Tackleton wie eine Entenmuschel an einem Schiffskiel oder eine Schnecke an einer Tür oder wie eine Kolonie von Baumschwämmen an einem Baumstumpf. Sie war jedoch der Keim, aus dem der mächtige Stamm von Grimm und Tackleton entsprossen war; unter ihrem baufälligen Dach hatte der Großvater des letzten Grimm als bescheidener Handwerksmann begonnen, Spielsachen für Generationen von Buben und Mädchen anzufertigen, die damit gespielt und sie gründlich erforscht und kaputt gemacht hatten, worauf sie zu Bett gebracht wurden.

Ich sagte, daß Caleb und seine arme blinde Tochter dort wohnten. Richtigerweise hätte ich sagen sollen, daß Caleb dort wohnte und seine arme blinde Tochter anderswo – in einem verzauberten Heim, das Caleb erbaut und eingerichtet hatte, ein Heim, in dem Armut und Schäbigkeit unbekannt waren und Sorgen keinen Einlaß fanden. Caleb war kein Hexenmeister; doch sein Herz hatte ihn in der einzigen Zauberkunst, die uns noch bekannt ist, dem Zauber aufopfernder, selbstloser Liebe, unterwiesen, und die Wunder, die er vollbrachte, waren die Frucht dieser Lehren.

Das blinde Mädchen wußte nichts davon, daß Wände und Decken verfärbt und voller Flecken waren, daß der Verputz abfiel, daß Risse und Sprünge täglich tiefer und breiter wurden und die Pfosten sich senkten. Das blinde Mädchen wußte nichts davon, daß das Eisen rostete, das Holz vermoderte, die Tapete sich abschälte. Das blinde Mädchen wußte nichts davon, daß auf dem Wandbrett plumpes, häßliches Tongeschirr stand, daß die Sorge um das tägliche Brot alle Räume füllte, daß Calebs spärliches Haar vor ihrem blicklosen Gesicht grauer und grauer wurde. Das blinde Mädchen wußte nichts davon, daß ihr Vater einem hartherzigen, ausnützerischen, mitleidlosen Herrn diente – kurz gesagt, daß Tackleton Tackleton war. Sie lebte in dem Glauben an einen exzentrischen Sonderling, der sich gern einen Spaß mit ihnen machte, der sich aus einer wunderlichen Laune heraus brummig stellte und für die Wohltaten, die er ihnen früh und spät erwies, kein Wort des Dankes hören wollte.

Und all das hatte Caleb zuwege gebracht! All das war das Werk eines einfachen, beinahe einfältigen Mannes! Doch auch er hatte ein Heimchen an seinem Herd; und als er mit dem mutterlosen kleinen Mädchen allein zurückgeblieben war und traurig seiner schlichten Musik lauschte, hatte der Geist ihm den Gedanken eingegeben, daß sogar dieses traurige Los der Blinden zum Segen gereichen und daß sie zu einem glücklichen Menschenkind heranwachsen könnte. Denn die Angehörigen der Heimchensippe sind sämtlich mächtige Geister, wenn auch die Menschen, mit denen sie Umgang pflegen, es oft nicht wissen; und in der ganzen unsichtbaren Welt gibt es wohl keine mildere, zärtlichere Stimme, keine, die es so gut mit dem Menschen meint und ihm so guten Rat erteilt, wie die Stimme des häuslichen Herdes.

Caleb und seine Tochter waren in ihrer Werkstätte, die ihnen auch als Wohnstube diente, emsig bei der Arbeit. Es war ein sonderbarer Raum, das muß man sagen. Dort gab es Häuser, fertige und unfertige, für Puppen aller Einkommensstufen: ländliche Hütten für Puppen in sehr bescheidenen Verhältnissen, Küchen und Einzimmerwohnungen für Puppen mittleren Standes, prächtige Villen für Puppen der besten Gesellschaft. Manche dieser Apartments waren, den Bedürfnissen von Puppen mit beschränkten Mitteln entsprechend, bereits möbliert; andere konnten in kürzester Zeit aufs glanzvollste eingerichtet werden, denn auf mehreren Wandbrettern türmte sich eine schier unerschöpfliche Auswahl an Tischen und Stühlen, Betten, Sofas und bequemen Polstermöbeln. Die feinen Leute wie das gemeine Volk, für deren Unterbringung dies alles bestimmt war, lagen vorläufig noch in großen Körben herum und starrten zur Decke empor. Doch was die Kennzeichnung ihrer jeweiligen Gesellschaftsstufe und die strenge Beschränkung auf ihren Stand anbelangt (was sich ja im wirklichen Leben als beklagenswert schwieriges Unterfangen erweist), übertrafen die Puppenmacher bei weitem die Natur, die in dieser Hinsicht oft launisch und dreist verfährt. Anstatt sich auf so willkürliche und schwankende Kennzeichen wie Atlasseide, geblümten Kattun und Lumpen zu verlassen, versahen sie ihre Geschöpfe mit unveränderlichen persönlichen Unterscheidungsmerkmalen, die jeden Irrtum unmöglich machten. So besaß zum Beispiel eine feine Puppendame sorgfältig modellierte Wachsgliedmaßen, die einzig ihr und ihresgleichen vorbehalten waren. Auf der nächsttieferen Sprosse der gesellschaftlichen Rangleiter mußte man sich mit ledernen Extremitäten begnügen und noch tiefer unten mit grobem Leinwandzeug. Die Arme und Beine der Allerweltsleute aber bestanden einfach aus dünnen Stäbchen – und so waren sie eben geschaffen, von vornherein in ihre Sphäre gebannt und ohne jede Möglichkeit, je daraus herauszukommen.

Außer den Puppen waren in Calebs Zimmer noch verschiedene andere Erzeugnisse seiner Handwerkskunst zu sehen. Da gab es Archen Noah, in denen es die gefiederten und vierfüßigen Bestien wahrhaftig äußerst eng hatten; man mußte sie recht und schlecht durchs Dach hineinstopfen und so lange rütteln und schütteln, bis sie auf den kleinsten Raum zusammengedrängt waren. Dank einer kühnen poetischen Lizenz besaßen die meisten Archen Türklopfer, die vielleicht, da sie an den Briefträger und sonstige Besucher denken ließen, nicht ganz ins Bild paßten, aber dem Äußeren des Bauwerks eine gefällige Note verliehen. Es gab dutzendweise melancholische kleine Wägelchen, deren Räder bei jeder Umdrehung die trübseligste Musik ertönen ließen. Es gab massenhaft kleine Geigen und Trommeln und ähnliche Folterwerkzeuge und eine unendliche Zahl von Kanonen, Gewehren, Schwertern, Schilden und Speeren. Es gab kleine Akrobaten in roten Kniehosen, die unablässig hohe Hindernisse übersprangen und kopfüber auf der anderen Seite landeten; und unzählige alte Herren von ehrbarem, um nicht zu sagen ehrwürdigem Aussehen, die wie verrückt über waagrechte Stangen hinwegsetzten, welch letztere zu diesem Zweck in ihrer eigenen Haustür angebracht waren. Es gab

Tiere aller Art, vor allem Pferde jeglicher Rasse, angefangen von der getüpfelten Walze auf vier Holzpflöcken mit ein paar Fäden als Mähne bis zum feurigen Schaukelpferd von reinstem Geblüt. Es wäre nicht leicht gewesen, die Scharen von grotesken Figuren aufzuzählen, die jederzeit bereit waren, die albernsten Dinge zu tun, sobald man nur einen Hebel bewegte, und genauso schwer, irgendeine menschliche Verrücktheit, Schwäche oder Lasterhaftigkeit zu nennen, deren unmittelbares oder entferntes Abbild nicht in Calebs Zimmer zu finden war; und nicht einmal stark übertrieben, denn es braucht nur sehr wenige Hebel, um den Menschen zu ebenso seltsamen Handlungen zu bewegen, wie das absurdeste Spielzeug, das je gemacht wurde, sie nur vollbringen kann.

Mitten unter diesen Gegenständen saßen Caleb und seine Tochter an ihrer Arbeit. Das blinde Mädchen nähte Puppenkleider, während Caleb gerade dabei war, die vierfenstrige Fassade eines vornehmen Familiensitzes anzumalen und zu lackieren.

Die Sorge, die sich auf Calebs gerunzelter Stirn ausprägte, und die versonnene, träumerische Art, die einem Alchimisten oder Philosophen wohl angestanden wäre, bildeten auf den ersten Blick einen komischen Gegensatz zu seiner trivialen Beschäftigung und den unbedeutenden Dingen um ihn herum. Doch die trivialsten Dinge werden zu sehr ernsten Angelegenheiten, wenn sie um des täglichen Brotes willen betrieben werden; und ganz abgesehen von dieser Überlegung, bin ich persönlich durchaus nicht bereit zu behaupten, daß Caleb als Lordkanzler oder Parlamentsmitglied oder Rechtsanwalt oder sogar als großer Finanzmann es nicht mit Spielsachen zu tun gehabt hätte, die nur um ein

Haar weniger wunderlich waren, während ich stark bezweifle, ob sie ebenso harmlos gewesen wären.

«Da bist du also gestern abend mit deinem schönen, neuen Mantel in den Regen geraten, Vater», sagte Calebs Tochter.

«Ja, in meinem schönen, warmen, neuen Mantel», bestätigte Caleb mit einem Blick auf die im Zimmer ausgespannte Schnur, auf der das bereits beschriebene sackleinene Gewand sorgsam zum Trocknen aufgehängt war.

«Ich bin so froh, daß du ihn dir gekauft hast, Vater!»

«Ja, und bei einem so guten Schneider!» sagte Caleb. «So elegant! Eigentlich zu vornehm für mich.»

Das blinde Mädchen ließ die Arbeit sinken und lachte vor Freude. «Aber, Vater! Für dich ist nichts zu vornehm!»

«Ich schäme mich beinah, so ein Stück zu tragen», fuhr Caleb fort, während er die Wirkung seiner Worte auf ihrem strahlenden Gesicht beobachtete. «Wahrhaftig, wenn ich die Buben und die Leute hinter mir sagen höre: ‹Holla! Das ist dir ein feiner Herr!› – weiß ich nicht, wo ich hinschauen soll. Und den Bettler gestern abend konnte ich kaum loswerden. Als ich sagte, ich wäre nur ein ganz einfacher Mann, meinte er immerzu: ‹Bewahre, Euer Gnaden! Nein, nein, Euer Gnaden!› Ich war tatsächlich ganz beschämt.»

Glückliche Blinde! Sie klatschte vor Freude in die Hände.

«Ach, Vater, ich kann es förmlich sehen! So deutlich, wie wenn ich Augen hätte – aber die brauche ich ja nie, wenn du bei mir bist. Ein blauer Mantel...»

«Leuchtend blau», sagte Caleb.

«Ja, ja! Leuchtend blau!» rief sie mit strahlendem Gesicht. «Wie der liebe Himmel – ich kann mich noch daran erinnern. Du hast mir schon gesagt, daß er blau ist. Ein leuchtend blauer Mantel...»

«Flott und lose...», soufflierte Caleb.

«Flott und lose!» rief die Blinde mit herzlichem Lachen. «Und du, Vater, mit deinen fröhlichen Augen, deinem lächelnden Gesicht, deinem leichten, freien Schritt und deinem dunklen Haar – wie jung und stattlich du darin aussiehst!»

«Hoho! Du wirst mich noch ganz eitel machen!» sagte Caleb.

«Ich glaube, Vater, das bist du schon!» Und sie drohte ihm, aufs höchste belustigt, mit dem Finger. «Ich kenne dich! Haha! Siehst du, ich bin dir daraufgekommen!»

Wie verschieden war das Bild ihrer Phantasie von dem wirklichen Caleb, der ihr gegenübersaß! Sie hatte von seinem leichten, freien Schritt gesprochen, und das mit Recht. Seit vielen, vielen Jahren hatte er seine eigene Schwelle kein einziges Mal mit seinem gewohnten schleppenden Gang überquert, sondern sich eigens für ihr Ohr eines munteren, elastischen Schrittes befleißigt. Und so schwer auch sein Herz sein mochte, hatte er nie vergessen, den leichten Tritt zu mimen, bei dessen Klang ihr so froh ums Herz wurde.

Weiß der Himmel – aber ich glaube, Calebs verwirrte Art kam halb und halb daher, daß er aus Liebe zu seiner blinden Tochter in bezug auf sich selbst und alles um ihn herum gänzlich in Konfusion geraten war. Wie konnte es anders sein, nachdem der kleine Mann sich so viele Jahre lang die größte Mühe gegeben hatte, seine eigene Identität und alles, womit er zu tun hatte, zu verwandeln!

«Das hätten wir also!» murmelte Caleb, einen Schritt zurücktretend, um sein Werk besser zu begutachten. «So naturgetreu man es nur für Sixpence machen kann! Schade, daß die ganze Fassade auf einmal aufgeht! Wenn es bloß ein richtiges Haustor hätte und ein Treppenhaus und Zimmertüren, durch die man wirklich hineingehen kann... Aber das ist das Schlimme an meinem Beruf – daß ich mich ständig selber belüge und anschwindle...»

«Du sprichst so leise, Vater. Du bist doch nicht müde?»

«Ich? Müde?» rief Caleb mit der größten Lebhaftigkeit. «Wovon sollte ich müde sein? *Ich* bin niemals müde, Bertha. Das weißt du doch.»

Um seinen Worten größeren Nachdruck zu verleihen, riß er sich aus der unwillkürlichen Nachahmung von zwei halb liegenden, gähnenden Figuren auf, die in einem Zustand ewiger Müdigkeit (von der Taille aufwärts) auf dem Kaminsims lungerten, und begann ein Bruchstück aus einem Lied zu summen. Es war ein bacchantischer Sang, etwas von einem schäumenden Pokal, und er sang ihn mit ausgelassenem Übermut, was sein verhärmtes Gesicht noch tausendmal abgezehrter und bedrückter erscheinen ließ.

«He? Ihr singt?» fragte Tackleton, den Kopf zur Tür hereinstreckend. «Nur zu! *Ich* kann nicht singen.»

Niemand hätte ihn dessen verdächtigt. Er hatte nicht das Gesicht dazu. Keineswegs.

«*Ich* kann es mir nicht leisten, zu singen», fuhr Tackleton fort. «Es freut mich, daß Ihr es könnt. Hoffentlich arbeitet Ihr daneben auch? Oder bleibt Euch dafür keine Zeit?»

«Wenn du nur sehen könntest, wie er mir zuzwinkert, Bertha», flüsterte Caleb seiner Tochter zu. «Dieser Humor! Wer ihn nicht kennt, würde tatsächlich glauben, er meint es ernst. Klingt es nicht ganz so?»

Das blinde Mädchen nickte lachend.

«Es heißt, daß der Vogel, der singen kann, aber nicht will, zum Singen gezwungen werden muß», brummte Tackleton. «Wie steht's mit der Eule, die nicht singen kann und soll, aber trotzdem singt? Was muß man mit der anfangen?»

«Ach, dieses heimliche Schmunzeln!» wisperte Caleb seiner Tochter ins Ohr. «Du lieber Himmel, ich werde gleich herausplatzen!»

«Er treibt so gern seinen Scherz mit uns!» rief Bertha lachend.

«Ach, du bist auch da, was?» bemerkte Tackleton. «Arme Idiotin!»

Er hielt sie wirklich für eine Idiotin; und zwar gründete sich dieser Glaube, ich weiß nicht, ob bewußt oder unbewußt, auf die Tatsache, daß sie *ihn* anschwärmte.

«Na, wie geht's – da du ja einmal da bist?» sagte Tackleton in seiner mürrischen Art.

«Gut! Sehr gut!» rief Bertha. «Ich bin so glücklich und zufrieden, wie nicht einmal Sie es anders wünschen könnten, Sir! So glücklich, wie Sie in Ihrer Güte die ganze Welt machen möchten!»

«Arme Idiotin!» murmelte Tackleton. «Nicht einen Funken Verstand!»

Das blinde Mädchen nahm seine Hand in ihre beiden Hände, küßte sie und ließ ihre Wange zärtlich darauf ruhen, ehe sie sie wieder freigab. Es lag eine so unbeschreibliche Zuneigung und innige Dankbarkeit in ihrer Geste, daß sogar Tackleton davon berührt war und etwas freundlicher als sonst knurrte: «Was soll denn das jetzt?»

«Ich habe es gestern abend beim Schlafengehen neben mein Kopfkissen gestellt und tatsächlich davon geträumt! Und als es Tag wurde und die rote Sonne so herrlich aufging – sie ist doch rot, Vater?»

«Morgens und abends ist sie rot, Bertha», erwiderte der arme Caleb mit einem kläglichen Blick auf seinen Herrn.

«Als sie aufging und das strahlende Licht, das sogar ich spüre, ins Zimmer hereinschien, da habe ich das Bäumchen ans Fenster gestellt und den Himmel gepriesen, daß er so schöne Dinge geschaffen hat, und Sie gepriesen und gesegnet, Sir, daß Sie es mir schenkten!»

«Das reine Irrenhaus!» murmelte Tackleton halblaut. «Immer schlimmer. Wir werden bald bei der Zwangsjacke landen.»

Während seine Tochter sprach, stand Caleb mit lose verschränkten Händen da und starrte verwirrt ins Leere, als wüßte er tatsächlich nicht (und ich glaube, er wußte es auch nicht), ob Tackleton wirklich etwas getan hatte, was ihren Dank verdiente. Wenn man in diesem Augenblick bei Todesstrafe von ihm verlangt hätte, völlig frei zu entscheiden, ob er Tackleton je nach Verdienst entweder einen Fußtritt versetzen oder ihm zu Füßen fallen sollte – ich weiß wahrhaftig nicht, wozu er sich entschlossen hätte. Dabei wußte Caleb doch genau, daß er das kleine Rosensträuchlein für sie mit eigener Hand so sorgsam nach Hause getragen und mit eigenen Lippen die fromme Lüge erzählt hatte, die sie davor bewahren sollte, zu erraten, wie viel, wie grausam viel er sich täglich vom Mund absparte, um ihr eine Freude zu bereiten.

«Bertha!» sagte Tackleton, ausnahmsweise einen etwas herzlicheren Ton anschlagend. «Komm her!»

«Oh, das kann ich ganz allein! Sie brauchen mich nicht zu führen!» rief sie freudig.

«Soll ich dir ein Geheimnis sagen, Bertha?»

«Wenn Sie so gut sind!» erwiderte sie eifrig.

Wie hell dabei das verdunkelte Antlitz leuchtete! Und welch lichter Schein das lauschende Haupt schmückte!

«Heut ist doch der Tag, an dem die kleine – wie heißt sie nur gleich? –, das verwöhnte kleine Ding, Peerybingles Frau, dir ihren regelmäßigen Besuch abstattet – ihr berühmtes Picknick hier veranstaltet, nicht wahr?» fragte Tackleton mit einer Miene, die seinen Widerwillen für die ganze Sache deutlich ausdrückte.

«Ja, Sir», bestätigte Bertha. «Heut ist der Tag.»

«Dacht ich's mir doch. Ich möchte mich zu der Gesellschaft einladen.»

«Vater, hörst du das!» jubelte das blinde Mädchen.

«Ja, ja, ich höre», murmelte Caleb mit dem starren Blick eines Schlafwandlers, «nur glaub ich es nicht. Das ist sicher eine meiner Lügengeschichten...»

«Weißt du, ich – ich möchte die Peerybingles etwas näher mit May Fielding zusammenbringen», fuhr Tackleton fort. «Ich werde May nämlich heiraten.»

«Heiraten!» rief Bertha zurückfahrend.

«Ich dachte ja, daß sie mich nicht verstehen würde, die verwünschte Idiotin!» brummte Tackleton in sich hinein. «Paß auf, Bertha, heiraten! Kirche, Pfarrer, Küster, Hochzeitskutsche, Hochzeitsglocken, Hochzeitsessen, Hochzeitskuchen, Brautbukett und das ganze übrige blöde Getue. Eine Hochzeit, verstehst du, eine Hochzeit! Weißt du nicht, was eine Hochzeit ist?»

«Doch, das weiß ich», erwiderte die Blinde leise. «Ich verstehe Sie sehr gut, Sir.»

«Tatsächlich? Das ist mehr, als ich erwartet hatte», murmelte Tackleton. «Also hör zu, Bertha! Aus diesem Grund möchte ich an der Gesellschaft teilnehmen und May samt ihrer Mutter mitbringen. Vorher schicke ich noch eine Kleinigkeit herüber – eine kalte Lammskeule oder sonst was Gutes. Du wirst mich also erwarten?»

«Ja, Sir.»

Sie hatte sich mit gesenktem Kopf abgewandt und stand nun, in Sinnen verloren, mit gefalteten Händen da.

«Das bezweifle ich», brummte Tackleton mit einem Blick auf sie. «Du scheinst ja jetzt schon nichts mehr davon zu wissen. Caleb!»

«Ich darf wohl annehmen, daß ich hier bin», dachte Caleb. «Sir!»

«Seht zu, daß sie nicht vergißt, was ich ihr gesagt habe!»

«Sie vergißt nie etwas», versetzte Caleb. «Das ist eins der wenigen Dinge, auf die sie sich nicht versteht.»

«Jeder hält seine eigenen Gänse für Schwäne», bemerkte Tackleton achselzuckend.

Nach diesem liebenswürdigen Ausspruch entfernte sich Grimm und Tackleton mit unbeschreiblicher Verachtung.

Bertha stand noch immer wie verloren auf dem gleichen Fleck. Alle Fröhlichkeit war aus ihrem Gesicht verschwunden, sie sah unendlich bekümmert drein. Drei-, viermal schüttelte sie den Kopf, als trauere sie einer Erinnerung oder einem schweren Verlust nach, doch ihre bedrückenden Gedanken machten sich nicht in Worten Luft.

Erst als Caleb einige Zeit damit verbracht hatte, ein Paar Pferde vor einen Wagen zu spannen – und zwar nach der vereinfachten Methode, das Geschirr an ihre lebenswichtigsten Körperteile festzunageln –, zog sie ihren Schemel zu seiner Werkbank und sagte leise: «Vater, ich bin so einsam im Dunkeln. Ich brauche meine Augen, meine treuen, geduldigen Augen.»

«Hier sind sie!» rief Caleb. «Stets für dich bereit, Bertha, zu jeder Stunde des Tages. Sie gehören eher dir als mir. Was sollen deine Augen dir jetzt berichten, mein Lieb?»

«Sieh dich erst im Zimmer um, Vater.»

«Gesagt, getan!» rief Caleb. «Was weiter, Bertha?»

«Beschreib es mir.»

«Es ist ganz genau wie immer», begann Caleb, «schlicht, aber so behaglich! Die fröhlichen Tapeten an den Wänden, die bunten Blumen auf Schüsseln und Tellern, das blankgebohnerte Holz der Dielen und Täfelungen, die allgemeine Sauberkeit und Nettigkeit – das alles ist wunderhübsch anzusehen.»

Sauber und nett war es, wo Berthas fleißige Hände sich betätigen konnten, doch nirgends sonst war in dem baufälligen alten Schuppen, den Calebs Phantasie verzauberte, Sauberkeit und Nettigkeit auch nur möglich.

«Du trägst deine Arbeitskleidung und bist nicht so stattlich anzusehen wie in deinem schönen Mantel?» fragte Bertha, seinen Kittel berührend.

«Nicht ganz so stattlich, aber immerhin noch recht flott», versetzte Caleb.

«Vater», sagte das blinde Mädchen, während sie sich an ihn schmiegte und den Arm um seinen Hals legte, «erzähle mir etwas von May. Sie ist sehr hübsch, nicht wahr?»

«Das ist sie wahrhaftig», sagte Caleb. Und das war sie auch. Es passierte Caleb selten, daß er nicht auf seine Erfindungsgabe zurückgreifen mußte.

«Ihr Haar ist dunkel», sagte Bertha nachdenklich, «dunkler als meines. Sie hat eine süße, melodische Stimme, das weiß ich. Wie gern habe ich ihr oft zugehört! Und ihre Gestalt...»

«Im ganzen Haus ist keine Puppe, die ihr gleichkommt!» rief Caleb. «Und ihre Augen...»

Doch er verstummte, denn Bertha hatte sich enger an ihn geschmiegt, und der Arm um seinen Nacken übte einen stärkeren Druck aus, dessen Warnung er nur zu gut verstand.

Er hustete einen Moment lang, hämmerte einen Moment lang und kam dann wieder auf das Lied vom schäumenden Pokal zurück – seine unfehlbare Zuflucht in allen Schwierigkeiten dieser Art.

«Und unser Freund, Vater, unser Wohltäter!» begann Bertha hastig. «Du weißt, ich werde nie müde, von ihm zu hören – nicht wahr?»

«Gewiß nicht!» entgegnete Caleb. «Und mit gutem Grund.»

«Ach, mit wie gutem Grund!» rief das blinde Mädchen – mit solcher Inbrunst, daß Caleb, obwohl seine Beweggründe so rein waren, nicht imstande war, ihrem Blick zu begegnen; er schlug die Augen nieder, als könnte sie darin seinen unschuldigen Betrug lesen.

«Erzähl mir wieder von ihm, liebster Vater!» bat Bertha. «Immer und immer wieder! Sein Antlitz ist gütig und wohlwollend, sein Auge wahr und aufrichtig, das weiß ich. Das mannhafte Herz, das jede Wohltat unter dem äußeren Anschein von Barschheit und Unwilligkeit zu verbergen sucht, spricht aus jedem Blick und jedem Zug!»

«Und veredelt ihn», ergänzte Caleb in stiller Verzweiflung.

«Und veredelt ihn!» rief die Blinde. «Er ist älter als May, nicht wahr, Vater?»

«Ja-a-a – er ist etwas älter als May», gab Caleb zögernd zu. «Aber das hat nichts zu bedeuten.»

«Doch, Vater, doch! Seine geduldige Gefährtin zu sein, wenn er alt und gebrechlich wird, ihn zärtlich zu pflegen, wenn er erkrankt, ihm in Krankheit und Sorge tröstend zur Seite zu stehen, unermüdlich um sein Wohl besorgt zu sein! An seinem Lager zu sitzen und ihn aufzuheitern, wenn er wacht, für ihn zu beten, wenn er schläft – wie beglückend könnte das für sie sein! Welche Möglichkeit, ihm ihre Liebe und Ergebenheit zu beweisen! Würde sie das alles tun, Vater?»

«Zweifellos», erwiderte Caleb.

«Ich liebe sie, Vater! Ich liebe sie von ganzem Herzen!» rief Bertha. Und damit legte sie ihr armes blindes Gesicht an Calebs Brust und weinte und weinte so inbrünstig, daß er es fast bereute, ihr dieses tränenreiche Glück beschert zu haben.

Inzwischen gab es bei den Peerybingles großen Aufruhr, denn die kleine Mrs. Peerybingle konnte natürlich nicht daran denken, irgendwohin zu gehen, ohne das Baby mitzunehmen, und das Baby unter Segel zu kriegen, das brauchte seine Zeit. Nicht daß es, was Gewicht und Größe betrifft, ein so beträchtlicher Gegenstand gewesen wäre, aber es gab an ihm und um es herum eine Menge zu tun, und alles mußte etappenweise getan werden. Als das Baby zum Beispiel bis zu einem gewissen Punkt angekleidet war und man vernünftigerweise hätte annehmen können, daß ein, zwei weitere Handgriffe genügen würden, um ihm den letzten Schliff zu verleihen und es zu einem erstklassigen Baby zu machen, das der ganzen Welt Bewunderung abnötigte, wurde sein Glanz unerwarteterweise unter einer Flanellhaube erstickt, und es wurde ins Bett gesteckt, wo es zwischen zwei Decken fast eine Stunde lang sozusagen auf kleiner Flamme köchelte. Diesem tatenlosen Zustand wurde es dann (laut brüllend und sehr rot im Gesicht) entrissen, um – ja, um was zu sich zu nehmen? Falls es mir gestattet wird, mich ganz allgemein auszudrücken, möchte ich vielleicht sagen, um eine leichte Mahlzeit zu sich zu nehmen – worauf es wieder schlafen gelegt wurde. Mrs. Peerybingle benützte diese Zeitspanne, um sich, im angemessenen Rahmen, so nett herauszuputzen, wie man es im Leben nicht oft zu sehen kriegt, während Miss Slowboy sich in der gleichen kurzen Kampfpause in einen Spencer von so erstaunlicher und spitzfindiger Fasson hineinmanipulierte, daß er weder mit ihr noch mit sonst etwas im Weltraum zusammenhing, sondern ein schrumpliges, zipfliges, unabhängiges Faktum darstellte, das ohne die mindeste Rücksicht auf irgendwen seinen einsamen Kurs verfolgte. Mittlerweile war das Baby wieder lebendig und dank den vereinigten Anstrengungen von Mrs. Peerybingle und Miss Slowboy mit einem cremefarbenen Umhang für seinen Körper und einer Art Nanking-Napfkuchen für seinen Kopf bekleidet worden. So gelangten sie nach und nach alle drei vor die Haustür, wo das alte Pferd schon mehr als seinen täglichen

Anteil am Straßenzoll in Anspruch genommen hatte, indem es die Chaussee mit seinen ungeduldigen Autogrammen abnützte, während in weiter Ferne undeutlich Boxer wahrzunehmen war, der mit rückgewendetem Kopf dastand und das Roß dazu zu verleiten suchte, sich ohne Befehl in Bewegung zu setzen.

Wer da meint, es hätte einen Tritt oder Schemel oder sonstwas gebraucht, um Mrs. Peerybingle beim Aufsteigen zu helfen, der kennt ihren John sehr wenig. Er hob sie, hast du nicht gesehen, einfach vom Erdboden auf und schwang sie auf den Kutschbock – und da saß sie frisch und rosig auf ihrem Platz und rief: «Aber, John, wie kannst du nur! Denk doch an Tilly!»

Wenn es mir unter irgendwelchen Bedingungen gestattet wäre, die Beine einer jungen Dame zu erwähnen, würde ich bemerken, daß über denjenigen von Miss Slowboy ein Verhängnis lag; sie neigten ganz auffällig dazu, aufgeschürft zu werden, so daß sie nicht den kleinsten Aufstieg oder Abstieg vollbringen konnte, ohne dieses Ereignis in sie einzuritzen, etwa so wie Robinson Crusoe den Ablauf der Tage in seinem hölzernen Kalender vermerkte. Doch da eine solche Erwähnung als unfein betrachtet werden könnte, verkneife ich sie mir.

«John? Hast du den Korb mit der Schinkenpastete und dem ganzen anderen Zeug und den Bierflaschen?» rief Tüpfelchen. «Wenn nicht, mußt du augenblicklich wieder umkehren!»

«Du bist mir die Rechte!» entgegnete der Fuhrmann. «Jetzt soll ich gar noch umkehren, nachdem ich mich deinetwegen schon um eine volle Viertelstunde verspätet habe.»

«Es tut mir schrecklich leid, John», rief Tüpfelchen in der größten Aufregung, «aber ich kann nicht, ich kann einfach nicht zu Bertha fahren – auf keinen Fall, John, auf gar keinen Fall –, wenn ich nicht die Schinkenpastete und das ganze Zeug und die Bierflaschen habe. Brrr!»

Dieser letztere Befehl richtete sich an das Pferd, das sich nicht im geringsten darum scherte.

«Ach, kehr doch um, John!» flehte Mrs. Peerybingle. «Bitte, bitte, John!»

«Zum Umkehren ist Zeit genug, wenn ich Sachen zurückzulassen beginne», sagte John bedächtig. «Den Korb haben wir hier, heil und sicher.»

«Was bist du doch für ein hartherziges Ungeheuer, John, daß du das nicht gleich gesagt hast! Ich habe so einen Schrecken gekriegt! Aber ohne die Schinkenpastete und das ganze Zeug und die Bierflaschen würde ich wirklich nicht zu Bertha fahren, um keinen Preis! Seit wir verheiratet sind, haben wir regelmäßig alle vierzehn Tage unser kleines Picknick dort abgehalten, John, und es wäre wie ein böses Zeichen, wenn es einmal schiefginge – ich würde fast glauben, daß es uns Unglück bringen müßte.»

«Es war jedenfalls von Anfang an eine liebe, gute Idee», sagte der Fuhrmann. «Dafür gebührt dir alle Ehre, kleines Frauchen!»

«Aber, John!» rief Tüpfelchen, ganz rot werdend. «Wie kannst du nur so reden! *Mir* Ehre! Du lieber Himmel!»

«Was ich übrigens sagen wollte», bemerkte der Fuhrmann, «der sonderbare alte Herr...»

Wieder diese augenblickliche, auffällige Verlegenheit!

«Er ist ein komischer Kauz», sagte der Fuhrmann, den Blick geradeaus auf die Straße gerichtet.

«Man wird nicht klug aus ihm. Ich glaube nicht, daß etwas Schlimmes daran ist...»

«Nein, ganz bestimmt nicht! Das heißt – ich glaube es sicher nicht!»

Sie rief es mit so großer Überzeugung, daß der Fuhrmann sie unwillkürlich aufmerksam ansah, während er sagte: «Es freut mich, daß du deiner Sache so sicher bist, weil es mein Gefühl bestätigt. Aber sonderbar bleibt es doch, daß er es sich in den Kopf gesetzt hat, weiterhin bei uns wohnen zu wollen, nicht? Wie seltsam sich manchmal die Dinge fügen...»

«Sehr seltsam», erwiderte sie so leise, daß es kaum zu hören war.

«Jedenfalls scheint er ein gutmütiger alter Herr zu sein», fuhr John fort, «und zahlt wie ein Gentleman, und ich glaube, man kann ihm trauen. Heut früh habe ich ziemlich lang mit ihm geplaudert; er sagt, jetzt könne er mich schon viel besser verstehen, weil er sich mehr und mehr an meine Stimme gewöhnt. Er hat mir viel von sich erzählt, und ich habe ihm viel von mir erzählt, denn er hat mich nicht schlecht ausgefragt. Ich mußte ihm erklären, daß ich zwei feste Routen habe: jeweils den einen Tag von unserem Haus nach rechts und wieder zurück und den anderen Tag nach links und wieder zurück (denn er ist ja hier fremd und kennt die Ortsnamen nicht). Das hat ihm offenbar gefallen. ‹Dann kehre ich heut abend auf Euerem Weg zurück, während ich dachte, Ihr würdet genau aus der entgegengesetzten Richtung kommen›, sagt er mir. ‹Das ist fein, da könntet Ihr mich vielleicht unterwegs wieder aufklauben. Aber diesmal verspreche ich, nicht wieder so fest einzuschlafen.› Er hatte doch tatsächlich wie ein Sack geschlafen – nicht?

Tüpfelchen! Du hörst mir ja gar nicht zu! An was denkst du?»

«Ich, John? Aber gar nichts – ich denke gar nichts... Ich höre dir zu...»

«Dann ist's ja recht», sagte der redliche Fuhrmann. «Du hast so komisch dreingeschaut; ich glaubte schon, ich hätte dich mit meinem Geschwätz gelangweilt und du dächtest an was anderes. Ich war bestimmt sehr nahe dran!»

Darauf antwortete Tüpfelchen nicht, und sie ratterten eine Weile lang schweigend weiter. Bloß daß es nicht leicht war, in John Peerybingles Wagen lange zu schweigen, denn jeder, dem sie unterwegs begegneten, hatte ihm etwas zuzurufen, wenn es auch manchmal nur ein «Grüß Gott! Wie geht's?» war. Sehr oft war es wirklich nichts anderes, aber um den Gruß im rechten, herzlichen Geist zu erwidern, brauchte es nicht nur ein Nicken und ein Lächeln, sondern außerdem eine Lungentätigkeit, die ebenso heilsam war wie eine langatmige Parlamentsrede. Manchmal trabten Reisende zu Fuß oder zu Pferde eine Zeitlang neben dem Wagen her, bloß um ein kleines Schwätzchen abzuhalten, und dann hatten beide Teile einander viel zu sagen.

Obendrein gab Boxer mehr Anlaß zu freundschaftlichen Begrüßungen, als ein halbes Dutzend Christenmenschen es vermocht hätten! Jedermann an der Landstraße kannte ihn – insbesondere das Federvieh und die Schweine; wenn sie ihn so, in schräger Haltung, mit neugierig gespitzten Ohren, das Stummelschwänzchen möglichst imposant durch die Lüfte schwenkend, daherkommen sahen, zogen sie sich schleunigst in den Hintergrund zurück, ohne auf der Ehre einer näheren Bekanntschaft zu bestehen. Er seinerseits hatte überall etwas zu besorgen: lief um alle Wegbiegungen herum, guckte in alle Brunnen, flitzte in alle Häuser und wieder hinaus, stürmte mitten in alle spazierengehenden Mädchenschulen, scheuchte alle Tauben auf, sträubte alle Katzenschwänze und schlenderte wie ein Stammgast in alle Wirtshäuser hinein. Und überall, wo er hinkam, konnte man jemanden rufen hören: «Holla! Das ist ja Boxer!», worauf der Jemand, begleitet von mindestens zwei, drei anderen Jemanden, herauskam, um John Peerybingle und seinem hübschen kleinen Frauchen einen «Guten Tag» zu wünschen.

Es gab eine Menge Packen und Pakete zu befördern, und man mußte oft anhalten, um sie zu übernehmen oder abzuliefern, was nicht zu den geringsten Vergnüglichkeiten der Fahrt zählte. Manche Leute warteten so aufgeregt auf ihre Pakete, und andere staunten so sehr über ihre Pakete, und wieder andere hatten bezüglich ihrer Pakete so unendlich viele Anweisungen zu erteilen, und John Peerybingle interessierte sich so lebhaft für alle Pakete, daß man gar nicht aus dem Amüsement herauskam. Es gab auch Waren zu befördern, deren Transport und Unterbringung längere Beratungen zwischen den Absendern und dem Fuhrmann erforderten, an denen Boxer teilzunehmen pflegte, indem er teils mit der größten Aufmerksamkeit zuhörte, teils in mächtigen Sprüngen um die versammelten Sachverständigen herumraste und sich heiser bellte. Tüpfelchen wohnte alledem von ihrem erhöhten Kutschbocksitz als amüsierte und interessierte Zuschauerin bei und bot dabei selber ein so reizendes Bild, daß die jüngeren Männer gar nicht aufhören konnten, einander anzustoßen und Bemerkungen zuzuflüstern und neidvolle Blicke auf sie zu werfen. Und das freute John, den Fuhrmann, über die Maßen, denn er war stolz darauf, daß man seine kleine Frau bewunderte, besonders da er wußte, daß sie nichts dagegen einzuwenden hatte – ja, daß sie es sich vielleicht sogar ganz gern gefallen ließ.

Die Fahrt war freilich etwas neblig, denn es herrschte rauhes, kaltes Januarwetter. Doch wer ließ sich durch solche Kleinigkeiten stören? Tüpfelchen gewiß nicht. Und auch nicht Tilly Slowboy, die eine Wagenfahrt unter allen Umständen als den Gipfel der höchsten menschlichen Genüsse, die Krönung aller irdischen Hoffnungen betrachtete. Noch weniger das Baby, das will ich beschwören; denn es liegt nicht in der Baby-Natur, so groß die diesbezüglichen Fähigkeiten auch sein mögen, wohliger und fester zu schlafen, als der prächtige junge Peerybingle es den ganzen Weg lang tat.

Natürlich konnte man im Nebel nicht sehr weit sehen, aber es gab trotzdem eine Menge zu sehen! Es ist erstaunlich, wieviel man sogar in einem noch dickeren Nebel sehen kann, wenn man sich nur die Mühe nimmt, richtig hinzuschauen. Es war schon eine interessante Beschäftigung, nach den Tanzringen der Elfen auf den Wiesen auszuschauen oder die großen Rauhreifflecken zu betrachten, die an schattigen Stellen, unter Hecken und Bäumen noch zu erblicken waren, gar nicht zu reden von den seltsamen Gestalten, in welchen die Bäume selbst aus dem Nebel hervorkamen oder wieder darin verschwanden. Die Hecken waren kahl und zerzaust und ließen verwelkte Ranken wie Girlanden im Winde flattern, aber das war kein entmutigender Anblick, sondern freute einen sogar, weil es den häuslichen Herd wärmer erscheinen ließ und den zu erwartenden Sommer grüner. Der Fluß sah ziemlich kalt aus, aber er bewegte sich und kam gut voran – das war schon allerhand. Der Kanal schlich ziemlich langsam und träge dahin, das muß man zugeben. Doch das schadete nichts; um so eher würde er zufrieren, wenn richtiger Frost einsetzte, und dann konnte man darauf Schlittschuh laufen und schlittern, während die schwerfälligen alten Lastkähne irgendwo einfrieren und den ganzen Tag lang ihre rostigen Kaminpfeifen rauchen und sich gründlich ausruhen können.

An einer Stelle wurde ein großer Haufen Unkraut oder Stoppeln verbrannt, und sie sahen zu, wie die Flammen, die im Tageslicht so bleich erschienen, im Nebel loderten und nur hie und da eine Spur Rot sehen ließen, bis Tilly Slowboy, weil ihr, wie sie sagte, der Rauch in die Nase stieg, zu ersticken drohte – das konnte sie jederzeit aus dem kleinsten Anlaß tun – und das Baby aufweckte, das dann nicht mehr einschlafen wollte. Aber inzwischen hatte Boxer, der immer so etwa eine Viertelmeile voraus war, schon die ersten Häuser des Städtchens hinter sich gelassen und die Straße erreicht, wo Caleb und seine Tochter wohnten, und lang bevor sie hinkamen, standen er und das blinde Mädchen vor der Haustür, um sie zu begrüßen.

Nebenbei gesagt befleißigte sich Boxer im Umgang mit Bertha gewisser feinfühliger Eigentümlichkeiten, die mich völlig überzeugen, daß er sich ihrer Blindheit bewußt war. Er suchte ihre Aufmerksamkeit nie dadurch zu gewinnen, daß er einfach zu ihr aufblickte, wie er es bei anderen Menschen häufig tat, sondern berührte sie ausnahmslos. Woher seine Erfahrungen mit blinden Menschen oder blinden Hunden stammen mochten, weiß ich nicht zu sagen. Er hatte nie einen blinden Herrn gehabt, noch waren Mr. and Mrs. Boxer senior oder andere Mitglieder seiner beidseitigen ehrenwerten Familie meines Wissens je mit Blindheit in Berührung geraten. Vielleicht war er von selbst daraufgekommen. Jedenfalls hatte er es irgendwie begriffen, und darum faßte er Bertha am Rock und hielt sie fest, bis Mrs. Peerybingle und das Baby und Miss Slowboy und der Korb alle heil und sicher im Haus angelangt waren.

May Fielding war bereits da und ihre Mutter auch – eine quengelige, kleine alte Dame mit einem verdrießlichen Gesicht, die auf Grund des Umstands, daß sie sich eine bettpfostenähnliche Taille bewahrt hatte, als höheres Wesen galt; und die sich, da sie einst bessere Tage gesehen hatte oder sich zumindest einbildete, sie hätte bessere Tage sehen können, wenn etwas geschehen wäre, was niemals geschah und aller Wahrscheinlichkeit nach gar nicht hätte geschehen können – aber das ist ganz einerlei –, überaus vornehm und herablassend gebärdete. Grimm und Tackleton war gleichfalls da und machte sich den Damen angenehm, wobei er sich ganz offensichtlich so heimisch fühlte und so unverkennbar in seinem eigenen Element war wie ein munterer junger Lachs auf der Spitze der Großen Pyramide.

«May! Meine liebe alte Freundin!» rief Tüpfelchen, ihr um den Hals fallend. «Wie froh bin ich, dich wiederzusehen!»

Ihre alte Freundin war genauso herzlich froh, und man darf mir glauben, daß es ein herzerquikkender Anblick war, wie sie einander umarmten. Tackleton war ganz zweifellos ein Mann von Geschmack. May war wunderhübsch.

Es ist eine bekannte Sache: Wenn man an ein hübsches Gesicht gewöhnt ist, scheint es manchmal, im Vergleich zu einem anderen, neu auftauchenden hübschen Gesicht, im Moment ganz reizlos und hausbacken zu sein und die Bewunderung, die man ihm gezollt hat, gar nicht zu verdienen. Das traf hier durchaus nicht zu, weder für Tüpfelchen noch für May. Die beiden Gesichter kontrastierten so natürlich und liebreizend miteinander, daß sie sich gegenseitig hervorhoben und John Peerybingle beim Betreten des Zimmers ganz nahe daran war, zu sagen, sie hätten als Schwestern zur Welt kommen sollen – was tatsächlich die einzige Verbesserung war, die man hätte vorschlagen können.

Tackleton hatte seine kalte Lammskeule mitgebracht und – Wunder über Wunder! – noch eine Torte dazu. Aber wo es um unsere Bräute geht, werden wir leicht verschwenderisch; schließlich heiratet man nicht jeden Tag. Außer diesen Leckerbissen gab es noch die Schinkenpastete und «das ganze Zeug», wie Mrs. Peerybingle es nannte, nämlich Orangen, Nüsse, Gebäck und ähnliches. Calebs Beitrag zu dem Festmahl bestand aus einer großen Holzschüssel kochendheißer Kartoffeln (alles andere war auf Grund eines feierlichen Abkommens streng verboten), und als alles aufgetischt war, führte Tackleton seine zukünftige Schwiegermutter auf den Ehrenplatz. Um sich der hohen Ehre würdig zu zeigen, hatte sich die majestätische alte Seele mit einer Haube geschmückt, die dazu angetan war, auch die Gedankenlosesten mit Ehrfurcht zu erfüllen. Sie hatte auch ihre Handschuhe angelegt. Laßt uns vornehm sein oder sterben!

Caleb saß an der Seite seiner Tochter, Tüpfelchen und ihre alte Schulfreundin eng beieinander, und der wackere Fuhrmann nahm das Ende der Tafel ein. Was Tilly Slowboy beträf, befand sich außer dem Stuhl, auf dem sie saß, kein anderes Möbelstück in ihrer Reichweite, damit nichts da wäre, woran sie den Kopf des Babys hätte anschlagen können.

Wie Tilly die Puppen und Spielsachen ringsum anglotzte, glotzten diese sie und die ganze Gesellschaft an. Die ehrwürdigen alten Herren in ihren Haustüren (die sämtlich in voller Tätigkeit waren) zeigten ein besonderes Interesse an der Versammlung; gelegentlich zögerten sie vor einem Sprung, als lauschten sie der Unterhaltung, um sich dann wieder viele Male hintereinander wild vornüber zu schwingen, ohne ein einzigesmal Atem zu schöpfen – gleichsam in tollem Entzücken über alles, was vorging.

Freilich, wenn die besagten alten Herren dazu neigten, sich mit teuflischer Freude am Anblick von Tackletons Enttäuschung zu weiden, hatten sie allen Grund, zufrieden zu sein. Tackleton kam gar nicht voran. Je fröhlicher seine Zukünftige in Tüpfelchens Gesellschaft wurde, desto weniger gefiel ihm das, obwohl er sie doch eigens zu diesem Zweck zusammengebracht hatte. Tackleton war nämlich ein richtiger Neidhammel – ja, das war er! Und wenn sie lachten und er nicht mitkam, bildete er sich augenblicklich ein, daß sie über ihn lachten.

«Ach, May!» sagte Tüpfelchen. «Wie sich doch die Zeiten geändert haben! Es macht einen förmlich wieder jung, von den lustigen alten Tagen zu reden!»

«Hm, so besonders alt seid Ihr ja auch sonst nicht, was?» sagte Tackleton.

«Schaut Euch nur meinen ernsthaften, gesetzten Mann an», entgegnete Tüpfelchen. «Er macht mich um mindestens zwanzig Jahre älter. Stimmt das nicht, John?»

«Vierzig», erwiderte John.

«Wie viele Jahre *Ihr* zu Mays Alter hinzufügen werdet, weiß ich wahrhaftig nicht», sagte Tüpfelchen lachend. «Aber an ihrem nächsten Geburtstag kann sie kaum weniger als hundert Jahre zählen.»

«Haha!» lachte Tackleton. Aber sein Lachen klang so hohl wie eine Trommel, und er sah so gemütlich drein, als hätte er ihr liebend gern das Genick umgedreht.

«Ja, ja», sagte Tüpfelchen, «wenn ich nur dran denke, was wir in der Schule über die Männer zusammengeschwatzt haben, die wir uns einmal aussuchen wollten! Es ist gar nicht zu beschreiben, wie jung und schön und lustig und elegant der meinige sein würde! Und May erst! Du meine Güte! Ich weiß nicht, ob ich lachen oder weinen soll, wenn ich mich erinnere, was für alberne junge Dinger wir waren!»

May schien es zu wissen, denn ihre Wangen erglühten, und die Tränen schossen ihr in die Augen.

«Manchmal haben wir uns sogar auf eine bestimmte Person festgelegt – auf irgendeinen wirklichen, höchst lebendigen jungen Mann, den wir kannten», fuhr Tüpfelchen fort. «Wer hätte gedacht, daß es ganz anders kommen würde! Auf John hatte ich wahrhaftig kein Auge geworfen, ich dachte nicht einmal an ihn. Und wenn ich dir prophezeit hätte, May, daß du eines Tages Mr. Tackleton heiraten würdest, du hättest mir glatt eine Ohrfeige gegeben. Oder nicht?»

Obwohl May dies nicht ausdrücklich bestätigte,

sagte sie auch nicht «Nein» dazu und widersprach auf keine Weise.

Tackleton lachte – er brüllte geradezu vor Lachen. John Peerybingle lachte ebenfalls, in seiner gewohnten, gutmütigen, zufriedenen Art, aber im Vergleich zu Tackletons Lachen war seines nur ein Flüstern.

«Hehe, es hat euch nichts genützt!» meckerte Tackleton. «Ihr konntet uns nicht widerstehen. Da habt ihr es! Da habt ihr uns! Jetzt sind wir euere lustigen, jungen Bräutigame!»

«Manche von ihnen sind tot», sagte Tüpfelchen sinnend, «manche vergessen. Und manche – wenn sie in diesem Augenblick unter uns treten könnten, würden sie wahrhaftig nicht glauben, daß wir die gleichen Kreaturen sind! Daß alles, was sie sehen und hören, wirklich ist und daß wir sie so schnöde vergessen konnten! Nein, sie würden kein Wort davon glauben!»

«Aber, Tüpfelchen!» rief der Fuhrmann. «Was fällt dir denn ein, kleines Frauchen!»

Sie hatte mit so großer Ernsthaftigkeit und Bewegung gesprochen, daß es tatsächlich nötig schien, sie in die Wirklichkeit zurückzurufen. Ihr Mann tat es auf die mildeste Weise, er griff nur ein, um dem armen alten Tackleton zu Hilfe zu kommen – wie er meinte. Doch es wirkte, denn Tüpfelchen verstummte und sagte kein Wort mehr. Aber noch in ihrem Schweigen lag eine ganz ungewöhnliche Erregtheit; was Tackleton, der sie mit seinem zugekniffenen Auge argwöhnisch beobachtete, genau vermerkte und zu einem bestimmten Zweck seinem Gedächtnis einprägte.

May äußerte kein Wort, weder so noch so, sondern saß mit gesenktem Blick ganz still da, als interessiere sie sich nicht für das Gespräch. Nun aber ergriff ihre liebe Frau Mama das Wort, indem sie zunächst bemerkte, Mädchen wären eben Mädchen, und was vergangen sei, sei vergangen, und solange es gedankenlose junge Menschen gäbe, würden sie sich höchstwahrscheinlich wie gedankenlose junge Menschen betragen – wozu sie noch einige weitere, ebenso unleugbare Behauptungen hinzufügte. Weiterhin erklärte sie in andächtigem Ton, sie danke dem Himmel, daß sie in ihrer Tochter May stets ein gehorsames, pflichtbewußtes Kind gefunden hätte, was sie sich nicht zum Verdienst anrechne, obwohl sie allen Grund zu der Annahme habe, daß dieser Umstand einzig ihr zu verdanken sei. Im Hinblick auf Mr. Tackleton stellte sie fest, vom moralischen Standpunkt aus sei er eine unbezweifelbare Persönlichkeit, und daß er im übrigen ein wünschenswerter Schwiegersohn wäre, könne kein vollsinniger Mensch leugnen. (Diesen Punkt betonte sie besonders nachdrücklich.) Was ferner die Familie betraf, in welche er auf sein dringendes Verlangen hin so bald aufgenommen werden sollte, sei sich Mr. Tackleton zweifellos bewußt, daß sie, obwohl von beschränkten Mitteln, einigen Anspruch auf *Vornehmheit* erheben könne; und wenn gewisse Umstände, die (bis zu dieser Andeutung wolle sie gehen) nicht gänzlich ohne Beziehung zum Indigohandel wären, auf die sie aber nicht näher einzugehen gedächte, anders ausgefallen wären, könnte sie sich heute vielleicht einigen Reichtums rühmen. Weiterhin bemerkte sie, sie wolle Vergangenes ruhen lassen und *nicht* erwähnen, daß ihre Tochter Mr. Tacklетons Bewerbung eine Zeitlang hartnäkkig abgewiesen hätte; und sie gedenke auch manches andere nicht zu sagen, was sie jedoch sehr ausführlich sagte. Schließlich teilte sie als allgemeines Ergebnis ihrer persönlichen Beobachtungen und Erfahrungen mit, daß jene Ehen, die am wenigsten mit dem zu tun hatten, was romantischer- und törichterweise Liebe genannt wurde, sich am glücklichsten gestalteten; und daß sie von der bevorstehenden Heirat das denkbar größte Glück erwarte – nicht das kindische, himmelhoch jauchzende Glück, sondern solide, dauerhafte Ware. Und sie beschloß ihre Rede mit der Mitteilung, morgen sei der große Tag, für den sie ausdrücklich gelebt hätte, und wenn der vorbei wäre, wünsche sie sich nichts anderes, als in einen Sarg gepackt und auf einem vornehmen Friedhof bestattet zu werden.

Da diese Bemerkungen sämtlich nicht zu widerlegen waren – was die glückliche Eigenschaft aller Bemerkungen ist, die weitab vom Ziel liegen –, gaben sie dem Gespräch eine andere Richtung und lenkten die allgemeine Aufmerksamkeit auf die Schinkenpastete, die kalte Lammskeule, die Pellkartoffeln und die Torte. Damit auch das Bier nicht zu kurz käme, hielt John Peerybingle einen Trinkspruch auf den großen Tag, den morgigen Hochzeitstag, und forderte alle auf, ihr Glas zu leeren, bevor er seine Fahrt fortsetzte.

Man muß nämlich wissen, daß er hier nur eine Rast einschaltete und dem alten Pferd sein Futter gab. Er mußte noch vier oder fünf Meilen weiter. Abends auf dem Heimweg holte er Tüpfelchen ab und gönnte sich nochmals eine kurze Rast. Das war die Tagesordnung bei jedem Picknick, die seit seiner Einführung streng eingehalten wurde.

Außer dem Brautpaar stimmten noch zwei von den anwesenden Personen nicht in den Trinkspruch ein. Die eine war Tüpfelchen, die allzu erregt und zu sehr aus der Fassung gebracht schien, um sich so rasch auf die kleinen Vorgänge des Alltags umzustellen; die andere Bertha, die hastig aufsprang und die Tafelrunde verließ.

«Nun denn, lebt wohl!» rief der wackere John Peerybingle, in seinen gewaltigen Wettermantel schlüpfend. «Zur gewohnten Stunde bin ich wieder hier. Lebt wohl, alle miteinander!»

«Leb wohl, John», erwiderte Caleb.

Er schien es ganz mechanisch zu sagen und ebenso gedankenlos die Hand zum Gruß zu erheben, während er Bertha mit ängstlichem und erstauntem Blick beobachtete.

«Leb wohl, kleiner Nichtsnutz!» rief der Fuhrmann gemütlich, über seinen schlafenden Sohn gebeugt, den Tilly Slowboy (erstaunlicherweise, ohne ihm Schaden anzutun) in ein von Bertha vorbereitetes Bettchen gelegt hatte, um sich gänzlich Messer und Gabel zu widmen. «Schlaf wohl! Einmal wird die Zeit kommen, Freundchen, wenn *du* in die Kälte hinausziehst und deinen alten Vater mit seiner Pfeife und seinem Rheumatismus im Kaminwinkel zurückläßt! Aber wo ist denn Tüpfelchen?»

«Hier bin ich, John!» rief sie auffahrend.

«Los, los!» Und er klatschte laut schallend in die Hände. «Wo bleibt denn meine Pfeife?»

«Die habe ich ganz vergessen, John!»

Die Pfeife vergessen! Hatte man je so etwas erlebt? Tüpfelchen und die Pfeife vergessen!

«Warte, John... ich stopfe sie dir sofort... Es ist im Moment geschehen...»

Aber es ging nicht so schnell. Die Pfeife steckte an ihrem gewohnten Platz – in der Tiefe der Manteltasche – mitsamt dem Tabaksbeutelchen, das sie ihm mit eigener Hand genäht hatte. Doch ihre Finger zitterten so stark, daß sie die Schnüre verwirrten (dabei war ihr Händchen wahrhaftig klein genug, um leicht wieder hinauszuschlüpfen) und ein gewaltiges Durcheinander anrichteten. Das Stopfen und Anzünden der Pfeife, diese kleinen Dienste, in denen sie es zu solcher Vollendung gebracht hatte, waren heute eine einzige Stümperei. Tackleton beobachtete sie während der ganzen Prozedur boshaft aus seinem zugekniffenen Äuglein; und wann immer er ihrem Blick begegnete – oder, besser gesagt, ihn erschnappte, denn es glich tatsächlich einer eigens zu diesem Zweck aufgestellten Falle –, erhöhte es ihre Verwirrung in ganz außerordentlichem Maß.

«Heut bist du aber ein ungeschicktes Tüpfelchen!» sagte John. «Das hätte ich wahrhaftig allein besser gemacht!»

Mit diesen gutmütigen Worten verließ er das Zimmer, und bald hörte man, wie er mitsamt dem Wagen und Boxer und dem alten Pferd unter munterem Lärm davontrabte. Caleb aber stand noch immer auf dem gleichen Fleck und beobachtete seine blinde Tochter mit dem gleichen verlorenen Ausdruck.

«Bertha! Was ist denn geschehen?» murmelte er schließlich leise. «Seit heute früh bist du ganz verändert, mein Liebling – in ein paar kurzen Stunden. Daß *du* den ganzen Tag lang still und stumm dasitzst! Was hast du? Sag es mir!»

«Ach, Vater, Vater!» rief die Blinde, in Tränen ausbrechend. «Ach, mein schweres, schweres Los!»

Caleb fuhr sich mit der Hand über die Augen, ehe er antwortete: «Denk doch, wie fröhlich und zufrieden du immer warst, Bertha! Denk doch, wie viele Menschen dich lieben!»

«Das tut mir ja so bitterlich weh, Vater! Du warst immer so lieb zu mir! Du warst immer so gut!»

Caleb war völlig verblüfft. Er verstand sie nicht.

«Bertha, mein armes Kind!» stammelte er. «Blind sein ist eine schwere Heimsuchung, aber...»

«Ich habe es nie empfunden!» rief die Blinde. «Ich habe nie darunter gelitten! Niemals! Manchmal habe ich mir vielleicht gewünscht, daß ich dich sehen könnte, liebster Vater - oder ihn - nur einen Augenblick lang -, um zu wissen, wie der Schatz ausschaut, den ich hier in meinem Herzen berge, und sein Bild festzuhalten.» Sie legte die Hand auf die Brust. «Um sicher zu sein, daß ich es richtig sehe und hier bewahre. Und manchmal - aber da war ich noch ein Kind - weinte ich abends beim Beten bei dem Gedanken, daß euere Bilder, wie sie aus meinem Herzen zum Himmel aufstiegen, euch am Ende nicht ähnlich wären. Doch dieses Gefühl dauerte niemals lang. Es verschwand und ließ mich ruhig und glücklich zurück.»

«Und so wird es auch jetzt sein», sagte Caleb.

«Ach, Vater! Ach, mein lieber, guter Vater, hab Nachsicht mit mir, falls ich mich versündige! Das ist nicht der Kummer, der mich so sehr bedrückt!»

Der Vater konnte es nicht verhindern, daß seine feuchten Augen überflossen. Sie war so rührend in ihrem tiefen Ernst, doch er verstand sie noch immer nicht.

«Bring sie zu mir her», bat Bertha. «Ich kann es nicht in mir verschlossen halten. Bring sie her zu mir, Vater!»

Sie spürte, daß er zögerte, und rief: «May! Bring mir May!»

May, die ihren Namen hörte, kam rasch herbei und berührte leise den Arm der Blinden. Die wandte sich augenblicklich um und ergriff ihre beiden Hände.

«Sieh mir ins Gesicht, mein liebes, liebes Herz!» bat Bertha. «Lies mit deinen schönen Augen darin und sag mir, ob es wahr und offen ist.»

«Ja, liebste Bertha, ja!»

Die Blinde wandte ihr noch immer das blicklose Antlitz zu, das jetzt von heißen Tränen überströmt war, und sprach: «In meinem ganzen Herzen ist kein Gedanke und kein Wunsch, der nicht dir gilt, meine liebe, lichte May! Kein stärkeres Gefühl lebt darin als die dankbare Erinnerung, wie oft, wie unendlich oft du im Vollbesitz deines Augenlichts und deiner strahlenden Schönheit der armen Bertha Liebe und Anteilnahme erwiesen hast, sogar als wir beide noch Kinder waren, als Bertha noch ein Kind war, soweit eine Blinde es sein kann! Segen und Glück über dich! Möge dein Lebensweg hell und glücklich sein! Aber trotzdem, meine geliebte May», fuhr sie, die Freundin noch enger umfangend, fort, «trotzdem hat mir heut die Nachricht, daß du morgen seine Frau wirst, fast das Herz gebrochen. Vater! May! Mary! Verzeiht mir, um all des Guten willen, das er getan hat, um mein düsteres Leben zu erhellen! Verzeiht mir, um des Vertrauens willen, das ihr in mich setzt, wenn ich den Himmel zum Zeugen anrufe, daß ich ihm keine Frau wünschen kann, die seiner Güte würdiger wäre!»

Während sie dieses seltsame Bekenntnis ablegte, hatte sie May Fieldings Hände losgelassen und mit einer zärtlich flehenden Gebärde ihr Kleid ergriffen. Immer tiefer an ihr hinabgleitend, sank sie schließlich zu den Füßen der Freundin nieder und verbarg das blinde Gesicht in den Falten ihres Gewandes.

«Allmächtiger Gott!» rief ihr Vater, den die Erkenntnis jäh wie ein Hammerschlag traf. «Habe ich sie von der Wiege an belogen und betrogen, um ihr schließlich das Herz zu brechen!»

Es war für alle ein Glück, daß Tüpfelchen, das strahlende, tüchtige, geschäftige, kleine Tüpfelchen – denn das war Johns kleine Frau, welche Fehler sie sonst auch besitzen mochte und wie hassenswert sie dem Leser vielleicht noch erscheinen wird –, es war, sage ich, für alle ein Glück, daß sie anwesend war, denn wie es sonst geendet hätte, ist wahrhaftig schwer zu sagen. Doch Tüpfelchen, die sich rasch wieder gefaßt hatte, griff rasch ein, bevor May antworten oder Caleb ein weiteres Wort sagen konnte.

«Komm, Bertha! Komm mit mir, Liebste! Gib ihr deinen Arm, May. So ist es recht. Schau nur, wie tapfer sie sich schon wieder zusammennimmt. Und wie lieb und gut von ihr, daß sie uns nicht kränken will!» Und das kleine Frauchen drückte der Freundin einen Kuß auf die Stirn. «Komm, Bertha! Dein lieber Vater geht auch mit, nicht wahr, Caleb? Es ist ja schon wieder besser.»

Ja, auf so etwas verstand sie sich, das wackere kleine Tüpfelchen, und es hätte ein hoffnungslos verhärtetes Herz sein müssen, das ihrem Einfluß zu widerstehen vermochte. Als sie den armen, guten Caleb und seine Bertha weggeführt hatte, damit sie einander trösteten und aufrichteten, wie nur sie es vermochten, kam sie munter zurück, frisch wie ein Veilchen, wie man zu sagen pflegt (ich behaupte: frischer), um die vornehmtuerische alte Kreatur in ihrer Paradehaube und ihren Paradehandschuhen zu überwachen und zu verhindern, daß sie etwas merkte.

«Bring mir doch schnell unseren kleinen Schatz,

Tilly!» rief sie, einen Stuhl zum Kamin ziehend. «Jetzt kann ich endlich jemanden um Rat fragen, denn Mrs. Fielding hier, Tilly, wird mir genau erklären, wie man ein Baby pflegen muß, und mir sagen, was ich falsch gemacht habe – wahrscheinlich alles! Sie werden mich doch belehren, nicht wahr, Mrs. Fielding?»

Auch nicht der blödeste Riese aus dem Märchen fiel je so prompt auf die List irgendeines tapferen Schneiderleins oder sonstigen gewitzten Jungen herein, wie die würdige alte Dame dem schlimmen Tüpfelchen auf den Leim ging. Der Umstand, daß Tackleton verschwunden war und zwei, drei andere Leute einen Augenblick lang abseits miteinander geredet hatten, ohne sich um sie zu kümmern, hätte vollauf genügt, sie in Harnisch zu bringen und sie jenes mysteriöse Ereignis in der Indigo-Branche die nächsten vierundzwanzig Stunden lang lauthals beklagen zu lassen, doch die geziemende Unterwürfigkeit, mit der die junge Mutter ihre Erfahrung anrief, war dermaßen unwiderstehlich, daß sie sich nur ganz kurz zierte, bevor sie huldvoll ihre weisen Ratschläge zu erteilen begann. Kerzengerade in ihrem Stuhl sitzend, überschüttete sie das demütig lauschende Tüpfelchen im Lauf einer halben Stunde mit einer solchen Fülle von unfehlbar wirkenden Rezepten und Geheimverfahren, daß sie (hätte man sie angewendet) den kleinen Peerybingle gänzlich ruiniert und kaputt gemacht hätten, und wäre er ein Samson im Säuglingsalter gewesen.

Zur Abwechslung machte Tüpfelchen ein bißchen Handarbeiten – sie trug den Inhalt eines ganzen Nähkästchens in der Kleidertasche herum; wie sie das anstellte, weiß ich wirklich nicht – dann stillte sie ein bißchen das Baby, dann nähte sie wieder ein bißchen, dann führte sie, während die alte Dame einnickte, in Flüstertönen ein Gespräch mit May –, und unter solchen kleinen Anfällen von Geschäftigkeit, wie sie ihr eigen waren, verging ihr der Nachmittag im Flug. Da es einen wichtigen Teil des feierlichen Picknick-Abkommens bildete, daß sie an diesen Tagen Berthas häusliche Pflichten übernahm, schürte Tüpfelchen, als es zu dunkeln begann, das Feuer und fegte den Herd und deckte den Teetisch und zog die Vorhänge zu und zündete die Kerze an. Dann spielte sie ein, zwei Melodien auf einer primitiven Harfe, die Caleb für Bertha zusammengebastelt hatte, und spielte sie wahrhaftig sehr gut, denn ihr hübsches kleines Ohr war von Natur aus so vorzüglich für die Musik begabt wie zum Tragen von Juwelen, wenn sie welche gehabt hätte. Inzwischen war die gewohnte Teestunde herangerückt, und Tackleton präsentierte sich wieder, um an der Mahlzeit teilzunehmen und den Abend hier zu verbringen.

Caleb und Bertha hatten sich schon vorher wieder eingestellt, und Caleb setzte sich an seine Werkbank. Doch der arme Kerl war seiner Tochter wegen allzu bekümmert und besorgt, um ruhig dabei zu bleiben. Es war rührend anzusehen, wie er immer wieder die Arbeit sinken ließ und sie reuevoll betrachtete, wobei seine Miene deutlich sagte: «Habe ich sie von der Wiege an getäuscht, bloß um ihr das Herz zu brechen!»

Als es schließlich dunkel war, der Tee getrunken und Tüpfelchen keine Tassen und Teller mehr abzuwaschen fand, mit einem Wort – denn ich muß darangehen und kann es nicht länger hinausschieben – als die Zeit gekommen war, da man bei jedem fernen Wagenlärm die Rückkehr des Fuhrmanns erwartete, änderte sich ihr Betragen wieder; sie wurde abwechselnd rot und blaß und immer unruhiger. Nicht so wie eine gute Ehefrau, die auf die ersehnte Heimkehr ihres Gatten lauscht. Nein, nein, nein! Es war eine ganz andere Art Unruhe.

Räderrollen und Hufgeklapper! Hundegebell! Es kam näher und näher – und jetzt kratzte Boxer an der Tür!

«Was ist das für ein Schritt!» rief Bertha auffahrend.

«Wer soll es denn sein?» rief der Fuhrmann, der mit frostgerötetem Gesicht in der Tür stand. «Ich bin's!»

«Da war noch ein anderer Schritt!» rief Bertha. «Der Mann hinter Euch!»

«Der kann man nichts vormachen», bemerkte der Fuhrmann lachend. «Treten Sie ein, Sir. Sie sind herzlich willkommen.»

Er sprach in sehr lautem Ton, und der taube alte Herr trat ein.

«Caleb, er ist dir nicht ganz fremd, du hast ihn schon einmal gesehen», sagte John. «Gewährst du ihm einen Platz in deinem Haus, bis wir heimfahren?»

«Ei freilich, John, und es ist mir eine Ehre.»

«Wenn's Geheimnisse zu besprechen gibt, kann man sich keine bessere Gesellschaft wünschen», fuhr John fort. «Ich habe ganz gute Lungen, darf ich sagen, aber er stellt sie auf eine harte Probe. Nehmen Sie Platz, Sir! Lauter gute Freunde, die sich über Ihren Besuch freuen.»

Nachdem er diese Einladung mit einer Stimme abgegeben hatte, die seine Lungenkraft unter Beweis stellte, fuhr er in seinem gewohnten Ton fort: «Einen Stuhl im Kaminwinkel, wo er still dasitzen und lächelnd um sich blicken darf – mehr begehrt er nicht. Er ist leicht zufriedenzustellen.»

Bertha hatte aufs aufmerksamste gelauscht, und nun rief sie ihren Vater zu sich und bat ihn leise, ihr den Besucher zu beschreiben. Als er dies (diesmal genau der Wahrheit entsprechend) mit großer Gewissenhaftigkeit getan hatte, stieß sie einen tiefen Seufzer aus und schien sich nicht weiter für den Fremdling zu interessieren.

Der gute Fuhrmann war besonders fröhlich aufgelegt und verliebter denn je in seine kleine Frau.

«So ein ungeschicktes Tüpfelchen war es heut nachmittag», sagte er, seinen kräftigen Arm um sie legend, während sie etwas abseits von den anderen standen, «aber komischerweise hab ich es trotzdem gern. Schau einmal dorthin, Tüpfelchen!»

Er nickte zu dem alten Mann hinüber. Sie blickte zu Boden. Ich glaube, sie zitterte.

«Er ist ein großer Verehrer von dir – hahaha!» lachte der Fuhrmann. «Hat den ganzen Weg lang von nichts anderem geredet. Aber das macht ihn mir um so lieber. Er ist eine brave alte Seele.»

«Er hätte sich einen besseren Gesprächsstoff aussuchen sollen», sagte sie und blickte unruhig im Zimmer umher. Besonders auf Tackleton.

«Etwas Besseres! Das gibt's nicht!» rief John. «Aber jetzt weg mit dem dicken Mantel, weg mit dem warmen Halstuch, weg mit dem ganzen schweren Zeug! Ich hab mir eine behagliche halbe Stunde am Feuer verdient. Ergebenster Diener, Madam! Eine Partie Cribbage gefällig? Das ist recht. Bring uns die Karten und das Spielbrett, Tüpfelchen. Und ein Glas Bier, wenn ihr mir noch was übriggelassen habt, kleines Frauchen!»

Seine Aufforderung war an die alte Dame gerichtet, die sie huldvoll aufnahm, und sie waren bald in ihr Spiel vertieft. Zuerst blickte sich der Fuhrmann noch manchmal lächelnd nach den anderen um oder rief hin und wieder Tüpfelchen zu sich, damit sie ihm über die Schulter guckte und ihm über einen kitzligen Punkt hinweghülfe. Doch da seine Partnerin es einerseits sehr streng mit ihm nahm und andererseits dazu neigte, gelegentlich ein wenig zu schummeln, mußte er so genau aufpassen, daß er bald für nichts anderes Augen und Ohren hatte. So war seine ganze Aufmerksamkeit auf die Karten gerichtet, und er dachte an nichts anderes, bis sich eine Hand auf seine Schulter legte. Es war niemand anderer als Tackleton.

«Verzeiht, daß ich Euch störe – aber auf ein Wort...»

«Nur einen Augenblick», versetzte der Fuhrmann. «Ich bin gerade in einer kritischen Situation.»

«Ja, das seid Ihr», sagte Tackleton. «Kommt mit mir, Mensch.»

Es lag etwas in seinem bleichen Gesicht, das den Fuhrmann bewog, augenblicklich aufzuspringen und hastig zu fragen, was geschehen wäre.

«Still, John Peerybingle», erwiderte Tackleton. «Es tut mir wahrhaftig leid, daß Ihr es durch mich erfahren müßt. Doch ich hatte es gefürchtet. Ich hatte von Anfang an einen Verdacht.»

«Was ist es?» rief der Fuhrmann erschrocken.

«Still! Ihr müßt mitkommen und es selbst sehen.»

Der Fuhrmann folgte ihm ohne ein weiteres Wort. Sie überquerten den Hof, über dem die Sterne leuchteten, und traten durch eine kleine Hintertür in Tackletons Privatkontor ein. Von dort sah man durch eine Glasscheibe in den Lagerraum, der für die Nacht geschlossen war. Das Kontor selbst war unbeleuchtet, doch in dem langen, schmalen Lagerraum brannten ein paar Lampen, so daß man hineinblicken konnte, ohne selbst gesehen zu werden.

«Einen Augenblick noch», bemerkte Tackleton. «Fühlt Ihr Euch stark genug, um durch dieses Fenster zu blicken?»

«Warum nicht?» rief der Fuhrmann.

«Besinnt Euch noch einen Augenblick!» mahnte Tackleton. «Und vor allem begeht keine Gewalttat. Es ist sinnlos und gefährlich. Ihr seid ein kräftiger Mann und könntet, eh' Ihr's Euch verseht, einen Mord auf dem Gewissen haben.»

Der Fuhrmann blickte ihm ins Gesicht und wich, wie von einem Schlag getroffen, zurück. Mit einem Sprung stand er am Fenster und sah...

O Schatten über dem häuslichen Herd! O treues Heimchen! O ungetreues Weib!

Er sah sie mit dem alten Mann – der jetzt nicht mehr alt war, sondern hoch aufgerichtet in der Kraft seiner Jugendblüte vor ihr stand und die trügerische weiße Perücke in der Hand hielt, die ihm Eintritt in das auf immer zerstörte Heim verschafft hatte. Er sah, wie sie lauschte, während er den Kopf neigte, um ihr etwas ins Ohr zu flüstern; wie sie duldete, daß er den Arm um ihre Taille legte, während sie langsam den langen, dämmerigen Gang durchschritten. Er sah, wie sie bei der Tür stehenblieben, durch die sie eingetreten waren, wie sie sich umwandte – ach, ihr Gesicht, das Gesicht, das er so innig liebte, so erblicken zu müssen! –, wie sie mit ihrer eigenen Hand das lügnerische weiße Haar auf seinem Kopf glattstrich und dabei lachte – über ihren eigenen, arglosen Mann lachte!

Im ersten Moment ballte er seine mächtige

Faust, als wollte er einen Löwen niederschlagen. Doch er breitete sie sogleich wieder aus (denn er war auch jetzt noch von Liebe zu ihr erfüllt); und als die beiden durch die Tür entschwunden waren, sank er unter Tackletons hämischen Augen auf dem nächsten Schreibpult zusammen und war so schwach wie ein kleines Kind.

Als sie, schon zur Rückfahrt gerüstet, wieder in die Stube trat, war er bis übers Kinn hinauf in seine Hüllen gewickelt und machte sich eifrig mit dem Pferd und den Paketen zu schaffen.

«Ich bin fertig, John, Liebster! Gute Nacht, May! Gute Nacht, Bertha!»

War sie tatsächlich imstande, sie zu küssen und ihnen fröhliche Abschiedsworte zuzurufen? Konnte sie es wagen, ihr Gesicht zu zeigen, ohne zu erröten? Jawohl. Tackleton beobachtete sie genau. Sie tat es.

Tilly, die das Baby wiegte, ging wohl ein dutzendmal durchs Zimmer hin und her, immer an Tackleton vorbei, während sie schlaftrunken vor sich hin murmelte: «Hat es ihm fast die Herzen gebrochen, daß es morgen seine Frauen werden sollen? Und haben seine Väter es von den Wiegen an getäuscht, bloß um ihm schließlich die Herzen zu brechen?»

«Gib mir jetzt das Baby, Tilly. Gute Nacht, Mr. Tackleton! Ja, wo ist denn John, um Himmels willen?»

«Er will lieber neben dem Pferd einhergehen und es am Zügel führen», sagte Tackleton, der ihr hinaufgeholfen hatte.

«Bei diesem Wetter? Aber, John, Liebster, was fällt dir ein?»

Die vermummte Gestalt ihres Gatten nickte hastig. Der falsche Fremdling und die kleine Kindsmagd hatten ihre Plätze eingenommen, das alte Pferd setzte sich in Bewegung. Und Boxer, der ahnungslose Boxer, lief voraus und lief zurück und lief um den Wagen herum und bellte so stolz und fröhlich wie eh und je.

Nachdem Tackleton sich gleichfalls verabschiedet hatte, um May und ihre Mutter nach Hause zu bringen, setzte sich der arme Caleb, von tiefer Reue und Besorgnis erfüllt, neben seine Tochter ans Feuer, während er noch immer vor sich hin murmelte: «Habe ich sie von der Wiege an getäuscht, bloß um ihr schließlich das Herz zu brechen?»

Die Spielsachen, die man dem Baby zur Freude aufgezogen hatte, waren alle längst stehengeblieben. Aber die unerschütterlich ruhigen Puppen, die Schaukelpferde mit ihren erregt aufgerissenen Augen und Nüstern, die alten Herren, die in der prekärsten Lage kopfunter über den Stangen in ihrer Haustür hingen, die schiefmäuligen Nußknacker, ja sogar die Tiere der Schöpfung, die paarweise wie ein Mädchenpensionat zur Arche hinwallten – sie alle schienen in dem matten Licht und der tiefen Stille wie vor Schreck und Verwunderung erstarrt, über die von jedem Standpunkt aus phantastisch scheinenden Tatsachen, daß Tüpfelchen falsch sein und daß Tackleton geliebt werden könnte.

Drittes Zirpen

Die Holländeruhr im Winkel schlug gerade zehn, als der Fuhrmann sich an seinem Herd niederließ, so verstört und gramerfüllt, daß sogar der Kuckuck zu erschrecken schien, denn sobald er seine zehn melodischen Ankündigungen so kurz wie nur möglich ausgestoßen hatte, schlüpfte er schleunigst wieder in seinen maurischen Palast und klappte sein Türchen so hastig hinter sich zu, als sei dieser ungewohnte Anblick zuviel für sein zartes Empfinden.

Wäre der kleine Mäher mit der allerschärfsten Sense bewaffnet gewesen und hätte er bei jedem Streich dem Fuhrmann durchs Herz geschnitten, er hätte es nie und nimmer so tief verwunden und zerfleischen können, wie Tüpfelchen es getan hatte.

Dieses Herz war von so heißer Liebe zu ihr erfüllt, so innig von unzähligen Fäden der zärtlichsten Erinnerungen umwoben, die aus dem täglichen Wirken ihrer vielen liebenswerten Eigenschaften gesponnen waren; es war ein Herz, das sie wie ein Heiligtum umschloß, ein Herz, das in seiner Wahrheit so echt und einfach war, so stark im Rechttun, so schwach im Unrecht, daß es zunächst weder Groll noch Rache zu hegen vermochte und für nichts Platz bot als für das zerbrochene Bildnis seines Idols.

Doch wie der Fuhrmann jetzt an seinem kalten, dunklen Herd saß, begannen allmählich andere, grimmigere Gedanken sich in ihm zu regen, so wie sich über Nacht ein zorniger Wind erhebt. Der Fremdling weilte unter dem Dach, das er so frevelhaft entweiht hatte. Drei Schritte waren es bis zu seiner Kammertür. Ein einziger Schlag würde sie eindrücken. «Ihr könntet, eh' Ihr's Euch verseht, einen Mord auf dem Gewissen haben», hatte Tackleton gesagt. Doch es war nicht Mord, wenn er dem Schurken Zeit gab, von Mann zu Mann mit ihm zu kämpfen. Er war der Jüngere.

Es war ein schlimmer Gedanke, der ihn in einem schlimmen Augenblick überkam. Es war ein böser Gedanke, der ihn zu einer bösen Tat antrieb – zu einer Rachetat, die das heitere Haus in eine öde Stätte verwandeln würde; einsame Wanderer würden sich scheuen, nachts vorüberzugehen, furchtsame Menschen würden in den leeren Fensterhöhlen mörderische Schatten im matten Mondlicht miteinander ringen sehen und im Sturmesheulen wilde Stimmen vernehmen.

Er war der Jüngere! Ja gewiß, ein Liebhaber, der ihr Herz gewonnen hatte, wie es ihm selber nie gelungen war. Ein Liebhaber, den sie in früher Jugend erwählt, dem ihre Träume und Gedanken gegolten hatten, nach dem sie sich in Sehnsucht verzehrte, während er sie an seiner Seite so glücklich gewähnt hatte. O herzzerreißender Gedanke!

Sie war oben gewesen, um das Baby zu Bett zu bringen. Nun kam sie und stand dicht neben ihm, während er grübelnd an dem erkaltenden Herd saß. Er hörte sie nicht, denn die Folterqualen in seinem Herzen erstickten jeden Laut. Er merkte nicht, daß sie ihren Schemel zu seinen Füßen hinstellte. Erst als sie leise seine Hand berührte, fuhr er auf und sah, daß sie ihm gerade ins Gesicht blickte.

Erstaunt? Nein. Es war sein erster Eindruck gewesen, und er war gezwungen, sie nochmals anzusehen, um ihn zu berichtigen. Nein, nicht mit fragendem Erstaunen. Mit einem gespannt forschenden Blick, aber nicht mit Erstaunen. Zuerst nur ernst und beunruhigt. Dann verwandelte sich ihre Besorgnis in ein seltsames, wildes, grauenvolles Lächeln des Begreifens – sie hatte seine Gedanken erraten. Und dann sah er nichts als die Hände, die sie vors Gesicht schlug, und ihr gesenktes Haupt und das herabfallende gelöste Haar.

Auch wenn er in diesem Augenblick über die Allmacht Gottes verfügt hätte – es lebte zuviel von der noch göttlicheren Eigenschaft des Erbarmens in seiner Brust, als daß er auch nur ein Haar auf ihrem Haupt gekrümmt hätte. Nur konnte er es nicht ertragen, sie von ihrer Schuld erdrückt auf dem Schemel kauern zu sehen, wo er sie so oft voll Stolz und Liebe in all ihrer Unschuld und kindlichen Heiterkeit betrachtet hatte. Als sie sich erhob und schluchzend das Zimmer verließ, fühlte er sich erleichtert; doch daß er lieber den leeren Platz neben sich sah als ihr heißgeliebtes Bild, war ein neuer Schmerz, schlimmer als alles andere, weil es ihm zeigte, daß die Bande, die sein Leben ganz eigentlich zusammengehalten hatten, zerrissen waren und wie verlassen er nun war.

Je tiefer er das empfand, je klarer es ihm wurde, daß es für ihn noch erträglicher gewesen wäre, sie mit ihrem Kindchen am Busen tot vor sich liegen zu sehen, desto grimmiger stieg der Zorn gegen seinen Feind in ihm auf. Er sah sich nach einer Waffe um.

An der Wand hing ein Gewehr. Er nahm es vom Nagel und machte einen Schritt auf die Tür zu, hinter welcher der verräterische Gast schlummerte. Er wußte, daß die Waffe geladen war. Das dunkle Gefühl, daß es nur recht und gerecht wäre, diesen Menschen niederzuschießen wie ein wildes Tier, packte ihn und schwoll in seiner Seele an, bis es zu einem ungeheuerlichen Dämon wurde, der ihn völlig beherrschte und jeden edleren Gedanken aus seiner Brust verdrängte, um dort sein ungeteiltes Reich aufzurichten.

Der Ausdruck ist falsch. Er verdrängte die edleren Gedanken nicht, sondern veränderte sie tükkisch; er gestaltete sie zu Geißeln um, die den Fuhrmann mitleidlos antrieben, er verwandelte Wasser in Blut, Liebe in Haß, Milde in blindwütige Grausamkeit. Ihr Bild, wie sie trauervoll, gedemütigt, aber immer noch mit unwiderstehlicher Macht sein Erbarmen und seine Zärtlichkeit anrufend, vor ihm stand, verließ ihn dabei keinen Augenblick; doch es drängte ihn immer näher zur Kammertür, es hob die Waffe zu seiner Schulter empor, es legte seine Finger auf den Abzug und schrie ihm zu: «Töte ihn! In seinem Bett!»

Er riß das Gewehr herum, um mit dem Kolben die Tür einzuschlagen, er schwang es schon in der Luft, vielleicht mit der undeutlichen Absicht, den Mann noch anzurufen, er solle um Gottes willen fliehen, durchs Fenster flüchten...

Da loderte das verglühende Feuer jäh auf, und es erfüllte den ganzen Kamin mit seinem hellen Schein – und das Heimchen am Herd begann zu zirpen!

Kein Laut, den er hätte vernehmen können, keine menschliche Stimme, nicht einmal die ihre, hätte sein Herz dermaßen zu rühren und zu besänftigen vermocht. Die schlichten Worte, mit dem sie ihm ihre Liebe zu eben diesem Heimchen geschildert hatte, klangen ihm wieder ins Ohr, er sah das ernste, bewegte Gesicht vor sich, mit dem sie gesprochen; ihre liebe Stimme – wie dazu geschaffen, den häuslichen Herd eines braven Mannes mit ihren arglosen Tönen zu verschönern – durchdrang ihn ganz und gar und erweckte seine bessere Natur zu neuem Leben und Handeln.

Er wich von der Tür zurück, wie ein Schlafwandler, der aus einem grauenvollen Traum erwacht, und schleuderte die Waffe von sich. Dann sank er, die Hände vors Gesicht schlagend, wieder am Feuer nieder und fand Erleichterung in Tränen.

Das Heimchen am Herd trat hervor und stand in elfenhafter Gestalt vor ihm.

«Ich liebe es», sagte die elfenhafte Stimme, die Worte, deren er sich so gut erinnerte, wiederholend, «weil ich es so oft gehört und bei seiner unschuldigen Musik über so manches nachgedacht habe.»

«Das hat sie gesagt!» rief der Fuhrmann. «Das ist wahr!»

«Dieses Haus war ein glückliches Heim, John, darum ist mir das Heimchen so lieb!»

«Es war ein glückliches Heim, das weiß der Himmel», erwiderte der Fuhrmann. «Sie hat es dazu gemacht – bis heute.»

«So anmutig, so liebevoll; so häuslich und fröhlich, so fleißig und leichtmütig!» sagte die Stimme.

«Sonst hätte ich sie auch nicht so innig lieben können, wie ich sie liebte», entgegnete der Fuhrmann.

«Wie du sie liebst», verbesserte die Stimme.

Der Fuhrmann wiederholte: «Wie ich sie liebte!» – aber nicht mit Festigkeit. Seine Zunge wollte ihm nicht gehorchen. Sie stockte und wollte auf ihre eigene Art reden, für sich und für ihn.

Die Gestalt erhob beschwörend die Hand und rief: «Bei deinem eigenen Herd...»

«Den sie geschändet hat!» unterbrach der Fuhrmann.

«Bei dem Herd, den sie so oft gesegnet und erhellt hat», rief das Heimchen. «Bei dem Herd, der ohne sie nichts anderes wäre als ein paar Steine und

Ziegel und rostige Eisenstangen, dank ihr jedoch zum häuslichen Altar wurde. Bei dem Herd, auf dem du allabendlich eine kleinliche Leidenschaft oder einen selbstsüchtigen Gedanken geopfert und die Gabe eines ruhigen Gemütes, einer vertrauensvollen Seele und eines überquellenden Herzens dargebracht hast, so daß der Rauch aus diesem ärmlichen Schornstein duftender aufstieg als der würzigste Weihrauch, der vor den Prunkaltären aller stolzen Tempel der Welt verbrannt wird! Bei deinem eigenen Herd, diesem stillen Heiligtum, im Strahlenkreis seiner mildernden Gedanken und Einflüsse – höre auf sie! Höre auf mich! Höre auf alles, was in der Sprache deines Herdes und deines Heimes spricht!»

«Um sie zu verteidigen?» fragte der Fuhrmann.

«Alles, was die Sprache deines Herdes und deines Heimes spricht, *muß* sie verteidigen», versetzte das Heimchen. «Denn es spricht die Wahrheit!»

Und während der Fuhrmann, das Haupt in den Händen, weiter in Sinnen versunken dasaß, stand die Erscheinung neben ihm und flüsterte ihm kraft ihrer Macht Gedanken ein, als böten sie sich in einem Spiegel dar. Es war keine einzelne Erscheinung; aus der Feuerstelle, aus der Uhr, der Pfeife, dem Kessel und der Wiege; aus dem Fußboden, den Wänden, der Decke und den Treppen; aus dem Wagen vor der Tür und der Truhe drinnen, aus allen Hausgeräten, aus jedem Ding und Ort, die in den Gedanken ihres unglücklichen Gatten durch irgendeine Erinnerung mit ihr verknüpft waren, kamen andere Elfen hervor. Doch sie standen nicht still neben ihm wie das Heimchen, sondern regten sich geschäftig, um ihrem Bild alle Ehre zu bezeugen; um ihn am Ärmel zu zupfen und ihn darauf hinzuweisen, wenn es erschien; um es zu umschweben, Blumen vor seine Füße zu streuen und mit ihren winzigen Händen das holde Haupt zu bekränzen – kurz, um zu zeigen, daß sie ihr gut waren und sie liebten und daß kein einziges häßliches, böses oder anklagendes Wesen sich ihrem Bild nähern dürfe, sondern einzig ihre eigenen spielerischen, huldigenden Scharen.

Seine Gedanken verweilten bei ihrem Bild. Es war überall.

Sie saß nähend und leise vor sich hin singend vor dem Feuer – so ein munteres, emsiges, braves kleines Tüpfelchen! Die elfenhaften Wesen wandten sich, wie auf Befehl, alle gleichzeitig zu ihm hin, als wollten sie durch einen einzigen, zusammengeballten Blick sagen: «Ist das die leichtfertige Frau, um die du klagst?»

Draußen erklangen nun fröhliche Laute, Musikinstrumente, lärmende Stimmen und Gelächter, und eine ganze Schar festlich geschmückter Jugend drang ein, darunter May Fielding und viele andere hübsche Mädchen. Tüpfelchen war die hübscheste von allen und so jung wie irgendeine von ihnen. Sie kamen, um sie zu bewegen, mit ihnen zum Tanz zu gehen. Wenn je ein zierliches Füßchen zum Tanzen geschaffen war, so sicherlich das ihre. Doch sie schüttelte lachend das Köpfchen und wies auf die Kochtöpfe, die auf dem Herd brodelten, und auf den gedeckten Tisch – mit einer fröhlichen Widerspenstigkeit, die sie noch reizender machte. Sie verabschiedete sie munter und nickte ihren Möchtegerntänzern, wie sie wieder abzogen, der Reihe nach zu, mit einer so drolligen Gleichgültigkeit, daß sie eigentlich hätten hingehen und sich ins Wasser stürzen sollen, sofern sie in sie verliebt waren – was sie doch mehr oder weniger alle sein mußten. Doch dabei lag Gleichgültigkeit nicht in ihrer Natur. O nein! Denn jetzt trat ein gewisser Fuhrmann zur Tür herein, und wie sie den empfing, das mußte man gesehen haben!

Wieder wandten die Gestalten ihm alle gleichzeitig den Blick zu, der zu fragen schien: «Ist das die Frau, die dich verraten hat?»

Ein Schatten fiel auf den Spiegel oder das Bild (wie immer man es nennen will), der mächtige Schatten des Fremden, wie er zum erstenmal unter ihr Dach trat. Er füllte den ganzen Rahmen aus und verdeckte alle anderen Dinge. Doch die Elfen arbeiteten so hurtig wie Bienchen, um ihn zu beseitigen, und jetzt war wieder Tüpfelchen zu sehen – lieblich und strahlend.

Sie schaukelte ihr Kindlein in der Wiege und sang es in den Schlaf, während ihr Köpfchen auf der Schulter eines Mannes ruhte, dessen Ebenbild jetzt in tiefes Sinnen versunken dasaß – mit dem Heimchen an seiner Seite.

Die Nacht – ich meine die wirkliche Nacht, nicht nach der Elfenuhr gerechnet – wurde mählich müde, und nun trat der Mond hell leuchtend am Himmel hervor. Vielleicht war auch im Gemüt des Fuhrmanns ein stilles, helles Licht aufgegangen, und er vermochte ruhiger an das Vorgefallene zu denken.

Wenn der Schatten des Fremden auch von Zeit zu Zeit immer wieder auf den Spiegel fiel – stets groß und deutlich und scharf umrissen –, verdunkelte er es nicht mehr so stark wie früher. Sooft er auftauchte, stießen die Elfen einen bestürzten Schrei aus und bewegten ihre zarten Arme und Beine mit unglaublicher Behendigkeit, um ihn wegzuwischen; und wenn Tüpfelchens Bildnis aufs neue auftauchte und sie es ihm hell und hold darbieten konnten, jubelten sie beglückt.

Sie zeigten sie nie anders, denn sie waren Hausgeister, für die jede Lüge und Falschheit Vernichtung bedeutet; und darum war Tüpfelchen für sie einzig das emsige, strahlende, heitere Wesen, das die Sonne und den Kern des bescheidenen Heims bildete.

Ganz ungeheuer aufgeregt waren die Elfen, als sie ihm vorführten, wie Tüpfelchen mit ihrem Kindlein unter einer Schar weiser, alter Hausmütter saß und tat, als wäre sie selber erstaunlich alt und hausmütterlich, und wie sie so ehrbar und würdig am Arm ihres Gatten einherging, als hätte sie – so ein Dreikäsehoch von einem Frauchen! – sämtlichen Eitelkeiten der Welt entsagt und als wäre es für sie gar nichts Neues, eine würdevolle Mutter zu sein; doch im gleichen Atemzug zeigten sie, wie sie den Fuhrmann ob seiner Schwerfälligkeit auslachte und seinen Hemdkragen zurechtzupfte, damit er flotter aussähe, und lustig in eben dieser Küche herumtrippelte, um ihm das Tanzen beizubringen.

Als sie ihm Tüpfelchen mit der blinden Bertha zeigten, wandten sie sich wieder zu ihm um und starrten ihn mit ihrem mächtigen Blick an; denn wenn sie auch, wo immer sie hinging, Trost und Frohmut mitnahm, brachte sie es in geradezu unerschöpflicher Fülle in Calebs ärmliches Heim. Berthas Liebe zu ihr, ihr Vertrauen, ihre Dankbarkeit, und wie Tüpfelchen selbst in ihrer lieben, emsigen Art jeden Dank ablehnte; ihre feinfühligen kleinen Listen, um jeden Augenblick ihres Besuchs mit nützlicher Hausarbeit auszufüllen, so daß sie tatsächlich schwer arbeitete, während sie so tat, als gönnte sie sich einen erholsamen Tag; die wohlüberlegte Versorgung mit der berühmten Schinkenpastete und anderen Leckerbissen, welche sie gleichsam zum Spaß zum «Picknick» beisteuerte; das strahlende Gesicht, mit dem sie in der Tür erschien und wieder Abschied nahm; die reizende Art, mit der ihre ganze kleine Person, von den netten Füßchen bis zum Scheitel, auszudrücken schien, daß sie sich als zum Haus gehörig betrachtete und daß es dort ohne sie gar nicht ginge – an alldem ergötzten sich die Elfen höchlich. Und während sie sie liebkosend umringten und sich in die Falten ihres Gewandes schmiegten, wandten sie ihm wieder wie auf Kommando alle den Blick zu, als riefen sie herausfordernd: «Ist das die Frau, die dein Vertrauen getäuscht hat?»

Im Lauf der langen, gedankenvollen Nacht zeigten sie ihm mehrmals ihre Gestalt, mit gesenktem Kopf, die Hände vors Gesicht geschlagen, mit aufgelöstem Haar, auf ihrem Schemel sitzend – so wie er sie zuletzt gesehen hatte. Und wenn sich dieses Bild zeigte, dann bekümmerten sich die Elfen nicht um ihn, sondern umringten sie zärtlich und küßten und trösteten sie und drängten sich enger an sie, um ihre Liebe und ihr Mitgefühl zu bezeugen, so daß er gänzlich vergessen dastand.

So verfloß die Nacht. Der Mond ging unter, die Sterne verblichen. Der kalte Tag brach an. Die Sonne erhob sich. Der Fuhrmann saß noch immer sinnend im Herdwinkel, wie er die ganze Nacht, das Haupt in den Händen, dagesessen war. Die ganze Nacht lang hatte das treue Heimchen am Herd gezirpt, gezirpt, gezirpt. Die ganze Nacht lang hatte er seiner Stimme gelauscht. Die ganze Nacht lang hatten die Hausgeister sich emsig um ihn bemüht. Die ganze Nacht lang war ihr Bild im Spiegel liebenswert und untadelig gewesen – außer wenn jener Schatten darüberfiel.

Als es heller Tag war, raffte er sich auf, wusch sich und kleidete sich an. Er konnte nicht seiner gewohnten munteren Tätigkeit nachgehen – er war nicht in der Stimmung dazu –, aber das machte nicht soviel, denn da es Tackletons Hochzeitstag war, hatte er für einen Stellvertreter gesorgt, der seine Runde übernahm. Er hatte vorgehabt, mit Tüpfelchen am Arm fröhlich in die Kirche zu gehen, doch daran war jetzt nicht zu denken. Heute war auch *sein* erster Hochzeitstag. Ach, nie hätte er gedacht, daß dieses Jahr so enden würde!

Er hatte erwartet, daß Tackleton ihn in aller Früh besuchen würde, und so war es auch. Der Fuhrmann war erst ein paar Minuten vor seiner eigenen Haustür auf und ab gegangen, als er die Chaise des Spielzeughändlers die Straße herauffahren sah. Als sie näher kam, bemerkte er, daß Tackleton sich zu seiner Hochzeit feingemacht hatte und daß sogar sein Pferd mit Bändern und Blumen geschmückt war.

«John Peerybingle!» begann Tackleton mit Beileidsmiene. «Wie geht's Euch heute, mein Guter?»

«Ich habe keine angenehme Nacht verbracht, Meister Tackleton», erwiderte der Fuhrmann kopfschüttelnd, «denn mein Gemüt war sehr verstört. Aber jetzt ist es vorbei. Könnt Ihr eine halbe Stunde Zeit für mich erübrigen? Ich möchte mit Euch reden.»

«Zu diesem Zweck bin ich hergekommen», sagte Tackleton, während er abstieg. «Sorgt Euch nicht um das Pferd. Wir werden die Zügel an den Pfosten hier anbinden, und wenn Ihr ihm ein Maulvoll Heu vergönnt, wird es ruhig warten.»

Der Fuhrmann brachte einen Futtersack aus dem Stall, und sie gingen ins Haus.

«Euere Hochzeit findet ja erst am Mittag statt, wenn ich recht bin?» fragte der Fuhrmann.

«So ist es», versetzte Tackleton. «Wir haben reichlich Zeit.»

Gerade als sie die Küche betraten, klopfte Tilly Slowboy an die Kammertür des Fremden, die gleich nebenan lag. Eines ihrer stark geröteten Augen (denn Tilly hatte die ganze Nacht geweint, weil ihre Herrin weinte) war ans Schlüsselloch gepreßt. Sie hämmerte laut an die Tür und schien sehr erschrocken.

«Bitte, niemand will mich hören!» rief Tilly, als sie die beiden Männer erblickte. «Wenn nur niemand hingegangen ist und tot und gestorben ist, bitte!»

Diesen menschenfreundlichen Wunsch begleitete Miss Slowboy mit neuen heftigen Schlägen und Stößen gegen die Tür, doch ohne jedwedes Resultat.

«Das ist doch sonderbar!» sagte Tackleton. «Soll ich hineinschauen?»

Der Fuhrmann, der sein Gesicht von der Tür abgewandt hatte, bedeutete ihm stumm, zu tun, wie ihm beliebte.

So kam Tackleton Tilly Slowboy zu Hilfe. Auch er pochte und hämmerte, und auch er erhielt nicht die mindeste Antwort. Doch er verfiel auf die Idee, die Türklinke zu versuchen, und sie gab sofort seinem Druck nach. Er guckte hinein, steckte den Kopf hinein, ging hinein und kam alsbald wieder herausgerannt.

«John Peerybingle!» flüsterte er dem Fuhrmann zu. «Ich hoffe, es ist in der Nacht nichts - nichts Übereiltes geschehen?»

Der Fuhrmann drehte sich hastig nach ihm um.

«Er ist nämlich weg!» rief Tackleton. «Und das Fenster ist offen. Ich konnte keine Spuren entdekken - es liegt ja kaum höher als der Garten -, aber ich hatte Angst, daß irgendein - ein Kampf stattgefunden hätte... He?»

Er drückte das ausdrucksvolle Auge beinahe vollständig zu, so scharf blickte er den Fuhrmann an, und er verdrehte das Auge und das Gesicht und seine ganze Person gleichsam zu einem Schraubenzieher, als wollte er die Wahrheit aus ihm herausschrauben.

«Ihr braucht nichts zu befürchten», sagte der Fuhrmann. «Er ist gestern abend in diese Kammer gegangen, ohne daß ich ein Wort mit ihm gesprochen oder ihn mit einem Finger berührt hätte, und seither ist niemand hier eingetreten. Wenn er weg ist, ist er aus eigenem Willen gegangen. Ich würde frohen Herzens dieses Haus verlassen und als Bettler von Tür zu Tür ziehen, wenn ich das Vergangene ungeschehen machen könnte, wenn er niemals gekommen wäre. Doch er ist gekommen und wieder gegangen - und ich bin mit ihm fertig.»

«Hm! Nun, ich meine, er ist noch recht gut davongekommen», sagte Tackleton und setzte sich.

Doch sein Hohn war an dem Fuhrmann verloren. Der setzte sich gleichfalls und bedeckte einen Augenblick lang das Gesicht mit der Hand, ehe er zu sprechen fortfuhr.

«Gestern abend», sagte er schließlich, «habt Ihr mir meine Frau gezeigt, meine Frau, die ich liebe, wie sie heimlich...»

«Und zärtlich!» warf Tackleton ein.

«... wie sie heimlich an der Verkleidung dieses Menschen mitwirkte und ihm Gelegenheit gab, allein mit ihr zusammenzusein. Ich glaube, es gibt keinen Anblick, der für mich schlimmer gewesen wäre. Und ich glaube, es gibt keinen Menschen auf Erden, von dem ich ihn mir so ungern hätte zeigen lassen.»

«Ich gebe zu, daß ich immer meinen Verdacht hatte», sagte Tackleton, «und das hat mich hier unbeliebt gemacht.»

«Doch da Ihr es mir einmal gezeigt habt», fuhr John Peerybingle fort, ohne auf ihn zu achten, «und da Ihr meine Frau, die Frau, die ich liebe...» Seine Stimme, sein Blick, seine Hand wurden ruhiger und fester, wie er diese Worte, offenbar in einer bestimmten Absicht, wiederholte. «Da Ihr sie nun zu ihrem Nachteil so gesehen habt, ist es nur recht billig, daß Ihr sie jetzt auch mit meinem Auge seht und in meine Brust blickt und meine Meinung darüber erfahrt. Denn die steht fest», sagte der Fuhrmann, ihn eindringlich anblickend, «und nichts kann sie nunmehr erschüttern.»

Tackleton murmelte ein paar allgemein zustimmende Worte - daß es nötig sei, dies oder jenes zu rächen -, doch er war von der ganzen Art seines Gefährten eingeschüchtert. So schlicht und ungeschliffen sie war, lag soviel Hoheit und Würde darin, wie nur die großmütige Seele, die in dem einfachen Mann wohnte, sie vermitteln konnte.

«Ich bin ein einfacher, rauher Geselle», sagte der Fuhrmann, «und es gibt wenig, was für mich spricht. Ich bin nicht klug, wie Ihr wohl wißt, und ich bin nicht mehr jung. Ich habe mein Tüpfelchen geliebt, weil ich sie in ihres Vaters Haus aufwachsen sah und wußte, was für ein kostbarer Schatz sie ist. Seit vielen, vielen Jahren ist sie mein ganzes Leben. Es gibt wohl manchen Mann, mit dem ich mich nicht vergleichen darf und der doch mein Tüpfelchen niemals so lieben könnte wie ich!»

Er schwieg und tappte leise mit dem Fuß auf den Boden, bevor er weitersprach: «Ich dachte oft, wenn ich auch nicht gut genug für sie bin, würde ich ihr doch ein guter Mann sein und sie vielleicht besser zu schätzen wissen als ein anderer, und so redete ich mir selbst zu, bis es mir möglich schien, daß wir heiraten könnten. Und schließlich kam es dazu, und wir heirateten.»

«Ha!» sagte Tackleton mit bedeutsamem Kopfschütteln.

«Ich hatte viel über mich nachgedacht. Ich hatte mich geprüft und wußte, wie sehr ich sie liebte und wie glücklich ich sein würde», sagte der Fuhrmann, «aber ich hatte – das weiß ich erst jetzt – *ihre* Person nicht genügend in Betracht gezogen.»

«Eben!» rief Tackleton. «Leichtsinn, Frivolität, Wankelmut, Eitelkeit! Das alles hattet Ihr außer acht gelassen. Nicht in Betracht gezogen. Ha!»

«Ihr tätet besser dran, mich nicht zu unterbrechen, solang Ihr mich nicht versteht», sagte der Fuhrmann streng, «und davon seid Ihr weit entfernt. Wenn ich gestern noch den Menschen, der etwas gegen sie zu sagen wagte, mit einem Faustschlag niedergestreckt hätte, würde ich ihm heute ins Gesicht treten, und wenn es mein eigener Bruder wäre!»

Der Spielzeughändler sah ihn verblüfft an.

Der Fuhrmann sprach in milderem Ton weiter: «Hatte ich denn in Betracht gezogen, daß ich sie – in ihrer Schönheit und Jugend – von ihren jungen

Gefährten und den harmlosen Lustbarkeiten trennte, deren größte Zierde sie war? Daß ich den kleinen Stern, der so hell wie kein anderer leuchtete, in mein dumpfes Haus einschloß, um ihn Tag für Tag zu meiner langweiligen Gesellschaft zu verdammen? Hatte ich in Betracht gezogen, wie wenig ich zu ihrem sprühenden Wesen paßte und wie lästig ein schwerfälliger Mensch wie ich ihrem lebhaften Geist fallen mußte? Hatte ich in Betracht gezogen, wie wenig ich es mir zum Verdienst anrechnen konnte, daß ich sie liebte, da doch jeder, der sie kannte, es tun mußte? Nein, niemals. Ich nützte ihre hoffnungsfrohe Natur und ihr heiteres Gemüt aus und nahm sie zur Frau. Hätte ich es doch nie getan! Das wünsche ich um ihretwillen, nicht um meinetwillen.»

Der Spielzeughändler sah ihn an, ohne mit der Wimper zu zucken. Auch das halbgeschlossene Auge war jetzt offen.

«Gott segne sie für die tapfere Frohmut, mit der sie ihr Opfer vor mir zu verbergen suchte!» rief der Fuhrmann aus. «Und der Himmel verzeihe es mir, daß ich mit meinem langsamen Verstand nicht früher draufkam! Armes Kind! Mein armes Tüpfelchen! Daß *ich* nicht draufkam, da ich doch sah, wie ihr die Tränen in die Augen schossen, wenn von einer ähnlichen Ehe wie der unseren gesprochen wurde! Wohl hundertmal sah ich das Geheimnis auf ihren Lippen zittern, ohne den geringsten Argwohn zu fassen! Armes Mädchen! Wie konnte ich jemals hoffen, daß sie mich liebgewinnen würde? Wie konnte ich je glauben, daß sie mich liebgewonnen hatte!»

«Sie prahlte allzu auffällig damit», sagte Tackleton. «Sie stellte es so auffällig zur Schau, daß – um

Euch die Wahrheit zu gestehen – gerade dies mich mißtrauisch machte.»

Damit betonte er die Überlegenheit von May Fielding, die wahrhaftig niemals ihre Liebe zu ihm, Tackleton, zur Schau stellte.

«Sie hat sich bemüht», sagte der arme Fuhrmann mit größerer Bewegung, als er sie bisher gezeigt hatte. «Ich beginne jetzt erst zu begreifen, wie treulich sie sich bemüht hat, mir eine gute, pflichtbewußte Frau zu sein. Wie lieb sie immer war! Wieviel sie für mich getan hat! Wie tapfer und gut ist doch ihr Herz! Das Glück, das ich unter diesem Dach genossen, möge es bezeugen! Die Erinnerung daran wird mir ein Trost sein, wenn ich hier allein bin.»

«Allein?» wiederholte Tackleton. «Ei! So gedenkt Ihr doch die Konsequenzen zu ziehen?»

«Ich gedenke mein möglichstes zu tun, um meinen Fehler wiedergutzumachen», entgegnete ihm der Fuhrmann. «Zumindest kann ich sie von der täglichen Qual einer so ungleichen Gemeinschaft und von dem Zwang, diese Qual zu verbergen, befreien. Soweit es in meiner Macht liegt, soll sie frei sein.»

«Ich glaube, ich höre nicht recht!» rief Tackleton und riß und zerrte an seinen großen Ohren. *«Eueren* Fehler wiedergutzumachen! Das könnt Ihr nicht gesagt haben!»

Der Fuhrmann packte Tackleton am Kragen und schüttelte ihn wie ein Rohr im Winde.

«Hört mich an, Mensch!» rief er. «Und paßt auf, daß Ihr mich recht versteht! Spreche ich deutlich genug?»

«Sehr deutlich!» erwiderte Tackleton.

«Als ob ich's ernst meinte?»

«Als ob Ihr's sehr ernst meintet!»

«Ich bin die ganze Nacht hier am Herd gesessen», rief der Fuhrmann, «auf dem gleichen Fleck, wo sie so oft saß und mir ihr liebes Gesicht zuwandte. Ich habe mir ihr ganzes Leben, Tag für Tag, vergegenwärtigt, ich habe sie in ihrem ganzen Tun und Lassen vor mir gesehen. Und bei meiner Seele, sie ist unschuldig, so wahr es Einen gibt, der über Schuld und Unschuld richtet!»

Wackeres Heimchen am Herd! Treue Geister des Hauses!

«Zorn und Mißtrauen haben mich verlassen, und nur mein Kummer ist zurückgeblieben», sagte der Fuhrmann. «Ein früherer Verehrer, der besser zu ihrer Natur und ihren Jahren paßt als ich – den sie vielleicht gegen ihren Willen meinethalben aufgeben mußte –, kehrt in einem unglücklichen Moment zurück. Von seinem unerwarteten Anblick überrumpelt, ohne recht zu wissen, was sie tut, macht sie sich an seinem Betrug mitschuldig, indem sie ihn vor mir verbirgt. Gestern abend sprach sie mit ihm, wie wir es sahen. Das war nicht recht. Doch abgesehen davon ist sie unschuldig, wenn es auf Erden überhaupt eine Wahrheit gibt!»

«Falls das Euere Meinung ist…», begann Tackleton.

«Dann gebe ich sie frei!» rief der Fuhrmann. «Ich segne sie für die vielen glücklichen Stunden, die sie mir geschenkt, und verzeihe ihr den *einen* großen Schmerz, den sie mir angetan hat. Möge sie frei sein und den inneren Frieden finden, den ich ihr wünsche! Hassen wird sie mich nicht – vielleicht wird sie mich sogar ein wenig liebgewinnen, wenn ich die schwere Kette, die ich geschmiedet habe, um mein Gewicht erleichtere. Heut vor einem Jahr habe ich sie, ohne an ihr eigenes Glück zu denken, ihrem Heim entrissen. Heut soll sie dorthin zurückkehren, und ich werde ihr nicht länger lästig fallen. Ihre Eltern kommen uns heute besuchen – wir hatten dieses Treffen zu Ehren unseres Hochzeitstages vereinbart –, und sie soll mit ihnen in ihr altes Heim zurückkehren. Ich kann ihr dort wie überall trauen. Sie verläßt mich ohne jeden Makel und wird ohne jeden Makel weiterleben, dessen bin ich sicher. Falls ich sterben sollte – vielleicht solange sie noch jung ist; ich habe in den letzten Stunden viel Lebensmut verloren –, wird sie wissen, daß ich sie bis zum letzten Augenblick geliebt und ihrer gedacht habe. Das ist das Ende der Szene, die Ihr mir gezeigt habt, und das Spiel ist aus.»

«Nein, John, es ist nicht aus! Sag nicht, daß es aus ist! Es ist noch nicht ganz zu Ende! Ich habe deine edlen Worte gehört. Ich konnte mich nicht davonstehlen und tun, als hätte ich nicht gehört, was mich mit so tiefer, tiefer Dankbarkeit erfüllt! Wart nur noch ein klein bißchen! Sag nicht: ‹Es ist aus›, bevor die Uhr das nächste Mal schlägt!»

Sie war kurz nach Tackleton eingetreten und unbemerkt bei der Tür stehengeblieben. Sie würdigte Tackleton keines Blicks, sondern sah unverwandt ihren Mann an, doch sie hielt sich möglichst weit von ihm entfernt und kam keinen Schritt näher, obwohl sie mit heftiger Bewegung sprach. Welcher Gegensatz zu ihrer sonstigen Art!

«Die Uhr, die mir die vergangenen Stunden noch einmal schlägt, kann der beste Uhrmacher nicht machen», entgegnete der Fuhrmann mit einem matten Lächeln, «aber sei's drum, wenn du es so haben willst, mein Lieb. Es kommt nicht darauf an, sie wird bald schlagen. Ich würde dir noch in ganz anderen Dingen zu Gefallen sein.»

«Nun also, ich muß jedenfalls gehen», murmelte

Tackleton, «denn wenn die Uhr wieder schlägt, sollte ich schon auf dem Weg zur Kirche sein. Guten Morgen, John Peerybingle. Ich bedauere, um das Vergnügen Euerer Gesellschaft zu kommen. Ich bedauere auch den Grund und den Anlaß dazu.»

«Habe ich deutlich genug gesprochen?» fragte der Fuhrmann, der ihn zur Tür begleitete.

«Deutlich genug!»

«Und Ihr werdet Euch erinnern, was ich gesagt habe?»

«Nun, wenn Ihr mich zu der Bemerkung zwingt», versetzte Tackleton, nachdem er vorsichtshalber zuerst in seine Chaise gestiegen war, «dann muß ich sagen, es war so gänzlich unerwartet, daß ich es wohl nicht so leicht vergessen werde. Weit entfernt!»

«Um so besser für uns beide», versetzte der Fuhrmann. «Lebt wohl. Ich wünsche Euch Glück!»

«Ich wünsche, ich könnte Euch das gleiche wünschen», erwiderte Tackleton. «Da ich es nicht kann, sage ich Euch Dank. Ganz unter uns (wie ich Euch schon sagte, he?), glaube ich nicht, daß ich mein Eheleben weniger vergnüglich finden werde, weil May sich bisher nicht allzu diensteifrig und überschwenglich gezeigt hat. Lebt wohl! Laßt es Euch gutgehen.»

Der Fuhrmann sah ihm nach, bis er in der Ferne kleiner erschien als die Blumen und Bänder seines Pferdes in der Nähe. Dann wandte er sich mit einem tiefen Seufzer um und schritt wie ein gebrochener Mensch, der keine Ruhe findet, unter den Ulmen im Garten hin und her; er wollte erst ins Haus zurückkehren, wenn die Uhr zum Schlagen ansetzte.

Sein kleines Frauchen drinnen schluchzte indessen bitterlich, trocknete aber dazwischen oft ihre Augen und hielt inne, um auszurufen, wie gut er doch wäre, wie vortrefflich er doch wäre! Ein- oder zweimal lachte sie sogar, und zwar so herzlich, so triumphierend, so verrückt (denn sie weinte dabei die ganze Zeit weiter), daß Tilly ganz entsetzt war.

«Huuuh, bitte nicht!» rief die arme Tilly. «Das ist ja, um das Baby tot und begraben zu machen, wahrhaftig, bitte!»

«Wirst du es manchmal herbringen, seinen Vater besuchen?» fragte Tüpfelchen, sich wieder einmal die Tränen trocknend, «weißt du, wenn ich nicht mehr hierbleiben darf und wieder bei meinen Eltern wohne?»

«Huuuh, bitte nicht!» heulte Tilly mit weit aufgerissenem Mund und zurückgeworfenem Kopf (sie sah in diesem Augenblick Boxer ungemein ähnlich). «Huuuh, bitte nicht! Huuuh, warum sind alle hin und haben alle mit allen geredet und getan und alle so unglücklich gemacht! Huu-u-uuh!»

An diesem Punkt schickte sich die weichherzige Tilly an, in ein solches Gebrüll auszubrechen, daß sie unfehlbar das Baby geweckt und ernsthaft alteriert hätte (vermutlich bis zu Konvulsionen), wenn ihr Blick nicht unversehens auf Caleb Plummer gefallen wäre, der seine Tochter an der Hand hereinführte. Dieser Anblick rief ihr ausgesprochenes Schicklichkeitsgefühl wieder wach. Sie stand noch einen Moment mit offenem Mund da. Dann stürzte sie zu dem Bettchen, in dem das Baby schlief, und begann einen wahren Veitstanz darum herum aufzuführen, während sie gleichzeitig Kopf und Gesicht in den Leintüchern versteckte, und dieses sonderbare Gehaben schien ihr große Erleichterung zu verschaffen.

«Mary!» rief Bertha. «Du bist nicht bei der Hochzeit!»

«Ich habe ihr schon gesagt, Ihr würdet zu Hause sein, Madam», flüsterte Caleb ihr zu. «Ich hab gestern abend so was gehört. Aber Gott bewahre!» rief der kleine Mann, zärtlich ihre beiden Hände ergreifend, «*mich* kümmert's nicht, was sie reden, ich glaube ihnen nicht. Viel ist nicht von mir da, aber das bißchen ließe sich eher in Stücke reißen, als etwas Schlimmes von Euch zu glauben!»

Er legte den Arm um sie und herzte sie, wie ein Kind eine Puppe aus seiner Werkstatt hätte herzen können.

«Bertha hat es heut nicht zu Hause ausgehalten», fuhr Caleb fort. «Sie hatte Angst vor dem Glockenläuten, sie wollte der Hochzeit nicht so nahe sein. Drum sind wir zu guter Zeit aufgebrochen und hergekommen. - Ich habe viel nachgedacht», fügte er nach einer Pause hinzu, «und wußte kaum, was ich tun sollte, so bittere Vorwürfe habe ich mir gemacht für all den Schmerz, den ich ihr angetan. Jetzt bin ich zum Schluß gekommen, daß es besser wäre, ihr die Wahrheit zu sagen - wenn Ihr so gut sein wollt, mir beizustehen, Madam. Wollt Ihr dabeisein und mir beistehen?» fragte er, von Kopf bis Fuß zitternd. «Ich weiß nicht, wie es auf sie wirken könnte, ich weiß nicht, was sie von mir halten wird. Vielleicht wird sie nichts mehr von ihrem alten Vater wissen wollen. Aber sie soll nicht länger getäuscht werden, und ich muß die Strafe auf mich nehmen, die ich verdient habe.»

«Mary, wo ist deine Hand?» rief Bertha. «Ach hier!» Und sie drückte sie an ihre Lippen und zog sie unter ihrem Arm hindurch. «Gestern habe ich die Leute reden gehört, du hättest etwas Schlimmes getan. Aber sie irren sich!»

Tüpfelchen schwieg.

Caleb antwortete an ihrer Stelle: «Sie irren sich!»

«Ich wußte es ja!» rief Bertha triumphierend. «Ich hab's ihnen auch gesagt! Kein Wort wollte ich von ihren Reden hören. *Dir* einen Vorwurf machen!» Und sie drückte die Hand und die zarte Wange an ihr Gesicht. «Nein, so blind bin ich nicht!»

Ihr Vater trat an ihre Seite, während Tüpfelchen, deren Hand sie festhielt, an der anderen stand.

«Ich kenne euch alle», sagte Bertha, «besser als ihr meint. Aber keine so gut wie sie, nicht einmal dich, Vater. Nichts ist für mich so wirklich und so wahr wie sie. Wenn ich in diesem Augenblick sehend würde, könnte ich sie, ohne daß man mir ein Wort sagte, aus der größten Menschenmenge herausfinden. Mary, meine Schwester!»

«Bertha, mein liebes Kind», begann Caleb, «ich habe etwas auf dem Herzen, das ich dir sagen möchte, während wir drei allein sind. Hör mich gütig an! Ich muß dir ein Geständnis machen, mein Liebling.»

«Ein Geständnis, Vater?»

«Ich bin von der Wahrheit abgewichen und in die Irre gegangen», sagte Caleb mit einem kläglichen Ausdruck in seinem verwirrten Gesicht. «Ich bin von der Wahrheit abgewichen, weil ich dir eine Guttat erweisen wollte – und das war grausam von mir.»

«Grausam?» wiederholte sie verwundert.

«Er klagt sich zu hart an, Bertha», sagte Tüpfelchen. «Du wirst es ihm selbst sagen. Du wirst die erste sein, die es ihm sagt.»

«Er sollte grausam zu mir sein!» rief Bertha mit ungläubigem Lächeln.

«Nicht mit Absicht, Kind», sagte Caleb. «Aber grausam war ich, wenn es mir auch erst gestern klargeworden ist. Meine geliebte blinde Tochter, hör mich an und verzeih mir! Die Welt, in der du lebst, sieht nicht so aus, wie ich sie dir darstellte. Die Augen, denen du vertrautest, haben dich getäuscht.»

Sie wandte ihm noch immer ihr staunendes Gesicht zu, doch sie wich einen Schritt zurück und schmiegte sich enger an die Freundin.

«Dein Lebensweg war rauh, mein armes Kind», fuhr Caleb fort. «Ich wollte ihn dir ebnen. Ich habe Gegenstände verändert, Menschen verwandelt und viele Dinge, die es nie gab, erfunden, um dich glücklicher zu machen. Ich habe dir manches verborgen, dich in Täuschungen gewiegt – Gott verzeihe es mir! – und dich mit meinen Phantasien umgeben.»

«Aber lebende Menschen sind keine Phantasien!» rief sie hastig und wich erbleichend noch weiter vor ihm zurück. «Die konntest du nicht ändern!»

«Doch, Bertha! Es gibt einen Menschen, den du kennst...»

«O Vater! Wie kannst du sagen, daß ich ihn kenne?» rief sie vorwurfsvoll. «Was kann ich kennen? Wen kann ich kennen? Ich habe keinen Führer – ich bin blind...»

In ihrer Herzensangst streckte sie die Hände aus, als müsse sie sich ihren Weg ertasten, und schlug sie dann verzweifelt vors Gesicht.

«Die Hochzeit, die heute gefeiert wird», sagte Caleb, «ist die Hochzeit eines harten, geizigen, mitleidlosen Mannes, der uns beiden, mir und dir, mein Kind, seit vielen Jahren ein unbarmherziger Herr ist. Häßlich von Aussehen, häßlich von Gemüt, kalt und gefühllos. In jedem Punkt anders, als ich ihn dir geschildert habe, in jedem Punkt!»

«Ach, warum hast du mir das angetan!» schrie die Blinde wie unter unerträglichen Folterqualen. «Du hast mein Herz mit Liebe erfüllt, und jetzt kommst du wie der Tod und entreißt mir alles, was ich liebe! Ach, Himmel, wie blind ich bin! Wie hilflos und verlassen!»

Ihr Vater stand mit gesenktem Kopf da und bot ihr keinen Trost außer seiner Reue und seinem Schmerz.

Doch sie war kaum in ihre leidenschaftlichen Klagen ausgebrochen, als das Heimchen am Herd zu zirpen begann – nicht laut und fröhlich, sondern in so leisem, klagendem Ton, daß sie allein es vernahm. Es klang so traurig, daß ihr die Tränen kamen; und als die Erscheinung, welche die ganze Nacht neben dem Fuhrmann gestanden hatte, nun hinter ihr auftauchte und auf ihren Vater hinwies, strömten sie wie Regen herab.

Sie vernahm die Stimme immer deutlicher und war sich in ihrer Blindheit des Wesens bewußt, das ihren Vater umschwebte.

«Mary», sagte die Blinde, «beschreibe mir mein Heim. Sag du mir, wie es in Wirklichkeit aussieht.»

«Es ist ein armseliges Heim, Bertha, armselig und kahl. Dach und Wände sind kaum mehr imstande, den Regen und die Winterkälte abzuhalten. Das Haus ist so schlecht gegen Wind und Wetter geschützt, Bertha», fuhr Tüpfelchen mit klarer, leiser Stimme fort, «wie dein armer Vater in seinem Rock aus alten Säcken.»

Die Blinde erhob sich in großer Erregung und führte die Freundin beiseite.

«Und die Geschenke, die ich so sorgsam bewahrte! Es schien, als brauchte ich mir nur etwas zu wünschen, da war es schon da, und ich hielt es so lieb und wert! Woher kamen die Geschenke, Mary? Hast du mir sie geschickt?»

«Nein.»

«Wer denn?»

Doch sie wußte es schon, und die Freundin sah es und schwieg. Die Blinde schlug wieder die Hände vors Gesicht, doch mit einer ganz anderen Gebärde.

«Einen Augenblick noch, liebste Mary, nur einen Augenblick! Komm noch etwas mehr hierher – sprich leise. Du sagst die Wahrheit, das weiß ich. Du wirst mich auch jetzt nicht täuschen, nicht wahr?»

«Nein, Bertha, nein!»

«Ich weiß es, du hast Erbarmen mit mir. Mary, sieh hin – wo wir eben noch standen – wo mein Vater sitzt – mein Vater, der so voller Liebe und Mitleid ist – und sag mir genau, was du siehst.»

Tüpfelchen verstand sie gut und hob an: «Ich sehe einen alten Mann, der von Kummer gebeugt auf dem Stuhl sitzt und das Gesicht in den Händen verbirgt. Als sollte sein Kind ihn trösten, Bertha.»

«Ja, ja, es wird ihn trösten! Sprich weiter!»

«Er ist ein alter Mann, von Sorge und harter Arbeit abgezehrt, ein hagerer, niedergedrückter, grauhaariger Mann. Ich sehe ihn jetzt verzweifelt und verzagt, als hätte er den Kampf aufgegeben, aber ich habe oft und oft gesehen, wie er tapfer und unbeirrt für sein großes, heiliges Ziel kämpfte. Ich ehre sein graues Haupt und segne ihn.»

Die Blinde riß sich von ihr los. Sie warf sich vor

ihrem Vater auf die Knie und barg das graue Haupt an ihrer Brust.

«Ich habe mein Augenlicht wieder! Mein Augenlicht ist mir neu geschenkt!» rief sie jubelnd. «Ich war blind, und jetzt sind mir die Augen aufgegangen. Ich habe ihn nie gekannt! Wenn ich bedenke, daß ich hätte sterben können, ohne meinen lieben, liebevollen Vater je richtig gekannt zu haben!»

Caleb fand keine Worte, um seine Bewegung auszudrücken.

«Es gibt auf Erden keinen edlen, kühnen Mann, den ich so innig lieben und so hingebend verehren könnte wie ihn!» rief die Blinde, ihn umschlingend. «Je grauer sein Haar, je abgezehrter seine Züge, desto inniger liebe ich ihn! Jetzt darf niemand mehr sagen, daß ich blind wäre. Keine Falte in diesem Gesicht, kein Haar auf diesem Haupt, das ich nicht ewig in meine Gebete und Danksagungen einschließen werde!»

«Meine Bertha!» brachte Caleb mühsam hervor.

Die Tochter liebkoste ihn unter den zärtlichsten Tränen. «Und in meiner Blindheit hatte ich ihn so falsch gesehen! Tag für Tag war er an meiner Seite, immer nur um mich bemüht, immer nur für mich besorgt, und ich wußte nichts von ihm!»

«Der flotte, stattliche Vater in seinem schönen blauen Mantel ist nun dahin, Bertha», sagte der arme Caleb.

«Nichts ist dahin!» antwortete sie. «Nein, nein, liebster, liebster Vater! Alles ist da – in dir. Der Vater, den ich so innig liebte und dennoch nie genug liebte, weil ich ihn nicht kannte! Der Wohltäter, den ich zu verehren und lieben begann, weil er mir so große Teilnahme bezeugte! Alle leben sie in dir, nichts ist mir gestorben. Die Seele von allem, was mir lieb und teuer war, ist hier – hier, mit dem verhärmten Antlitz und dem grauen Haupt! Und ich bin *nicht* blind, Vater, ich bin endlich nicht mehr blind!»

Das Gespräch zwischen Vater und Tochter hatte Tüpfelchens ganze Aufmerksamkeit in Anspruch genommen, doch als sie jetzt einen Blick auf den kleinen Mäher mitten in seiner maurischen Wiese warf, sah sie, daß die Uhr in den nächsten Minuten schlagen würde, und verfiel augenblicklich in den Zustand höchster Aufregung und Unruhe.

«Vater», sagte Bertha zögernd. «Mary...»

«Ja, mein Lieb», erwiderte Caleb. «Sie ist hier.»

«Aber an ihr hat sich nichts verändert, nicht wahr? Von ihr hast du mir nie etwas erzählt, das nicht wahr wäre?»

«Ich fürchte, ich hätte auch das getan, wäre es nur möglich gewesen, sie besser darzustellen, als sie ist», sagte Caleb. «Aber wenn ich sie überhaupt ändern wollte, hätte ich sie zum Schlechteren verändern müssen. Niemand könnte sie besser malen, als sie ist, Bertha.»

Die Blinde hatte ihre Frage mit größter Zuversicht gestellt, aber ihr Entzücken über die Antwort und die Zärtlichkeit, mit der sie die Freundin aufs neue liebkoste, waren ganz reizend anzusehen.

«Immerhin könnten größere Veränderungen eintreten, an die du gar nicht denkst, Bertha», begann Tüpfelchen behutsam. «Günstige Veränderungen, meine ich. Veränderungen, die uns allen große Freude bringen. Du wirst nicht allzusehr erschrekken, wenn so etwas passieren sollte, und dich nicht aufregen, nicht wahr? Höre ich nicht Räderrollen auf der Straße? Du hast ein feines Ohr, Bertha. Ist das ein Wagen?»

«Ja, ein Wagen, der sehr schnell herankommt.»

«Ich - ich - ja, ich wußte, daß du ein feines Ohr hast», rief Tüpfelchen, die Hand aufs Herz drükkend und offenkundig in größter Hast weiterplappernd, um sein heftiges Pochen zu verbergen. «Ich - ich habe es oft bemerkt - auch gestern, wie du sofort den unbekannten Schritt heraushörtest... Aber warum du eigentlich sagtest - ich erinnere mich genau an deine Worte, Bertha -, warum du eigentlich halb erschrocken fragtest: ‹Welcher Schritt ist das?› - und warum er dir eher auffiel als ein anderer Schritt -, das weiß ich nicht. Doch wie ich eben sagte - auf dieser Welt können jeden Augenblick große Veränderungen eintreten - ja, große Veränderungen, und wir tun gut daran, auf alles gefaßt zu sein...»

Caleb, der wohl merkte, daß die Worte nicht minder ihm galten als seiner Tochter, wunderte sich darüber und sah mit noch größerem Erstaunen, daß sie vor Angst und Aufregung kaum zu atmen vermochte und sich an einen Stuhl klammerte, um nicht umzusinken.

«Es ist tatsächlich ein Wagen!» keuchte sie. «Und er kommt rasch näher - immer näher - ganz nahe! Jetzt hält er wahrhaftig vor unserem Gartentor! Und jetzt kannst du einen Schritt vor der Tür hören - ist es nicht der gleiche Schritt wie gestern, Bertha? Und ob!»

Sie stieß einen lauten Jubelruf aus, während sie rasch zu Caleb hinüberlief und ihm die Hände vor die Augen hielt. Im gleichen Augenblick stürmte ein junger Mann herein und warf übermütig seinen Hut in die Luft.

«Ist es vorbei?» rief Tüpfelchen.

«Ja!»

«Und alles gut gegangen?»

«Ja!»

«Liebster Caleb, erkennt Ihr die Stimme? Habt Ihr nie eine ähnliche Stimme gehört?» rief Tüpfelchen.

«Wenn mein lieber Junge im goldenen Südamerika am Leben wäre...», begann Caleb zitternd.

«Er ist am Leben!» schrie Tüpfelchen, die Hände von seinen Augen lösend und begeistert hineinklatschend. «Seht ihn nur an! Seht ihn, wie kräftig und gesund er vor Euch steht! Euer eigener lieber Sohn! Dein eigener lebender, liebender Bruder, Bertha!»

Alle Ehre der kleinen Frau in ihrer jubelnden Begeisterung! Alle Ehre ihren Tränen und ihrem Lachen, während die drei einander um den Hals fielen! Alle Ehre der warmen Herzlichkeit, mit der sie den sonnverbrannten, stattlichen jungen Seemann mit dem dunklen Lockenhaar begrüßte und durchaus nicht ihren rosigen kleinen Mund abwandte, sondern ihm gestattete, einen freimütigen Kuß darauf zu drücken und sie an sein freudepochendes Herz zu pressen!

Und Ehre dem Kuckuck – warum nicht gar? –, der wie ein Einbrecher aus dem Türchen des maurischen Palastes herausstürmte und angesichts der verehrten Anwesenden zwölfmal den Schluckauf bekam, als hätte er ihnen zu Ehren ein Gläschen zuviel getrunken!

Der Fuhrmann, der gerade eintrat, wich, als er sich in dieser Gesellschaft sah, verblüfft zurück – was ihm niemand verdenken kann.

«Schau nur, John, schau!» rief Caleb jubelnd. «Mein geliebter Junge ist aus dem goldenen Südamerika zurückgekehrt! Mein eigener Sohn! Den du damals so großzügig ausgestattet und zur See geschickt hast! Dem du stets ein so guter Freund warst!»

John wollte schon freudig die Hand des jungen Mannes ergreifen, als irgendein Zug in seinem Antlitz die Erinnerung an den tauben alten Mann in seinem Wagen erweckte.

«Edward! Warst du's?» rief er, einen Schritt zurücktretend.

«Jetzt erzähle ihm alles!» rief Tüpfelchen. «Erzähle ihm alles, ohne meiner zu schonen, denn ich will nichts, was ich getan, vor ihm beschönigen!»

«Ich war es», versetzte Edward.

«Und du konntest dich verkleidet in das Haus deines alten Freundes stehlen?» rief John vorwurfsvoll. «Ich kannte einst einen freimütigen, offenherzigen Jungen – wie viele Jahre ist es jetzt her, Caleb, daß wir von seinem Tode hörten und, wie wir glaubten, alle Beweise dafür erhielten? –, der einer solchen Verstellung nicht fähig gewesen wäre.»

«Ich hatte einst einen edelmütigen Freund, der mir mehr ein Vater als ein Freund war», gab Edward zurück, «der niemals mich oder einen anderen Menschen verurteilt hätte, ohne ihn zuvor anzuhören. Dieser Freund wart Ihr, und darum glaube ich, daß Ihr mich auch jetzt anhören werdet.»

Mit einem verstörten Blick auf seine Frau, die sich noch immer möglichst weit von ihm entfernt hielt, erwiderte der Fuhrmann: «Das ist wohl nur recht und billig. Sprich.»

«Zuerst müßt Ihr eines wissen», begann Edward, «als ich in sehr jungen Jahren von hier fortzog, liebte ich und wurde geliebt. Auch sie war damals noch sehr jung und kannte vielleicht (wie Ihr möglicherweise sagen werdet) ihr eigenes Herz nicht. Doch ich kannte das meine, und es war in Liebe zu ihr entbrannt.»

«Du!» rief der Fuhrmann. «Du!»

«Ja, ich», entgegnete der andere, «und sie erwiderte meine Liebe. Ich glaubte es schon damals, und heute bin ich dessen sicher.»

«Gott helfe mir!» rief der Fuhrmann. «Das ist schlimmer als alles andere!»

«Ich hielt ihr die Treue», fuhr Edward fort, «doch als ich nach vielen Jahren und mancher Not und Gefahr voll froher Hoffnung zurückkehrte, um mein Teil unseres alten Versprechens einzulösen, hörte ich, zwanzig Meilen von hier entfernt, daß sie mir untreu geworden und ihre Hand einem anderen, einem reicheren Mann zugesagt hatte. Ich gedachte ihr keine Vorwürfe zu machen, aber ich wollte sie sehen und mich selbst davon überzeugen, daß es unwiderruflich wahr sei. Insgeheim hoffte ich, daß man sie gegen ihren eigenen Wunsch und Willen zu dieser Verbindung gezwungen hätte. Es wäre nur ein schwacher Trost gewesen, aber doch ein Trost. Ich kam also her, um die Wahrheit zu erfahren. Um einerseits selbst ungehindert zu beobachten und nachzuforschen und andererseits auch ihr keine Schwierigkeiten zu bereiten, verwandelte ich meine Person - Ihr wißt wie - und wartete an der Landstraße - Ihr wißt wo. Ich erregte keinen Argwohn in Euch und auch nicht in ihr (er wies auf Tüpfelchen), bis ich ihr hier am Herd meinen Namen ins Ohr flüsterte und sie mich in ihrem ersten Schrecken beinahe verriet.»

«Doch als sie begriff, daß Edward am Leben und zurückgekehrt war», schluchzte jetzt Tüpfelchen, die während der ganzen Erzählung nur darauf gebrannt hatte, das Wort zu ergreifen, «und als sie seine Absicht erfuhr, da überredete sie ihn, sein Geheimnis unbedingt bei sich zu bewahren. Denn sein alter Freund, John Peerybingle, war viel zu offenherzig und zu ungeschickt zu jeder Verstellung – da er ja überhaupt so ein ungeschickter, schwerfälliger Mensch ist», sagte Tüpfelchen, halb lachend, halb weinend, «um es nicht zu verraten. Und als sie – nämlich ich, John!» schluchzte die kleine Frau, «ihm alles erzählte – wie seine Liebste ihn für tot gehalten – und wie ihre Mutter sie schließlich zu einer Heirat überredet hatte, die die gute alte Seele für vorteilhaft hielt; und als sie – nämlich wieder ich, John! – ihm sagte, sie wären noch nicht verheiratet (wenn auch sehr nahe daran), und sie würde sich nur um ihrer Mutter willen aufopfern, denn sie liebte ihn nicht, und als er bei dieser Nachricht vor Freude fast verrückt wurde; da sagte sie – nämlich ich, John! –, sie würde sich wieder zur Zwischenträgerin machen, wie sie es in alten Zeiten oft getan hatte, John, und seine Liebste aushorchen, ob alles, was sie – nämlich ich, John! – sagte und glaubte, auch richtig wäre. Und es *war* richtig, John! Und sie kamen zusammen, John! Und sie wurden getraut, John, es ist noch keine Stunde her! Und hier steht die Braut! Und möge Grimm und Tackleton als Junggeselle sterben! Ich bin so glücklich, liebste May, und du sollst auch so glücklich werden!»

Sie war ein unwiderstehliches kleines Frauchen (wenn das vielleicht auch nicht hierhergehört) und nie so absolut unwiderstehlich gewesen wie jetzt in ihrer Begeisterung. Und niemals gab es so reizende, herzgewinnende Glückwünsche wie die, mit denen sie sich selber und die glückstrahlende Braut überschüttete.

Unter dem Aufruhr der Gefühle in seiner Brust war der redliche Fuhrmann wie betäubt dagestanden. Nun wollte er auf sie zustürzen, doch Tüpfelchen streckte die Hand aus, um ihm Halt zu gebieten, und wich wieder vor ihm zurück.

«Nein, John, noch nicht! Du mußt alles hören. Du darfst mich nicht liebhaben, bevor du jedes Wort, das ich zu sagen habe, gehört hast. Es war unrecht, daß ich ein Geheimnis vor dir hatte, John. Ich bereue es sehr. Ich dachte, es wäre nichts Schlimmes dabei, bis ich mich gestern abend auf meinen Schemel zu deinen Füßen setzte. Doch als ich an deinem Gesicht erkannte, daß du mich mit Edward im Lagerhaus gesehen hattest, und als ich begriff, was du dachtest, da wußte ich, wie leichtsinnig und unrecht ich gehandelt hatte. Aber, John, mein Liebster, wie konntest du, konntest du nur so etwas denken!»

Armes kleines Frauchen, wie bitterlich sie wieder schluchzte! John Peerybingle wollte sie in seine Arme reißen, aber nein, sie ließ es nicht zu.

«Bitte, hab mich noch nicht lieb, John! Noch lange nicht! Wenn ich mich über die bevorstehende Heirat betrübte, Liebster, war es nur, weil ich mich an die junge Liebe von May und Edward erinnerte und weil ich wußte, daß ihr Herz nicht Tackleton gehörte. Das glaubst du mir doch, John, nicht wahr?»

John wollte wieder zu ihr hinstürzen, doch sie gebot ihm aufs neue Halt.

«Nein, bitte bleib dort drüben, John! Wenn ich dich manchmal auslache, John, und dich ungeschickt und schwerfällig und einen Schafskopf nenne, ist es nur, weil ich dich so liebhabe, dich und deine Art, und ich möchte dich um kein Haar anders haben, und wenn du morgen König werden solltest!»

«Hurra!» rief Caleb mit ungewohnter Kraft. «Ganz meine Meinung!»

«Und wenn ich von ältlichen, langweiligen Leuten rede, John, und so tue, als wären wir ein gesetztes altes Ehepaar, das eintönig durchs Leben trottet, ist das nur, weil ich so ein albernes kleines Ding bin, und manchmal macht es mir Spaß, eine Art Komödie aufzuführen, verstehst du: Theater zu spielen.»

Sie sah, daß er sich wieder in Bewegung setzte, und hielt ihn noch einmal zurück, doch diesmal wäre sie fast zu spät gekommen.

«Nein, hab mich nicht lieb, John, bitte wart noch ein paar Minuten damit! Was ich dir vor allem sagen will und mir bis zuletzt aufgespart habe – mein lieber, guter, großherziger John, als wir kürzlich über das Heimchen sprachen, lag es mir schon auf den Lippen, dir zu gestehen, daß ich dich im Anfang, als du mich herbrachtest, nicht ganz so lieb hatte wie jetzt – daß ich ein bißchen Angst hatte, ich könnte dich nicht ganz so liebgewinnen, wie ich es hoffte und erflehte, weil ich doch noch so jung war, John! Aber, liebster John, ich habe dich von Stunde zu Stunde und von Tag zu Tag immer lieber gewonnen, und wenn ich dich noch mehr lieben könnte, als ich es schon tue, hätten mich deine edlen Worte heut früh dazu gebracht. Aber es ist nicht möglich. Alle Liebe, die in mir ist (und es war eine Menge, John), habe ich dir schon längst geschenkt, wie du es verdienst, und kann dir nicht mehr geben. Und jetzt, mein lieber, guter Mann, nimm mich wieder an dein Herz. Hier ist mein Heim, John, und du darfst mich nie, nie wieder von hier wegschicken!»

Wer nicht gesehen hat, wie Tüpfelchen nach dieser Rede dem Fuhrmann um den Hals fiel, wird mir nicht glauben, wie beglückend es sein kann, ein reizendes kleines Frauchen in den Armen eines anderen Mannes zu sehen. Es war das vollkommenste, vollendetste, gefühlvollste Bild aufrichtiger Liebe, das man sich nur denken kann.

Der Leser darf versichert sein, daß der Fuhrmann von einem wahren Taumel der Begeisterung erfaßt war. Und er darf versichert sein, daß Tüpfelchen es gleichermaßen war. Und er darf versichert sein, daß alle es waren, Tilly Slowboy mit inbegriffen, die vor Freude heiße Tränen weinte und, da sie ihren jungen Pflegebefohlenen in den allgemeinen Austausch von Glückwünschen mit einzuschließen wünschte, das Baby der Reihe nach einem jeden in die Hand drückte, als wäre es etwas zu trinken.

Doch nun war aufs neue ein Wagen vor der Tür zu vernehmen, und jemand rief, daß Grimm und Tackleton wieder da sei. Tatsächlich trat gleich darauf der würdige Herr ein, sehr erhitzt anzusehen und in großer Hast.

«Zum Teufel, was soll das heißen, John Peerybingle!» rief Tackleton. «Ich sollte meine Zukünftige vor der Kirche treffen, doch dort ist sie nicht, und ich könnte schwören, daß ich an ihr vorbeifuhr, während sie auf dem Weg hierher war. Ei, da steht sie ja! Um Vergebung, Sir, ich habe nicht das Vergnügen, Sie zu kennen, aber wenn Sie die Güte hätten, die Hand der jungen Dame freizugeben – sie hat heute vormittag eine wichtige Verabredung.»

«Aber ich kann sie nicht freigeben», sagte Edward. «Ich denke nicht daran.»

«Was soll das heißen, Sie Lump?» rief Tackleton.

«Das heißt: da ich Ihren Ärger durchaus begreife, bin ich heut morgen so taub für grobe Reden, wie ich es gestern abend für alle Reden war», versetzte Edward lächelnd.

Der Blick, den Tackleton ihm zuwarf! Und wie er plötzlich zusammenfuhr!

«Es tut mir leid, Sir», sagte Edward, Mays linke Hand und insbesondere ihren Ringfinger in die Höhe haltend, «aber die junge Dame kann Sie nicht in die Kirche begleiten. Sie werden Sie sicher entschuldigen, wenn Sie hören, daß sie heute bereits dort war.»

Tackleton blickte scharf auf den Finger und zog dann ein kleines Päckchen in Silberpapier, das offenkundig einen Ring enthielt, aus der Westentasche.

«Miss Slowboy», sagte Tackleton, «wollt Ihr so freundlich sein und dies hier ins Feuer werfen? Danke.»

«Eine frühere Verpflichtung, eine sehr alte Verpflichtung, hat meine Frau daran gehindert, ihre heutige Verabredung mit Ihnen einzuhalten», sagte Edward.

«Mr. Tackleton wird mir Gerechtigkeit widerfahren lassen und bestätigen, daß ich ihm alles getreulich berichtet habe», sagte May errötend, «und daß ich ihm oftmals sagte, ich könnte es niemals vergessen.»

«Oh, gewiß! Zweifellos!» versetzte Tackleton. «Ganz richtig! Nichts dagegen zu sagen! Mr. Edward Plummer, vermute ich?»

«Das ist der Name», bestätigte der Bräutigam.

«Ich hätte Sie tatsächlich nicht wiedererkannt, Sir», sagte Tackleton, nachdem er ihn scharf gemustert hatte, mit einer tiefen Verbeugung. «Meine besten Glückwünsche, Sir!»

«Danke, Sir!»

«Mrs. Peerybingle», sagte Tackleton, sich unvermittelt der jungen Frau zuwendend, die neben ihrem Mann stand, «ich bitte Euch um Entschuldigung. Ihr habt mir keinen guten Dienst erwiesen, aber ich bitte Euch um Entschuldigung. Ihr seid besser, als ich dachte. John Peerybingle, es tut mir leid. Ihr versteht mich, das genügt. Alles in Ordnung, meine Damen und Herren, und durchaus zufriedenstellend. Guten Morgen!»

Mit diesen Worten verzog er sich und verweilte nur noch einen Augenblick vor der Tür, um den Blumen- und Bänderputz vom Kopf seines Pferdes zu entfernen und dem Tier einen Rippenstoß zu versetzen – offenbar zur Information, daß eine Programmänderung stattgefunden hatte.

Nun wurde es natürlich zur dringenden Pflicht, den Tag so zu begehen, daß er auf ewige Zeiten als hoher Fest- und Feiertag in den Peerybingle-Kalender einginge. Dementsprechend machte sich Tüpfelchen unverzüglich an die Herstellung eines Festmahls, wie es dem Hause und jedem Beteiligten zur unvergänglichen Ehre gereichen mußte; nach kürzester Zeit steckte sie bis zu ihren grübchengezierten Ellbogen hinauf im Mehl, und da sie John, jedesmal, wenn er in die Nähe kam, unbedingt einen Kuß geben mußte, war auch sein Rock bald weiß. Der gutmütige Kerl wusch den Salat und schabte die Rüben und zerbrach die Teller und stieß die Töpfe auf dem Herd um, daß das kalte Wasser ins Feuer zischte, und machte sich auch sonst auf jede Weise nützlich, während ein paar berufsmäßige Hilfskräfte, die man auf Tod und Leben hastig in der Nachbarschaft zusammengetrommelt hatte, in sämtlichen Türen und Winkeln ineinanderrannten sowie jedermann überall über Tilly Slowboy und das Baby stolperte. Tilly übertraf sich selbst, und ihre Allgegenwärtigkeit war der Gegenstand der allgemeinen Bewunderung. Um zwei Uhr fünfundzwanzig bildete sie ein Hindernis im Gang, um Punkt halb drei eine Menschenfalle in der Küche und um zwei Uhr fünfunddreißig eine Fußangel in der Speisekammer. Der Kopf des Babys wurde zum Prüfstein und Test für jedes erdenkliche Material, ob animalischer, pflanzlicher oder mineralogischer Natur; alles, was an diesem Tag irgendwie verwendet wurde, kam zu irgendeinem Zeitpunkt mit dem Kopf des jungen Peerybingle in enge Berührung.

Dann galt es, eine große Expedition aufzustellen und auszusenden, um Mrs. Fielding aufzusuchen, vor dieser vortrefflichen Dame kläglich Buße zu tun und sie – notfalls mit Gewalt – in glücklicher und versöhnlicher Stimmung herbeizuschaffen. Als die Expedition dann auf sie stieß, wollte sie zunächst überhaupt nichts hören und sagte nur unzählige Male: daß sie diesen Tag hätte erleben müssen! Und war weiterhin zu nichts anderem zu bringen, als immer wieder zu verlangen: «Jetzt legt mich ins Grab!» – was unpraktikabel erschien, weil sie weder tot noch etwas Ähnliches war. Nach einer gewissen Zeit verfiel sie in einen Zustand unheimlicher Ruhe und bemerkte, als die unglücklichen Umstände in der Indigo-Branche eingetreten waren, hätte sie sofort vorausgesehen, daß sie ihr Leben lang jeglicher Schande und Beschimpfung ausgesetzt sein würde, und wäre nur froh, diese Meinung bestätigt zu finden. Dann bat sie, sich mit ihr keine Mühe zu machen – denn was wäre sie denn? Ein Niemand, du meine Güte! – Man solle vergessen, daß ein so niedriges Wesen wie sie existierte, und keine wie immer geartete Rücksicht auf sie nehmen! Von dieser bitter sarkastischen Stimmung ging sie zu einer zornigen über, in welcher sie die bemerkenswerte Äußerung tat, daß sich auch ein Wurm krümme, wenn er getreten würde. Hernach verfiel sie in sanfte Wehmut und sagte, hätte man sie nur ins Vertrauen gezogen, welch vortreffliche Ratschläge hätte sie doch erteilen können! Diesen kritischen Umschwung ihrer Gefühle benützte die Expedition, um ihr um den Hals zu fallen. Und sehr bald darauf hatte sie ihre Handschuhe angezogen und befand sich im Zustand untadeliger Vornehmheit auf dem Weg zu John Peerybingles Haus; neben sich, in Papier verpackt, eine Staatshaube, die fast ebenso hoch und ganz so steif war wie ein Bischofshut.

Dann wurden Tüpfelchens Eltern erwartet, die in ihrer kleinen Chaise kommen sollten und sich verspätet hatten. Befürchtungen wurden geäußert, und man hielt häufig nach ihnen Ausschau; wobei Mrs. Fielding grundsätzlich in die falsche und moralisch unmögliche Richtung blickte und, als man sie darauf aufmerksam machte, die Hoffnung äußerte, sie dürfe sich wohl die Freiheit nehmen, zu schauen, wohin sie Lust hätte. Endlich trafen sie ein: ein rundliches, kleines Paar, das so gemütlich und vergnüglich herantrottete, wie es eben in Tüpfelchens Familie lag. Und es war geradezu etwas Wunderbares, Tüpfelchen und ihre Mutter nebeneinander zu sehen. Sie waren einander so ähnlich!

Dann mußte Tüpfelchens Mutter ihre Bekanntschaft mit Mays Mutter auffrischen, und Mays Mutter bestand unentwegt auf ihrer Vornehmheit, während Tüpfelchens Mutter nie auf etwas anderem stand als auf ihren flinken, kleinen Füßen. Und der alte Tüpfelchen – um Tüpfelchens Vater so zu nennen, ich habe nämlich seinen richtigen Namen vergessen, aber das schadet nichts – nahm sich Freiheiten heraus und schüttelte ihr auf den ersten Blick die Hand; in einer Haube schien er nichts weiter zu sehen als ein Stück gestärkten Musselin, und von der Indigo-Branche ließ er sich nicht imponieren, sondern sagte, das sei jetzt eben nicht zu ändern; so daß Mrs. Fielding ihn, alles in allem, als einen gutmütigen Menschen ansah – aber so ungeschliffen, Liebste!

Wie Tüpfelchen in ihrem Hochzeitskleid die Honneurs machte – den Anblick hätte ich um keinen Preis versäumen mögen! Nein! Und auch den guten Fuhrmann nicht, der mit strahlendem roten Gesicht ihr gegenüber am anderen Ende der langen Tafel saß – noch den frischen, sonngebräunten Seemann und seine schöne Braut und überhaupt keinen aus der ganzen Gesellschaft. Und schon gar nicht das Essen, denn es war eine so herzhafte Mahlzeit, wie der Mensch sie sich nur wünschen kann, und noch weniger die übervollen Becher, aus denen sie tranken. Den ganzen Hochzeitstag hätte ich nicht versäumen wollen!

Nach dem Essen gab Caleb das Lied vom schäumenden Pokal zum besten. Und so wahr ich lebe und noch ein paar Jahre am Leben zu bleiben hoffe – er sang sämtliche Strophen durch!

Gerade als er die letzte Strophe beendete, ereignete sich ein höchst unerwarteter Vorfall.

Es klopfte an die Tür, und ein Mann mit einer schweren Last auf dem Kopf stolperte herein, ohne auch nur «Mit Verlaub» oder «Um Erlaubnis» zu sagen. Er stellte das Ding auf den Tisch, ganz symmetrisch in den Mittelpunkt der Äpfel und Nüsse, und sagte: «Mr. Tackletons Empfehlungen, und indem er keine Verwendung für den Kuchen hat, könnt ihr ihn ja essen.»

Mit diesen Worten stapfte er wieder hinaus.

Man kann sich vorstellen, daß die Gesellschaft einigermaßen überrascht war. Mrs. Fielding, bekanntlich eine Dame von ungewöhnlichem Scharfsinn, vermutete, der Kuchen sei vergiftet, und erzählte des längeren von einem Kuchen, der, soviel ihr bekannt war, ein ganzes höheres Töchterpensionat blau verfärbt hätte. Doch sie wurde durch Zuruf überstimmt und der Kuchen von May mit großer Feierlichkeit und unter lautem Jubel zerschnitten.

Ich glaube, sie hatten noch nicht den ersten Bissen gekostet, als es wiederum an die Tür klopfte und derselbe Mann mit einem großen Paket unterm Arm erschien.

«Mr. Tackletons Empfehlungen, und er schickt ein paar Spielsachen für das Baby. Sie sind nicht häßlich.»

Worauf er wieder hinausstapfte.

Der ganzen Gesellschaft wäre es äußerst schwergefallen, Worte für ihre Verblüffung zu finden, auch wenn sie massenhaft Zeit dazu gehabt hätte. Die hatte sie aber nicht, denn der Bote hatte kaum die Tür hinter sich geschlossen, als wieder ein Klopfen ertönte – und niemand anderer eintrat als Tackleton in Person!

«Mrs. Peerybingle», sagte der Spielzeughändler mit dem Hut in der Hand, «es tut mir leid. Es tut mir noch mehr leid als heute früh, denn ich hatte Zeit, darüber nachzudenken. John Peerybingle, ich habe ein säuerliches Temperament, aber einem Mann wie Euch zu begegnen – das versüßt einen unwillkürlich. Caleb! Das ahnungslose kleine Kindermädel da hat mir gestern, ohne es zu wissen, ein Rätsel aufgegeben, dessen Lösung ich jetzt herausgekriegt habe. Ich schäme mich, wenn ich bedenke, wie leicht ich Euch und Euere Tochter an mich hätte fesseln können und was für ein Idiot ich war, sie für einen zu halten! Freunde, alle miteinander, mein Haus ist heut abend sehr vereinsamt. Ich habe nicht einmal ein Heimchen am Herd, ich habe sie alle verscheucht. Laßt Gnade für Recht ergehen und erlaubt mir, an euerer fröhlichen Gesellschaft teilzunehmen!»

Nach fünf Minuten war er ganz heimisch. So einen gemütlichen Kerl hatte man nie gesehen! Um Himmels willen, wie hatte er es sein Leben lang angefangen, nicht zu merken, welches Talent zum Gemütlichsein er hatte? Oder hatten die Elfen die Verwandlung bewirkt?

«John, heut abend wirst du mich nicht wegschikken, nicht wahr?» flüsterte Tüpfelchen.

Er war sehr nahe daran gewesen!

Es fehlte nur noch ein Hausgenosse, um die Gesellschaft komplett zu machen, und auf einmal war er da, sehr durstig vom raschen Lauf, und machte verzweifelte Anstrengungen, seine Schnauze in ein enges Krüglein zu zwängen. Er war die ganze Zeit neben dem Wagen einhergerannt, höchst entrüstet über die Abwesenheit seines Herrn und erstaunlich rebellisch gegen dessen Stellvertreter. Nachdem er eine Zeitlang im Stall des Wirtshauses herumgelungert und vergebens versucht hatte, das alte Pferd zu der Meuterei zu bewegen, daß es auf eigene Faust heimkehrte, war er in die Schankstube eingetreten und hatte sich vor dem Feuer hingelegt. Doch plötzlich war er zur Überzeugung gelangt, daß der Stellvertreter ein Schwindel wäre, den man ruhig im Stich lassen könnte, und so war er aufgesprungen und geradewegs nach Hause gerannt.

Zum Schluß gab es einen Tanz. Mit dieser allgemeinen Mitteilung würde ich die Sache auf sich beruhen lassen, wenn ich nicht einigen Anlaß zu der Vermutung hätte, daß es ein höchst erwähnenswerter Tanz mit ganz ungewöhnlich originellen Figuren war. Er kam auf die folgende merkwürdige Weise zustande:

Edward, der Seemann – und ein prächtiger, schneidiger, freimütiger Geselle war er –, hatte ihnen verschiedene erstaunliche Dinge von Papageien und Bergwerken und Mexikanern und Goldstaub erzählt, als es ihm plötzlich einfiel, aufzuspringen und ein Tänzchen vorzuschlagen; denn Berthas Harfe war da, und sie spielte so schön, wie man es selten zu hören bekommt. Tüpfelchen (die sich sehr hübsch zu zieren verstand, wenn sie wollte) sagte, *ihre* Tanztage seien vorbei; ich persönlich glaube, weil der Fuhrmann behaglich seine Pfeife schmauchte und es ihr die größte Freude machte, bei ihm zu sitzen. Daraufhin hatte Mrs. Fielding natürlich keine andere Wahl, als zu sagen, *ihre* Tanztage seien vorbei, und alle sagten das gleiche. Außer May. May war gern dazu bereit.

So erhoben sich Edward und May unter lautem Beifall, um ein Solo zu tanzen, und Bertha spielte ihre lustigste Melodie.

Nun also! Ob man mir's glaubt oder nicht – sie tanzen noch nicht fünf Minuten, als der Fuhrmann seine Pfeife weglegt, Tüpfelchen um die Taille faßt, mit ihr davonstürmt und loszutanzen beginnt, daß es wirklich erstaunlich anzusehen ist. Kaum daß Tackleton das erblickt, schießt er zu Mrs. Fielding hinüber, faßt sie um die Taille und tanzt mit ihr los. Kaum daß der alte Tüpfelchen das erblickt, springt er auf, wirbelt Mrs. Tüpfelchen mitten unter die Tänzer und tanzt allen voran. Kaum daß Caleb das erblickt, packt er Tilly Slowboy an beiden Händen und rast mit ihr los; wobei Miss Slowboy nicht von der Überzeugung abzubringen ist, Tanzen bestünde darin, daß man hitzig zwischen die anderen Paare fährt und möglichst oft mit ihnen zusammenstößt.

Horch! Wie das Heimchen mit seinem Zirp-zirp-zirp in die Melodie einstimmt und wie der Kessel summt!

Aber was ist das? Während ich ihnen noch fröhlich lausche und mich gerade nach Tüpfelchen umdrehe, um einen letzten Blick auf die liebe kleine Gestalt zu erhaschen, hat sie sich mitsamt allen anderen in Luft aufgelöst, und ich sitze allein da. Nur ein Heimchen singt am Herd, ein zerbrochenes Kinderspielzeug liegt auf dem Boden, und alles andere ist verschwunden.

Die Stechpalme

Erster Zweig: Ich persönlich

Ein Geheimnis habe ich zeit meines Lebens bewahrt: ich bin ein schüchterner Mensch. Niemand würde es vermuten, niemand vermutet es je, niemand hat es jemals vermutet, aber ich bin von Natur aus schüchtern. Das ist das Geheimnis, von dem ich bisher keinen Hauch verraten habe.

Ich könnte den Leser tief erschüttern, wollte ich die zahllosen Orte aufzählen, an denen ich nicht gewesen bin, die zahllosen Leute, die ich nicht besuchte oder nicht bei mir empfing, die zahllosen gesellschaftlichen Versäumnisse, deren ich mich schuldig machte, alles bloß, weil ich meiner angeborenen Konstitution und Wesensart nach ein schüchterner Mensch bin. Ich will aber den Leser unerschüttert lassen und weiter in meiner Absicht fortfahren.

Diese Absicht besteht darin, einen schlichten Bericht über meine Reisen und Entdeckungen im Gasthof «Zur Stechpalme» abzulegen, in welch ausgezeichneter Herberge für Mensch und Tier ich einmal eingeschneit war.

Es geschah in dem denkwürdigen Jahr, in dem ich mich auf ewig von meiner anverlobten Braut, Angela Leath, trennte, da ich kurz vor dem für unsere Hochzeit festgesetzten Tag entdeckt hatte, daß sie mir meinen besten Freund vorzog. Von unserer Schulzeit an hatte ich mir in meinem eigenen Gemüt offen eingestanden, daß Edwin mir weit überlegen sei; und obwohl es mir das Herz zerriß, fand ich diese Bevorzugung nur natürlich und versuchte, ihnen beiden zu verzeihen. Das waren die Umstände, angesichts derer ich beschloß, nach Amerika zu gehen – auf meinem Weg zum Teufel.

Ohne meine Entdeckung Angela oder auch Edwin mitzuteilen, aber mit dem Vorsatz, jedem von beiden meinen Segen und meine Verzeihung in einem rührenden Brief zu übermitteln, den das in den Hafen zurückkehrende Begleitboot zur Post befördern sollte, während ich selbst schon unwiderruflich der Neuen Welt zustrebte – indem ich also meinen Schmerz in der eigenen Brust verschloß und mich, so gut es ging, mit der Befriedigung über mein großmütiges Verhalten tröstete, verließ ich in aller Stille alles, was mir lieb und teuer war, und trat die oben erwähnte trübselige Reise an.

Es war in der Trostlosigkeit der tiefsten Winterszeit, daß ich eines Morgens um fünf Uhr auf immer meine Junggesellenwohnung verließ. Ich hatte mich natürlich bei Kerzenlicht rasiert und fror jämmerlich und war überhaupt von dem allgemeinen Gefühl durchdrungen, das meiner Erfahrung nach untrennbar mit übertrieben frühem Aufstehen unter derlei Umständen verbunden ist: nämlich daß man aufsteht, um gehängt zu werden.

Wie gut erinnere ich mich an das gottverlassene Aussehen der Fleet Street, als ich aus dem Temple trat! Die Straßenlaternen flackerten im böigen Nordostwind, als krampfte sich noch das Gas vor Kälte zusammen. Die schneebedeckten Dächer, der dunkle, von einzelnen Sternen erhellte Himmel, die Marktfahrer und andere vereinzelte Frühaufsteher, die fest aufstapften, um ihr schier eingefrorenes Blut in Bewegung zu erhalten. Die einladende Helligkeit und gastliche Wärme der spärlichen Kaffeestuben und Wirtshäuser, die für solche Kunden offen hielten. Der trockene, stechend eisige Reif, der die Luft erfüllte (nachdem der Wind ihn schon in jede Ritze getrieben hatte) und mein Gesicht wie eine stählerne Peitsche traf.

Es fehlten noch neun Tage bis zum Ende des Monats und zum Ende des Jahres. Das Paketboot in die Vereinigten Staaten sollte, sofern das Wetter es zuließ, am ersten Tag des nächsten Monats von Liverpool auslaufen, und die dazwischenliegende Zeit stand mir zur Verfügung. Das hatte ich in Rechnung gestellt und beschlossen, einen bestimmten Ort (den ich nicht zu nennen brauche) am anderen Ende von Yorkshire aufzusuchen. Dieser Ort war mir teuer, weil ich Angela in einem dortigen Landhaus zum erstenmal erblickt hatte, und der Gedanke, ihm vor meiner Verbannung ein winterliches Lebewohl zuzurufen, befriedigte meine melancholische Stimmung. Was ich noch erwähnen sollte: Um jede Möglichkeit auszuschließen, daß man mich aufspürte, bevor mein Entschluß durch seine Verwirklichung völlig unwiderruflich geworden wäre, hatte ich Angela am vorhergegangenen Abend ein Briefchen in meiner gewohnten Manier geschrieben, in dem ich beklagte, daß eine dringende Angelegenheit, deren Einzelheiten sie demnächst erfahren sollte, mich unerwarteterweise zwinge, auf acht oder zehn Tage zu verreisen.

Zu jener Zeit bestand die *Northern Railway* noch nicht; dafür gab es Postkutschen, denen ich, wie mancher andere, gelegentlich nachzutrauern vorgebe, vor denen es aber damals ausnahmslos jedem graute wie vor einer schweren Strafe. Ich hatte mir in der schnellsten Kutsche den Sitz auf dem Kutschbock reservieren lassen, und in der Fleet Street suchte ich nur einen Wagen, der mich mitsamt meinem Reisesack zum «Pfauen» in Islington bringen sollte, von wo meine Postkutsche abging. Als aber der Temple-Nachtwächter, der mir das Gepäck trug, jetzt erzählte, daß die mächtigen Eisblöcke, die seit einigen Tagen auf der Themse vorbeitrieben, sich während der Nacht zusammengeschlossen hätten, so daß man den Fluß, von den Temple-Anlagen bis zum gegenüberliegenden Ufer von Surrey, trockenen Fußes überqueren könne, begann ich mich zu fragen, ob der Sitz auf dem Kutschbock nicht dazu angetan wäre, meinem Unglück ein allzu jähes, eisiges Ende zu bereiten. Mein Herz war gebrochen, soviel war richtig, aber ganz so untröstlich, daß ich mich zu Tode zu frieren wünschte, war ich doch noch nicht.

Als ich beim «Pfauen» anlangte - wo ich jedermann damit beschäftigt fand, aus Gründen der Selbsterhaltung Glühwein zu trinken -, fragte ich, ob noch ein Innensitz zu haben wäre. Dabei entdeckte ich, daß ich, innen wie außen, der einzige Passagier war. Das gab mir einen noch lebhafteren Begriff von den Unbilden der Witterung, da gerade diese Kutsche immer besonders stark besetzt war. Nichtsdestoweniger genehmigte ich einen Glühwein (der mir ungewöhnlich gut schmeckte) und stieg ein. Als ich in der Kutsche saß, mauerten sie mich bis zur Mitte in Stroh ein, und so trat ich, mit dem Gefühl, einen ziemlich lächerlichen Anblick zu bieten, meine Reise an.

Es war noch dunkel, als wir den «Pfauen» verließen. Eine Weile lang flitzten Häuser und Bäume wie geisterhaft bleiche, undeutliche Schemen vorbei, und dann kam der Tag, ein strenger, finsterer, eisiger Tag. Allenthalben zündeten die Menschen ihr Feuer an, der Rauch stieg kerzengerade in die dünne Luft auf, und wir ratterten über den härtesten Grund, auf dem ich je Hufeisen klappern hörte, auf das Tor von Highgate zu. Draußen auf dem Land schien alles alt und grau geworden, die Straßen und die Bäume, die Strohdächer der Hütten und Heimwesen, die Heuschober vor den Bauernhöfen. Die Feldarbeit ruhte, die Pferdetröge in den Herbergen waren Stein und Bein gefroren, kein Mensch trieb sich draußen herum. Alle Türen waren fest geschlossen. In den kleinen Schlagbaumhäuschen loderten mächtige Feuer, und die Kinder (sogar Schlagbaumwärter haben Kinder und scheinen sie gernzuhaben) rieben mit ihren rundlichen Ärmchen das Eis von den winzigen Fensterscheiben, um mit ihren klaren Augen einen Blick auf die einsam vorbeifahrende Kutsche zu erhaschen. Ich weiß nicht, wo es zu schneien begann. Als wir irgendwo die Pferde wechselten, hörte ich den Schaffner bemerken, daß «die alte Dame oben im Himmel heute ganz tüchtig ihre Gänse rupfe», und da sah ich auch, wie dicht die weißen Flocken fielen.

Der einsame Tag ging dahin, und ich verdöste ihn, wie ein einsamer Reisender es eben tut. Wenn ich gerade gegessen und getrunken hatte – besonders nach dem Mittagessen –, fühlte ich mich warm und munter und zu allen anderen Zeiten kalt und bedrückt. Stunde und Ort verwirrten sich mir ständig, und mehr oder weniger war ich die ganze Zeit nicht recht bei mir. Die Kutsche und die Pferde schienen im Chor *Auld Lang Syne* aufzuführen, ohne einen Augenblick Pause zu machen. Sie hielten aufs genaueste Takt, und immer zu Beginn des Kehrreims schwoll die Melodie mit einer Regelmäßigkeit an, die mich entsetzlich quälte. Wenn wir

Pferde wechselten, stapften der Schaffner und der Kutscher jeweils auf der Straße auf und ab, wobei sie die Abdrücke ihrer Stiefel im Schnee hinterließen, und gossen, offenbar ohne Schaden zu nehmen, soviel flüssigen Trost in sich hinein, daß ich sie in der bald wieder hereinbrechenden Dämmerung mit zwei großen, weißen, aufrecht stehenden Fässern zu verwechseln begann. Unsere Pferde stürzten an gottverlassenen Stellen, und wir brachten sie wieder auf die Beine – was *meine* angenehmste Abwechslung war, denn es erwärmte mich. Und es schneite und schneite und schneite immer noch fort und hörte nicht auf zu schneien. Auf die Art fuhren wir die ganze Nacht lang weiter. Und so fuhren wir auch zu den Tönen von *Auld Lang Syne* einen ganzen weiteren Tag die Landstraße nach Norden entlang. Und es schneite und schneite und schneite immer noch und hörte nicht auf zu schneien.

Ich weiß nicht mehr, wo wir am zweiten Tag um die Mittagszeit waren und wo wir hätten sein sollen, aber ich weiß, daß wir Dutzende Meilen Rückstand hatten und daß es mit jeder Stunde schlimmer wurde. Der Schnee lag ungeheuer hoch, die Meilensteine und Wegzeichen schneiten ein, Felder und Straße waren nicht mehr zu unterscheiden. Anstatt uns von Zäunen und Hecken leiten zu lassen, knirschten wir über eine ungebrochene Oberfläche von gespenstischem Weiß, die jeden Augenblick unter uns einsinken und uns in einen Abgrund stürzen konnte. Doch der Kutscher und der Schaffner – die ständig Rat haltend und scharf um sich blikkend nebeneinander auf dem Kutschbock saßen – vermochten noch immer mit erstaunlichem Scharfsinn unseren Weg auszumachen.

Wenn wir eine Stadt sichteten, glich sie in meiner Phantasie einer großen Zeichnung auf einer Schiefertafel, mit einem Übermaß von Griffelstrichen auf den Kirchen und Häusern, wo der Schnee am dicksten lag. Wenn wir in eine Stadt einfuhren, wo die Kirchenuhren stillstanden, die Zifferblätter in Schnee erstickten und die Wirtshausschilder ausgelöscht waren, sah es aus, als wäre der ganze Ort von weißem Moos überwuchert. Die Kutsche selbst war ein einziger Schneeball; auch die Männer und die Buben, die bis zum Stadtrand neben uns herliefen, unsere schneeverklumpten Räder anschoben und unsere Pferde antrieben, waren Schneemänner und Schneebuben, und die einsame, öde Wildnis, in die sie uns schließlich entließen, war eine verschneite Sahara. Man hätte meinen sollen, es wäre genug. Trotzdem, ich versichere es auf mein Wort, schneite und schneite und schneite es immer weiter und hörte nicht auf zu schneien.

Den ganzen Tag lang führten wir *Auld Lang Syne* auf und sahen außerhalb der Städte und Dörfer nichts als die Spuren von Wieseln, Hasen und Füchsen und manchmal auch von Vögeln. Um neun Uhr abends wurde ich auf einem Moor in Yorkshire vom fröhlichen Schmettern unseres Posthorns, vom willkommenen Klang von Menschenstimmen und dem Hin und Her von flackernden Laternen aus meiner Schlaftrunkenheit gerissen und stellte fest, daß wir wieder einmal Pferde wechselten.

Man half mir aussteigen, und ich fragte einen Kellner, dessen bloßer Kopf innerhalb einer winzigen Minute so weiß wurde wie das Haupt von König Lear: «Was ist das für ein Gasthof?»

«Die ‹Stechpalme›, Sir», antwortete er.

«Ich glaube wahrhaftig, ich kann nicht weiterfahren», sagte ich in entschuldigendem Ton zum Kutscher und zum Schaffner.

Nun hatten aber schon der Wirt und die Wirtin und der Hausknecht und der Postbote und sämtliche Stallautoritäten den Kutscher unter dem angespannten Interesse aller übrigen Hausinsassen gefragt, ob er wirklich weiterzufahren gedächte, und der Kutscher hatte bereits geantwortet: Ja, er würde sie (nämlich die Kutsche) schon durchbringen, wenn nur George zu ihm halten wollte. George war der Schaffner, und er hatte auch schon geschworen, daß er unbedingt zu ihm halten würde. Man führte auch bereits die frischen Pferde heraus.

Nach diesen Reden erfolgte also meine Erklärung, daß ich mich geschlagen gäbe, nicht ohne Vorbereitung. Tatsächlich, hätten diese Reden mir nicht den Weg für meine Erklärung geebnet, bezweifle ich sehr, daß ich, als ein von Natur aus schüchterner Mensch, den Mut aufgebracht hätte, sie zu machen. So aber zollten mir sogar der Kutscher und der Schaffner Beifall. Unter allgemeiner Billigung meines Vorhabens und manchen unter den Zuschauern getauschten Bemerkungen, daß der Herr ja mit der morgigen Kutsche weiterfahren könne, während er heut nacht bloß erfrieren würde, und was hätte man schon davon, wenn ein Herr erfröre – jawohl, und gar wenn er lebendig begraben würde (welch letztere Klausel von einem humorvollen Stallburschen scherzend hinzugefügt und außerordentlich beifällig aufgenommen wurde) –, sah ich zu, wie mein Reisesack, einem steifgefrorenen Leichnam gleich, ausgeladen wurde, zeigte mich dem Schaffner und dem Kutscher gegenüber erkenntlich und wünschte ihnen gute Nacht und glückliche Fahrt; worauf ich, trotz allem ein bißchen beschämt, daß ich sie die Sache allein auskämpfen ließ, dem Wirt, der Wirtin und dem Kellner der «Stechpalme» ins Haus folgte.

Mich dünkte, ich hätte noch nie ein so großes Zimmer gesehen wie das, in welches sie mich führten. Es hatte fünf Fenster mit dunkelroten Vorhängen, die das Licht einer allgemeinen Festbeleuchtung glatt verschluckt hätten, und komplizierten Draperien am oberen Ende der Vorhänge, die sich aufs sonderbarste über die Wände schlängelten. Ich bat um ein kleineres Zimmer, und man erklärte mir, es gäbe kein kleineres Zimmer. Sie könnten mich aber abschirmen, sagte der Wirt. Man brachte nun einen großmächtigen, alten, lackierten Wandschirm herbei, auf dem sich Eingeborene (vermutlich Japaner) von einem Ende zum anderen den verschiedensten idiotischen Betätigungen hingaben, und ließ mich vor einem Riesenfeuer unzerteilt braten.

Mein Schlafzimmer lag etwa eine Viertelmeile entfernt, am Ende eines langen Korridors, den man über eine gewaltig große und breite Treppe erreichte, und keiner weiß, welche Qual das für einen schüchternen Menschen bedeutet, welcher auf der Treppe lieber niemandem begegnen möchte. Es war das grimmigste Zimmer, in dem mich je Alpträume heimsuchten, und das gesamte Mobiliar, angefangen von den vier Bettpfosten bis zu den zwei alten silbernen Leuchtern, war hochgewachsen, hochschultrig und spindeldürr um die Taille. Wenn ich unten in meinem Wohnzimmer hinter meinem Wandschirm hervorspähte, stürzte sich der Wind auf mich wie ein rasender Stier, und wenn ich in meinem Lehnstuhl hocken blieb, versengte mich das Feuer, bis ich die Farbe eines frischgebrannten Ziegels hatte. Das Kaminsims war sehr hoch, und darüber hing ein schlechter Spiegel - ein gewellter Spiegel, möchte ich sagen -, der mir, wenn ich aufstand, die Vorderansicht meiner phrenologischen Charaktermerkmale zeigte; und die sehen, knapp über den Augenbrauen abgeschnitten, bei keinem Individuum gut aus. Sobald ich dem Feuer den Rücken kehrte, drängte sich ein düsteres Gewölbe von Finsternis über und hinter dem Wandschirm unerbittlich dem Blick auf, und in seiner verdämmernden Ferne krümmten und wanden sich die zehn Vorhangdraperien der fünf Fenster wie ein Nest von Riesenwürmern.

Was ich an mir selber beobachte, müssen andere Menschen von ähnlichem Charakter ebenfalls an sich selber beobachten. Diese Annahme verleiht mir den Mut zu folgendem Bekenntnis: Sobald ich auf Reisen irgendwo ankomme, möchte ich nichts als wieder wegkommen. Und bevor ich noch mein Abendessen, bestehend aus Brathuhn und Glühwein, beendete, hatte ich dem Kellner meinen Plan, morgen in aller Frühe abzureisen, in allen Einzelheiten eingeprägt: Frühstück und Rechnung Punkt acht, Reisewagen um neun, zweispännig, notfalls auch vierspännig.

So müde ich auch war, schien die Nacht doch mindestens eine Woche lang. In Oasen von Alpträumen dachte ich an Angela, und der Gedanke, daß ich mich auf der kürzesten Straße nach Gretna Green befand, deprimierte mich mehr als alles andere. Was hatte *ich* mit Gretna Green zu schaffen? Ich ging nicht auf diesem Weg zum Teufel, sagte ich mir in meiner Bitternis, sondern anders herum, über die amerikanische Route.

Am Morgen stellte ich fest, daß es noch immer schneite, daß es die ganze Nacht geschneit hatte und daß ich eingeschneit war. Nichts konnte aus dem Fleck auf dem Moor hinaus und nichts an ihn heran, solange die Arbeiter aus dem Marktstädtchen nicht die Straße ausgeschaufelt hätten. Wann sie bis zur «Stechpalme» vordringen würden, das konnte mir niemand sagen.

Heute war Heiliger Abend. Für mich wäre es überall eine traurige Weihnacht gewesen, und infolgedessen spielte das keine so große Rolle; immerhin hatte ich ebensowenig damit gerechnet, eingeschneit zu werden, wie jämmerlich zu erfrieren. Mir war sehr einsam zumute. Trotzdem brachte ich es nicht über mich, den Wirt und die Wirtin zu ersuchen, mich in ihre Gesellschaft aufzunehmen (obwohl mir das sehr lieb gewesen wäre) – genauso gut hätte ich sie bitten können, mir ihr Tafelsilber zu schenken. Hier ist mein großes Geheimnis, die unüberwindliche Schüchternheit meines Charakters, deutlich zu beobachten. Wie die meisten schüchternen Menschen beurteile ich andere Leute, als ob sie gleichfalls schüchtern wären. Abgesehen davon, daß ich mich viel zu sehr geschämt hätte, ihnen diesen Vorschlag von mir aus zu machen, fürchtete ich in meiner übertriebenen Feinfühligkeit, daß er ihnen äußerst peinlich gewesen wäre.

Ich versuchte also, mich mit meiner Verlassenheit abzufinden, und fragte zuerst einmal, was für Bücher es im Hause gäbe. Der Kellner brachte mir ein Verzeichnis der Poststraßen, zwei oder drei alte Zeitungen, ein kleines Liederbuch, das als Anhang eine Sammlung von Trinksprüchen und Gelegenheitsreden enthielt, ein Witzbüchlein, einen Einzelband von *Peregrine Pickle* und die «Sentimentale

Reise». Die beiden letzteren kannte ich auswendig, las sie aber trotzdem Wort für Wort. Dann versuchte ich alle Lieder zu summen *(Auld Lang Syne* war auch darunter) und ging sämtliche Witze durch – in denen ich übrigens einen Schatz an Wehmut entdeckte, der meinem Gemütszustand aufs beste entsprach. Ich brachte alle Trinksprüche aus, hielt alle Tischreden und verschlang die Zeitungen, die aber nichts enthielten als auf den Viehhandel bezügliche Inserate, eine Versammlung wegen der Grafschaftssteuer und einen Raubüberfall. Da ich ein gieriger Leser bin, gelang es mir nicht, mit diesem Vorrat bis zum Abend auszukommen; um die Teezeit war er erschöpft. Da ich nun einzig auf mich selbst angewiesen war, verbrachte ich eine Stunde mit der Überlegung, was ich als nächstes unternehmen sollte. Schließlich kam es mir in den Sinn (aus dem ich Angela und Edwin um jeden Preis auszuschließen versuchte), daß ich probieren wollte, mir meine gesamten Erfahrungen mit Gasthäusern in Erinnerung zu rufen und zu sehen, wie lange mir das Stoff liefern würde. Ich schürte das Feuer, rückte meinen Sessel etwas mehr gegen die eine Seite des Wandschirms – nicht zu weit, denn ich wußte, daß der Wind nur darauf wartete, über mich herzufallen, ich hörte ihn schon knurren – und fing an.

Meine ersten Begriffe von einem Gasthaus stammen aus der Kinderstube. So kehrte ich in die Kinderstube als Ausgangspunkt zurück und fand mich am Knie einer bläßlichen Frau mit Fischaugen, einer Adlernase und einem grünen Kleid. Ihre Spezialität war die schaurige Geschichte von einem Gastwirt am Rand der Landstraße, dessen Gäste jahrelang auf unerklärliche Weise zu verschwinden pflegten, bis man daraufkam, daß es sein Lebenszweck war, sie zu Pasteten zu verarbeiten. Um sich diesem Gewerbe noch erfolgreicher zu widmen, hatte er hinter dem Kopfende des Bettes eine Geheimtür konstruiert, und sobald der Gast (von Pastete beschwert) in Schlaf gesunken war, pflegte der böse Wirt, mit der Lampe in der einen und einem großen Messer in der anderen Hand, ganz leise einzutreten, dem Unglücklichen die Kehle durchzuschneiden und ihn in Pastetenfüllung zu verwandeln. Zu diesem Zweck standen unter einer geheimen Falltür ständig kochende Waschkessel bereit, und den Teig rollte er in tiefster Nacht aus. Doch sogar *er* war gegen den Stachel des Gewissens nicht völlig unempfindlich, denn immer, wenn er einschlief, hörte man ihn murmeln: «Zuviel Pfeffer!» – und das brachte ihn schließlich vor Gericht. – Kaum hatte ich diesen Bösewicht abgetan, als ein anderer aus der gleichen Periode auftauchte, dessen ursprünglicher Beruf Einbrecher war; in Ausübung dieses Handwerks aber war ihm einst, als er einbrecherischerweise nächtens in ein Fenster einsteigen wollte, sein rechtes Ohr abgehauen worden, und zwar von der Hand einer ebenso tapferen wie schönen Magd (wobei die adlernasige Person, obzwar keineswegs der Beschreibung entsprechend, stets auf geheimnisvolle Art andeutete, daß diese Magd niemand anderer als sie selbst gewesen wäre). Nun, nach einigen Jahren heiratete diese ebenso tapfere wie schöne Magd den Wirt eines ländlichen Gasthofs, dessen bemerkenswertestes Kennzeichen darin bestand, daß er ständig eine seidene Nachtmütze trug, die er unter keinen Umständen jemals abnehmen wollte. Eines Nachts endlich, als er fest schlief, lüftete die ebenso tapfere wie schöne Frau die seidene Nachtmütze und mußte erkennen, daß ihm das rechte Ohr fehlte, woraus sie scharfsinnigerweise schloß, daß er der solchermaßen gestutzte Einbrecher war, der sie geehelicht hatte, um sie umzubringen. Unverzüglich erhitzte sie den Schürhaken, bis er glühte, und machte seiner verbrecherischen Laufbahn ein Ende, worauf sie vor König Georg auf seinem Thron geführt wurde, der ihr für ihre große Klugheit und Tapferkeit sein königliches Lob spendete. – Die nämliche Erzählerin, die meiner langjährigen Überzeugung nach ein teuflisches Vergnügen daran fand, mich vor Entsetzen schier um den Verstand zu bringen, hatte noch eine andere, garantiert selbsterlebte Geschichte parat, die, wie ich heute glaube, auf der Erzählung «Raymond und Agnes oder Die blutende Nonne» beruhte. Sie behauptete, es wäre ihrem Schwager zugestoßen, der ungeheuer reich war – im Gegensatz zu meinem Vater – und überaus hochgewachsen – im Gegensatz zu meinem Vater; denn diese Unholdin war stets darauf bedacht, meinem jugendlichen Gemüt meine liebsten Angehörigen und Freunde in Form von herabsetzenden Vergleichen darzustellen. Der Schwager ritt einst durch den Wald, und zwar auf einem prachtvollen Roß (bei uns gab es kein prachtvolles Roß), begleitet von seinem Lieblingshund, einem kostbaren Neufundländer (wir hatten keinen Hund), als unversehens die Nacht hereinbrach. Glücklicherweise kam er gerade zu einem Gasthof. Eine dunkle Frau öffnete die Tür, und er fragte, ob er ein Bett bekommen könnte. Sie bejahte, führte sein Roß in den Stall und geleitete ihn in einen Raum, wo zwei dunkle Männer saßen. Während er sein Nachtessen verspeiste, begann ein Papagei in diesem Raum zu sprechen und sagte immerfort: «Blut, Blut! Weg mit dem Blut!» Worauf einer der dunklen Männer dem Papagei den Hals umdrehte und dazu bemerkte, er äße gern gebratene Papageien und gedächte diesen hier morgen zum Frühstück zu verzehren. Nachdem der ungeheuer reiche, hochgewachsene Schwager herzhaft gegessen und getrunken hatte, begab er sich in sein Zimmer, um zu Bett zu gehen. Aber er war beunruhigt, weil sie unter dem Vorwand, daß sie niemals Hunde im Haus duldeten, seinen Hund ebenfalls in den Stall gesperrt hatten. Er, der Schwager, saß über eine Stunde lang ganz still da und überlegte und überlegte; da hörte er, gerade als seine Kerze am Ausgehen war, ein Kratzen an der Tür. Er machte die Tür auf, und wer stand da? Der Neufundländer! Der Hund kam lautlos ins Zimmer, schnupperte herum und ging dann geradewegs zu einem Haufen Stroh im Winkel, unter dem, wie die dunklen Männer gesagt hatten, angeblich Äpfel lagen. Er scharrte das Stroh weg, und zwei blutgetränkte Bettlaken kamen zum Vorschein. Just in diesem Moment ging die Kerze aus, und der Schwager erblickte durch einen Türspalt die beiden dunklen Männer, die sich lautlos die Treppe heraufstahlen, der eine mit einem Dolch, mindestens *sooo* lang (etwa fünf Fuß), der andere mit einem Hackmesser, einem Sack und einem Spaten bewaffnet... Da ich mich nicht an das Ende dieser erschröcklichen Geschichte erinnere, nehme ich an, meine Geisteskräfte waren an diesem Punkt regelmäßig vor Entsetzen völlig gelähmt, so daß mein Hörvermögen etwa eine Viertelstunde lang aussetzte.

Diese barbarischen Geschichten trugen mich, wie ich so vor der Feuerstätte der «Stechpalme» saß, zu dem Landgasthof, der zu meiner Zeit durch ein Sixpence-Büchlein Ruhm gewann. Der dazugehörige Kupferstich zeigte in seinem mittleren Oval das Porträt von Jonathan Bradford und in den vier Ecken vier Szenen aus der Tragödie, die mit diesem Namen verknüpft war, mit so freigebiger und gleichzeitig so sparsamer Hand koloriert, daß die Rosenfarbe von Jonathans Backen ohne Zwischenraum auf die Reithose des Stallknechts überging und in der nächsten Abteilung zu Rum in einer Flasche wurde. Dann erinnerte ich mich, wie der Wirt mit seinem eigenen Messer zu seinen Füßen und Blut auf den Händen neben dem Bett des ermordeten Reisenden gefunden wurde, wie man ihn, ungeachtet seiner Beteuerungen, er wäre zwar wirklich ins Zimmer eingedrungen, um den Reisenden seiner Satteltaschen wegen zu ermorden, hätte aber schreckgelähmt erkannt, daß der schon tot war, aufhängte; und wie schließlich viele Jahre später der Stallknecht sich zu der Tat bekannte... Inzwischen war mir selbst ganz unheimlich zumute. Ich schürte das Feuer und kehrte ihm den Rücken, solang ich die Hitze zu ertragen vermochte, während ich in die Finsternis jenseits des Wandschirms spähte und zu den wurmartigen Vorhängen aufblickte, die dahin krochen und dorthin krochen, wie die Würmer in der Ballade vom kühnen Alonzo und der holden Imogene.

In der hochberühmten Bischofsstadt, wo ich die Schule besuchte, gab es ein Wirtshaus, das freundlichere Erinnerungen heraufbeschwor. Das nahm ich als nächstes vor. Es war der Gasthof, wo unsere Eltern und Bekannten abzusteigen pflegten und wir sie dann besuchten und Lachs und Brathuhn zu essen bekamen. Es hatte ein kirchliches Wirtshausschild – den Bischofshut – und eine Schankstube, die fast so begehrenswert schien wie ein Bistum, so behaglich war es dort. Ich war sterblich in die jüngste Tochter des Wirts verliebt – aber lassen wir das. Es war in diesem Gasthof, daß mein rosiges kleines Schwesterchen Tränen über mich vergoß, weil ich mir bei einer Rauferei ein blaues Auge zugezogen hatte; und obwohl sie in jener Nacht in der «Stechpalme» schon seit manchem langen Jahr dort war, wo alle Tränen getrocknet werden, stimmte mich der «Bischofshut» noch immer weich.

«Fortsetzung morgen», sagte ich, während ich meine Kerze ergriff, um zu Bett zu gehen. Doch mein Bett nahm es in jener Nacht auf sich, meinen Gedankengang fortzusetzen. Es trug mich, wie der Zauberteppich, an einen fernen Ort (aber immer noch in England) und ließ mich bei einem anderen verschneiten Gasthof aus der Postkutsche steigen, wie ich es tatsächlich vor einigen Jahren getan hatte, und im Schlaf ein sonderbares Erlebnis wiederholen, das mir in Wirklichkeit dort zugestoßen war. Mehr als ein Jahr vor jener Reise, in deren Verlauf ich in jenem Gasthof abstieg, hatte mir der Tod einen sehr nahen, teueren Freund geraubt, und seither hatte ich jede Nacht, sei es zu Hause oder fern von daheim, von diesem Freund geträumt: manchmal, als lebte er noch, dann wieder, als kehrte er aus der Schattenwelt zurück, um mich zu trösten, jedoch stets schön, friedlich und glücklich, niemals im Zusammenhang mit einer Spur von Angst oder Kummer. Der Gasthof, bei dem ich haltmachte, um dort die Nacht zu verbringen, lag einsam auf einer weiten Heide. Nachdem ich aus meinem Schlafzimmerfenster über die mondbeschienene Schneewüste geblickt hatte, setzte ich mich ans Feuer, um einen Brief zu schreiben. Bis zu jener Stunde hatte ich den Umstand, daß ich allnächtlich von dem lieben Dahingeschiedenen träumte, in meiner Brust verschlossen gehalten; doch in dem Brief, den ich schrieb, erwähnte ich ihn und fügte hinzu, daß es mich sehr interessierte, ob mein Traum mir auch an diesem abgelegenen Ort und trotz der großen Ermüdung der Reise treu bleiben würde. Es geschah nicht. Mit der Preisgabe meines Geheimnisses verließ mich die Vision der geliebten Gestalt. Sechzehn Jahre lang habe ich sie nie mehr im Schlaf erblickt – bis auf ein einziges Mal. Ich war damals in Italien und erwachte (oder glaubte zu erwachen), während die wohlbekannte Stimme mir noch deutlich in den Ohren klang. Ich sprach mit der Gestalt. Ich drang in sie, während sie sich über mein Lager erhob und zu der hochgewölbten Decke des altertümlichen Raums emporschwebte, die Frage nach dem künftigen Leben zu beantworten, die ich ihr eben erst gestellt hatte. Meine Hände streckten sich noch nach dem verblassenden Bild aus, als ich draußen hinter der Gartenmauer Glockenläuten vernahm, und in der tiefen Nachtstille rief eine Stimme alle guten Christen auf, für die Seelen der Abgeschiedenen zu beten, denn es war die Nacht vor Allerseelen.

Um zu der «Stechpalme» zurückzukehren: Als ich am nächsten Morgen erwachte, herrschte strenger Frost, und der düster drohende Himmel verhieß noch mehr Schnee. Sobald mein Frühstück weggeräumt war, rückte ich meinen Stuhl an seinen früheren Platz, und während das Feuer die geographischen Verhältnisse des Zimmers so weit zu überwinden vermochte, daß ich im Dämmerlicht dasaß, nahm ich meine Gasthoferinnerungen wieder auf.

Das war eine treffliche Herberge unten in Wiltshire, wo ich in den Tagen des starken Wiltshire-Ale, bevor alles Bier eitel Bitternis war, einmal abstieg. Es lag am Saum der Ebene von Salisbury, und der Mitternachtssturm, der an meinem Gitterfenster rüttelte, kam mit seinem Stöhnen geradewegs von Stonehenge zu mir. In diesem Gasthof trieb sich ein uralter Mann herum (ich glaube, er war und ist wohl noch heute ein auf übernatürliche Art konservierter Druide), ein Greis mit langen weißen Haaren und steinharten blauen Augen, der behauptete, ein Schäfer gewesen zu sein, und unablässig Ausblick zu halten schien, ob nicht am allerfernsten Horizont eine geisterhafte Schafsherde (die sich in Wirklichkeit längst in Hammelkeulen verwandelt hatte) wiederauftauchen würde. Er hielt unerschütterlich an dem wunderlichen Glauben fest, daß kein Mensch die Steine von Stonehenge zweimal zählen und dabei die gleiche Zahl herausbekommen könne; ferner daß jeder, der sie dreimal neunmal zählte und sich dann mit dem Ruf: «Ich wage es!» in ihre Mitte stellte, eine fürchterliche Erscheinung erblicken und auf der Stelle tot umfallen würde. Er behauptete auch, eine Trappe gesehen zu haben (ich habe den Verdacht, daß er noch mit dem Dodo auf vertrautem Fuß gestanden war), und zwar unter folgenden Umständen: Gegen Ende eines Spätherbsttages war er über die Heide gewandert, als er undeutlich ein Etwas gewahrte, das sich in sonderbar ruckweisen Sprüngen vor ihm her bewegte. Zuerst dachte er, der Wind hätte das Schutzdach von irgendeinem Gefährt fortgeweht, hierauf hielt er es für einen zwerghaft kleinen, mageren Mann auf einem Pony. Nachdem er dem Ding eine Weile gefolgt war, ohne ihm näher zu kommen, und es immer wieder angerufen hatte, ohne Antwort zu erhalten, ging er ihm noch meilenweit nach, bis er es endlich einholte und in ihm die letzte Trappe von Großbritannien erkannte, die sich aber zu einem flügellosen Geschöpf zurückgebildet hatte und zu Fuß herumrannte. Mit dem festen Entschluß, den seltenen Vogel zu fangen oder aber bei dieser Tat umzukommen, stellte er sich der Trappe in den Weg. Doch der Vogel, der den gegenteiligen Entschluß gefaßt hatte, überrannte ihn, warf den Verdutzten zu Boden und verschwand in westlicher Richtung, worauf er nimmermehr gesehen ward. Dieser unheimliche Mensch mag, in der damaligen Phase seiner Seelenwanderung, ein Schlafwandler, ein Schwärmer oder ein Räuber gewesen sein. Als ich eines Nachts erwachte, stand er in der Dunkelheit an meinem Bett und rezitierte mit grauenerregender Stimme das Athanasische Glaubensbekenntnis. Am nächsten Morgen aber beglich ich meine Rechnung und verließ den Ort mit größtmöglicher Beschleunigung.

Was sich während meines dortigen Aufenthalts in einem kleinen Schweizer Gasthof begab, war keine alltägliche Geschichte. Es war eine sehr schlichte Herberge in einem Dörflein mitten in den Bergen, das aus einer einzigen engen Zickzackgasse bestand. Durch die Haustür kam man zunächst in den Kuhstall und ging zwischen den Maultieren, Hunden und Hühnern weiter, bis man die große, kahle Treppe zu den Zimmern hinaufstieg. Sie waren alle aus ungestrichenem Holz, ohne Tapeten oder Verputz – wie rohe Bretterkisten. Draußen gab es nichts als die auseinandergezogene Dorfstraße, ein winziges Spielzeugkirchlein mit einem kupfergrünen, spitzigen Türmchen, Tannenwälder, einen Wildbach, Nebelschwaden und steile Berghänge. Acht Wochen vorher (es war zur Winterszeit) war ein zum Wirtshaus gehöriger junger Mann spurlos verschwunden; man nahm an, er hätte eine heimliche, unglückliche Liebe gehabt und wäre unter die Soldaten gegangen. Er war mitten in der Nacht aufgestanden und hatte sich von dem Heuboden, wo er mit einem anderen Burschen schlief, an einem Seil auf die Straße hinabgelassen; er hatte es so mäuschenstill getan, daß sein Schlafgefährte und Arbeitskamerad keinen Laut gehört hatte, so daß er keine Auskunft geben konnte, als man ihn am nächsten Morgen weckte und fragte: «Louis, wo ist Henri?» Man suchte ihn überall, aber vergebens, und gab es schließlich auf. Nun war aber draußen vor dem Wirtshaus, wie vor jedem anderen Haus im Dorf, Brennholz aufgestapelt, und der Stapel vor dem Wirtshaus war höher als alle anderen, weil dort am meisten Holz verheizt wurde. Während man überall nach Henri suchte, begann es aufzufallen, daß ein Zwerghahn, der zum Hühnerhof des Wirtshauses gehörte, die erstaunliche Gewohnheit annahm, auf den Holzstapel hinaufzuflattern und dort oben stundenlang zu krähen und zu krähen, daß er schier zu platzen drohte. So vergingen fünf Wochen – sechs Wochen – und noch immer stand dieser schreckliche Hahn, unter Vernachlässigung seiner Familienpflichten, ständig hoch oben auf dem Holzstapel und krähte sich die Augen aus dem Kopf. Gleichzeitig merkte man, daß Louis allmählich von einem gewaltigen Haß gegen den schrecklichen Hahn erfaßt wurde, und eines Morgens sah eine alte Frau, die an ihrem kleinen Fensterchen saß und ihren Kropf an einem verirrten Sonnenstrahl wärmte, wie er ein mächtiges

Holzscheit ergriff und es mit einem gräßlichen Fluch auf den schrecklichen Hahn schleuderte, der oben auf dem Holzstapel stand und krähte. Er traf ihn auch wirklich, und der Hahn fiel tot herunter. Darauf ging der Frau plötzlich ein Licht auf. Sie stahl sich hinter den Holzstapel, und da sie wie alle dortigen Frauen gut klettern konnte, kletterte sie hinauf. Bald war sie auf der Höhe des Holzstapels zu sehen, wie sie aufschreiend in den Hohlraum hinunterblickte und laut zu kreischen begann: «Packt Louis! Er ist der Mörder! Läutet die Kirchenglocke! Hier drinnen liegt die Leiche!» An jenem Tag sah ich den Mörder, und ich sah ihn auch, als ich an meinem Feuer in der «Stechpalme» saß, und sehe ihn jetzt noch vor mir, wie er, mit Stricken gebunden, unter den sanften Augen und dem rauchenden Atem der Kühe auf der Streu im Stall lag und wartete, bis die Gendarmen ihn holen kamen, während das ganze Dorf ihn angstvoll anstarrte: ein schwerfälliges Tier – das stumpfsinnigste Tier im ganzen Stall – mit einem Klotz von einem Kopf und einem blöden Gesicht ohne jede Spur von Gefühl. Er hatte seinen Meister verschiedentlich um kleine Geldsummen betrogen, der Ermordete erfuhr es zufällig, und so hatte er diesen aussichtsreichen Weg gewählt, um einen möglichen Ankläger beiseite zu schaffen; was er am nächsten Tag alles ohne weiteres gestand, als jämmerlicher, mürrischer Kerl, der jetzt, da sie ihn erwischt hatten und Schluß mit ihm zu machen gedachten, seine Ruhe haben wollte. Ich sah ihn noch einmal, an dem Tag, an dem ich das Wirtshaus verließ. In jenem Kanton übt der Scharfrichter sein Amt noch mit dem Schwert aus, und ich stieß auf den Mörder, der mit verbundenen Augen, an einen Stuhl gefesselt, auf einem Blutgerüst in der Mitte von einem kleinen Marktplatz saß. In diesem Augenblick fuhr ein mächtiges Schwert (das im breiten Teil der Klinge mit Quecksilber beschwert war) wie ein Windstoß oder eine Feuerzunge um ihn herum, und auf Erden gab es kein solches Geschöpf mehr. Was mich erstaunte, war nicht, daß er so jäh ins Jenseits befördert wurde, sondern daß fünfzig Ellen im Umkreis dieser fürchterlichen Sichel überhaupt noch ein Kopf auf seinen Schultern sitzen blieb.

Vortrefflich war auch der Gasthof im Schatten des Mont Blanc mit der freundlichen, fröhlichen Wirtin und dem redlichen Wirt, wo eines der Zimmer mit einer zoologischen Tapete verschönt ist; sie ist aber nicht sehr akkurat zusammengefügt, so daß der Elefant stellenweise mit den Hinterbeinen und dem Schwanz des Tigers Staat macht, während der Löwe sich mit Stoßzähnen und Rüssel schmückt und der Bär teilweise gefleckt ist, als wollte er sich zum Leoparden häuten. In diesem Gasthof befreundete ich mich mit mehreren Amerikanern, die sämtlich den Mont Blanc «Maunt Blank» nannten - ausgenommen ein gutmütiger Herr von sehr geselligem Naturell, der so intim mit ihm wurde, daß er von ihm ganz familiär als «Blank» sprach und zum Beispiel beim Frühstück bemerkte: «Heut sieht der Blank hübsch hoch aus», oder abends bei der Table d'hôte keinen Augenblick bezweifelte, daß es bei uns drüben, Sir, flotte Boys genug gäbe, die den Gipfel vom Blank in zwei Stunden schaffen würden, von unten angefangen, well, Sir?

Einmal verbrachte ich vierzehn Tage in einem Gasthof im nördlichen England, wo ich vom Gespenst einer riesenhaften Pastete verfolgt wurde. Es war eine Yorkshire-Pastete, so mächtig wie eine Festung – eine verlassene Festung mit nichts darin. Der Kellner hatte die fixe Idee, daß es zum Zeremoniell jeder Mahlzeit gehörte, die Pastete zu Tisch zu bringen. Nach ein paar Tagen versuchte ich auf alle mögliche zartfühlende Art anzudeuten, daß ich die Pastete für erledigt hielte – indem ich beispielsweise die Reste aus den Weingläsern hineinleerte, gebrauchte Messer und Löffel hineinsteckte wie in einen Besteckkorb oder Weinflaschen hineinstellte wie in einen Eiskübel. Doch vergeblich, die Pastete wurde unfehlbar wieder gesäubert und zu Tisch gebracht. Zum Schluß begann ich mich zu fragen, ob ich nicht das Opfer einer gespenstischen Illusion wäre und im Begriff, unter den Greueln einer eingebildeten Pastete Gesundheit und Verstand zu verlieren; aus diesem Grund schnitt ich ein Dreieck heraus, um nichts kleiner als das ebenfalls dreieckige, Triangel benannte Musikinstrument in einem großen Orchester. Kein Menschengeist wäre imstande gewesen, das Ergebnis vorauszusehen – doch der Kellner flickte die Pastete! Mit Hilfe einer besonders fest klebenden Art Zement fügte er das Dreieck geschickt wieder ein – und ich verlangte meine Rechnung und floh.

In der «Stechpalme» wurde es unterdessen ziemlich trübselig. Ich unternahm eine Überlandexpedition in das Gebiet jenseits des Wandschirms und drang bis zum vierten Fenster vor. Hier wurde ich von den Unbilden der Witterung zurückgetrieben. Glücklich in mein Winterquartier heimgekehrt, schürte ich das Feuer und nahm ein weiteres Gasthaus vor.

Es lag im entlegensten Teil von Cornwall. In diesem Gasthaus fand gerade das große Jahresfest der

Bergleute statt, als ich mitsamt meinen Reisegefährten eines späten Abends unter der wilden Schar erschien, die bei Fackellicht vor dem Haus tanzte. Unsere Kutsche war, ein paar Meilen von dort, in einem steinigen Morast zusammengebrochen, und ich hatte die Ehre, eines der abgeschirrten Postpferde zu führen. Wenn eine Dame oder ein Herr beim Lesen dieser Zeilen ein sehr großes Postpferd mit herunterhängenden Strängen zur Hand nimmt und es am Zügel mitten in den ländlichen Tanz von einhundertfünfzig Paaren führt, dann und nur dann wird die betreffende Dame oder der betreffende Herr sich einen Begriff davon machen, in welchem Ausmaß das besagte Postpferd auf den Zehen seines Führers herumtrampelt. Außerdem und darüber hinaus wird das Postpferd, das sich von dreihundert Personen umwirbelt sieht, sich aller Voraussicht nach aufbäumen und mit den Hinterbeinen ausschlagen, und zwar auf eine Art, die mit der Würde und der Selbstachtung seines Führers unvereinbar erscheint. Unter solchen kleinen Beeinträchtigungen meiner im allgemeinen imposanten Erscheinung tauchte ich zum unbeschreiblichen Erstaunen der kornischen Bergleute in jenem kornischen Gasthaus auf. Es war voll, zwanzigfach überfüllt, und konnte niemanden aufnehmen als das Postpferd – obzwar es eine Sache für sich war, das edle Geschöpf loszuwerden. Während meine Reisegefährten und ich noch diskutierten, wie wir die Nacht und soviel von dem morgigen Tag verbringen sollten, als notwendigerweise verstreichen mußte, bis der vergnügte Hufschmied und der vergnügte Stellmacher in einem Zustand sein würden, der es ihnen erlaubte, aufs Moor hinauszugehen und die Kutsche zu flicken, trat ein wackerer Mann aus der Menge auf uns zu und bot uns das unvermietete Stockwerk seines Hauses an, zwei Zimmer samt Nachtessen, bestehend aus Eiern, Speck, Ale und Punch. Hochbeglückt begleiteten wir ihn heim, in das seltsamste, reinlichste Häuschen, wo wir zur allgemeinen Befriedigung bewirtet wurden. Doch die Neuartigkeit dieser Unterkunft bestand darin, daß unser Gastfreund ein Stuhlmacher war und daß die uns zur Verfügung gestellten Stühle nur aus den Rahmen ohne jedwede Sitzfläche bestanden, so daß wir den Abend wie auf Hühnerstangen balancierend verbrachten. Und das war noch nicht die absonderlichste Konsequenz; denn sobald wir im Lauf des Abendessens aufzutauen begannen und einer oder der andere von uns von Lachen übermannt wurde, vergaß er natürlich seine eigentümliche Situation und verschwand unverzüglich in der Tiefe. Ich selber geriet in eine Lage, aus der ich mich unmöglich aus eigener Kraft befreien konnte, so daß ich wie der Clown in der komischen Pantomime, der in ein Faß gefallen ist, mit sanfter Gewalt aus meinem Rahmen gelöst werden mußte – was während der Speckeier, beim Licht der Wachskerzen, nicht weniger als fünfmal passierte.

Doch die «Stechpalme» ließ mich meine Einsamkeit immer deutlicher empfinden. Es wurde mir allmählich bewußt, daß mein Thema keineswegs vorhielte, bis ich ausgegraben würde. Vielleicht mußte ich eine Woche hierbleiben – ja, Wochen!

Mit einem Gasthof in einem malerischen alten Städtchen an der Grenze von Wales, in dem ich einmal übernachtete, ist eine merkwürdige Geschichte verknüpft. In einem großen Zweibettzimmer dieses Hauses hatte eines Nachts der Insasse des einen

Bettes mit Hilfe von Gift Selbstmord verübt, während ein müder Reisender ahnungslos in dem anderen schlief. Seither wurde das Selbstmörderbett nie mehr benützt, während das andere ständig in Gebrauch stand. Die unbenützte Bettstatt blieb leer, aber ansonsten unverändert im Zimmer stehen. Nun hieß es, wer immer in dem Zimmer schliefe, sei er noch so fremd in der Gegend, käme er aus noch so weiter Ferne, erkläre am Morgen, wenn er das Zimmer verließ, unfehlbar, er hätte den Eindruck, Opiumtinktur zu riechen; seine Gedanken kreisten um Selbstmord, und sobald er sich mit jemandem unterhielt, wer immer es sein mochte, begann er ausnahmslos davon zu sprechen. Das ging jahrelang so, bis der Wirt sich endlich bewogen fühlte, das unbenützte Bett hinunterzuschaffen und es mit Stumpf und Stiel zu verbrennen – Gestell, Vorhänge und alles. Die seltsame Wirkung (so lautete die Geschichte) trat von da an gemildert auf, änderte sich aber nie mehr. Mit sehr seltenen Ausnahmen pflegte der Insasse des Zimmers, wenn er morgens hinunterkam, von einem überaus lebhaften Traum zu sprechen, dessen Inhalt er aber vergessen hätte und sich vergebens in Erinnerung zu rufen suchte. Hierauf schlug der Wirt ihm alle möglichen alltäglichen Träume vor, die aber alle, wie er sehr wohl wußte, nicht das Richtige trafen; sobald er aber «Gift» sagte, fuhr der Reisende auf und rief: «Ja!» Es kam nie vor, daß er diesen Vorschlag abwies, aber er entsann sich auch nie seines Traumes.

Diese Erinnerung ließ ganz allgemein die walisischen Gasthöfe vor mir erstehen: die Frauen in ihren runden Hüten und die Harfner mit ihren weißen Bärten (ehrwürdig anzusehen, aber ich fürchte, Schwindler), die vor der Tür spielten, während ich mein Dinner zu mir nahm. Daraus ergab sich zwanglos der Übergang zu den schottischen Gasthöfen mit den Hafermehlfladen, dem Honig, dem Wildbraten, der Forelle aus dem *loch* und dem Whisky. Einmal kam ich in größter Eile aus dem nördlichen Hochland und hoffte, auf der Poststation in einem aus der Geschichte berühmten, wildromantischen Bergtal rasch die Pferde zu wechseln. Doch was mußten meine entsetzten Augen sehen? Den Wirt, der mit einem Fernrohr vor die Tür trat und den ganzen weiten Horizont nach den Pferden absuchte! Die aber waren ausgezogen, um selbst für ihren Lebensunterhalt zu sorgen, und beliebten erst vier Stunden später wieder aufzukreuzen. Der Gedanke an die *loch*-Forelle führte mich durch eine rasche Ideenverbindung zu den Anglergasthöfen von England (ich habe bei unzähligen Anglergroßtaten mitgewirkt, indem ich ganze Sommertage lang auf dem Boden des Bootes lag und mit der größten Ausdauer gar nichts tat, was sich meiner Erfahrung nach genauso erfolgreich auf den Fischfang auswirkt wie die erstklassigste Ausrüstung und die profundeste Sachkenntnis) und zu den freundlichen, sauberen, weißen, mit Blumentöpfen geschmückten Schlafzimmern dieser Gasthöfe mit Aussicht auf den Fluß und die Fähre, den Kirchturm und die Dorfbrücke; und zu der unvergleichlichen Emma mit den strahlenden Augen und dem lieben Lächeln – Gott erhalte es ihr! –, die mit einer natürlichen Anmut, die Blaubart in Person bekehrt hätte, bei Tisch aufwartet. Bei meinem nächsten Blick aufs Feuer der «Stechpalme» entdeckte ich in der Kohlenglut die Bilder von einem Dutzend und mehr jener wunderbaren englischen Posthotels, deren Verlust wir alle so sehr bedauern, die so geräumig und behaglich waren und so lehrreiche Denkmäler der britischen Unterwerfung unter Habgier und Ausbeutung bildeten. Wer sehen möchte, wie diese Stätten dahinschwinden, möge von Basingstoke oder sogar von Windsor über Hounslow nach London wandern und über ihren verfallenden Überresten moralisieren: die Stallungen zerbrökkeln zu Staub, obdachlose Arbeiter und Landstreicher biwakieren in den Schuppen. In den Höfen wuchert Gras. Die Zimmer, in denen jüngst noch viele hundert Daunenbetten aufgedeckt wurden, werden für anderthalb Shilling pro Woche an irische Einwanderer vermietet. Die würdige Gaststube hat sich in ein übel aussehendes kleines Bierlokal verwandelt, wo die Türen der Wagenremisen als Brennholz dienen und eins der beiden Fenster mit Brettern verschlagen ist, als hätte es in einer Rauferei mit der Eisenbahn etwas abgekriegt, und in der Tür steht eine gemeine, krummbeinige Ziegelbrenner-Bulldogge. – Was war natürlicher, als daß ich in meinem Feuer als nächstes den trübseligen Provinzbahnhof und daneben das neue Bahnhofshotel unserer modernen Zeit erblickte? In dem nichts Bemerkenswerteres verzapft wird als Kälte und Feuchtigkeit, wo die Speisekammer nichts Rühmenswerteres enthält als frischen Mörtel und kein anderer Betrieb herrscht als die hochnäsige Ziererei der Handkoffer in der Eingangshalle. – Von da kam ich zu den Pariser Hotels mit dem hübschen Vierzimmer-Appartement einhundertfünfundsiebzig glattgewichste Stufen hoch, dem Privileg, den ganzen Tag lang die Klingel zu ziehen, ohne irgendeinen Menschen, außer sich selber, körperlich oder geistig in Bewegung zu setzen, und dem – in Anbetracht des Preises – nicht allzu reichlichen Diner. Dann gleich weiter zu den französischen Provinzhotels mit dem hohen Turm der Kathedrale vor dem Fenster, den fröhlich klingelnden Pferdeglöckchen straßauf und straßab und den Uhren jeder denkbaren Beschreibung in sämtlichen Zimmern, die niemals richtig gehen, außer man erwischt sie gerade in der Minute, wenn sie exakt zwölf Stunden vor- oder nachgehen und somit unabsichtlich die richtige Zeit anzeigen. – Weiter zu den bescheideneren Gasthöfen an den Landstraßen Italiens, wo unweigerlich sämtliche schmutzigen Kleider des Hauses (die gerade nicht getragen werden) im Vorzimmer des Gastes liegen, wo die Moskitos im Sommer einen Rosinenkuchen aus seinem Gesicht machen und die Kälte es im Winter blau färbt, wo man bekommt, was man haben kann, und vergißt, was man nicht bekommen kann – und wo ich so gern wieder einmal meinen Tee mangels einer Teekanne in einem Taschentuch aufbrühen möchte. Und weiter in diesem herrlichen Land zu den Hotels, die in Städten und Städtchen aus alten Palazzi und alten Klöstern entstanden sind, mit ihren massiven, quadratischen Treppenhäusern, von wo man aus einem Säulenwald hoch in das blaue Himmelsgewölbe hinaufsehen kann, mit ihren feudalen Bankettheallen und weitläufigen Refektorien, mit ihren Labyrinthen von gespenstischen Schlafzimmern und den unerwarteten Ausblicken in Prunkstraßen, die weder wirklich noch möglich zu sein scheinen. Und zu den dumpfigen, kleinen Gasthöfen der Malariagebiete mit ihren bleichen Aufwärtern und dem eigentümlichen Geruch von Häusern, in die niemals frische Luft eindringt; und zu den ungeheueren, phantastischen Gasthöfen von Venedig mit den Rufen der

Gondolieri, die dort unten um die Ecke gleiten, mit dem Druck der wässerigen Gerüche auf einen bestimmten Punkt des Nasenrückens (der während des ganzen Aufenthalts keinen Augenblick nachläßt) und der großen Glocke der Markuskirche, die Mitternacht schlägt. – Danach verweilte ich kurz in den unruhigen Gasthöfen am Rhein, wo mein Zubettgehen, zu welcher Stunde immer, das Aufbruchsignal für alle anderen Gäste zu bilden scheint; und wo im Speisesaal, an dem einen Ende der langen Table d'hôte (an deren anderem Ende sich mehrere Türme zu Babel aus weißen Tellern erheben), eine Schar von stämmigen Mannen, ausschließlich in Juwelen und Schmutz und sonst nichts gekleidet, unfehlbar die ganze Nacht lang anstoßen und von Burgen und Bergen und den Reben am grünen Rhein und dem Leben am grünen Rhein und «Am Rhein, da will ich glücklich sein» und «Stoßet an, ihr Freunde, stoßet an, ihr Brüder» singen. Von dort begab ich mich selbstverständlich zu anderen deutschen Gasthöfen, wo alles Eßbare auf den gleichen Geschmack zersotten ist und wo das Erscheinen von warmen Puddings und dicken, süßen Kirschsuppen zu erschreckend unerwarteten Zeitpunkten der Mahlzeit einem den Sinn verstört. – Nach einem Schluck schäumendem Bier aus dem mächtigen Humpen und einem Blick des Wiedererkennens in die Studentenkneipen von Heidelberg und anderswo stach ich in See, auf Fahrt zu den amerikanischen Hotels mit ihren je vierhundert Betten und ihren je acht- bis neunhundert Damen und Herren, die dort täglich ihr Dinner einnehmen. Wieder stand ich in einer dortigen Bar und trank meinen abendlichen Cobbler, Julep, Sling oder Cocktail. Wieder lauschte ich meinem

Freund, dem General – den ich seit fünf Minuten kannte, im Verlauf welcher Zeit er mich fürs ganze Leben mit zwei Majoren intim bekannt gemacht hatte, die mich ihrerseits fürs ganze Leben mit drei Obristen intim bekannt gemacht hatten, durch welche ich wiederum zum Freund und Bruder von zweiundzwanzig Zivilisten geworden war –, wieder, sage ich, lauschte ich meinem Freund, dem General, der mir gemächlich die Vorzüge und Einrichtungen des Etablissements erläuterte: das Frühstückszimmer für Herren, Sir, das Frühstückszimmer für Damen, Sir, den Abendsalon für Herren, Sir, den Abendsalon für Damen, Sir, den Abendsalon für Herren und Damen, Sir, das Musikzimmer, Sir, Lesezimmer, Sir, über vierhundert Schlafzimmer, Sir, und das Ganze im Lauf von zwölf Kalendermonaten entworfen, geplant und ausgeführt, mit eingerechnet das Niederreißen des früheren Gebäudes, zum Kostenpunkt von fünfhunderttausend Dollar, Sir. Wieder fand ich, was meinen persönlichen Geschmack betraf, das Etablissement um so weniger verlockend, je größer, je prunkvoller und je dollariger es war. Nichtsdestoweniger trank ich meinen Cobbler, Julep, Sling oder Cocktail zum Wohl meines Freundes, des Generals, und meiner Freunde, der Majore, Obristen und Zivilisten, wie sie da waren, denn ich wußte wohl: Welche Splitter meine mit Balken verschlagenen Augen auch in den ihren entdeckt haben mögen, gehören sie doch einem gutmütigen, großmütigen, großzügigen und großen Volk an.

Ich war zuletzt in raschem Tempo vorwärtsgeschritten, um den Gedanken an meine Einsamkeit zu bannen, aber hier brach ich endgültig zusammen und gab es auf. Was konnte ich anfangen?

Was sollte aus mir werden? Wie tief würde ich noch sinken? Wenn ich, wie der Freiherr von Trenck, nach einer Maus oder einer Spinne Ausschau hielte und eine solche entdeckte und mir die Zeit meiner Gefangenschaft damit vertriebe, sie abzurichten? Sogar das konnte sich im Hinblick auf die Zukunft als gefährlich erweisen. Angenommen, sie schaufelten die Straße endlich aus – am Ende war ich dann schon so weit, daß ich noch auf der Schwelle, auf dem Weg in die Freiheit, in Tränen ausbrach und – wie der Gefangene, der als alter Mann aus der Bastille befreit wurde – flehentlich bat, wieder zu den fünf Fenstern und den zehn Vorhängen und den gewundenen Draperien zurückgebracht zu werden...

Da kam mir ein verzweifelter Gedanke. Unter gewöhnlichen Umständen hätte ich ihn weit von mir gewiesen, doch in meiner großen Not klammerte ich mich daran. Konnte ich meine angeborene Schüchternheit, die mich vom Tisch des Wirtes und der menschlichen Gesellschaft, die ich dort finden mochte, ferngehalten hatte, so weit überwinden, daß ich den Hausknecht hereinrief, ihm einen Stuhl (und außerdem etwas in flüssiger Form) anbot und ihn aufforderte, mit mir zu reden? Ja, ich konnte es. Ich wollte es. Ich tat es.

Zweiter Zweig: Der Hausknecht

Wo er im Leben schon herumgekommen wäre? wiederholte er meine Frage. Du lieber Himmel, überall! Und was er so getrieben hätte? Gott bewahre, Sir, so ungefähr alles, was man nur aufzählen könnte!

Da hätte er wohl schon so manches gesehen? Tja, das wollte er meinen. Ich würde es auch meinen, das könne er mir versichern, wenn ich nur den zwanzigsten Teil von allem wüßte, was ihm so über den Weg gelaufen war! Wenn er es recht bedächte, wäre es fast einfacher zu erzählen, was er *nicht* gesehen hatte. Jawohl, das wäre es!

Was wohl das Kurioseste von allem wäre, was er gesehen hatte? Hm – das wüßte er nicht recht. So auf Anhieb könnte er nicht sagen, was das Kurioseste gewesen wäre – außer vielleicht das Einhorn – und das hätte er auf einem Jahrmarkt gesehen. Aber angenommen, ein junger Herr von nicht einmal acht Jahren wollte mit einer schönen jungen Dame von sieben durchbrennen – würde ich das nicht, so für den Anfang, kurios genug finden? – Ohne Zweifel! – Na also, das hätte er mit eigenen Augen mit angesehen, er hätte selber die Schuhe geputzt, in denen die beiden durchgebrannt waren – und die waren so klein, daß er nicht die Hand hineinkriegen konnte!

Wissen Sie, Sir, der Vater von Master Harry Walmers lebte in seinem Landhaus «Zu den Ulmen», unten bei Shooter's Hill, so sechs, sieben Meilen von London entfernt. Das war ein richtiger Gentleman, ein Mann von Geist, wie man so sagt, und ein stattlicher Herr dazu. Beim Gehen hielt er sich kerzengerade und hatte so was Feuriges an sich, könnte man sagen. Er machte Gedichte und war ein kühner Reiter und großer Cricketspieler und tanzte und spielte Theater, alles gleichermaßen gut. Und er war mächtig stolz auf Master Harry, der wo sein einziges Kind war, aber verwöhnen tat er ihn nicht. Er war ein Gentleman, der einen scharfen Blick hatte und wußte, was er wollte, und wenn er etwas wollte, dann galt das auch. Und obzwar er den prächtigen Buben wie einen richtigen Kameraden behandelte, könnte man sagen, und mit Freuden sah, wie gern er seine Märchenbücher las, und es niemals satt wurde, ihm zuzuhören, wenn er behauptete: «Ich bin der Ritter Norval!» oder wenn er sang: «Guter Mond, du gehst so stille» oder «Der Mai ist gekommen» und all das – so hatte er das Kind doch fest in der Hand, und das Kind war ein richtiges Kind, und man möchte nur wünschen, daß alle Kinder das wären.

Woher er das alles wüßte? Ja, weil er doch dort Gärtnergehilfe gewesen war! Natürlich konnte er nicht Gärtnergehilfe sein und den ganzen Sommer lang im Garten schaffen, den Rasen mähen und die Wege harken und die Spaliere stutzen und die Beete jäten und dies und das, ständig vor den Fenstern und ums Haus herum, ohne die Familie gründlich kennenzulernen. Sogar wenn Master Harry nicht eines Tages in aller Morgenfrühe zu ihm gekommen wäre und gesagt hätte: «Cobbs, wie würdest du ‹Norah› schreiben, wenn man dich fragt?» – und dann begonnen hätte, den Namen in gedruckten Buchstaben in den Zaun einzuritzen.

Er könnte nicht behaupten, daß er sich bis dahin viel um Kinder geschert hätte, aber wie die zwei Knirpse so sterblich verliebt miteinander herumspazierten, das war wirklich hübsch anzusehen. Und die Courage von dem Jungen! Du lieber Himmel, der hätte seinen kleinen Hut abgeworfen und seine kleinen Ärmel aufgekrempelt und wäre auf einen Löwen losgegangen, wenn ihnen nämlich einer begegnet wäre und sie Angst gekriegt hätte. Eines Tages bleibt er mit ihr vor Cobbs stehen, der gerade den Kiesweg harkt, und sagt, einfach so:

«Cobbs», sagt er, «dich hab ich gern!» – «Wahrhaftig, Sir? Das ist mir eine Ehre.» – «Ja, Cobbs. Und warum, glaubst du, hab ich dich gern, Cobbs?» – «Das weiß ich wirklich nicht, Master Harry.» – «Weil Norah dich gern hat, Cobbs», sagt er. – «Wahrhaftig, Sir? Das ist mir sehr schmeichelhaft.» – «Schmeichelhaft, Cobbs? Das ist mehr wert als eine Million von den schönsten Edelsteinen, wenn Norah einen gern hat!» – «Das ist es bestimmt, Sir.» – «Willst du wirklich von hier weggehen, Cobbs?» – «Ja, Sir.» – «Möchtest du gern eine gute Stellung, Cobbs?» – «Tja, Sir, ich hätte nichts dagegen, eine zu finden.» – «Also dann, Cobbs», sagt er, «kannst du bei uns Obergärtner werden, wenn wir erst verheiratet sind.» – Und dann faßt er sie in ihrem himmelblauen Mäntelchen unter und spaziert mit ihr davon.

Cobbs konnte mir versichern, daß es wie auf dem Theater war, schöner als ein gemaltes Bild, wie die beiden mit ihrem langen hellen Lockenhaar und ihren strahlenden Augen und ihrem wunderleichten Schritt so sterblich verliebt im Garten herumspazierten. Cobbs war der Meinung, die Vögel hätten sie für ihresgleichen gehalten und extra schön gesungen, um ihnen eine Freude zu machen. Manchmal krochen sie unter den Tulpenbaum, und dort saßen sie dann eng umschlungen, die zarten Wangen aneinander geschmiegt, und lasen vom Prinzen und dem Drachen und dem guten und dem bösen Zauberer und der schönen Königstochter. Manchmal hörte er sie auch Pläne machen: sie wollten sich ein Häuschen mitten im Wald bauen, Bienen und eine Kuh halten und nur von Milch und Honig leben. Einmal standen sie beim Teich, und er hörte Master Harry sagen: «Angebetete Norah, gib mir einen Kuß und sag, daß du mich bis zum Wahnsinn liebst, sonst spring ich kopfüber ins Wasser!» Und Cobbs bezweifelte nicht, daß er es auch getan hätte, bloß war es nicht nötig. Im großen und ganzen, sagte Cobbs, hätte er beim bloßen Zusehen so ein Gefühl gehabt, als sei er selber verliebt, nur daß er nicht wußte, in wen.

«Cobbs», sagt Master Harry eines Abends, wie Cobbs die Blumen begießt, «im Sommer fahre ich zu Besuch zu meiner Großmama in York.»

«Wahrhaftig, Sir? Da wünsche ich Ihnen einen schönen Aufenthalt. Ich will auch nach Yorkshire, wenn ich von hier fortgehe.»

«Gehst du auch deine Großmama besuchen, Cobbs?»

«Nein, Sir. So was hab ich nicht.»

«Gar keine Großmama, Cobbs?»

«Nein, Master Harry.»

Der Junge sieht ihm ein Weilchen beim Gießen zu, dann sagt er: «Ich freue mich sehr darauf, zu meiner Großmama zu fahren, Cobbs. Norah kommt auch hin.»

«Dann wird es für Sie doppelt schön sein, Sir», sagt Cobbs, «mit Ihrer schönen Herzensdame an der Seite.»

«Cobbs», erwidert der Junge und wird ganz rot, «ich erlaube niemandem, darüber zu spotten!»

«Es war nicht als Spott gemeint, Sir», sagt Cobbs bescheiden.

«Das freut mich, Cobbs, denn weißt du, ich hab dich gern, und du sollst doch mit uns leben. – Cobbs!»

«Sir?»

«Was meinst du, schenkt mir meine Großmama, wenn ich zu Besuch komme?»

«Keine Ahnung, Sir.»

«Eine Fünfpfundnote, Cobbs.»

«Hui!» sagt Cobbs. «Das ist mächtig viel Geld, Master Harry!»

«Mit soviel Geld kann ein Mensch schon etwas anfangen, nicht wahr, Cobbs?»

«Das möchte ich meinen, Sir!»

«Cobbs», sagt der Junge, «ich will dir ein Geheimnis erzählen. Bei Norah zu Hause haben sie über mich gelacht und getan, als wäre unsere Verlobung nur ein Spaß – sie haben darüber gespottet, Cobbs!»

«Das, Sir», sagt Cobbs, «ist die Verruchtheit der menschlichen Natur.»

Der Junge steht noch ein paar Minuten lang da, sein glühendes Gesicht der untergehenden Sonne zugewandt, und sieht aufs Haar wie sein Vater aus. Dann sagt er: «Gute Nacht, Cobbs, ich muß jetzt hinein», und geht.

Wenn ich Cobbs etwa fragen wollte, wie es kam, daß er just zu diesem Zeitpunkt seine Stellung aufzugeben gedachte, wüßte er mir keine rechte Antwort zu geben. Er dächte, er könnte noch heute dort sein, wenn er nur gewollt hätte. Aber er war damals noch jünger und wollte einmal etwas anderes probieren. Das war es – einmal eine Abwechslung wollte er. Als er Mr. Walmers seine Kündigung aussprach, sagte der: «Cobbs», sagt er, «hat Er über etwas zu klagen? Wenn ich feststelle, daß einer von meinen Leuten wirklich Grund zu klagen hat, möchte ich das in Ordnung bringen, soweit es mir möglich ist. Darum frage ich Ihn danach.» – «Nein, Sir», sagt Cobbs, «mit meinem ergebensten Dank, Sir, ist meine Stellung hier so, wie ich es nur wünschen kann. Die Wahrheit ist, daß ich versuchen möchte, mein Glück zu machen, Sir.» – «Nun, Cobbs», sagt er, «da kann ich nur hoffen, daß es Ihm gelingen wird.» – Und Cobbs konnte mir versichern – wobei er gleichsam als Ehrenbezeigung für seinen augenblicklichen Beruf mit dem Stiefelknecht salutierte –, daß er es bis jetzt nicht gemacht hätte.

Tja, Sir, als seine Zeit um war, verließ Cobbs die «Ulmen», und Master Harry fuhr zu der alten Dame nach York, die ihren letzten Zahn (falls sie einen gehabt hätte) für den Jungen hergegeben hätte, so verliebt war sie in ihn. Und was tut das Bübchen – denn ein Bübchen konnte man ihn wohl noch nennen, ohne etwas Falsches zu behaupten –, als mit seiner Norah aus dem Haus der alten Dame durchzubrennen, um nach Gretna Green zu fahren und sich dort trauen zu lassen!

Cobbs, Sir, war hier in dieser selbigen «Stechpalme» in Kondition (wonach er sie später mehrmals verlassen hatte, um sich zu verbessern, aber aus dem einen oder anderen Grund immer wieder zurückkam), als eines schönen Sommernachmittags die Postkutsche vorfährt und niemand anderer aussteigt als just die beiden Kinder! Der Schaffner sagt zu unserem Wirt: «Ich komm nicht recht heraus mit den zwei kleinen Passagieren, aber der junge Herr hat verlangt, daß wir ihn hierherbringen.» Der junge Herr steigt aus, hilft seiner Dame aus der Kutsche, gibt dem Schaffner etwas für seine Mühe und sagt zu unserem Wirt: «Wir wollen hier übernachten bitte. Einen Salon und zwei Schlafzimmer. Zweimal Koteletts und Kirschkuchen.» Und dann nimmt er sie in ihrem himmelblauen Mäntelchen unter den Arm und marschiert stolz wie ein Kartenkönig mit ihr ins Haus.

Cobbs ersuchte mich, mir ein Bild von dem allgemeinen Erstaunen zu machen, als die beiden kleinen Leutchen ganz allein in das Zimmer «Zum Engel» geführt werden – und erst recht, als er, der sie gesehen hatte, ohne daß sie ihn sahen, dem Wirt seine persönlichen Vermutungen über Ziel und Zweck ihrer Reise kundtut. «Cobbs», sagt der Wirt, «wenn das stimmt, muß ich mich schleunigst nach York begeben, um die besorgten Eltern zu beruhigen. Doch bevor ich diese Maßnahme ergreife, Cobbs, wäre es mir lieb, wenn Er von den beiden selber herauskriegen könnte, ob Seine Vermutungen zutreffen.» – «Soll geschehen, Sir», sagt Cobbs prompt.

Cobbs geht also in den «Engel» hinauf, und dort findet er Master Harry auf einem riesengroßen Sofa – das zu jeder Zeit ein riesiges Möbelstück ist, jetzt aber vergleichsweise ungeheuerlich aussieht –, wie er Miss Norah mit seinem eigenen Taschentuch die Tränen trocknet. Ihre vier Beinchen baumeln natürlich in der Luft, und Cobbs ist tatsächlich außerstande auszudrücken, wie winzig klein die Kinderchen aussahen.

«Cobbs! Das ist doch Cobbs!» schreit Master Harry und rennt zu ihm hin und umklammert seine Hand. Miss Norah kommt auf der anderen Seite angerannt und umklammert seine andere Hand, und beide springen vor Freude hoch in die Luft.

«Ich sehe Sie aussteigen, Sir», sagt Cobbs, «und denke mir, das können doch nur Sie sein. Ich denke mir, ich kann mich doch nicht in Ihrer Größe und Ihrer Figur irren. Was ist der Zweck Ihrer Reise, Sir? Ehelich, wenn ich fragen darf?»

«Wir fahren nach Gretna Green, um dort zu heiraten, Cobbs», sagt der Junge. «Wir sind heimlich davongelaufen. Norah war ein bißchen traurig, Cobbs, aber jetzt wird sie wieder froh sein, weil wir dich getroffen haben und du doch unser Freund bist.»

«Danke, Sir, und danke *Ihnen* ergebenst, Miss, für Ihre gute Meinung», sagt Cobbs. «Haben Sie kein Gepäck bei sich, Sir?»

Wenn ich Cobbs glauben will, was er mir auf Treu und Ehre versichert, hatte die Dame ein Sonnenschirmchen bei sich, ferner ein Riechfläschchen, anderthalb Scheibchen kalten, gebutterten Toast, acht Pfefferminzbonbons und eine Haarbürste – offenbar aus dem Besitz einer Puppe. Der junge Herr hingegen ein paar Ellen Bindfaden, ein Taschenmesser, drei, vier Blatt Schreibpapier, erstaunlich klein zusammengefaltet, eine Orange und einen Reisetrinkbecher mit seinem Namen darauf.

«Wie sehen Ihre weiteren Pläne aus, Sir, wenn ich fragen darf?» sagt Cobbs.

«Wir fahren in aller Früh weiter», sagt der Junge – die Courage von diesem Jungen war etwas Wunderbares! –, «und wollen morgen heiraten.»

«Aha, Sir», sagt Cobbs. «Würde es Ihren Wünschen entsprechen, Sir, daß ich Sie begleite?»

Als Cobbs das sagt, springen sie wieder vor Freude in die Höhe und rufen alle beide: «O ja, ja, Cobbs! O ja!»

«Wenn ich so frei sein darf, Sir, meine Meinung zu äußern», sagt Cobbs, «würde ich Ihnen folgendes empfehlen: Ich bin mit einem Pony bekannt, Sir, das Sie und Mrs. Harry Walmers junior in einem Reisewagen, den ich ausleihen kann, in sehr kurzer Frist an Ihr Ziel bringen könnte, wobei ich (Ihre Billigung vorausgesetzt) kutschieren würde. Ich bin nicht ganz sicher, Sir, ob das Pony morgen zur Verfügung steht, aber sogar wenn Sie bis übermorgen warten müßten, würde es sich lohnen. Was die kleine Rechnung hier betrifft – für den Fall, daß Sie etwas knapp mit Geld wären, Sir –, spielt das keine Rolle. Ich bin nämlich Mitbesitzer des Gasthofs, und es hat Zeit mit der Zahlung.»

Cobbs versichert mir nur eines: Als sie in die Hände klatschten und neue Freudensprünge machten und sich in der Unschuld ihrer vertrauensvollen Herzen vor lauter Entzücken über ihn hinweg küßten, hielt er sich für den gemeinsten Schuft und Lügner, der je geboren wurde.

«Hätten Sie augenblicklich irgendwelche Wünsche, Sir?» fragt Cobbs und schämt sich bitterlich.

«Wir möchten nach dem Nachtessen noch Kuchen», sagt Master Harry Walmers, während er die Arme verschränkt, ein Bein von sich streckt und ihm gerade ins Gesicht sieht, «Kuchen und zwei Äpfel – und Konfitüre. Und zum Nachtessen dazu Toast und Wasser. Aber Norah ist gewöhnt, zum Dessert ein halbes Glas Johannisbeerwein zu trinken – und ich auch.»

«Soll alles prompt bestellt werden, Sir», sagt Cobbs und geht.

In dieser Minute, da er mir das erzählt, empfindet Cobbs genauso heftig wie damals den Wunsch, es lieber in ein paar Runden mit dem Wirt auszukämpfen, als die Hand zu seinen Schlichen zu leihen; und er wünscht aus ganzer Seele, daß es irgendeinen unmöglichen Ort gäbe, wo die beiden Kinder eine unmögliche Ehe schließen und in unmöglichem Glück leben könnten, bis ans Ende ihrer Tage. Da dies aber nicht sein konnte, ging er auf den Plan des Wirtes ein, und der Wirt reiste nach York, bevor noch eine halbe Stunde um war.

Wie die Weiber im Haus – ausnahmslos, ob ledig oder verheiratet – von dem Jungen entzückt waren, als sie die Geschichte hörten – das erschien Cobbs ganz erstaunlich. Kaum daß er sie mit größter Mühe davon abhalten konnte, ins Zimmer hineinzustürzen und ihn abzuküssen. Sie kletterten unter Lebensgefahr an alle möglichen Orte, um ihn durchs Türfenster zu betrachten, und sieben machten einander den Platz am Schlüsselloch streitig. Ganz außer sich waren sie über ihn und sein kühnes Gemüt.

Abends ging Cobbs wieder hinauf, um nach dem Ausreißerpaar zu sehen. Der Herr saß auf dem Fenstersitz und stützte die Dame mit seinem Arm. Sie hatte, todmüde und halb schlafend, den Kopf auf seine Schulter gelegt, und die Tränen liefen ihr übers Gesicht.

«Mrs. Harry Walmers junior ist wohl etwas ermüdet, Sir?» fragt Cobbs.

«Ja, sie ist so müde, Cobbs. Sie ist eben noch nie von zu Hause fort gewesen und war wieder traurig. Cobbs, glaubst du, daß du ein bißchen Apfelmus bringen könntest, bitte?»

«Verzeihung, Sir», sagt Cobbs, «was meinten Sie, das...»

«Ich glaube, ein bißchen Apfelmus würde ihr gut tun, Cobbs. Das ißt sie nämlich furchtbar gern.»

Cobbs entfernte sich, um das gewünschte Stärkungsmittel zu besorgen, und als er es brachte, fütterte der Herr die Dame mit einem Löffelchen und aß selbst mit, denn die Dame war ganz schlaftrunken und sehr übler Laune. «Was würden Sie vom Zubettgehen halten, Sir?» fragte Cobbs. Der Gentleman war einverstanden, und das Stubenmädchen ging, mit dem brennenden Leuchter in der Hand, vor ihnen die große Treppe hinauf. Die junge Dame in ihrem hellblauen Mäntelchen folgte ihr, galant von dem Herrn geleitet. Der Herr umarmte sie vor ihrer Tür und zog sich dann in sein eigenes Schlafgemach zurück, wo Cobbs hinter ihm unhörbar den Schlüssel im Schloß umdrehte.

Als sie ihn am nächsten Morgen beim Frühstück (sie hatten noch abends gezuckerte Milch und Toast und Johannisbeergelée bestellt) nach dem Pony ausfragten, fühlte Cobbs sich mehr denn je als gemeiner Betrüger. Er schämt sich nicht, mir zu gestehen, daß er den zwei unschuldigen Dingern kaum ins Gesicht sehen konnte, weil er immerzu denken mußte, was für ein abscheulicher alter Lügner er doch wäre. Trotzdem fuhr er fort zu lügen wie ein Grenadier, Sir. Er erklärte ihnen, es träfe sich so unglücklich, daß das Pony gerade zur Hälfte geschoren wäre, und in diesem Zustand, nicht wahr, könne man es nicht ausführen, weil es sich sonst vielleicht nach innen schlagen würde; aber heute würde man es fertig scheren und morgen früh um acht würde der Reisewagen vor der Tür stehen. Wenn Cobbs jetzt und hier in meinem Zimmer auf die ganze Geschichte zurückblickt, ist sein allgemeiner Eindruck der, daß Mrs. Harry Walmers junior zu bocken begann. Niemand hatte ihr das Haar gewickelt, bevor sie zu Bett ging, und sie schien sich nicht darauf zu verstehen, sich selbst zu kämmen, so daß es ihr immerfort in die Augen kam, und das verstimmte sie. Aber nichts konnte Master Harry verstimmen. Er saß hinter seiner Tasse Milch und hieb in das Gelée ein, als wäre er sein eigener Vater.

Cobbs neigt zu der Auffassung, daß sie nach dem Frühstück Soldaten zeichneten – zumindest weiß er, daß eine Menge solche Zeichnungen in der

Feuerstelle gefunden wurden, alle beritten. Im Lauf des Vormittags läutete Master Harry – es war erstaunlich, wie der Junge sich hielt – und fragte munter: «Cobbs, gibt's hier irgendeinen hübschen Spazierweg?»

«Ja, Sir», sagt Cobbs, «da gibt's den Liebesweg.»

«Schau, daß du wegkommst, Cobbs!» Genau so drückte sich der Junge aus. «Jetzt machst du dich lustig!»

«Um Vergebung, Sir», sagt Cobbs, «der Weg heißt wirklich so. Und es ist ein sehr hübscher Spaziergang, und es wäre mir eine Ehre, ihn Ihnen und Mrs. Harry Walmers junior selbst zu zeigen.»

«Norah, mein Liebling», sagt Master Harry, «das ist doch lustig! Wir sollten uns den Liebesweg wirklich ansehen. Setz deinen Hut auf, mein süßer Schatz, wir gehen mit Cobbs spazieren.»

Cobbs überläßt es mir, zu beurteilen, wie gemein er sich vorkam, als sie zu dritt dahinwanderten und das junge Paar ihm erklärte, sie hätten beschlossen, ihm als Obergärtner zweitausend Pfund jährlich zu zahlen, weil er ihnen ein so treuer Freund wäre. Cobbs hätte in diesem Augenblick gewünscht, daß die Erde sich auftäte und ihn verschlänge, so bitterlich schämte er sich, als sie ihn mit ihren strahlenden Augen ansahen und ihm jedes Wort glaubten. Je nun, Sir, er lenkte sie von dem Thema ab, so gut er konnte, und führte sie über den Liebesweg zu den Wiesen am Teich hinunter, wo Master Harry um ein Haar ertrunken wäre, weil er unbedingt eine Seerose für sie pflücken wollte – aber den Jungen vermochte nichts zu schrecken. Nun, Sir, die zwei waren todmüde. Alles war so neu und fremd für sie, daß sie total erschöpft waren. Sie legten sich mitten in die Gänseblümchen, wie Brüderlein und

Schwesterlein im Wald, oder zumindest in den Wiesen, und schliefen ein.

Cobbs weiß nicht – vielleicht weiß ich es – aber egal, es hat nichts auf sich –, wie es kommt, daß ein ausgewachsener Mann richtig zum Narren werden könnte, wenn er so zwei hübsche, unschuldige Kinder an einem sonnenhellen Tag friedlich im Gras liegen sieht und weiß, daß sie im Schlaf nicht halb so verrückt träumen wie im wachen Zustand... Aber du lieber Himmel! Wenn man so über sich selber nachzudenken beginnt, nicht wahr, und was man von der Wiege an auszukämpfen hatte und was für ein armer Teufel man doch ist, für den es immer «Gestern» oder «Morgen» heißt und niemals «Heute» – ja also, das ist es eben!

Nun, Sir, schließlich wachten sie wieder auf, und dann begann Cobbs eines klar zu sehen, nämlich daß Mrs. Harry Walmers junior sehr schlechter Laune war. Wie Master Harry ihr den Arm um die Taille legt, sagt sie, er wäre so lästig. Und wie er sagt: «Norah, mein Süßes, dein Harry ist dir lästig?» – antwortet sie ihm: «Ja! Und ich will nach Hause!»

Ein Suppenhuhn und eine Süßspeise munterten Mrs. Walmers wieder ein bißchen auf, aber wie Cobbs mir ganz unter uns gestand, hätte er wünschen können, sie wäre empfänglicher für die Stimme der Liebe gewesen, anstatt sich alle Korinthen herauszupicken. Doch Master Harry, der hielt sich tapfer, und sein edles Herz blieb so zärtlich wie eh und je. Gegen Abend wurde Mrs. Walmers sehr schläfrig und begann wieder zu weinen. Infolgedessen ging Mrs. Walmers zu Bett wie am gestrigen Tage und Master Harry dito.

Gegen elf oder zwölf Uhr nachts kommt der Wirt zurück, mit Mr. Walmers und einer älteren Dame in der Chaise. Mr. Walmers sieht belustigt und sehr ernst drein, beides zugleich, und sagt zu unserer Frau: «Wir sind Ihnen sehr verbunden, Madam, daß Sie sich so freundlich unserer Kinder angenommen haben. Wir können Ihnen gar nicht dankbar genug sein. Bitte, wo ist mein Junge, Madam?» – Unsere Frau sagt: «Cobbs hier hat sich um das liebe Kind gekümmert, Sir. Cobbs, Nummer vierzig zeigen!» – Darauf sagt Mr. Walmers zu Cobbs: «Ich freue mich, Ihn zu sehen, Cobbs! Ich habe schon gehört, daß Er hier ist!» – Und Cobbs sagt: «Sehr wohl, Sir. Gehorsamster Diener, Sir.»

Vielleicht wird es mich überraschen, Cobbs so reden zu hören, aber Cobbs versichert mir, sein Herz hätte wie ein Hammer geklopft, als sie die Treppe hinaufgingen. «Um Vergebung, Sir», sagt er, während er die Tür aufsperrt. «Ich hoffe, Sie sind nicht böse auf Master Harry. Denn Master Harry ist ein Prachtjunge, Sir, und wird Ihnen noch viel Freude und Ehre machen.» Und Cobbs gibt mir zu verstehen, wenn der Vater des Prachtjungen ihm widersprochen hätte, ja, dann hätte er, glaubt er, in dem verwegenen Gemütszustand, in dem er sich damals befand, ihm «eine runtergehaut» und die Folgen auf sich genommen.

Doch Mr. Walmers sagt bloß: «Nein, Cobbs, nein, mein Braver. Ich danke Ihm.» Inzwischen ist die Tür offen, und er geht hinein.

Cobbs geht auch hinein, weil er das Licht hält, und er sieht, wie Mr. Walmers ans Bett tritt, sich sacht darüberneigt und einen Kuß auf das schlafende kleine Gesicht drückt. Dann steht er ein Weilchen da und schaut es an, wobei er ihm zum Verwundern ähnlich sieht (tatsächlich erzählt man, er wäre seinerzeit mit Mrs. Walmers durchgebrannt), und schließlich schüttelt er sanft die kleine Schulter.

«Harry, mein lieber Junge! Wach auf, Harry!»

Master Harry fährt aus dem Schlaf auf und sieht ihn an. Er sieht auch zu Cobbs hin. Soviel Ehre hat der Knirps im Leibe, daß er zu Cobbs hinübersieht, ob er den vielleicht in Schwierigkeiten gebracht hätte.

«Ich bin nicht böse, Kind. Ich möchte nur, daß du dich jetzt anziehst und mit mir nach Hause kommst.»

«Ja, Pa.»

Master Harry zieht sich rasch an. Als er fast fertig ist, beginnt seine Brust zu wogen, und sie wogt mehr und mehr, bis er schließlich dasteht und seinen Vater ansieht; und sein Vater steht da und sieht *ihn* an, wie sein leibhaftiges Abbild.

«Bitte, darf ich...» Die Courage von dem kleinen Kerl und die Tapferkeit, mit der er die aufsteigenden Tränen zurückhält! «Bitte, Pa, darf ich – darf ich Norah einen Kuß geben, bevor wir gehen?»

«Ja, Kind, das darfst du.»

Er nimmt also Master Harry bei der Hand, und Cobbs mit seiner Kerze geht voran und führt sie in das andere Schlafzimmer, wo die ältere Dame neben dem Bett sitzt und die arme kleine Mrs. Harry Walmers junior in tiefem Schlaf liegt. Der Vater hebt den Jungen zum Kopfkissen hinauf, und der legt sein Gesicht einen Moment lang neben das schlafwarme Gesichtchen der armen, kleinen, nichts ahnenden Mrs. Harry Walmers junior und zieht es sanft an sich – ein Anblick, der den zur Tür hereinguckenden Stubenmädchen so rührend erscheint, daß eine von ihnen ganz laut ausruft: «Ein Jammer ist das, daß die zwei scheiden müssen!»

Aber dieses Stubenmädchen war, wie Cobbs mir mitteilt, immer eine Weichherzige. Nicht daß man dem Mädel etwas Schlimmes nachsagen könnte, weit entfernt!

Nun, das wäre so ziemlich alles, sagt Cobbs. Mr. Walmers fuhr in der Chaise davon, Hand in Hand mit Master Harry. Am nächsten Morgen verreisten auch die ältere Dame und Mrs. Harry Walmers junior, die es nie werden sollte (sie heiratete lang nachher einen Offizier und verstarb in Indien). Zum Schluß legt Cobbs mir die Frage vor, ob ich in zwei Punkten seine Meinung teile: erstens, daß nicht viele Paare den Weg zum Traualtar nur halb so treuen Herzens beschreiten wie diese beiden Kinder; und zweitens, daß es für sehr viele Paare auf dem Weg zum Traualtar eine mächtig gute Sache wäre, wenn man sie nur rechtzeitig aufhalten und getrennt zurückspedieren könnte.

Dritter Zweig: Die Rechnung

Ich blieb eine volle Woche lang eingeschneit. Die Zeit war mir so schnell vergangen, daß ich die Tatsache ernstlich bezweifelt hätte, wäre nicht der schriftliche Beweis dafür auf meinem Tisch gelegen.

Das betreffende Dokument war meine Rechnung, ausgestellt einen Tag, nachdem man die Straße freigelegt hatte. Sie bezeugte ausdrücklich, daß ich unter den schützenden Zweigen der «Stechpalme» gegessen und getrunken und geschlafen und mich gewärmt hatte – sieben Tage und sieben Nächte lang.

Gestern hatte ich der Straße eine Frist von weiteren vierundzwanzig Stunden zur Besserung ihres Zustands gewährt, weil ich diese zusätzliche Zeitspanne brauchte, um meine Arbeit zu vollenden. Dementsprechend lautete meine Anordnung, «morgen um acht Uhr abends» solle meine Rechnung auf dem Tisch liegen und eine Chaise vor der Tür stehen. Es war «morgen um acht Uhr abends», als ich mein Reiseschreibpult in seine Lederhülle schnallte, meine Rechnung bezahlte und mich in meine warmen Mäntel und Hüllen einwickelte. Jetzt blieb mir natürlich keine Zeit mehr, um weiterzureisen und den zweifellos massenhaft vielen Eiszapfen an dem Landhaus, wo ich Angela zum erstenmal erblickt hatte, noch eine gefrorene Träne hinzuzufügen. Ich mußte mich im Gegenteil auf der kürzesten befahrbaren Route nach Liverpool begeben, um mein großes Gepäck auszulösen und mich einzuschiffen. Das gab noch genug zu tun, und es blieb mir keine Stunde überflüssige Zeit.

Ich hatte von all meinen Freunden in der «Stechpalme» Abschied genommen – und vorübergehend fast auch von meiner leidigen Schüchternheit – und schaute, noch einen Augenblick in der Haustür verweilend, dem Stallknecht zu, der den Strick, mit dem mein Reisesack auf der Chaise festgeschnürt war, noch etwas straffer anzog, als ich sah, daß sich der «Stechpalme» die Lichter eines Wagens näherten. Die Straße war so dick mit Schnee gepolstert, daß kein Räderlärm zu vernehmen war, doch alle, die mit mir in der Haustür standen, sahen zwischen den hohen Schneewällen zu beiden Seiten der Straße die Lichter herankommen, noch dazu in raschem Tempo. Das Stubenmädchen erriet augenblicklich, wie die Sache lag, und rief dem Stallknecht zu: «Tom, die wollen nach Gretna!» Der

Stallknecht, der wohl wußte, daß das zarte Geschlecht für eine Heirat, oder was immer in dieses Gebiet fällt, einen instinktiven Riecher besitzt, stürmte mit dem lauten Ruf: «Die nächsten vier heraus!» über den Hof, und alsbald war das ganze Haus in Bewegung.

Ich empfand ein wehmütiges Interesse für den Glücklichen, der liebte und wiedergeliebt wurde, und so blieb ich, anstatt unverzüglich abzufahren, noch einen Moment in der Haustür stehen, um die Flüchtigen ankommen zu sehen. Ein in Mäntel vermummter Geselle mit leuchtenden Augen sprang so schneidig aus dem Wagen, daß er mich um ein Haar über den Haufen geworfen hätte. Er drehte sich um, um sich zu entschuldigen – und bei allen Göttern! Es war Edwin!

«Charley!» rief er, zurückprallend. «Bei allen himmlischen Mächten, was treibst du hier?»

«Edwin!» rief ich, zurückprallend. «Bei allen himmlischen Mächten, was treibst du hier?» Doch noch während ich sprach, schlug ich mich vor die Stirn, und vor meinen Augen schien ein unerträglich heller Blitz vorüberzuzucken.

Er zog mich hastig in die kleine Stube (wo stets ein leise verglimmendes Feuer brannte und kein Schürhaken zu finden war), in welcher die Durchreisenden warteten, bis ihre Pferde ausgewechselt waren, schloß die Tür und sagte: «Verzeih mir, Charley!»

«Edwin!» versetzte ich. «War das schön gehandelt? Wo ich sie doch so innig liebte! Wo ich mein Herz so lange aufgespart hatte!» Mehr vermochte ich nicht zu sagen.

Er war sichtlich erschrocken, meine tiefe Bewegung zu sehen, und machte die grausame Bemerkung, er hätte nicht gedacht, daß ich es mir so sehr zu Herzen nehmen würde.

Ich sah ihn an. Ich machte ihm keine Vorwürfe mehr. Ich sah ihn bloß an.

«Mein lieber, lieber Charley!» rief er. «Ich flehe dich an, denk nicht schlecht von mir! Ich weiß, du hast ein Anrecht auf mein unbeschränktes Vertrauen, und glaub mir, du hast es bisher in vollstem Maß genossen. Ich verabscheue Heimlichkeiten. Sie dünken mich unerträglich gemein. Aber ich und mein geliebtes Mädchen haben um deinetwillen geschwiegen.»

Er und sein geliebtes Mädchen! Das verlieh mir Kraft.

«Um meinetwillen, Sir?» sagte ich kühl, während ich nur staunte, wie frech er mir mit diesem offenen Gesicht die Stirn zu bieten wagte.

«Ja, um deinetwillen und um Angelas willen», erwiderte er.

Das Zimmer schien sich taumelnd um mich zu drehen wie ein Kreisel, der seinen Schwung verloren hat. «Erkläre dich!» murmelte ich mit schwacher Stimme, während ich mich mit der einen Hand an der nächsten Stuhllehne festhielt.

«Charley, lieber alter Kerl! Überleg's nur einmal!» versetzte Edwin in seiner herzlichen Art. «Du warst mit Angela auf so gutem Wege – wie konnte ich da deine Stellung gegenüber dem alten Herrn gefährden, indem ich dich zum Mitwisser unserer Verlobung und dann (als er meinen Antrag abgewiesen hatte) unserer heimlichen Fluchtpläne machte? Es war doch sicher besser, daß du in aller Ehrenhaftigkeit versichern konntest: ‹Er hat sich nie mit mir beraten, mich nie in seine Absichten eingeweiht, mir auch nicht die geringste Andeutung gemacht!› Wenn Angela etwas ahnte und mir ihr ganzes Wohlwollen und jede mögliche Unterstützung gewährte – der Himmel segne sie dafür! –, konnte ich es nicht verhindern. Weder ich noch Emmeline haben ihr je ausdrücklich etwas gestanden, ebensowenig wie dir. Und aus dem gleichen guten Grund, Charley, glaub mir das! Aus dem gleichen guten Grund und keinem anderen auf Erden!»

Emmeline war Angelas Kusine, die bei ihr lebte, mit ihr zusammen aufgewachsen war, das Mündel ihres Vaters – und sie besaß ihr eigenes Vermögen.

«Und in der Chaise sitzt Emmeline, liebster Edwin!» rief ich, während ich ihn mit der größten Herzlichkeit umarmte.

«Glaubst du, mein Guter, daß ich ohne sie nach Gretna Green fahren würde?» gab Edwin lachend zurück.

Ich lief mit ihm hinaus, ich riß die Wagentür auf, ich nahm Emmeline in die Arme und drückte sie an mein Herz. Sie war in den weichsten, weißesten Pelz eingehüllt, wie die schneebedeckte Landschaft ringsum, aber darunter so warm und jung und reizend! Ich half mit eigener Hand beim Anschirren ihrer Leitpferde, ich gab jedem Burschen eine Fünfpfundnote, ich rief ihnen ein schallendes «Hurra!» nach, als sie abfuhren, ich fuhr mit der größtmöglichen Geschwindigkeit in die entgegengesetzte Richtung!

Ich reiste nie nach Liverpool, ich reiste nie nach Amerika, ich reiste geradewegs nach London zurück und heiratete Angela. Bis zum heutigen Tag habe ich keiner menschlichen Seele das Geheimnis meiner leidigen Schüchternheit und meinen Argwohn und die verfehlte Reise, zu der er mich verleitete, offenbart. Wenn sie und Edwin und Emmeline und unsere acht Kinder und ihre sieben (ihre älteste Tochter ist jetzt alt genug, um selbst das bräutliche Weiß zu tragen und darin ihrer Mutter sehr ähnlich zu sehen) jemals diese Zeilen lesen, wie es natürlich kommen muß, werde ich schließlich ertappt dastehen. Doch sei's drum! Ich kann's ertragen. Dank einem müßigen Zufall begann ich in der «Stechpalme» die Weihnachtszeit mit menschlichem Interesse zu verknüpfen, mit der Teilnahme an dem Schicksal der Menschen, unter denen ich lebe. Ich hoffe, es hat mir nicht geschadet und auch niemandem in meiner näheren oder ferneren Umgebung geschadet. Und darum sage ich: Möge die «Stechpalme» immerdar grünen und gedeihen! Möge sie ihre Wurzeln tief in unseren englischen Erdboden senken und mögen ihre keimkräftigen Samen von den Vögeln des Himmels über die ganze Erde getragen werden!

Das Gepäck von einem Herrn

Auf Abruf aufzubewahren

In Anbetracht dessen, daß Schreiber nachstehender anspruchsloser Zeilen Kellner ist und einer Kellnerfamilie entstammt und zum gegenwärtigen Zeitpunkt fünf Brüder besitzt, die alle Kellner sind, sowie gleichermaßen eine einzige Schwester, die Kellnerin ist, möchte er sich gestatten, einige Worte über seinen Beruf zu äußern; nicht ohne sich vorher das Vergnügen zu machen, besagte Worte dem allgemein hochgeschätzten Oberkellner vom *Slam-jam*-Kaffeehaus, London, E.C., JOSEPH, freundschaftlich zu widmen, im Vergleich zu welchem, ob nun in seiner Eigenschaft als Kellner oder als Mann betrachtet, kein Individuum existiert, das des Namens Mensch würdiger wäre oder seinem eigenen Verstand und Gemüt mehr Ehre machen könnte.

Für den Fall, daß in der öffentlichen Meinung (die in so vielen Punkten der Verwirrung zugänglich ist) betreffs der Frage, was mit dem Ausdruck «Kellner» gemeint oder bezeichnet wird, Verwirrung entstehen sollte, möchten die nachstehenden anspruchslosen Zeilen sich gestatten, eine Erklärung beizubringen. Es mag nicht allgemein bekannt sein, daß der Mann, der sich zur Aufwartung in Privathäuser verdingt, *kein* Kellner ist. Es mag nicht allgemein bekannt sein, daß der Mann, der im *Freemasons' Tavern* oder im *London* oder im *Albion* als Aushilfsbedienung eingestellt wird, *kein* Kellner ist. Solche Leute mögen bei offiziellen Banketten dutzendweise engagiert werden (und man erkennt sie daran, daß sie beim Servieren geräuschvoll atmen und die Weinflasche wegnehmen, ehe sie halb leer ist), aber sie sind *keine* Kellner. Denn man kann das Schneider- oder Schuhmacher- oder Börsenmakler- oder Grünzeughändler- oder Zeitschriftenillustrator- oder Trödlergewerbe – man kann alle diese Berufszweige nicht einfach nach Lust und Laune für einen Nachmittag oder Abend an den Nagel hängen und statt dessen den Kellnerberuf aufnehmen. Man glaubt, man kann es, aber man kann es nicht; oder man geht sogar so weit, zu sagen, daß man es tut, aber man tut es nicht. Ebensowenig kann man, durch anhaltende Unstimmigkeiten mit Köchinnen gereizt (und hier mag die Bemerkung Platz finden, daß Köchinnen und Unstimmigkeiten meist vereint auftreten), die bessere Herrenbedienung hinwerfen und zu kellnern beginnen. Es ist festgestellt worden, daß ein besserer Herr das, was er sich zu Hause wie ein Lamm gefallen läßt, auswärts, im *Slamjam* oder einem beliebigen ähnlichen Lokal, keinesfalls zu dulden gesinnt ist. Welcher Schluß ist somit daraus auf den echten Kellner zu ziehen? Man muß dazu erzogen sein. Man muß dazu geboren sein.

Wünscht der geneigte Leser oder (falls vom anbetungswürdigen weiblichen Geschlecht) die holde Leserin zu erfahren, wie man dazu geboren wird? Dann möge er oder sie es aus den biographischen Erinnerungen eines ersehen, der ein Kellner in seinem einundsechzigsten Lebensjahr ist.

Er wurde, noch ehe seine heraufdämmernden Geisteskräfte so weit entwickelt waren, daß sie mehr als die Leere in seinem Inneren wahrzunehmen vermochten – er wurde, sage ich, verstohlenerweise in einen Anrichteraum neben den allgemeinen und privaten Speisesälen im *Admiral Nelson* praktiziert, um dort in tiefster Heimlichkeit die bekömmliche Nahrung zu genießen, die der weiblichen britischen Natur zu Ruhm und Stolz gereicht. Seine Mutter war seinem Vater (gleichfalls Kellner) unter strengster Geheimhaltung angetraut, denn eine bekanntermaßen verheiratete Kellnerin würde den besten Betrieb zugrunde richten – auf dem Theater ist es ebenso. Daher das Schmuggeln in den Anrichteraum, und zwar – um seine Not noch zu vergrößern – durch die Hand einer widerwilligen Großmutter. Unter dem vereinigten Einfluß von Braten-, Siedfleisch-, Suppe-, Gas- und Bierdüften nahm er seine früheste Speise zu sich, während die widerwillige Großmutter danebensaß, um ihn aufzufangen, sobald seine Mutter gerufen wurde und ihn daher unverzüglich hinwarf. Das großmütterliche Umschlagetuch stets bereit, seine so natürlichen Klagen zu ersticken; sein unschuldiger Geist von ihm nicht wesensverwandten Essig- und Ölfläschchen, schmutzigen Tellern, Wärmehauben und kalter Bratensauce umgeben, während seine Mutter durchs Sprachrohr nach Kalbskoteletts und Schweinskoteletts rief, anstatt ihn mit einem Wiegenliedchen zu beschwichtigen: unter solch widrigen Umständen wurde er früh entwöhnt. Seine widerwillige Großmutter, die immer widerwilliger wurde, je weniger seine Nahrung seinem zarten Organismus angepaßt war, verfiel alsbald in die Gewohnheit, ihn kräftig zu schütteln, bis sein zarter Organismus sich zusammenkrampfte und seine Nahrung sich ihm überhaupt nicht mehr anpassen wollte. Doch schließlich wurde sie dahingerafft, was unter allgemeiner Dankbarkeit schon viel früher hätte geschehen dürfen. Als seine Brüder der Reihe nach erschienen, zog seine Mutter sich ins Privatleben zurück, ließ von ihren schicken Kleidern ab (vordem pflegte sie sich schick zu kleiden) und von ihren langen dunklen Locken (die sich vordem anmutig geringelt hatten) und begann seinen Vater zu verfolgen, indem sie ihm zu später Nachtstunde und bei jedem Wetter vor der Hintertür des «Königlichen Müllkastens» (der Sage nach von König Georg IV. so getauft) auflauerte, wo sein Vater Oberkellner war. Doch mit dem «Müllkasten» ging es damals bergab, und sein Vater nahm nur wenig ein – außer vom Flüssigkeitsstandpunkt. Das Ziel, das seine Mutter mit diesen Besuchen verfolgte, war hauswirtschaftlicher Natur, und er wurde eingesetzt, um seinen Vater herauszupfeifen, der daraufhin manchmal herauskam, aber meistens nicht. Doch ob sein Vater kam oder nicht – dieser ganze Teil seiner Existenz, der mit einem offenen Kellnerdasein nichts zu tun hatte, wurde als strenges Geheimnis betrachtet und von seiner Mutter als strenges Geheimnis anerkannt, und er und seine Mutter huschten beide als strenge Geheimnisse durch das Gäßchen, das zu besagter Hintertür führte, und hätten kaum unter der Folter zugegeben, daß sie seinen Vater kannten oder daß sein Vater irgendeinen anderen Namen hätte als Dick (was nicht sein richtiger Name war, obwohl ihn niemand je unter einem anderen gekannt hatte) oder daß er Weib oder Kind oder Kegel besäße. Vielleicht war es die Anziehungskraft dieses Geheimdaseins im Verein mit der Tatsache, daß sein Vater im «Müllkasten», hinter einem lecken Wasserbehälter, ein eigenes feuchtes Gelaß besaß – eine Art Kellergelaß mit einem Ausguß und einem Geruch und einem Tellergestell und einem Flaschengestell und drei Fenstern, die nicht zueinander oder sonst etwas paßten und kein Tageslicht einließen –, was seinen jungen Geist zur Überzeugung brachte, daß er ebenso zum Kellner heranwachsen müsse. Jedenfalls war er davon überzeugt, und so ging es auch seinen sämtlichen Brüdern bis zu seiner Schwester hinunter. Jeder von ihnen war überzeugt, daß er zum Kellner geboren sei. Wer aber beschreibt seine Gefühle, als in dieser Phase seiner Laufbahn sein Vater einst am hellichten, unverhüllten Tag zu seiner Mutter heimkehrte – von seiten eines Kellners an und für sich bereits eine Wahnsinnstat – und sein Bett (oder zumindest das allgemeine Familienbett) aufsuchte, und zwar mit der Bemerkung, daß seine Augen gebratene Nieren wären! Da herbeigerufene Ärzte sich als fruchtlos erwiesen, verschied sein Vater, nachdem er einen Tag und eine Nacht lang, wenn hin und wieder lichte Augenblicke der Vernunft und alter Berufsgewohnheit sein Wesen erhellten, unablässig wiederholt hatte: «Zwei und zwei ist fünf und drei macht einen Shilling.» Beigesetzt in der Armenabteilung des benachbarten Friedhofs und zu Grabe geleitet von so vielen angesehenen Berufsgenossen, als sich zu dieser Vormittagsstunde freinehmen konnten (nämlich einer), wurde die verwaiste Gestalt des Sohnes mit einem weißen Halstuch geziert und aus Beweggründen der Mildtätigkeit im *The George and Gridiron,* «Soupers nach dem Theater», aufgenommen, wo er sein junges Dasein von dem fristete, was er eben aus Tellern und Schüsseln zusammenkratzte (nur allzuoft gedankenlos in Senf getunkt) und was er auf dem Grunde der Gläser fand (selten mehr als ein paar Tropfen und eine Zitronenscheibe); wo er bei Nacht im Stehen einschlief, bis er wieder wachgeknufft wurde, und bei Tag dazu angestellt wurde, jeden einzelnen Gegenstand im Café blankzuputzen. Sein Lager waren Sägespäne, seine Decke Zigarrenasche. Hier erlernte er, oftmals ein schweres Herz unter dem flotten Knoten seines weißen Halstuchs (oder, präziser gesagt, etwas tiefer unten und mehr links) verbergend, die Anfangsgründe des Wissens bei einem Schicksalsgenossen namens Bishops, von Beruf Tellerwäscher, und bildete so seinen Geist mittels Kreide auf der Rückwand der Ecknische allmählich weiter aus, bis zu der Zeit, da er das Tintenfaß benützte, wenn es nicht gerade verlangt wurde, und zum Manne gereift war, will sagen zu dem Kellner, der er heut noch ist.

Hier möchte ich mir erlauben, einige respektvolle Worte über den Beruf einfließen zu lassen, der so lange schon mein und meiner Familie Beruf ist und für den das Publikum nur allzuoft geringes Verständnis bekundet. Wir werden nicht allgemein verstanden, nein, durchaus nicht. Man bezeigt uns nicht genügend Nachsicht, falls wir möglicherweise einmal eine gewisse geistige Schlaffheit oder Teilnahmslosigkeit an den Tag legen, die man als Gleichgültigkeit oder Apathie bezeichnen könnte. Der geneigte Leser frage sich selbst, was sein Gemütszustand wäre, wenn er einer riesengroßen Familie angehörte, deren sämtliche Mitglieder, außer ihm selber, ständig heißhungrig und in größter Eile wären. Er stelle sich vor, er wäre zu den faulen Stunden des Tages, also um ein Uhr mittags und dann wieder um neun Uhr abends, regelmäßig satt bis zum Überdruß, und je satter er wäre, in desto gefräßigerem Zustand kämen alle seine Mitmenschen herein. Er stelle sich vor, er sei, während seine eigene Verdauung im besten Gange wäre, gezwungen, sein persönliches Interesse und Mitgefühl hundert frischen, lebenslustigen Herren zuzuwenden (der Einfachheit halber sagen wir nur hundert), deren Phantasie gänzlich von Schmalz und Fett und Bratensauce und zerlassener Butter erfüllt ist und von denen jeder ihn so eingehend über diesen Braten oder jene Vorspeise ausfragt, als wären er und der Kellner und die Speisekarte allein auf der Welt. Und was so ein Kellner alles wissen soll! Er geht niemals aus, aber man scheint zu glauben, daß er überall persönlich dabei war. «Dieses Zugsunglück, Christopher – wie ist das eigentlich passiert?» – «Wie läuft das neue Stück an der Italienischen Oper, Christopher?» – «Christopher, ich habe was von einer Geschichte bei der Yorkshire Bank läuten gehört – was war da im einzelnen los?» – Gleicherweise macht mir eine neue Regierung mehr zu schaffen als der Königin. Was gar Lord Palmerston betrifft, hat man mich in den letzten Jahren so unablässig mit seiner Lordschaft bemüht, daß ich allein dafür eine Pension verdienen würde. Und man bedenke, zu welchen Heuchlern man uns macht und zu wie vielen Lügen (ich will nur hoffen, Notlügen) man uns zwingt! Warum muß ein zu häuslicher Lebensweise gezwungener Kellner unbedingt als Pferdekenner betrachtet werden und ein leidenschaftliches Interesse an Pferdezucht und Pferderennen bekunden? Aber es würde uns um die Hälfte unserer bescheidenen Einkünfte bringen, wenn wir uns nicht sportlich interessiert stellten. Das gleiche gilt (unbegreiflich warum!) für die Landwirtschaft und die Jagd. So unabwendbar alljährlich die Monate August, September und Oktober wiederkehren, so regelmäßig schäme ich mich in meinem privaten Busen, wenn ich so tue, als interessiere es mich, ob das schottische Mohrhuhn sich schon auf die Reise macht oder nicht, ob es heuer viele Rebhühner in den Feldern gibt, ob die Fasane sich scheu oder dreist zeigen, und was dem geneigten Leser sonst noch in den Sinn kommen mag. Als ob ich mich um besagte Vögel im ungebratenen Zustand einen Pfifferling scherte! Und doch wird der geneigte Leser mich (oder jeden anderen Kellner meines Ranges) erblikken, wie ich, auf die Brüstung der Nische gestützt und über einen Herrn (mit der Rechnung und der offenen Brieftasche vor sich) geneigt, neben dem Tisch stehe und in vertraulichem Ton über diese Dinge diskutiere, als hinge mein Lebensglück von ihnen ab.

Ich habe unsere bescheidenen Einkünfte erwähnt. Man nehme nur das unvernünftigste Vorurteil von allen, den Punkt, in dem uns das größte Unrecht widerfährt! Ob es nun daher kommt, daß wir immer soviel Kleingeld in der rechten Hosentasche und so viele Halfpence-Stücke in den Frackschößen herumtragen, oder ob es einfach in der menschlichen Natur liegt (was ich höchst ungern glauben möchte), aber was hat es mit dem ewigen Gefasel auf sich, daß Oberkellner reiche Leute wären? Wie kam dieses Märchen in Umlauf? Wer hat es als erster verbreitet, und wo sind die Tatsachen, auf die sich diese schamlose Behauptung gründet? Tritt hervor, Verleumder, und zeige dem Publikum jenes angeblich bei Gericht hinterlegte Testament eines Kellners, auf welches sich das böswillige Getuschel beruft! Und doch wird es so allgemein nachgeplappert – und besonders von jenen Leuten, die am wenigsten Trinkgeld geben –, daß Leugnen vergeblich ist und wir um unseres Rufes willen gezwungen sind, den Kopf hochzutragen, als wären wir Mitglieder der Hochfinanz, wobei es doch viel wahrscheinlicher ist, daß wir zu Armenhäuslern werden. Es war einmal ein Geizkragen, der im *Slamjam* verkehrte, bevor Schreiber dieser Zeilen jenes Etablissement auf Grund einer Unstimmigkeit in der Teefrage für das Aushilfspersonal verließ, welcher Geizkragen den Hohn auf seinen bittersten Gipfel trieb. Während er selbst sich nie über Threepence emporschwang und meist noch um einen Penny tiefer im Staube kroch, stellte er Schreiber dieses als Großaktionär, als Geldverleiher auf Hypotheken, kurz als Kapitalisten hin. Es wurde tatsächlich gehört, wie er sich anderen Gästen gegenüber über die unerwiesene Behauptung ausließ, daß Schreiber dieses Tausende von Pfunden in Schnapsbrennereien und Brauereien investiert hätte! «Na, Christopher», pflegte er zu sagen (nachdem er eine halbe Minute zuvor tief im Staube gekrochen war), «sehen sich nach einem Lokal um, um ein neues Geschäft zu eröffnen, wie? Finden wohl keins in der Größenordnung, die Ihren Kapitalien entspricht, was?» Zu so schwindelnden Abgründen der Lüge hat sich diese Verdrehung der Tatsachen aufgeschwungen, daß der wohlbekannte und hochgeachtete OLD CHARLES, langjährig an hervorragender Stelle im *West Country Hotel* tätig und von manchen als Vater des Kellnerstandes angesehen, sich so viele Jahre lang gezwungen sah, hineinzufallen, daß seine eigene Ehegattin (denn er besaß unbekannterweise eine alte Dame in dieser Eigenschaft) es selber glaubte! Und was war die Folge? Während er auf den Schultern von sechs auserwählten Kellnern zu Grabe getragen wurde, wobei sechs weitere als Ersatzleute und noch einmal sechs als Ehrengarde folgten, alle im gleichen Schritt und Tritt im strömenden Regen, ohne ein sichtbares trockenes Auge in der Runde und mit einem Trauergefolge, wie es nur bei Mitgliedern des Königshauses zahlreicher ist, wurden seine Wohnung und sein Anrichteraum, gleichermaßen hoch und niedrig, nach seinem Vermögen durchwühlt, und nichts wurde gefunden! Wie hätte man auch etwas finden können, wenn außer seiner letzten monatlichen Sammlung von Spazierstöcken, Regenschirmen und Taschentüchern (die zufällig noch nicht veräußert war, obwohl er sich zeit seines Lebens mit der größten Pünktlichkeit jeden Monat seiner gesammelten Gegenstände entledigt hatte) kein Vermögen vorhanden war? So gewaltig ist aber die Macht dieser allgemeinen Verleumdung, daß die Witwe von Old Charles, gegenwärtig Insassin des Armenhauses der *Cork-Cutters' Company* in der Blue Anchor Road (wo sie erst letzten Montag, in einem reinlichen Häubchen auf einem Korbstuhl vor der Tür eines der Häuschen sitzend, erblickt wurde), noch jetzt stündlich erwartet, daß die gehorteten Reichtümer ihres John ans Licht kommen! Ja, mehr noch! Ehe er dem grausen Todespfeil erlag und als sein Porträt, auf Subskription der Stammgäste des *West Country*, lebensgroß in Öl gemalt wurde, um über dem Kamin im Kaffeehaus aufgehängt zu werden, mangelte es nicht an Stimmen, die verlangten, das, was in der Kunst als charakteristisches Beiwerk eines solchen Porträts bezeichnet wird, müßte in diesem Fall durch eine eiserne Geldkassette auf dem Tisch und den Ausblick auf die Bank von England durchs Fenster verkörpert werden! Und hätten nicht vernünftigere Geister für eine Flasche und einen Korkenzieher samt der dazugehörigen Haltung gestimmt und ihre Meinung auch durchgesetzt, wäre sein Abbild in der geschilderten Verfälschung auf die Nachwelt gekommen.

Hiermit bin ich beim Titel der vorliegenden Bemerkungen angelangt. Nachdem ich (wie ich hoffe, ohne irgendwo Anstoß zu erregen) als Bürger eines freien Landes, das auf ewig über die Wogen herrscht, die mir notwendig erscheinenden allgemeinen Erklärungen vorausgeschickt habe, will ich nun zur Sache selbst schreiten.

In einer höchst bedeutsamen Periode meines Lebens, als ich mich, soweit es erstattete Kündigung betrifft, von einem Etablissement getrennt hatte, das hier namenlos bleiben soll - denn die Frage, um die es ging, war ein fester Trinkgeldzuschlag für Kellner, und kein Etablissement, das sich zu dieser haarsträubend unenglischen Praxis, die von Schlimmerem als Torheit und Gemeinheit zeugt, hergibt, soll von mir öffentlich bekanntgemacht werden -, ich wiederhole, in einem höchst bedeutsamen, kritischen Moment, als ich mich von einem Etablissement, das zu tief steht, um von mir genannt zu werden, getrennt, mich aber noch nicht mit jenem verbunden hatte, dem ich seither in der Eigenschaft eines Oberkellners* anzugehören die Ehre habe, begann ich mich nach einem neuen Tätigkeitsfeld umzusehen. Damals wurden mir von seiten meines gegenwärtigen Etablissements Vorschläge gemacht. Gewisse Bedingungen wurden von meiner Seite gestellt, gewisse Berichtigungen waren von meiner Seite erforderlich; schließlich erfolgte die Ratifizierung durch beide Seiten, und ich trat meine neue Laufbahn an.

* Name und Adresse sowie andere ausführliche Angaben über dieses Etablissement vom Herausgeber gestrichen.

Wir sind ein Betrieb für Zimmer mit Frühstück. Wir sind kein allgemeiner Restaurationsbetrieb und wünschen nicht als solcher angesehen zu werden. Wenn also jemand von der Straße hereinkommt und ein Essen bestellt, wissen wir ihn so zu bedienen, daß er kein zweites Mal mehr erscheint. Wir sind auch ein Betrieb mit Nebensälen für private oder Familienanlässe, aber hauptsächlich mit allgemeinem Kaffeehaus. Ich und das Adreßbuch und das Schreibmaterial ettzettera haben einen eigenen Raum zur Verfügung, einen durch ein, zwei Stufen abgeschirmten Raum am hinteren Ende des Kaffeehauses, im guten alten Stil. Was ich den guten alten Stil nenne, besteht darin, daß der Gast bei allem, was er braucht, bis zum Zündholz hinunter, einzig und allein auf den Oberkellner angewiesen ist. Der Gast muß sein Haupt in meinen Schoß betten wie ein neugeborenes Kind. Auf keine andere Art läßt sich ein Betrieb ohne jede Spur der auf dem Kontinent herrschenden Auswüchse führen. (Überflüssig hinzuzufügen, was sich von selbst versteht: Falls Englisch nicht gut genug ist und Gefasel in unverständlichen Sprachen gewünscht wird, sollten sowohl Familien wie alleinstehende Herren lieber ein anderes Lokal aufsuchen.)

Als ich mich in diesem rechtschaffenen und wohlgeführten Betrieb genauer umzuschauen begann, bemerkte ich unter dem Bett von Nr. 24 B (welches Zimmer in einem verwinkelten Gang abseits vom Treppenhaus liegt und für gewöhnlich Gästen von demütiger Wesensart angedreht wird) im hintersten Winkel einen Haufen von Gegenständen.

Im Lauf des Tages fragte ich das Erste Stubenmädchen: «Was sind das für Sachen auf 24 B?»

Worauf sie mit gleichgültiger Miene antwortete: «Das Gepäck von einem Herrn.»

Während ich meinen Blick nicht ohne Strenge auf sie richtete, fragte ich weiter: «Das Gepäck von wem?»

Meinem Blick ausweichend, gab sie zurück: «Ach herrje, woher soll *ich* das wissen?»

Vielleicht sollte ich hier bemerken, daß sie eine etwas schnippische Person war, die sich jedoch gut auf ihre Arbeit verstand.

Ein Oberkellner aber muß entweder Kopf oder Schwanz sein, er muß am obersten oder am untersten Ende der gesellschaftlichen Rangleiter stehen. Er kann beispielsweise nicht an ihrer Taille oder sonst einem anderen Ort stehen als an ihren äußersten Enden. An welchem der beiden Enden – das zu entscheiden, liegt bei ihm.

Bei der hier geschilderten denkwürdigen Gelegenheit gab ich Mrs. Pratchett meine Entscheidung so deutlich zu verstehen, daß ich ihrer Forschheit mir gegenüber dort und damals ein Ende machte, und zwar endgültig. Man zeihe mich nicht der Inkonsequenz, wenn ich von Mrs. Pratchett als «Mrs.» spreche, während ich zuvor bemerkte, daß eine Kellnerin nicht verheiratet sein darf. Der geneigte Leser wird höflich darauf aufmerksam gemacht, daß Mrs. Pratchett keine Kellnerin, sondern ein Stubenmädchen war. Ein Stubenmädchen aber *darf* verheiratet sein; falls Erstes Stubenmädchen, *ist* sie gewöhnlich verheiratet – oder behauptet es. Das kommt aufs selbe hinaus, indem es ausdrückt, was allgemein gebräuchlich ist. (N.B. Mr. Pratchett befindet sich in Australien, und seine dortige Adresse lautet «Im Busch».)

Nachdem ich Mrs. Pratchett so weit vom hohen

Roß herabgeholt hatte, als dem künftigen Wohl aller Teile zuträglich war, ersuchte ich sie, sich näher zu erklären.

«Zum Beispiel», sage ich, um ihr ein wenig nachzuhelfen, «wer ist dieser Herr?»

«Ich schwöre Ihnen auf meine Ehre, Mr. Christopher», antwortet die Pratchett, «daß ich nicht die leiseste Ahnung habe.»

Hätte ich nicht gesehen, mit welcher Geste sie ihr Häubchen zurechtrückte, hätte ich das bezweifelt, doch diese kam an Bestimmtheit einer eidesstattlichen Erklärung gleich.

«Sie haben ihn also nie gesehen?» forsche ich weiter.

«Weder ich», sagt die Pratchett, die Augen schließend und mit einer Miene, als hätte sie just eine Pille von ungewöhnlichem Umfang verschluckt (was ihrer Verneinung eine bemerkenswerte Kraft verlieh), «noch auch irgendein anderer Angestellter in diesem Haus. In den letzten fünf Jahren haben alle gewechselt, und jener Herr hatte sein Gepäck schon vorher zurückgelassen.»

Die Befragung von Miss Martin erbrachte (in der Sprache des Barden von A. 1.) «Bekräftigung sehr». Es war also wirklich und wahrhaftig so gewesen. Miss Martin ist die junge Dame hinter dem Büfett, die unsere Rechnungen ausstellt, und obzwar hochnäsiger, als ich in Ansehung ihrer Stellung wünschen könnte, durchaus wohlerzogen.

Weitere Nachforschungen brachten ans Licht, daß diesem Gepäck eine unbezahlte Rechnung im Betrag von zwei Pfund, sechzehn Shilling und sechs Pence gegenüberstand. Das Gepäck lag seit mehr als sechs Jahren unter der Bettstatt von 24 B verstaut. Bei dieser handelte es sich um ein Himmelbett mit massenhaft alten Behängen und Volants, das, wie ich einmal sagte und über welchen Ausspruch meine Zuhörer zu lachen beliebten, mehr als 24 B.s erlebt haben dürfte.

Ich weiß nicht, warum – wissen wir denn je, warum? –, aber dieses Gepäck lastete schwer auf meinem Gemüt. Ich begann mich zu fragen, wer jener Herr wäre und was er getrieben und im Sinn gehabt hätte. Ich fand keine befriedigende Antwort auf die Frage, warum er soviel Gepäck als Pfand für eine so kleine Rechnung zurückgelassen hatte. Am nächsten oder übernächsten Tag hatte ich es nämlich hervorholen lassen und durchgesehen, und es waren folgende Artikel: ein schwarzer Mantelsack, eine schwarze Reisetasche, ein Reiseschreibpult, ein Toilette-Necessaire, ein Paket in Packpapier, eine Hutschachtel und ein Regenschirm samt Spazierstock (zusammengeschnallt). Alles war dicht verstaubt und voller Flocken. Ich ließ unseren Hausburschen unter das Bett kriechen und es hervorholen; und obwohl er gewohnt ist, sich im Staub zu wälzen – er wühlt von früh bis abend darin und trägt zu diesem Zweck eine eng anliegende Weste mit schwarzen Lüsterärmeln –, reizte es ihn zum Niesen, und seine Kehle brannte ihn so, daß er sie mit einem Glas Bier kühlen mußte.

Das Gepäck nahm meine Gedanken gefangen. Anstatt es also, nachdem es gut abgestaubt und feucht abgewischt war, an seinen Platz zurückstellen zu lassen – vorher war es so voller Flaum, daß man hätte meinen können, es verwandle sich langsam in ein Federvieh und werde demnächst Eier legen –, anstatt, sage ich, es zurückstellen zu lassen, ließ ich es unten in einen Abstellraum schaffen. Hier pflegte ich es manchmal zu betrachten und so lange hinzustarren, bis es größer und wieder kleiner zu werden und auf mich zuzukommen und wieder zurückzuweichen und alle möglichen Verwandlungen durchzumachen schien, als wäre es berauscht. Als dieser Zustand Wochen – ja, ohne zu übertreiben, Monate gedauert hatte, fiel es mir einmal ein, Miss Martin nach den einzelnen Posten jener Rechnung über zwei Pfund, sechzehn Shilling und sechs Pence zu fragen. Sie war so freundlich, sie für mich aus den Geschäftsbüchern herauszuschreiben – denn es war vor ihrer Zeit gewesen. Hier folgt eine genaue Kopie:

KAFFEEHAUS

Nota für Tisch Nr. 4

2. Febr. 1856	Feder und Schreibpapier	£0 0 6
	Punsch	0 2 0
	Dito	0 2 0
	Feder und Schreibpapier	0 0 6
	Trinkglas zerbrochen	0 2 6
	Brandy	0 2 0
	Feder und Schreibpapier	0 0 6
	Sardellen-Toast	0 2 6
	Feder und Schreibpapier	0 0 6
	Bett	0 3 0
3. Febr. 1856	Feder und Schreibpapier	0 0 6
	Frühstück	0 2 6
	– Gekochter Schinken	0 2 0
	– Eier	0 1 0
	– Wasserkresse	0 1 0
	– Garnelen	0 1 0
	Feder und Schreibpapier	0 0 6
	Löschpapier	0 0 6
	Bote nach Paternoster Row u. zurück	0 1 6
		£1 6 6

	£	s	d
Übertrag	£1	6	6
Dito, da keine Antwort	0	1	6
Brandy	0	2	0
Schweinskoteletts	0	2	0
Federn und Schreibpapier	0	1	0
Bote nach Albemarle Street u. zurück	0	1	0
Dito (aufgehalten), da keine Antwort	0	1	6
Salzfaß zerbrochen	0	3	6
Großes Glas Orangenschnaps	0	1	6
Dinner, Suppe, Fisch, Braten, Huhn	0	7	6
Flasche East India Brown	0	8	0
Feder und Schreibpapier	0	0	6
	£2	16	6

Notiz, 1. Januar 1857. Nach dem Dinner ausgegangen mit Auftrag, Gepäck bis auf Abruf aufzubewahren. Kein Abruf erfolgt.

Weit davon entfernt, Licht in die Angelegenheit zu bringen, schien mir diese Rechnung, wenn ich meine Zweifel in dieser Form ausdrücken darf, sie in noch größere Düsternis zu hüllen. Als ich mit der Chefin darüber spekulierte, teilte sie mir mit, ihr seliger Mann hätte einmal eine Anzeige in die Zeitung setzen lassen: Falls die Rechnung nicht bis zu diesem und diesem Tag bezahlt würde, sähe er sich genötigt, das Gepäck zur Deckung seiner Kosten zu verkaufen. Niemand meldete sich, und es wurden auch keine weiteren Schritte unternommen. (Ich darf hier bemerken, daß die Chefin seit vier Jahren Witwe ist. Der Chef besaß eine jener unglücklichen Konstitutionen, in welchen sich die Spirituosen in Wasser verwandeln, das in dem bedauernswerten Opfer immer höher ansteigt, bis es ihm ans Herz geht.)

Meine Spekulationen über den Fall, die ich nicht nur damals, sondern zu wiederholten Malen teils mit der Chefin, teils mit dem einen oder dem anderen austauschte, führten dahin, daß die Chefin – ob zunächst scherzhaft oder ernsthaft oder aber halb scherzhaft, halb ernsthaft, spielt hier keine Rolle – eines Tages zu mir sagte: «Christopher, jetzt werde ich Ihnen einen verlockenden Antrag machen.»

(Sollten diese Zeilen ihr je zu Augen kommen – zu ihren schönen blauen Augen –, möge sie mir die Bemerkung nicht übelnehmen, daß ich ihr gegenüber ein gleiches getan hätte, wäre ich nur acht oder zehn Jahre jünger gewesen! Das heißt, *ich* hätte ihr einen Antrag gemacht; ob verlockend, das zu beurteilen, ist nicht an mir.)

«Christopher, jetzt werde ich Ihnen einen verlockenden Antrag machen.»

«Erklären Sie sich näher, Madam.»

«Also, Christopher, zählen Sie mir noch einmal die Gepäckstücke von jenem Herrn auf. Sie wissen es ja nachgerade auswendig.»

«Ein schwarzer Mantelsack, Madam, und eine schwarze Reisetasche, ein Reiseschreibpult, ein Toilette-Necessaire, ein Paket in Packpapier, eine Hutschachtel und ein Regenschirm samt Spazierstock, zusammengeschnallt.»

«Und alles genau, wie es zurückgelassen wurde. Nichts geöffnet, nichts sonstwie verändert.»

«Richtig, Madam. Alles abgeschlossen, bis auf das Paket, und das ist versiegelt.»

Die Chefin steht an Miss Martins Pult hinter dem Büfett, und jetzt trommelt sie leicht auf das aufgeschlagene Kontobuch – sie hat eine wohlgeformte Hand, das steht fest – und schüttelt den Kopf und lacht.

«Also hören Sie, Christopher», sagt sie. «Zahlen Sie mir die Rechnung von jenem Herrn, und dafür sollen Sie das Gepäck von jenem Herrn bekommen.»

Die Idee gefiel mir vom ersten Moment an, doch ich tat, als hätte ich Bedenken.

«Vielleicht ist es das Geld nicht wert», sage ich.

«Es ist wie in der Lotterie», sagt die Chefin und verschränkt die Arme über dem Buch – sie hat nicht nur wohlgeformte Hände, die Bemerkung erstreckt sich weiter hinauf auf ihre Arme. «Würden Sie nicht zwei Pfund, sechzehn Shilling und sechs Pence in der Lotterie riskieren? Und hier gibt's keine Nieten! Sie müssen auf jeden Fall gewinnen. In unserer Lotterie gibt's nur Treffer. Auch wenn Sie eine Niete ziehen, meine Damen und Herren, Sie gewinnen trotzdem einen schwarzen Mantelsack, eine schwarze Reisetasche, ein Schreibpult, ein Toilette-Necessaire, einen Bogen Packpapier, eine Hutschachtel und einen Regenschirm samt Spazierstock, zusammengeschnallt!»

Um es kurz zu machen: Miss Martin ging mir um den Bart, und Mrs. Pratchett ging mir um den Bart, und die Chefin war schon längst um meinen Bart herum, und alle Weiber im Haus gingen mir um den Bart, und wenn es anstatt zwei Pfund, sechzehn Shilling und sechs Pence sechzehn Pfund gewesen wären, hätte ich es noch günstig gefunden, denn was kann man tun, wenn sie einem um den Bart gehen?

So zahlte ich also das Geld – bar auf den Tisch –, und wie sie alle lachten!

Aber ich drehte den Spieß um und sagte: «Mein Name ist Blaubart! Ich werde das Gepäck von jenem Herrn ganz allein in meinem Geheimzimmer aufmachen, und kein weibliches Auge wird je seinen Inhalt erblicken!»

Ob ich es für angemessen hielt, eisern auf diesem Beschluß zu bestehen, oder ob ein weibliches Auge, und wenn ja, wie viele andere beim Öffnen des Gepäcks zugegen waren, tut nichts zur Sache. Hier geht es um das Gepäck von einem Herrn und um niemandes Augen oder Nasen.

Was ich noch immer am erstaunlichsten finde, ist die außerordentliche Menge an Schreibpapier, die sich in dem Gepäck fand, und alles eng beschrieben! Und es war nicht einmal unser Papier - nicht das in der Rechnung aufgeführte Schreibpapier, denn wir kennen unser eigenes Papier; er muß also ständig dahinter hergewesen sein. Und er hatte die vollgekritzelten Bogen zusammengeknüllt und jede Lücke und jeden Winkel seiner Gepäckstücke damit vollgestopft. Vollgeschriebenes Papier in seinem Toilette-Necessaire, in seinen Stiefeln, zwischen seinem Rasierzeug, in seiner Hutschachtel und noch, klein zusammengefaltet, zwischen den Rippen seines Regenschirms!

Seine Kleider - soweit sich welche fanden - waren nicht schlecht. Sein Toilette-Necessaire war schäbig - keine Spur von Silberstöpseln - offene Flacons mit nichts darin, wie leere kleine Hundehütten - und eine überaus penetrante Sorte Zahnpulver, die überall eingedrungen war, wie in der irrigen Täuschung befangen, daß sämtliche Risse im Futter Spalten zwischen den Zähnen wären. Die Kleider verkaufte ich für ein ganz anständiges Sümmchen an einen Trödler in der Nähe von St. Clement's Danes am Strand - dort, wo die von Ehrenschulden bedrängten Offiziere ihre Uniformen loswerden, wenn ich nach den Röcken und

Schulterstücken schließen darf, die, mit dem Rükken zum Publikum, sein Fenster zieren. Das nämliche Individuum erstand zu einem Pauschalpreis Mantelsack, Reisetasche, Schreibpult, Toilette-Necessaire, Hutschachtel, Regenschirm und Spazierstock samt dem Riemen zum Zusammenschnallen. Auf meine Bemerkung, ich hätte gedacht, daß diese Artikel nicht ganz in seiner Linie lägen, antwortete er: «Großmütter liegen auch nicht in meiner Linie, Mr. Christopher, aber wenn heut 'n Mensch seine Großmutter herbringt und sie eine Kleinigkeit billiger offeriert, als ich für sie in geputztem und gewendetem Zustand verlangen kann, dann kauf ich sie!»

Diese Transaktionen deckten meine Investition und trugen mir darüber hinaus noch einen recht hübschen Profit ein. Jetzt blieb nur noch das beschriebene Papier übrig. Und gerade auf dieses Papier möchte ich die ungeteilte Aufmerksamkeit des Lesers lenken.

Ich möchte dies ohne jeden Aufschub tun, und zwar aus folgendem Grund, nämlich, das heißt, videlicet, i.e., folgendermaßen, wie folgt: Bevor ich darangehe, die seelischen Qualen zu schildern, deren Opfer ich aus Anlaß dieser Papiere wurde, und bevor ich dieser herzzerreißenden Mär die Beschreibung der erstaunlichen, ergreifenden, ihrer Natur nach so erschütternden wie von jedem anderen Standpunkt aus unerwarteten Katastrophe folgen lasse, welche die Lücke krönte und die Schale der Überraschung überfließen ließ, sollten die Papiere selbst zur Ansicht vorgelegt werden. Darum kommen sie als nächstes dran. Nur noch ein Wort zu ihrer Einführung, und dann lege ich meine Feder (meine bescheidene Feder, wie ich hoffe) nieder, bis ich sie wieder aufnehme, um das düstere

Nachspiel eines Herzens zu schildern, auf welchem sein Besitzer etwas hat.

Er war ein schmieriger Schreiber und hatte eine fürchterliche Handschrift. Ganz unbekümmert um die Tinte, verschwendete er sie an jedwedes unwürdige Objekt - seine Kleider, sein Schreibpult, seinen Hut, den Stiel seiner Zahnbürste, seinen Regenschirm. Auf dem Kaffeehausteppich fand sich bei Tisch Nr. 4 reichlich Tinte, und zwei große Kleckse zierten sein ruheloses Lager. Ein Blick auf das von mir zur Gänze wiedergegebene Dokument zeigt, daß er am Morgen des 3. Februar 1856 zum nicht weniger als fünften Mal Feder und Papier bestellte. Zu welch beklagenswerter Art unbeherrschbarer Stilübung er diese am Büfett erworbenen Materialien auch immer mißbrauchte, es besteht jedenfalls kein Zweifel, daß die verhängnisvolle Tat im Bett vollbracht wurde und daß sie ihre Spuren auf lange Zeit hinaus nur allzu deutlich auf dem Kopfkissenbezug hinterließ.

Er hatte keines der Papiere mit einer Überschrift versehen. Ach, wie sollten seine Produkte Kopf und Fuß haben, wenn er selber keinen Kopf besaß - denn wo war sein Kopf, als er sich derartige Dinge hineinsetzte! Infolgedessen sind die Papiere hier mit dem Namen des Gepäckstücks bezeichnet, in dem sie jeweils gefunden wurden. In gewissen Fällen, wie etwa bei den Stiefeln, scheint er seine Schriften versteckt zu haben, wodurch er seinen Stil in noch tieferes Dunkel hüllte. Doch seine Stiefel bildeten wenigstens Paare - und unter allen Papieren können nicht zwei den Anspruch erheben, als ein solches angesehen zu werden.

Mit einem bedrückten Vorgreifen auf den düsteren Gemütszustand, in welchem es, wenn ich nun demnächst wieder meinen kunstlosen Bericht aufnehme, mein Los sein wird, mein Dahinsinken zu schildern, will ich mich jetzt zurückziehen. Sollte sich in den Schriften irgendein Fehler oder eine Lücke finden, so ist *er* dafür verantwortlich – nicht ich. Mit dieser Bemerkung, die ich mir gerechterweise schuldig bin, will ich vorläufig schließen.

Das Paket

Meine Werke sind wohlbekannt. Ich bin ein junger Mann vom künstlerischen Fach. Ihr habt meine Werke so manches liebe Mal gesehen, wenn auch fünfzigtausend zu eins zu wetten ist, daß ihr mich selber nie gesehen habt. Ihr sagt, ihr wollt mich gar nicht sehen? Ihr sagt, ihr seid an meinen Werken interessiert und nicht an mir? Seid dessen nicht so sicher! Wartet ein wenig.

Laßt es uns vorweg schwarz auf weiß niederlegen, damit es nicht nachträglich Zank und Streitigkeiten gibt. Ich bin ein junger Künstler – im künstlerischen Fach tätig. Ihr habt meine Werke oft und oft gesehen und wart neugierig auf mich und dachtet, ihr hättet mich gesehen. Aber ich wette darauf, daß ihr mich nie gesehen habt und mich nie seht und mich nie sehen werdet. Ich denke, das ist klar und deutlich gesprochen – und gerade das wirft mich um.

Wenn es eine verkannte bekannte Persönlichkeit gibt, bin ich's.

Ein gewisser (oder ungewisser) Philosoph hat bemerkt, daß die Welt ihre größten Männer nicht kennt. Er hätte es wohl noch deutlicher gesagt, wenn er sein Auge in meine Richtung geworfen hätte. Er hätte vielleicht gesagt: «Während die Welt jene kennt, die scheinbar in den Kampf ziehen und siegen, kennt sie jene nicht, die wirklich in den Kampf ziehen und nicht siegen.» Da haben wir es wieder in einer andern Form – und das wirft mich um.

Nicht, daß ich allein unter der Ungerechtigkeit der Welt zu leiden hätte, aber ich bin gegen Ungerechtigkeiten, die man mir antut, empfindlicher als gegen Ungerechtigkeiten, die man anderen antut. Da ich, wie erwähnt, im künstlerischen Fach tätig bin und nicht im philanthropischen Fach, gebe ich dies offen zu. Leidensgenossen habe ich genug, was das betrifft. Wen laßt ihr denn täglich bei eueren Folterungen im Wettbewerb ums Dasein durchkommen? Die glücklichen Kandidaten, deren Herz und Nieren ihr für immer auf den Kopf gestellt habt? Nein, durchaus nicht. In Wirklichkeit laßt ihr die Einpauker und Einsager durch. Wenn ihr dieses Prinzip für richtig haltet, warum zieht ihr nicht gleich morgen in aller Früh mit fliegenden Bannern und Trommeln und Trompeten aus und überreicht die Schlüssel euerer Städte auf samtenen Kissen den Einpaukern und Einsagern und beschwört sie auf den Knien, euch zu regieren? Und was euere diversen öffentlichen Angelegenheiten anbelangt, euere Erklärungen zur Finanzlage und euere Budgets – wer die wirklich verfertigt, darüber ist das Publikum wahrhaftig gut orientiert! Euere Edlen und Ehrenwerten Parlamentsmitglieder sind erstklassige Leute? Ja, und eine Gans ist ein erstklassiges Geflügel. Aber betreffs der Gans will ich euch eines sagen – ohne Fülle und Würze würde sie euch nicht sehr schmecken.

Vielleicht bin ich verbittert, weil ich nicht populär bin? Aber wenn ich tatsächlich populär wäre?

Wenn meine Werke niemals ihren Eindruck auf das Publikum verfehlten? Wenn sie eine unfehlbare Anziehungskraft auf das Publikum ausübten, ganz gleich ob sie ihm bei natürlicher oder künstlicher Beleuchtung präsentiert werden? Ach so – dann sind sie wohl in irgendeiner Kunstausstellung zu sehen? Nein, sie sind in keiner Kunstausstellung zu sehen. Also dann in einer Privatsammlung? Nein, auch in keiner Privatsammlung. Aber irgendwo müssen sie doch sein? Wieder falsch geraten, denn oft sind sie nirgends.

Jetzt sagt ihr: «Jedenfalls sind Sie in verdrießlicher Stimmung, mein Lieber.» Darauf antworte ich: Ich habe mich als verkannte bekannte Persönlichkeit bezeichnet. Dies erklärt ausreichend, warum diese Milch der frommen Denkungsart in mir zur bitteren Galle gerinnt.

Wer mit London vertraut ist, kennt einen Ort auf der Surrey-Seite der Themse, der Obelisk oder allgemeiner Obstakel genannt wird. Wer mit London nicht vertraut ist, wird ihn jetzt, da ich ihn erwähnt habe, gleichfalls kennen. Meine Wohnung liegt nicht weit von dieser Örtlichkeit entfernt. Ich bin ein junger Mann von so ungezwungener Wesensart, daß ich im Bett liegen bleibe, bis es unbedingt notwendig ist, aufzustehen und Geld zu verdienen, und dann liege ich wieder im Bett, bis es alle ist.

Einmal, als ich ausgehen mußte, um mich nach etwas Eßbarem umzusehen, spazierte ich abends, als es schon dunkel war, die Waterloo Road entlang, und zwar in Begleitung eines Bekannten und Mituntermieters, seines Zeichens Gasinstallateur. Er ist ein angenehmer Gesellschafter, da er in Theatern gearbeitet hat und auch selbst eine Neigung zum Theater besitzt, die sich in dem Wunsch ausdrückt, als Othello aufzutreten; ob dies damit zusammenhängt, daß er sich bei seiner Arbeit immer das Gesicht und die Hände schwarz macht, wüßte ich nicht zu sagen.

«Tom», sagt er zu mir, «über Ihnen liegt ein Geheimnis!»

«Ja, Mr. Click», sage ich – die anderen Untermieter reden ihn im allgemeinen so an, denn er wohnt im ersten Stock, auf die Straße hinaus, mit Teppich bespannt, eigene Möbel, falls nicht echt Mahagoni, absolut naturgetreu imitiert –, «ja, Mr. Click, über mir liegt ein Geheimnis.»

«Das bedrückt Sie, nicht?» sagt er und mustert mich so von der Seite.

«Ja, Mr. Click, es hängt mit Umständen zusammen, die eine bedrückende Wirkung auf mich ausüben», sage ich und lasse mir einen Seufzer entschlüpfen.

«Flößt Ihnen auch einen gewissen Menschenhaß ein, wie?» sagt er. «Wissen Sie was? Ich an Ihrer Stelle würde es abschütteln.»

«Ich an Ihrer Stelle würde es auch tun, Mr. Click, aber Sie an meiner Stelle nicht.»

«Hm!» sagt er. «Da könnte was dran sein.»

Nach ein paar Schritten kommt er wieder darauf zurück, indem er meine Brust berührt.

«Wissen Sie, Tom, mir scheint – um es mit den Worten des Dichters auszudrücken, der dieses häusliche Trauerspiel über den Fremdling geschrieben hat* –, daß bei Ihnen hier ein stiller Kummer ruht.»

* Gemeint ist das Trauerspiel «Menschenhaß und Reue» von August von Kotzebue, das in der Übersetzung von Benjamin Thompson 1798 zum erstenmal in England aufgeführt wurde (Anm. d. Übers.).

«Das stimmt, Mr. Click.»

«Ich will nur hoffen, Tom», sagt er, freundschaftlich die Stimme senkend, «daß es nichts mit Münzen oder so was zu tun hat?»

«Nein, Mr. Click. Da können Sie unbesorgt sein.»

«Und auch nichts mit der Herstellung von Bankn...» Hier unterbrach sich Mr. Click und fügte dann hinzu: «Mit der Herstellung von – irgendwelchen Abbildungen?»

«Nein, Mr. Click, ich übe meine Kunst – die schönen Künste, Mr. Click – im Rahmen des Gesetzes aus. Aber mehr kann ich nicht sagen.»

«Aha? Unter irgendeinem bösen Stern? Eine Art düsterer Zauber? Gewissermaßen ein dunkles Schicksal? Ein Wurm, der insgeheim an Ihren Eingeweiden nagt, wenn ich recht verstehe?» sagt Mr. Click, indem er mich mit einer gewissen Bewunderung anblickt.

Ich erklärte Mr. Click, genau genommen wäre es etwas derartiges, und er schien, wie mich dünkte, ordentlich stolz auf mich zu sein.

Unter diesem Gespräch hatten wir uns einer Ansammlung von Menschen genähert, die einander stießen und drängten, weil jeder in die erste Reihe kommen wollte, um etwas auf dem Straßenpflaster zu betrachten. Es waren verschiedene, mit bunten Kreiden ausgeführte Zeichnungen, die von zwei in die Erde gesteckten Kerzen beleuchtet wurden. Sie stellten folgende Sujets dar: einen schönen Lachskopf (samt Schultern), wie frisch vom Fischhändler; eine Mondscheinnacht auf hoher See (in einem Kreis); totes Wild; verschnörkelte Ornamente; das Haupt eines stark behaarten Einsiedlers, in fromme Andacht versunken; einen Jagdhund, Pfeife rauchend (Kopfbild); und einen Engel mit Säuglingsspeckfalten, auf einem horizontalen Botengang gegen die Windrichtung; alle Bilder schienen mir ganz vorzüglich gemalt.

Auf der einen Seite dieser Bildergalerie kniete ein schäbiges Individuum von bescheidenem Äußeren, das vor Kälte mit den Zähnen klapperte (obwohl es gar nicht kalt war), emsig damit beschäftigt, Kreidestäubchen vom Mond wegzublasen, den Umriß des Einsiedlerhauptes mit einem Lederfleckchen harmonisch zu verwischen und die Schattenstriche von ein oder zwei Buchstaben kräftiger nachzuziehen. Ich habe vergessen zu erwähnen, daß Schriftproben einen Teil der Gesamtkomposition bildeten, die (wie mich dünkte) ebenfalls vorzüglich ausgeführt waren. Da stand in schöner Rondeschrift zu lesen: «Gottes edelstes Werk ist ein ehrlicher Mensch. 1 2 3 4 5 6 7 8 9 0. £ s. d. Ersuche ergebenst um Arbeit. Ehre der Königin. Hunger 0 9 8 7 6 5 4 3 2 1 tut weh. Chip-chop, cherry-chop, fol-de-rol-de-ri-do. Astronomie und Mathematik. So verdiene ich den Unterhalt für meine Familie.»

In der Menge erhob sich ein Murmeln der Bewunderung über das rührend schöne Schauspiel. Nachdem der Künstler seine kleinen Retuschen vollendet hatte (wobei er die betreffenden Stellen verdarb), nahm er, die Knie bis zum Kinn hochgezogen, auf dem Pflaster Platz, und Halfpence-Stücke begannen klimpernd in seinen Hut zu fallen.

«Ein Jammer, daß ein solches Talent so tief sinken mußte, nicht?» sagte jemand aus der Menge zu mir.

«Wie weit er es nur als Kutschenmaler oder Zimmermaler gebracht hätte!» antwortete ein zweiter Sprecher dem ersten, weil ich es nicht tat.

«Er schreibt ja wie ein – wahrhaftig wie der Lordkanzler!» sagte ein dritter.

«Besser», erwiderte ein vierter. «Wie *der* schreibt, weiß ich. *Der* könnte seine Familie nicht damit erhalten.»

Darauf rühmte eine Frau die natürliche Duftigkeit des Einsiedlerhaars, und ihre Freundin meinte in bezug auf den Fischkopf, man könne ihn förmlich nach Luft schnappen sehen. Dann trat ein älterer Herr vom Lande vor und fragte den Künstler, wie er das eigentlich machte? Und das bescheidene Individuum zog ein Stückchen Packpapier mit ein paar bunten Kreidestümpfchen darin aus der Tasche und zeigte sie. Nun erkundigte sich ein rotbackiger Esel mit strohblondem Haar und Brille, ob der Einsiedler ein Porträt wäre? Worauf das bescheidene Individuum mit einem wehmütigen Blick auf das Bild gestand, in gewissem Sinn könne man es als eine Erinnerung an seinen seligen Vater betrachten. Das veranlaßte einen frechen Bengel zu kreischen: «Ist der Hund mit der Pfeife Ihre Mutter, Mister?», worauf er von einem rechtlich denkenden Schreiner, mit seiner Werkzeugtasche auf dem Rücken, unverzüglich aus dem Kreis der Zuschauer geschubst wurde.

Bei jeder neuen Frage oder Bemerkung drängte die Menge eifriger vor, und die Halfpence-Stücke klimperten zahlreicher, und das bescheidene Individuum sammelte sie unterwürfiger ein. Schließlich trat ein anderer älterer Herr hervor, der dem Künstler seine Karte überreichte und ihn aufforderte, morgen in sein Kontor zu kommen, wo er ihm einige Schreibarbeiten geben könnte. Die Karte war von einem Halbshilling-Stück begleitet und der Künstler von Dankbarkeit übermannt; bevor er sie in seinen Hut steckte, las er sie beim Licht seiner Kerzen mehrmals sorgfältig durch, um sich die Adresse, für den Fall, daß er die Karte verlöre, unauslöschlich ins Gedächtnis einzuprägen. Die Menge interessierte sich aufs lebhafteste für dieses Ereignis, und ein Mann mit barscher Stimme in der zweiten Reihe knurrte den Künstler an: «Na, Glück gehabt! Jetzt geht's wieder aufwärts, he?» – Der Künstler antwortete (wenn auch sehr bekümmert durch die Nase schniefend): «Ich will es dankbar hoffen!» Worauf sich ein allgemeines «So ist's recht!» erhob und die Münzen entschieden spärlicher fielen.

Jemand packte mich am Arm und zog mich gewaltsam aus der Menge, und dann stand ich mit Mr. Click allein an der nächsten Straßenecke.

«Herrje, was für ein fürchterliches Gesicht Sie machen, Tom!» ruft Mr. Click.

«Ach, wirklich?» sage ich.

«Und ob!» sagt Mr. Click. «Mein Gott, Sie haben ja dreingeschaut, als wollten sie ihn ermorden!»

«Wen?» frage ich.

«Den Künstler!»

«Den Künstler!» wiederhole ich.

Und ich begann zu lachen. Es war ein irres, wildes, düsteres, unsinniges, abstoßendes Lachen, das spürte ich. Das wußte ich.

Mr. Click sah mich erschrocken an, sagte aber nichts, bis wir eine Straße weitergegangen waren. Dann bleibt er plötzlich stehen und sagt mit aufgeregtem Zeigefinger: «Thomas, ich erachte es als meine Pflicht, offen mit Ihnen zu reden. Ich mag neidische Menschen nicht. Ich habe den Wurm entdeckt, der an Ihren Eingeweiden nagt, Thomas. Es ist der Neid.»

«Ach, wirklich?» sage ich.

«Jawohl», sagt er. «Thomas, hüten Sie sich vor dem Neid! Er ist ein scheeläugiges Ungeheuer, das niemals noch jede lichte Stunde erhellt hat, sondern ganz im Gegenteil. Mir graut vor neidischen Menschen, Thomas. Ich gestehe, daß ich mich vor neidischen Menschen fürchte, wenn sie dermaßen neidisch sind wie Sie, Thomas. Als Sie die Werke eines begabten Konkurrenten betrachteten und die Lobesworte hörten, die diesem Konkurrenten gespendet wurden, und insbesondere als Sie seinem demütigen Blick begegneten, während er die Karte einsteckte, machten Sie ein so böses Gesicht, daß es wahrhaftig zum Fürchten war. Thomas, ich habe von dem Neid gehört, der unter den Anhängern der schönen Künste herrscht, doch nie hätte ich gedacht, daß er so furchtbar sein könnte, wie ich es heute sah. Ich wünsche Ihnen alles Gute, aber hier trennen sich unsere Wege. Und falls Sie je ins Unglück geraten sollten, weil sie einen Bruder in der Kunst erdolcht - oder sagen wir erdrosselt - haben, dann zitieren Sie mich nicht als Leumundszeugen, Thomas, sonst wäre ich gezwungen, Ihrer Sache zu schaden.»

Mit diesen Worten verließ mich Mr. Click, und unsere Bekanntschaft war zu Ende.

Ich verliebte mich. Ihr Name war Henrietta. Ich bezwang sogar meine ungezwungene Wesensart so weit, daß ich oftmals früh aufstand, um ihr zu begegnen. Sie wohnte gleichfalls in der Nähe des Obelisken oder Obstakels, und ich hoffte inbrünstig, daß sich unserer Verbindung kein ähnlich drohendes Hindernis entgegensetzen würde.

Henrietta flatterhaft zu nennen, heißt nur, sie Weib zu nennen. Zu sagen, daß sie Putzmacherin war, drückt nur andeutungsweise den reizenden Geschmack aus, mit dem sie sich selber putzte.

Sie willigte ein, mit mir spazierenzugehen. Zu ihrer Ehre sei gesagt, daß sie es ausdrücklich auf Probe tat. «Thomas», sagte Henrietta, «ich bin noch nicht bereit, Sie in einem anderen Licht als dem der Freundschaft zu betrachten. Doch ich bin bereit, mit Ihnen als einem Freund spazierenzugehen, auf die Möglichkeit hin, daß zärtlichere Gefühle sich zu regen beginnen.»

So gingen wir spazieren.

Unter dem Einfluß von Henriettas betörenden Reizen verließ ich nun täglich mein Bett. Ich ging meinem Gewerbe mit einem bisher unbekannten Fleiß nach, und diejenigen, die mit den Londoner Straßen gut vertraut sind, konnten in dieser Periode nicht umhin, zu beobachten, daß eine weit größere Anzahl – doch still! Die Zeit ist noch nicht gekommen!

An einem Oktoberabend ging ich mit Henrietta spazieren, um die kühlen Lüfte, die über der Vauxhall Bridge webten, zu genießen. Nach einigen langsamen Runden begann Henrietta merklich zu gähnen (so untrennbar ist das Bedürfnis nach erregenden Eindrücken mit der weiblichen Natur verbunden) und sagte: «Gehen wir über Grosvenor Place, Piccadilly und Waterloo zurück.» Wobei ich zur Information von Fremden und Ausländern hinzufügen möchte, daß diese Örtlichkeiten (die letzte eine Brücke) in London wohlbekannt sind.

«Nein, Henrietta. Nicht über Piccadilly», sagte ich.

«Und warum nicht über Piccadilly, um Himmels willen?» rief Henrietta.

Konnte ich es ihr sagen? Konnte ich ihr das

dunkle Vorgefühl gestehen, das düster über mir lag? Konnte ich mich ihr verständlich machen? Nein.

«Ich mag Piccadilly nicht, Henrietta.»

«Aber ich», sagte sie. «Es ist schon dunkel, und wenn die vielen Straßenlaternen brennen, ist es in Piccadilly wunderschön. Ich will über Piccadilly gehen!»

Natürlich gingen wir über Piccadilly. Es war ein schöner Abend, und viele Leute spazierten durch die Straßen. Die Luft war frisch, aber nicht kalt und nicht feucht. Man gestatte mir die dunkle Bemerkung, daß es ein idealer Abend *für diesen Zweck* war.

Als wir auf Grosvenor Place an der Gartenmauer des Königlichen Palastes entlang gingen, murmelte Henrietta: «Ich wollte, ich wäre Königin!»

«Warum, Henrietta?»

«Dann würde ich Sie, Thomas, zu einem großen Herrn machen», sagte sie und verschränkte die Hände über meinem Arm, während sie gleichzeitig den Kopf abwandte.

Ich schloß daraus, daß die oben erwähnten zärtlicheren Gefühle sich zu regen begannen, und paßte mein Verhalten dieser Annahme an. So erreichten wir im glücklichsten Einvernehmen die verhaßte Zufahrtstraße zu Piccadilly. Rechts von dieser Straße erblickt man eine Reihe von Bäumen, das Gitter von Green Park und ein schönes, breites, sehr geeignetes Stück Straßenpflaster.

«Herrje!» rief Henrietta alsbald. «Da hat es einen Unfall gegeben!»

«Wo, Henrietta?» fragte ich, nach links schauend.

«Nicht da drüben, Dummer», sagte sie. «Dort beim Parkgitter, wo die vielen Leute stehen. Aber nein, es ist kein Unfall, es gibt was zu sehen! Was sind das für Lichter?»

Damit meinte sie zwei Lichter, die knapp über dem Boden zwischen den Beinen der versammelten Menge flackerten: zwei Kerzen auf dem Straßenpflaster.

«Kommen Sie doch!» rief Henrietta und zog mich eilig über die Straße – ich suchte sie zurückzuhalten, aber vergeblich. «Das müssen wir uns anschauen!»

Auch hier Zeichnungen auf dem Straßenpflaster. In der Mitte (in einem Kreis) der feuerspeiende Vesuv, umgeben von vier Ovalen, die folgende Sujets zeigten: ein Schiff bei stürmischer See; eine Lammskeule, von zwei Gurken begleitet; ein goldenes Ährenfeld mit der ländlichen Hütte des Besitzers im Hintergrund; und schließlich Messer und Gabel nach der Natur. Über dem Mittelstück eine pralle Weintraube und das Ganze von einem Regenbogen überwölbt. Dies alles, wie mich dünkte, ganz vorzüglich gemalt.

Der Mann, der diese Werke ausstellte, bildete, bis auf seine Schäbigkeit, in allen Punkten einen vollkommenen Gegensatz zu dem früher erwähnten Individuum. Sein Äußeres sowie sein ganzes Auftreten bezeugten Forschheit und Munterkeit. Seinen fadenscheinigen Kleidern zum Trotz ließ er die bewundernden Zuschauer merken, daß es der Armut nicht gelungen war, seinen kühnen Geist zu dämpfen, und daß er sich keineswegs seiner redlichen Bemühungen schämte, aus dem ihm verliehenen Talent praktischen Nutzen zu ziehen. Auch die Schriftproben, die einen Teil der Gesamtkomposition bildeten, waren in entsprechend zuversichtlichem Ton gehalten. Sie verliehen den folgenden Empfindungen Ausdruck: «Schreiber dieses ist arm, doch unverzagt. Wendet sich 1 2 3 4 5 6 7 8 9 0 vertrauensvoll an ein Britisches £ s. d. Publikum. Ehre unserer Tapferen Armee! Sowie auch 0 9 8 7 6 5 4 3 2 1 unserer Kühnen Flotte! HEIL Schreiber dieses A B C D E F G wäre dankbar für jede passende Beschäftigung BRITANNIA! HURRA!»

Noch in einem anderen Punkt ähnelte dieser Mann dem früheren Individuum: Obwohl er sich mit gewaltigem Aufwand an Packpapier und Radiergummis anstellte, als gäbe er seinem Werk den letzten Schliff, tat er in Wirklichkeit nichts, als hie und da einen Buchstaben nachziehen, den losen Staub vom Regenbogen wegblasen oder den Umriß der Lammskeule verwischen. Und wenn er auch mit der größten Selbstsicherheit zu Werke ging, tat er das (meiner Meinung nach) so stümperhaft, daß er alles, was er anrührte, verdarb.

Als er nun an dem violetten Rauch aus dem Schornstein der ländlichen Hütte im Hintergrund des goldenen Ährenfeldes (der, wie mich dünkte, entzückend leicht und luftig gemalt war) herumzupfuschen begann, hörte ich mich plötzlich mit lauter Stimme rufen: «He Sie! Rühren Sie das gefälligst nicht an!»

«Nanu!» sagte ein neben mir stehender Zuschauer und stieß mich dabei grob in die Rippen. «Warum haben Sie kein Telegramm geschickt? Wenn wir gewußt hätten, daß Sie zu kommen geruhen, hätten wir Ihnen was Besseres geboten. Sie verstehen wohl mehr von der Arbeit als der Künstler selber? Haben Sie auch Ihr Testament gemacht? Wer so gescheit ist, lebt nicht lang!»

«Gehen Sie mit dem Herrn nicht zu streng ins Gericht, Sir», sagte der Aussteller, wobei er mir wahrhaftig zuzwinkerte. «Vielleicht ist er zufällig auch ein Künstler. In diesem Fall, Sir, wird er mir Verständnis entgegenbringen, Sir, wenn ich hier den Schmelz meiner Trauben aufhelle - das Orange meines Regenbogens etwas vertiefe - den I-Punkt meiner Britannia verstärke - der Gurke einen grünlicheren Ton verleihe - meiner Lammskeule ein Spürchen Fett hinzufüge - und einen weiteren Blitz auf mein Schiff in Seenot schleudere...», wobei er, ständig unter den Bildern umherhüpfend, jeweils dem Wort die Tat folgen ließ und nach jeder weitern Retusche schneidig in die Hände klatschte.

Er benahm sich gewandt und schien so flink und sicher zu arbeiten, daß es nur so Münzen regnete.

«Meinen verbindlichsten Dank einem großzügigen Publikum!» rief der Professor. «Ihre Anerkennung wird mich zu weiteren Leistungen anspornen. Mein Name soll England zur Ehre gereichen! Dank Ihrer Ermunterung fühle ich mich zu Höherem fähig! Fortan will ich es noch besser machen, das gelobe ich!»

«Sie können es nicht besser machen als die Trauben da!» rief Henrietta impulsiv. «O Thomas, die Trauben!»

«Nicht besser, verehrte Dame? Ich hoffe zuversichtlich auf die Zeit, da ich die Natur selbst übertreffen werde, ausgenommen Ihre eignen strahlenden Augen und Lippen, die nichts übertreffen kann!»

«Thomas, hat man je...! Aber es dauert wohl sehr lange, Sir», sagte Henrietta tief errötend, «bis man so schön malen kann?»

«Man hat mich früh in die Lehre gesteckt, Miss», entgegnete der junge Mann, während er forsch an seinem Werk herumbesserte. «Ich war Lehrling in den Kellergewölben von Spanien und Portugallien, so lang, wie Sie nur wünschen, und noch zwei Jahre drüber!»

Ein Lachen erscholl aus der Menge, und ein neuer Zuschauer, welcher sich bis zu mir durchgeschlängelt hatte, sagte: «Er ist nicht auf den Mund gefallen, wie? Ein flotter Kerl!»

«Und dieses Auge!» hauchte Henrietta.

«Ha! Das Auge, das braucht er», sagte der Mann.

«Ja, ja, das Auge muß er haben!» murmelte es in der Menge.

«Den brennenden Berg da hätte er nicht malen können ohne ein Auge», sagte der Mann. Irgendwie wurde er jetzt allgemein als Autorität anerkannt, und alle Blicke folgten seinem Finger, der gebieterisch auf den Vesuv wies. «Es würde schon ein Auge brauchen, diesen Effekt bei einer allgemeinen Illumination zu erreichen, aber das einfach so hinzuzeichnen – tja, das könnte ihn rein um sein Augenlicht bringen!»

Der Betrüger tat, als hätte er nicht gehört, doch er zwinkerte übermäßig mit beiden Augen zugleich, als wäre die Anstrengung zu groß, und warf sein langes Haar zurück – es war unnötig lang –, um seine fiebrige Stirn zu kühlen. Ich sah ihm dabei zu – als Henrietta plötzlich flüsterte: «O Thomas, was machen Sie für ein schreckliches Gesicht!» und mich hastig aus der Menge zog.

In Erinnerung an Mr. Clicks Worte erwiderte ich verlegen: «Wieso schrecklich?»

«Ach du lieber Gott!» rief Henrietta. «Sie haben ausgesehen – als ob Sie nach seinem Blut dürsteten, Thomas!»

Fast hätte ich geantwortet: «Jawohl, ich hätte die größte Lust, ihm die Nase blutig zu schlagen!» Doch ich beherrschte mich und schwieg.

Schweigend gingen wir heim. Bei jedem Schritt schienen die zärtlicheren Gefühle, die sie überflutet hatten, mit der Geschwindigkeit von zwanzig Meilen pro Stunde zurückzuebben. Ich paßte mein Verhalten diesem Zurückebben an, wie ich es dem Heranfluten angepaßt hatte, das heißt, ich ließ meinen Arm so schlaff herabhängen, daß sie ihn kaum zu umfassen vermochte, und wünschte ihr beim Abschied so kühl «Gute Nacht», daß ich mich innerhalb der Grenzen der Wahrheit halte, wenn ich es als ein Krächzen bezeichne.

Am nächsten Tag erhielt ich per Post das folgende Dokument:

«Henrietta teilt Thomas mit, daß mir die Schuppen von den Augen gefallen sind. Ich werde Ihnen stets das Beste wünschen, doch Spazierengehen, und wir sind durch eine nicht zu beackernde Kluft getrennt. Einer, welcher einem, welcher ihm überlegen ist, mit solchem Haß begegnet – ach, Ihr Blick auf ihn! –, kann nun und nimmer der Begleiter sein von

Henrietta

P.S. Zum Altar.»

Nach Erhalt obigen Briefes blieb ich, meiner ungezwungenen Wesensart nachgebend, eine Woche lang im Bett. Während dieser ganzen Zeit blieb London der üblichen Früchte meiner Mühe beraubt. Als ich sie wieder aufnahm, erfuhr ich, daß Henrietta mit dem Künstler von Piccadilly vermählt war.

Sagte ich: mit dem Künstler? Welch grausames Wort! Welch gallenbittere Enttäuschung, welch zynischer Hohn liegt darin! Ich – ich – ich – bin der Künstler! *Ich* war in Wahrheit der Künstler von Waterloo Road, *ich* war in Wahrheit der Künstler von Piccadilly, ich bin der einzige Urheber der

Kunstwerke auf dem Straßenpflaster, die täglich und nächtlich euere Bewunderung erregen! Ich schaffe sie und verpachte sie. Der Mann, den ihr mit Kreide und Wischer die Buchstaben nachziehen und die Farben vertiefen seht, der Mann, dem ihr Lob spendet, der Mann, dem ihr Geld spendet, mietet – ja, und ich lebe, um es zu bezeugen! –, er *mietet* diese Kunstwerke von mir und trägt nichts dazu bei als die Kerzen!

Das ist das Los des Genies in einem kommerziell eingestellten Land. Ich verstehe mich nicht aufs Zähneklappern, ich verstehe mich nicht aufs Forschtun, ich verstehe mich nicht auf den Trick, um «passende Beschäftigung» zu bitten; ich verstehe mich einzig darauf, ein Kunstwerk zu ersinnen und auszuführen. Infolgedessen seht ihr mich nie. Wenn ihr glaubt, daß ihr mich seht, seht ihr einen anderen, und dieser andere ist ein rein kommerzielles Individuum. Derjenige, der von meiner Wenigkeit und Mr. Click in der Waterloo Road gesehen wurde, kann nur ein einziges Wort schreiben, und das habe ich ihm beigebracht. Es ist das Wort «Multiplikation», und ihr könnt ihn sehen, wie er es von oben nach unten schreibt, weil er es nicht auf natürliche Art tun kann. Derjenige, der von meiner Wenigkeit und Henrietta am Gitter von Green Park gesehen wurde, kann – wenn er unbedingt sein Können vorführen muß – bestenfalls die beiden Enden des Regenbogens ins Dasein schmieren, doch die Wölbung könnte er ebensowenig zustande bringen wie die Mondnacht, den Fisch, den Vulkan, den Schiffbruch, die Lammskeule, den Einsiedler oder sonst eines meiner hochgerühmten Werke, und wenn es um sein Leben ginge.

Um zu schließen, wie ich begann: Wenn es eine

verkannte, bekannte Persönlichkeit gibt, dann bin ich's. Und so oft ihr auch meine Werke gesehen habt, seht und sehen werdet, wette ich fünfzigtausend zu eins, daß ihr mich niemals sehen werdet – außer es trifft sich zufällig, daß ihr, wenn die Kerzen niedergebrannt sind und das kommerzielle Individuum verschwunden, einen vernachlässigten jungen Mann erblickt, der sorgfältig die letzten Spuren des Bildes vom Pflaster wegreibt, damit niemand sie nachzeichnen kann. Das bin ich.

Das erstaunliche Ende

Man wird bereits bemerkt haben, daß ich die vorausgehenden Zeilen verkaufte. Aus dem Umstand, daß sie auf diesen Seiten abgedruckt sind, wird der Leser (darf ich ergänzen, der geneigte Leser?) bereits den Schluß gezogen haben, daß ich sie einem verkaufte, der nie und nimmer...*

Nachdem ich mich zu sehr günstigen Bedingungen von den Papieren getrennt hatte (legte ich mich doch, als ich Verhandlungen mit dem vorliegenden Journal anknüpfte, in die Hand eines, von dem mit den Worten eines anderen gesagt werden kann, daß er nie und nimmer...**), nahm ich wieder meine gewohnte Tätigkeit auf. Doch nur allzubald mußte ich entdecken, daß meine Seelenruhe eine Stirn floh, welche die Zeit bisher bloß ihrer Haare beraubt, sie ansonsten jedoch heiter und faltenlos gelassen hatte.

* Der Rest dieses schmeichelhaften Satzes vom Herausgeber gestrichen.

** Der Rest dieser schmeichelhaften Einschaltung vom Herausgeber gestrichen.

Es wäre vergeblich, es verhehlen zu wollen – die Stirn, auf die ich anspiele, ist meine eigene.

Jawohl, auf diese Stirn senkte sich Unruhe wie die düsteren Schwingen des sagenhaften Vogels, welcher – welcher zweifellos von allen Gebildeten leicht identifiziert werden kann; falls nicht, bin ich im Augenblick leider nicht in der Lage, nähere Einzelheiten über ihn anzugeben. Die Überlegung, daß die vorausgehenden Zeilen jetzt unweigerlich in Druck gegeben würden und daß ihr Urheber noch leben und sie zu Gesicht bekommen könnte, hockte wie der Nachtmahr auf meiner ermatteten Gestalt. Die Spannkraft meines Gemütes war dahin. Als fruchtlos erwies sich die Flasche, ob Wein oder Arznei. Ich suchte Zuflucht bei beiden, und beide übten auf meinen Organismus eine beängstigend niederdrückende Wirkung aus.

In diesem Zustand der Depression, in den ich verfiel, als ich zu bedenken begann, was ich denn zu meiner Verteidigung sagen sollte, falls ER – der Unbekannte – plötzlich im Kaffeehaus erschiene und Genugtuung forderte, erlebte ich diesen letzten November eines Vormittags einen Schock, in welchem ich den Finger des Schicksals und des Gewissens, Hand in Hand vereint, zu erblicken vermeinte. Ich war allein im Kaffeehaus und hatte gerade das Feuer geschürt. Nun stand ich, den Rücken der lodernden Flamme zugewendet, um zu versuchen, ob ihre Wärme einen besänftigenden Einfluß auf meine innere Stimme ausüben würde, als ein junger Mann mit einer Mütze und intelligentem Gesicht (wenn auch dringend eines Haarschnitts bedürftig) urplötzlich vor mir stand.

«Mr. Christopher, der Oberkellner?»

«In Person.»

Der junge Mann schüttelte die Haare aus seinem Blickfeld – das sie behinderten –, zog ein Paket aus seinem Busen, überreichte es mir und sagte, den Blick (oder träumte ich?) mit flammender Bedeutsamkeit auf mich gerichtet: «Die Probeabzüge!»

Obzwar ich roch, daß das Feuer meine Frackschöße versengte, war ich unfähig, eine Bewegung zu machen. Der junge Mann drückte das Paket in meine zögernd zugreifende Hand und wiederholte – zu seiner Ehre sei hinzugefügt, in höflichem Ton: «Die Probeabzüge. A.Y.R.»*

A.Y.R.? *And You Remember.* War das gemeint? *At Your Risk.* Bildeten die Buchstaben die Abkürzung für diese Warnung? *Anticipate Your Retribution.* Oder für diese?

Ich öffnete das Paket und erkannte in seinem Inhalt die vorausgehenden Zeilen im Druck, genau wie der Leser (darf ich ergänzen, der scharfsinnige Leser?) sie bereits durchflogen hat. Vergebens flüsterte mir eine beruhigende Stimme zu: «A.Y.R. – *All the Year Round.*» Die Probeabzüge vermochte sie nicht auszulöschen. Die Probeabzüge – den Beweis, daß ich die Papiere verkauft hatte.

Mein Elend wurde täglich größer. Ich hatte nicht an die Gefahr gedacht, in die ich mich stürzte, und nicht an die herausfordernde Öffentlichkeit, an die ich den Kopf hinhielt, bevor alles unwiderruflich getan und im Druck war. Auf das Geld zu verzichten, um den Handel rückgängig zu machen und die Veröffentlichung zu verhindern – das war unmöglich. Meine Familie war in bedrängten Verhältnissen, Weihnachten nahte, ein Bruder im Spital und

* A.Y.R. Die Abkürzung für *All the Year Round,* die von Dickens herausgegebene Zeitschrift, in deren Weihnachtsnummer diese Geschichte erschien (Anm. d. Übers.).

eine Schwester in rheumatischen Umständen konnten nicht gänzlich vernachlässigt werden. Dazu kam ein Bruder, der seine Stellung verloren hatte, und ein anderer Bruder, der Geld für eine Wechselschuld benötigte, und ein weiterer Bruder, der den Verstand verloren hatte, und einer, der nach New York gegangen war (nicht der nämliche, obwohl es so scheinen könnte); das alles hatte mich an einen Punkt gebracht, wo ich wirklich und wahrhaftig ohne Zuschuß nicht weiterkonnte. Ich versank tiefer und tiefer in Trübsal, da ich ständig über die Probeabzüge nachdachte. Wenn sie demnächst zu Weihnachten veröffentlicht wurden, gab es für mich keine Sicherheit mehr. Von einer Stunde zur anderen konnte ER im Kaffeehaus vor mich hintreten und im Angesicht des Tages und des Landes sein Recht fordern.

Die ebenso erschütternde wie unvorhergesehene Katastrophe, auf die ich den Leser (darf ich hinzufügen, den hochintellektuellen Leser?) zu Beginn dieses Berichtes düster hinwies, naht jetzt mit raschen Schritten.

Es war noch immer November, doch der Monat neigte sich seinem Ende zu. Das Geschäft ging flau – mehrere Rindskeulen unter dem durchschnittlichen Verbrauch und Wein natürlich dementsprechend. So flau ging es schließlich, daß Nr. 26, 27, 28 und 31, nachdem sie um sechs ihre diversen Dinners zu sich genommen und über ihren diversen Halben gedöst hatten, in ihren diversen Hansoms abfuhren, um ihre diversen Nachtzüge zu erreichen, und wir leer zurückblieben.

Ich hatte mich mit der Zeitung an Tisch Nr. 6 zurückgezogen – wo man am wärmsten und behaglichsten sitzt – und war über den ungemein fesselnden Tagesnachrichten eingenickt, als der vertraute Ruf «Kellner!» mich ins Bewußtsein zurückrief. «Sir!» antwortete ich mechanisch und erblickte einen Herrn, der an Tisch Nr. 4 stand. Der Leser (soll ich hinzufügen, der aufmerksame Leser?) wird ersucht, die Nummer des Tisches zu beachten – der Herr wählte *Tisch Nr. 4*.

Er hielt eine der neumodischen, nicht zusammenklappbaren Reisetaschen in der Hand (gegen die ich bin, denn ich sehe nicht ein, warum wir nicht zusammenklappen sollen, wenn unsere Väter es von jeher taten) und sprach: «Ich möchte etwas essen. Ich übernachte hier.»

«Sehr wohl, Sir. Was wünschen Sie zum Nachtessen, Sir?»

«Suppe, ein Stückchen Fisch, Austernsauce und Braten.»

«Danke, Sir.»

Ich läutete nach dem Zimmermädchen, und Mrs. Pratchett trat ein; sie trug, wie es Brauch ist, mit sittsamer Miene eine brennende Kerze vor sich her, als schritte sie an der Spitze einer langen, öffentlichen Prozession, deren sämtliche übrigen Mitglieder unsichtbar wären.

Inzwischen war der Fremde ans Feuer getreten und hatte die Stirn gegen das Kaminsims gelehnt (das niedrig ist, so daß es aussah, als wolle er bockspringen), wobei er einen herzzerreißenden Seufzer ausstieß. Er hatte langes hellblondes Haar, und als er seine Stirn an das Sims lehnte, fiel ihm der ganze Schopf wie ein Staubwedel über die Augen; und als er sich dann umwandte und wieder den Kopf hob, fiel er ihm wie ein Staubwedel über die Ohren. Das verlieh ihm ein wildes Aussehen, ähnlich einer abgebrannten Heide.

«Oh! Das Zimmermädchen. Ach!» Er wälzte etwas in seinem Geist. «Natürlich. Ja. Ich will jetzt nicht in mein Zimmer gehen, wenn Sie nur meine Tasche hinauftragen. Vorläufig genügt es, wenn ich die Nummer weiß. – Können Sie mir 24B geben?»

(O Gewissen, was bist du für eine Schlange!)

Mrs. Pratchett sagte ihm das Zimmer zu und trug die Tasche hinauf. Worauf er zum Kamin zurückkehrte und sich ans Nägelbeißen machte.

«Kellner!» rief er, an seinen Nägeln herumbeißend. «Bringen Sie mir bitte (Beißen) Feder und Papier (Beißen), und in fünf Minuten (Beißen) möchte ich (Knabbern) einen (Knabbern) Boten haben.»

Ehe er sein Dinner berührte, hatte er, uneingedenk der dahinwelkenden Suppe, sechs Briefchen geschrieben und per Boten abgeschickt: drei City, drei West-End. Die City-Briefe waren an Adressen in Cornhill, Ludgate Hill und Farringdon Street gerichtet, die West-End-Briefe an Great Marlborough Street, New Burlington Street und Piccadilly. Jeder der sechs Adressaten ließ sich systematisch verleugnen, und es gab keine Spur einer Antwort. Unser Laufjunge, der mit diesem Bericht zurückkehrte, flüsterte mir zu: «Lauter Buchhändler!»

Doch bevor es so weit war, hatte er sein Dinner verzehrt und seine Flasche Wein geleert. Hierauf – man beachte die Übereinstimmung mit dem weiter oben vollinhaltlich wiedergegebenen Dokument! – stieß er mit seinem aufgeregten Ellbogen einen Teller Biscuits vom Tisch (doch ohne daß es Scherben gab) und verlangte nach Brandy und kochendem Wasser.

Mittlerweile völlig überzeugt, daß ER es in Person war, schwitzte ich mit der größten Freimütigkeit. Als er durch das soeben erwähnte heiße Genußmittel in Hitze geriet, verlangte er wieder Feder und Papier und verbrachte die nächsten zwei Stunden mit der Verfertigung eines Manuskripts, das er nach seiner Vollendung ins Feuer warf. Hierauf begab er sich, von Mrs. Pratchett geleitet, auf sein Zimmer. Als Mrs. Pratchett (der meine Befürchtungen bekannt waren) zurückkam, erzählte sie mir, sie hätte bemerkt, wie sein Blick sich in jeden Winkel des Treppenhauses und der Gänge bohrte, als suchte er nach seinem Gepäck; und als sie die Tür von 24B hinter sich schloß, hätte sie, ins Zimmer zurückblickend, gesehen, wie er, bereits in Hemdsärmeln, gänzlich unter der Bettstatt verschwand, wie der Schornsteinfeger im Kamin.

Der nächste Tag – die Qualen dieser Nacht übergehe ich mit Stillschweigen – ging so neblig auf, daß wir die Gaslampen im Kaffeehaus anzünden mußten. Wir waren noch immer allein, als er wieder an Tisch Nr. 4 Platz nahm, und kein fieberhaftes Wort meiner Feder vermöchte dem unruhigen Zukken seiner Züge gerecht zu werden – noch verstärkt durch die flackernde Beleuchtung, weil etwas mit dem Gas nicht in Ordnung war.

Nachdem er sein Nachtessen bestellt hatte, ging er aus und blieb nahezu zwei Stunden weg. Bei der Rückkehr erkundigte er sich, ob eine Nachricht für ihn eingetroffen wäre, und beantwortete die uneingeschränkte Verneinung dieser Frage mit dem unverzüglichen Ruf nach Currysuppe, Cayennepfeffer und Orangenschnaps.

Im Gefühl, daß der mörderische Kampf jetzt knapp bevorstünde, und dem weiteren Gefühl, daß ich ihm gewachsen sein müsse, beschloß ich, alles, was er bestellte, gleichfalls zu mir zu nehmen. So genehmigte ich hinter meiner Zwischenwand, von wo ich ihn stets im Auge behielt, Currysuppe, Cayennepfeffer und Orangenschnaps. Und als er später am Tage meinem zweiten Assistenten George (mein Erster war gerade auf Urlaub) wiederum «Orangenschnaps» zurief, tat ich ein gleiches.

Diesen ganzen furchtbaren Tag lang wanderte er unablässig im Kaffeehaus herum. Er kam oft in die Nähe meiner Wand, und seine Augen schweiften nur allzu offensichtlich auf der Suche nach seinem Gepäck umher. Es wurde halb sieben, und ich deckte seinen Tisch. Er bestellte eine Flasche Dunkles. Ich bestellte ebenfalls eine Flasche Dunkles. Er trank sein Bier. Ich trank meines, soweit meine Pflichten es zuließen, Glas um Glas mit ihm. Er krönte die Mahlzeit mit Kaffee und einem Gläschen Brandy. Ich krönte ebenfalls mit Kaffee und einem Gläschen Brandy. Er nickte ein. Ich nickte ein. Endlich hieß es «Kellner!», und er verlangte seine Rechnung. Der Augenblick war gekommen, da wir einander im tödlichen Ringkampf umklammern mußten.

Mit der Geschwindigkeit des Pfeils, der vom Bogen schwirrt, hatte ich meinen Beschluß gefaßt, mit anderen Worten, ich hatte ihn zwischen neun und neun genau ausgedacht. Er bestand darin, daß ich als erster mit einem offenen Bekenntnis vor ihn hintreten und ihm jede in meiner Macht stehende Genugtuung anbieten würde. Er bezahlte seine Rechnung (mit einem angemessenen Trinkgeld), während sein Auge bis zum letzten Moment nach irgendeinem Anzeichen seines Gepäcks umherwanderte. Ein einziges Mal begegneten sich unsere Blicke mit dem starren Glanz (ich glaube, ich irre nicht, wenn ich ihm diese Eigenschaft zuschreibe?)

des wohlbekannten Basilisken. Der entscheidende Augenblick war gekommen.

Mit leidlich fester Hand, wenn auch mit Demut, legte ich die Abzüge vor ihn auf den Tisch.

«Grundgütiger Himmel!» rief er, aufspringend und sich am Haar packend. «Was sehe ich! Gedruckt!»

«Sir», erwiderte ich in beschwichtigendem Ton und neigte den Kopf, «ich bekenne demütig, der unglückselige Urheber dieses zu sein. Doch ich hoffe, Sir, wenn Sie erst die näheren Umstände erfahren und die Unschuld meiner Absichten...»

Zu meiner Verblüffung schnitt er mir das Wort ab, indem er mich mit beiden Armen umfing und an sein Brustbein drückte; woraus (wie ich gestehen muß) dank dem Umstand, daß er einen bis zum Hals zugeknöpften Rock trug und seine Knöpfe ungewöhnlich hart waren, meinem Gesicht und insbesondere meiner Nase vorübergehend einiger Schaden erwuchs.

«Hahaha!» schreit er gellend, während er mich mit einem wilden Lachen wieder freigibt und dafür meine Hände zu packen kriegt. «Wie ist Ihr Name, mein teurer Wohltäter?»

«Mein Name, Sir?» (Ich war arg zerknittert und begriff überhaupt nichts mehr.) «Mein Name ist Christopher, und ich hoffe, Sir, wenn Sie erst meine Entschul...»

«Gedruckt!» schreit er wieder und wühlt in den Bogen herum, als wolle er darin baden. «Gedruckt! O Christopher! Edler Menschenfreund! Nichts auf Erden kann Sie angemessen belohnen – aber welche Summe würde Ihnen als schwacher Entgelt für Ihre Mühen annehmbar erscheinen?»

Ich war einen Schritt zurückgetreten, sonst hätte

ich es wieder mit den Knöpfen zu tun bekommen.

«Sir, ich bin bereits gut bezahlt worden und...»

«Nein, nein, Christopher! Davon will ich nichts hören. Welcher Betrag würde Ihnen annehmbar erscheinen? Würden Ihnen zwanzig Pfund annehmbar erscheinen, Christopher?»

Wie groß auch meine Überraschung war, fand ich naturgemäß doch Worte, um zu sagen: «Sir, es ist mir nicht bekannt, daß je ein Mensch mit annähernd durchschnittlichem Wassergehalt des Gehirns geboren wurde, der zwanzig Pfund *nicht* annehmbar finden würde. Aber – ergebensten Dank, Sir, ich bin Ihnen außerordentlich verbunden», denn er hatte zwei Zehnpfundnoten aus seiner Börse hervorgewühlt und sie mir in die Hand gedrückt, «aber ich wüßte gern, Sir, wenn ich so frei sein darf – womit habe ich diese Großzügigkeit verdient?»

«So erfahren Sie denn, Christopher», sagte er, «daß ich mich von der Stunde meiner Kindheit an ebenso unablässig wie vergeblich bemüht habe, im Druck zu erscheinen. Erfahren Sie, Christopher, daß sämtliche lebenden Buchhändler – und mehrere verstorbene – es abgelehnt haben, mich zu drucken. Erfahren Sie, Christopher, daß ich ungezählte Ries Papier beschrieben habe, die nie gedruckt wurden. Doch Ihnen werde ich sie vorlesen, mein Freund und Bruder! Sie haben doch manchmal Urlaub?»

In Erkenntnis der großen Gefahr, die mir drohte, besaß ich die Geistesgegenwart zu antworten: «Niemals!» Und ich fügte hinzu: «Nein, niemals von der Wiege bis zum Grabe!»

«Na, dann nicht», sagte er, ohne weiter daran zu denken, und wühlte wieder in den Druckbogen.

«Aber ich bin gedruckt! Der erste ehrgeizige Traum, der sich aus der ärmlichen Hütte meines Vaters emporschwang, ist jetzt endlich Wirklichkeit geworden! Die goldene Schale» (er war schon etwas fortgeschritten) «hat unter der Berührung der Zauberhand einen vollen, reichen Klang von sich gegeben! Wann geschah es, o mein Christopher?»

«Was, Sir?»

«Dies hier!» Und er hielt die Druckbogen auf Armeslänge von sich, um sie zu bewundern. «Dieser D-r-r-ruck!»

Als ich ihm darüber berichtet hatte, ergriff er wieder meine Hand und sprach: «Teurer Christopher, es sollte Sie stolz machen, zu wissen, daß Sie ein Werkzeug in der Hand des Schicksals sind. Denn das sind Sie!»

Ein flüchtiger Schatten von Melancholie, der mir durch den Kopf zog, bewog mich, diesen zu schütteln und zu sagen: «Vielleicht sind wir das alle.»

«So meine ich es nicht», erwiderte er. «Ich spreche nicht allgemein, sondern beschränke mich auf diesen besonderen Fall. Hören Sie gut zu, mein Freund. Ohne jede Hoffnung, auch nur eines meiner Manuskripte aus eigener Kraft loszuwerden – denn wohin ich sie auch schicken mochte, sie kehrten sämtlich immer wieder zu mir zurück –, ließ ich vor jetzt sieben Jahren mein Gepäck hier, auf die verzweifelte Chance hin, daß entweder die allzu treuen Manuskripte nicht mehr zu mir zurückfinden würden, oder daß einer, der nicht unter dem gleichen Fluch stünde wie ich, sie der Welt zu übermitteln vermöchte. Sie folgen mir, mein Freund Christopher?»

«Durchaus, Sir.» Ich folgte ihm weit genug, um zu erkennen, daß er nicht viel vertrug und daß der

Orangenschnaps, der Brandy mit heißem Wasser und das alte Braunbier ihre Wirkung auszuüben begannen. (Das alte Braunbier geht in den Kopf und eignet sich am besten für trinkfeste Fälle.)

«Die Jahre verrannen, und meine Werke schlummerten im Staube. Bis endlich das Schicksal, auf der Suche nach einem Vollstrecker, aus der ganzen Menschheit Sie, Christopher, auswählte! Sie kamen her, und siehe!, die Flasche barst, und der Geist war befreit!»

Nach diesen Worten machte er einen veritablen Heuhaufen aus seinem Haar und erhob sich auf die Zehenspitzen.

Doch alsbald geriet er in große Erregung. «Wir müssen heut die ganze Nacht lang arbeiten, mein Christopher!» rief er. «Ich muß diese Fahnen für den Druck korrigieren. Füllen Sie alle Tintenfässer im Haus und bringen Sie mir ein Bündel neue Federn!»

Die ganze Nacht lang verschmierte er sich und verschmierte er die Druckbogen derartig mit Tinte, daß, als die aufsteigende Sonne ihn zur Abreise mahnte (in einem Zweispänner), nur wenige hätten unterscheiden können, was Papier war und was er war und was Kleckse waren. Seine letzten Anweisungen lauteten dahin, daß ich die Korrekturen schleunigst auf die Redaktion des vorliegenden Journals bringen solle, was ich auch tat. Höchstwahrscheinlich werden sie nicht im Druck erscheinen, denn während ich noch diese abschließenden Zeilen aufs Papier warf, entging es mir nicht, daß eine Botschaft aus der Setzerei im Beaufort House eintraf, des Inhalts, daß nichts und niemand im ganzen Betrieb herauskriegen könnte, was sie bedeuteten. Worauf ein gewisser Herr, dessen Namen ich hier nicht nennen will – doch dürfte die Bemerkung genügen, daß er, auf dem mächtigen Fundament einer meerumschlungenen Insel stehend, in welchem Lichte man ihn auch betrachten mag...* –, einfach lachte und die Korrekturen ins Feuer warf.

* Der Rest dieser schmeichelhaften Einschaltung vom Herausgeber gestrichen.

Möblierte Zimmer zu vermieten

Wie jemand auf die Idee kommen kann, möblierte Zimmer zu vermieten, ohne eine alleinstehende Frau zu sein, die sich ihr Brot verdienen muß, das ist mir unbegreiflich, meine Liebe. Um Vergebung für die vertrauliche Anrede, aber es rutscht mir so natürlich heraus, wenn ich hier in meinem eigenen Stübchen jemandem, dem ich trauen kann, mein Herz ausschütten möchte, und ich wäre wahrhaftig dankbar, wenn es die ganze Menschheit wäre, aber dem ist nicht so, sondern Sie brauchen nur einen Möblierten Zettel im Fenster zu haben und Ihre Uhr auf dem Kaminsims, und kaum drehen Sie sich einen Moment um, ist sie weg, so feine Manieren er auch hat. Auch eine Person Ihres eigenen Geschlechts ist keine Garantie, für welche Behauptung ich meine guten Gründe in der Form von Zukkerzangen habe, denn die betreffende Dame (und sie war eine vornehme Erscheinung) bat mich, ihr rasch ein Glas Wasser zu holen, unter dem Vorwand, daß ihre Niederkunft bevorstünde, was auch tatsächlich der Wahrheit entsprach, aber es fand dann auf der Polizeiwache statt.

Nummer einundachtzig, Norfolk Street, Strand – beste Lage zwischen City und St. James, fünf Minuten zu Fuß von den hauptsächlichsten Vergnügungsetablissements –, so lautet meine Adresse. Ich bin seit vielen Jahren in dem Haus eingemietet, wie die Steuerbücher des Gemeindebezirks es bezeugen, und ich wollte nur, mein Hausherr wäre sich der Tatsache ebenso lebhaft bewußt wie ich; aber nein, bewahre, nicht ein halbes Pfund Ölfarbe, und wenn's um sein Leben ginge, und nicht einmal ein einziger Dachziegel, auch auf den Knien nicht.

Meine Liebe, Sie haben Nummer einundachtzig, Norfolk Street, Strand, niemals in Bradshaws Eisenbahnkursbuch annonciert gesehen, und werden und sollen es mit Gottes Hilfe auch nie darin sehen. Es gibt Leute, die es nicht erniedrigend finden, ihren Namen so gemein zu machen und sogar bis zu einer Abbildung des Hauses zu gehen, bloß ganz unähnlich, mit einem Klecks in jedem Fenster und einer vierspännigen Kutsche vor der Tür, aber was Miss Wozenham, quer über die Straße, ein Stück weiter unten, vielleicht paßt, braucht mir noch nicht zu passen, indem Miss Wozenham ihre eigenen Ansichten hat und ich die meinigen; obzwar, wenn es zu einem systematischen Unterbieten kommt, wie vor Gericht jederzeit unter Eid zu beweisen wäre, in Form von «Wenn Mrs. Lirriper achtzehn Shilling die Woche sagt, dann sage ich fünfzehneinhalb», dann müssen Sie es mit Ihrem eigenen Gewissen ausmachen, vorausgesetzt Ihr Name wäre Wozenham, was er nicht ist, wie ich mir wohl bewußt bin, sonst hätte ich keine so gute Meinung von Ihnen, und was luftige Schlafzimmer und einen ständig diensttuenden Nachtportier betrifft, empfiehlt es sich, darüber möglichst wenig zu reden, indem die Schlafzimmer luftlos sind und der Nachtportier aus der Luft gegriffen.

Es ist vierzig Jahre her, daß ich und mein seliger Lirriper getraut wurden, in der Kirche zu St. Clement's Danes, wo ich noch jetzt meinen festen Platz habe, in einem sehr angenehmen Kirchenstuhl, in guter Gesellschaft und mit meinem eigenen Kniekissen und einer Vorliebe für den Abendgottesdienst, wo es nicht so voll ist. Mein seliger Lirriper war das Bild von einem stattlichen Mann mit leuchtenden Augen und einer Stimme, so melodisch wie ein Musikinstrument aus Honig und Stahl, aber er war ein freizügiges Leben gewöhnt, als Geschäftsreisender von Beruf, und das auf einer Kalkofenroute, wie er es nannte. «Eine trockene Route, Emma, meine Liebe», sagt mein seliger Lirriper immer zu mir, «wo ich den Staub mit einem Glas nach dem anderen hinunterspülen muß, den ganzen Tag lang und noch die halbe Nacht, und das zermürbt den Menschen, Emma», sagt mein seliger Lirriper zu mir. Was dann dazu führte, daß er oft geradewegs durchfuhr, und er wäre wohl auch durch den Straßenzoll durchgefahren, als das schreckliche Pferd, das keinen Moment stillstehen wollte, losging, aber es war Nacht und die Schranke geschlossen, und infolgedessen bleibt sein Rad hängen, mein armer, seliger Lirriper, und der leichte Wagen in Atome zersplittert, und hat nie wieder ein Wort gesprochen. Er war das Bild von einem stattlichen Mann und ein Mann mit einem warmen Herzen und einem fröhlichen Gemüt. Aber auch wenn es sie damals schon gegeben hätte, sie hätten doch nie seine weiche Stimme wiedergeben können, und überhaupt finde ich, daß es den Photographien, allgemein gesagt, an Weichheit mangelt, und man sieht darauf aus wie ein frischgepflügtes Feld.

Indem mein seliger Lirriper mit der Welt im Rückstand war und in Hatfield in Hertfordshire begraben wurde, nicht daß es sein Geburtsort wäre, aber er hatte eine Vorliebe für den Gasthof dort, wohin wir an unserem Hochzeitstag fuhren und zwei Wochen so glücklich verlebten, wie man nur glücklich sein kann, gehe ich also der Reihe nach zu den Gläubigern und sage: «Gentlemen, es ist mir bekannt, daß ich nicht für die Schulden meines seligen Gemahls haftbar bin, aber es ist mein Wunsch, sie zu begleichen, denn ich bin seine gesetzlich angetraute Ehefrau, und sein guter Name ist mir teuer. Ich gedenke jetzt möbliert zu vermieten, beruflich, Gentlemen, und wenn ich erfolgreich bin, soll jeder Rappen, den mein seliger Gemahl schuldig war, auf Heller und Pfennig zurückbezahlt werden, um der Liebe willen, die ich ihm gelobte, bei dieser meiner rechten Hand.» Es hat lange gebraucht, aber ich habe es vollbracht, und das echt silberne Sahnekännchen, ganz unter uns, unter der Matratze oben in meinem Schlafzimmer (sonst hätte es längst Beine bekommen, so sicher wie der Möblierte Zettel draußen hängt), das mir von den Herren verehrt wurde mit der Inschrift: «Mrs. Lirriper als Zeichen dankbarer Hochachtung für ihr ehrenhaftes Verhalten» – das ist mir in die Glieder gefahren, es hat mich übermannt, bis Mr. Betley, der zur damaligen Zeit das große Frontzimmer hatte und sehr witzig war, zu mir sagt: «Kopf hoch, Mrs. Lirriper, stellen Sie sich vor, es wäre Ihre Taufe und die Herren wären Ihre Paten und Patinnen, die versprochen haben, für Sie einzustehen.» Da habe ich mich wiedergefunden, und ich will Ihnen gern gestehen, meine Liebe, daß ich damals ein belegtes Brot und einen Tropfen Sherry in mein Körbchen tat und zum Friedhof von Hatfield fuhr, außen auf der Postkutsche, und dort küßte ich meine Hand und legte sie mit einer Art stolzer Liebe, die mir geradezu die Brust schwellte, auf das Grab meines Seligen, obzwar ich so lang dazu gebraucht hatte, seinen Namen reinzuwaschen, daß der Ehering an meinem Finger schon ganz durchgescheuert war, als ich ihn in das grüne, grüne, wogende Gras legte.

Heut bin ich eine alte Frau, und was ich je an Schönheit besaß, ist dahin, aber das bin ich, meine Liebe, dort über dem Tellerwärmer, und es galt als sehr ähnlich, zur Zeit als man zwei Pfund bezahlte, auf Elfenbein, und es eben darauf ankommen ließ, wie es herauskam, weshalb man aber nachher sehr aufpassen mußte, wo man es hinstellte, indem es die Leute so in Verlegenheit brachte, weil sie es meistenteils für eine ganz andere Person hielten; und einmal war hier ein gewisser Herr, der sein Geld in Hopfen angelegt hatte, der eines Morgens seine Miete zahlen kam, weil er nämlich den zweiten Stock hatte, und will er es nicht von seinem Haken herunternehmen und in die Brusttasche stecken! Sie verstehen, meine Liebe, um der L... willen, sagt er, die er für das Urbild empfindet! Aber in *seiner* Stimme war keine Weichheit, und ich ließ es nicht zu; nur seine Meinung von dem Bild können Sie daraus ersehen, daß er ganz laut zu ihm sagte: «Emma, sprich ein Wort zu mir!» – was weit entfernt von einer vernünftigen Bemerkung ist, zweifellos, aber immerhin ein Zeugnis für die Ähnlichkeit, und ich denke selber, daß ich wirklich so ausgesehen habe, als ich noch jung war und so ein Korsett trug.

Aber ich wollte ja vom Vermieten reden, und tatsächlich sollte ich etwas von dem Geschäft verstehen, wo ich so lange dabei bin, denn es war zu Beginn meines zweiten Ehejahrs, daß ich meinen seligen Lirriper verlor, und ich etablierte mich unmittelbar darauf in Islington und kam wenig später hierher, also zwei Häuser und achtunddreißig Jahre, etwelche Verluste und viel Erfahrung.

Nächst dem Inventar sind die Mädchen die größte Prüfung, und sie plagen einen noch mehr als das, was ich die «Wandernden Christen» nenne, aber warum die auf Erden herumstreifen und nach Möblierten Zetteln Ausschau halten und dann hereinkommen und die Wohnungen besichtigen und um den Preis feilschen, obwohl sie keine brauchen und nicht im Traum daran denken, sie zu mieten, weil sie sowieso versorgt sind – das ist ein Rätsel, für dessen Erklärung ich dankbar wäre, wenn es wunderbarerweise eine gäbe. Es ist zum Staunen, daß sie so lange leben und so blühend aussehen, aber wahrscheinlich ist es gesund, weil sie sich soviel Bewegung machen und überall anklopfen, den ganzen Tag von Haus zu Haus, treppauf und treppab, und das Komischste ist, daß sie so eigen und pünktlich tun und auf ihre Uhr schauen und sagen: «Könnten Sie mir im Wort bleiben bis längstens übermorgen, elf Uhr zwanzig vormittag, unter der Bedingung wohlverstanden, daß mein Freund vom Land unbedingt noch ein Klappbett in dem kleinen Hinterzimmer braucht?» Als ich noch neu im Geschäft war, meine Liebe, pflegte ich es mir gründlich zu überlegen, ehe ich zusagte, und mich mit der Berechnung ganz verrückt zu machen und dann die Enttäuschung so schwer zu nehmen, aber heute sag ich nur: «Gewiß, unbedingt!», weil ich gleich merke, daß es ein Wandernder Christ ist und ich nie wieder was von der Sache hören werde. Inzwischen kenne ich auch die meisten Wandernden Christen vom Ansehen, und sie kennen mich, weil jeder einzelne die Gewohnheit hat, in dieser Eigenschaft die Runde durch ganz London zu machen und ungefähr zweimal im Jahr wieder aufzutauchen; und es ist sehr merkwürdig, daß es in der Familie liegt und die Kinder es auch tun, wenn sie heranwachsen, aber auch ohne das brauche ich nur von dem Freund vom Land zu hören, was nämlich ein sicheres Kennzeichen ist, um zu nicken und mir im stillen zu sagen: «Du bist ein Wandernder Christ!» Aber ob sie (wie ich auch schon gehört habe) Leute mit einem sicheren kleinen Einkommen sind, die eine regelmäßige Tätigkeit und häufigen Szenenwechsel schätzen, das kann ich Ihnen nicht sagen.

Also die Mädchen sind, wie ich zu bemerken begann, eine der ersten und der bleibenden Prüfungen, so ungefähr wie die Zähne, die ja mit Konvulsionen beginnen und einen ständig plagen, von dem Augenblick an, wo man sie bekommt, bis zum Augenblick, wo man sie verliert, und dann will man sich nicht von ihnen trennen, was ja auch wirklich traurig ist, aber wir müssen uns alle darein fügen oder künstliche kaufen, und sogar wenn man eine willige kriegt, haben neun von zehn ständig ein schmutziges Gesicht, und natürlich sehen es die Mieter nicht gern, wenn man anständigen Besuchern mit einem Rußfleck auf der Nase oder verschmierten Augenbrauen die Tür aufmacht. Wo sie die schwarzen Flecken immer hernehmen, ist mir ein unlösbares Rätsel, so wie im Fall von dem willigsten Mädchen, das je in ein Haus kam, halb verhungert, das arme Ding, und so willig, daß ich sie nur die willige Sophie nannte, früh und spät auf den Knien und den Fußboden gescheuert, immer fröhlich und lächelnd, aber immer mit einem schwarzen Gesicht. Und ich sage zu Sophie: «Sophie, mein gutes Kind, nimm dir einen bestimmten Tag zum Ofenputzen und laß die Breite der Kellertreppe zwischen dir und der schwarzen Schuhwichse und bürste dir das Haar nicht mit der rußigen Bratpfanne und schneuz die Kerzen nicht mit den Fingern, dann kann es logischerweise nicht mehr sein.» Trotzdem war es noch da, und immer auf der Nase, die noch dazu eine Stupsnase war und dick an der Spitze, so daß es aussah, als wollte sie sich damit brüsten, und es führte zu einer Kündigung von einem sehr soliden Herrn und guten Mieter mit Frühstück, per Woche, nur etwas reizbar und über Wunsch Benützung des Wohnzimmers, mit folgenden Worten: «Mrs. Lirriper, ich bin bereit zuzugeben, daß der Schwarze ein Mensch und Bruder ist, aber nur in natürlicher Form und wenn es nicht heruntergeht.» Nun, demzufolge stelle ich die arme Sophie zu anderen Arbeiten an und verbiete ihr ausdrücklich, die Tür aufzumachen und überhaupt auf ein Klingelzeichen zu antworten, aber sie ist unglückseligerweise so willig, daß nichts sie davon abhalten kann, die Küchentreppe hochzufliegen, wenn nur irgendwo eine Klingel ertönt. Ich sage zu ihr: «O Sophie, Sophie, um Himmels, Himmels willen, woher kommt es?» Darauf bricht das arme, unglückselige, willige Geschöpf in Tränen aus, weil sie mich so bestürzt sieht, und antwortet: «Ich hab soviel Schwarzes geschluckt, Madam, wie ich ein kleines Kind war und es so schlecht hatte, und ich glaub, das schafft sich jetzt heraus.» Nun, wie ich sehe, daß es sich immer weiter aus ihr herausschafft, und ich ihr wirklich sonst nichts vorwerfen kann, sag ich: «Sophie, was würdest du allen Ernstes davon halten, wenn ich dir behilflich wäre, nach Australien auszuwandern, wo es vielleicht niemandem auffällt?» Und ich habe auch nie die Ausgabe bereut, das war gut angelegtes Geld, denn sie heiratete auf der Überfahrt den Schiffskoch (der selber ein Mulatte war) und lebte rechtschaffen und glücklich, und es fiel, soviel ich gehört habe, niemandem auf bis an ihr seliges Ende, in der dortigen, neuartigen Gesellschaftsordnung.

Wie Miss Wozenham, quer über die Straße, ein Stück weiter unten, es mit ihren Gefühlen als Dame (was sie nicht ist) vereinbaren konnte, daß sie Mary Anne Perkinsop aus meinem Dienst weglotste, ist ihr selber am besten bekannt; ich weiß nicht und wünsche keineswegs zu wissen, wie man drüben bei Miss Wozenham zu irgendeiner Meinung gelangt. Aber obwohl Mary Anne Perkinsop, zu der ich mich immer anständig benahm, sich mir gegenüber nicht anständig benahm, war sie ihr Gewicht in Gold wert, dadurch daß sie die Mieter in Respekt hielt, ohne sie zu vertreiben, denn bei Mary Anne klingelten die Mieter viel seltener, als ich es sonst je bei einem Mädchen oder einer Wirtin erlebt habe, und das ist ein großer Triumph, besonders in Verbindung mit Schielaugen und einem klapperdürren Gestell, aber es war ihre Festigkeit ihnen gegenüber, weil ihr Vater nämlich in Schweinefleisch Bankrott gemacht hatte. Weil Mary Anne so respektabel in ihrer Erscheinung und so streng in ihrem Wesen war, wurde sie mit dem tee- und zukkerbesessensten Herrn fertig, mit dem ich je zu tun hatte (er wog jeden Morgen beides auf einer Briefwaage ab), und kein Lämmchen konnte nachher sanfter sein. Als Miss Wozenham, wie ich später hintenherum hörte, einmal zufällig vorbeikam und sah, wie Mary Anne dem Milchmann die Milch abnahm, der auf so rosenwangige Art (ich denke darum nicht schlechter von ihm) sich mit jedem Mädchen in der Straße ein paar kleine Freiheiten herausnahm, aber angesichts von Mary Anne zu Stein erstarrte wie das Denkmal von Charing Cross, erkannte Miss Wozenham Mary Annes Wert im Vermietungsgeschäft und ging bis zu einem Pfund mehr pro Quartal, worauf Mary Anne, ohne daß ein böses Wort zwischen uns gefallen wäre, zu mir sagt: «Wenn *Sie* sich von heut in einem Monat versorgen wollen, Mrs. Lirriper, *ich* hab es bereits getan.» Was mich verletzte, und ich sagte es ihr, worauf sie mich noch mehr verletzte, indem sie andeutete, wegen des Bankrotts ihres Vaters in Schweinefleisch müsse sie sich alles gefallen lassen.

Ich versichere Ihnen, meine Liebe, es ist eine quälende Frage, welchen Mädchen man den Vorzug geben soll; denn sind sie flink, werden ihnen die Beine unter dem Leib weggeklingelt, und sind sie langsam, leidet man selbst unter den Reklamationen, und sind sie funkeläugig, bandeln die Herren mit ihnen an, und halten sie etwas auf ihr Aussehen, probieren sie die Hüte der Damen; sind sie aber musikalisch, dann versuchen Sie nur einmal, sie von den Drehorgelspielern und Straßensängern fernzuhalten! Auch unter Berücksichtigung aller nur möglichen Verschiedenheiten der Köpfe, werden die Köpfe doch sämtlich zum Fenster hinausgucken. Und was den Herren an den Mädchen gefällt, gefällt wieder den Damen nicht, was zu allseitigen Ungelegenheiten führt. Und die Temperamentsausbrüche! Obwohl ich hoffen will, daß ein Temperament wie das von Caroline Maxey nicht oft vorkommt. Ein hübsches schwarzäugiges Mädel war sie, die Caroline, und ein kräftig gebautes Mädel, leider Gottes, wenn es sie überkam und sie loslegte, was zum ersten und zum letzten Mal von wegen einem jungverheirateten Ehepaar geschah, das London besichtigen kam, im ersten Stock, und die Dame sehr hochnäsig, und es wurde damals angenommen, daß ihr Carolines hübsches Aussehen nicht gefiel, weil sie selber nicht viel davon besaß, aber jedenfalls stellte sie Carolines Geduld wirklich auf eine harte Probe, obzwar das keine Entschuldigung ist. Also eines Nachmittags kommt Caroline mit hochrotem Gesicht und blitzenden Augen in die Küche und sagt zu mir: «Mrs. Lirriper, die Person im Ersten hat mich so gereizt, daß es nicht weitergeht!» – «Caroline», sag ich, «halte dich zurück!» – «Zurückhalten?» sagt Caroline mit einem Lachen, daß mir das Blut gerinnt. «Jawohl, Mrs. Lirriper, das will ich. Zum Teufel!» schreit Caroline plötzlich (meine Liebe, Sie hätten mich mit einer Feder in den Mittelpunkt der Erde stoßen können, wie ich das höre!), «ich werde ihr zeigen, was ich zurückhalte!» Caroline stürzt mit wehendem Haar und gellendem Kreischen die Treppe hinauf, ich hinterdrein, so schnell mich meine zitternden Beine tragen können, aber ich bin noch nicht im Zimmer, da fliegt das Tischtuch mitsamt dem rosagemusterten Porzellanservice mit einem Krach auf den Fußboden und das jungverheiratete Ehepaar rücklings in den Kamin, er mit der Kohlenschaufel und der Feuerzange und einer Schüssel Gurkensalat oben drauf, und nur ein Glück, daß es Sommer war! «Caroline!» sag ich. «Beruhige dich!» – Doch sie reißt mir im Vorbeifahren die Haube vom Kopf und zerfetzt sie mit den Zähnen, stürzt sich auf die jungverheiratete Dame, macht ein Knäuel Bänder aus ihr, packt sie bei beiden Ohren und haut ihr den Kopf auf den Teppich, die schreit die ganze Zeit Zeter und Mordio, die Polizisten kommen gelaufen, und drüben bei Wozenham (stellen Sie sich meine Gefühle vor, wie ich das merke!) fliegen alle Fenster auf, und Miss Wozenham schreit von ihrem Balkon unter Krokodilstränen: «Mrs. Lirriper hat einen Mieter so überfordert, daß er wahnsinnig geworden ist – man wird sie umbringen – ich habe es kommen gesehen – rettet sie, ihr guten Leute, rettet sie!» Vier Polizisten, meine Liebe, und Caroline hinter der Chiffonniere geht mit dem Schürhaken auf sie los, und als man sie entwaffnet, boxt sie mit den bloßen Fäusten, unten hinein und oben hinein und oben hinein und unten hinein und fürchterlich! Aber als sie sie endlich überwältigten, konnte ich nicht mit ansehen, daß sie das arme junge Ding so rauh anpacken und an den Haaren zerren, und ich sage: «Meine Herren Polizisten, bedenken Sie bitte, daß sie vom Geschlecht Ihrer Mütter und Schwestern und Liebsten ist, Gott behüte sie alle, und Sie, Gentlemen, ebenfalls!» Und da sitzt sie nun auf dem Fußboden mit gebundenen Händen, an die Scheuerleiste gelehnt, ganz außer Atem, und die Polizisten kühl wie nur was, aber mit zerfetzten Jacken, und sie sagt bloß: «Mrs. Lirriper, es tut mir leid, daß ich *Sie* angerührt habe, denn Sie sind eine liebe, mütterliche alte Seele!» Das erinnerte mich daran, daß ich mir wirklich oft gewünscht hatte, Mutter zu sein, und wie wäre mir ums Herz gewesen als Mutter von dem armen Kind! Nun, bei der Polizei kam es dann heraus, daß sie es schon einmal getan hatte, und man nahm ihr die Kleider weg und steckte sie ins Gefängnis. Als sie dann wieder entlassen werden sollte, ging ich abends hin, mit einem Stückchen Sülze in meinem Körbchen, gerade nur damit sie etwas Kraft bekäme, um der Welt wieder entgegenzutreten, und dort lernte ich eine sehr anständige Mutter kennen, die auf ihren Sohn wartete, nur weil er in schlechte Gesellschaft geraten war, aber er war ein störrischer Kerl und hatte sich nicht einmal die Schuhe zugeschnürt. Dann kommt auch Caroline heraus, und ich sage: «Komm mit mir, Caroline, und setz dich dort an die Mauer, wo es still und abgelegen ist, und iß einen Bissen, das wird dir gut tun.» Und sie fällt mir um den Hals und sagt schluchzend: «Ach, warum waren Sie nie eine Mutter, wo es doch ganz andere Mütter gibt!» Im nächsten Moment beginnt sie zu lachen und sagt: «Hab ich wirklich Ihre Haube zerfetzt?» - und als ich sage, ja, das hätte sie getan, lacht sie wieder und streichelt mir die Wangen und sagt: «Aber warum tragen Sie auch so komische, altmodische Hauben, Sie liebes altes Ding? Wenn Sie nicht eine so komische, altmodische Haube aufgehabt hätten, hätte ich es, glaub ich, nicht einmal in meiner Wut getan!» Was sagt man zu so einem Mädel? Es war nicht aus ihr herauszukriegen, was sie jetzt anfangen würde, außer: Oh, sie würde schon etwas finden! Dann nahmen wir Abschied, und sie voller Dankbarkeit und küßte mir die Hände, und ich habe nie mehr etwas von dem Mädel gesehen oder gehört, bloß daß mich nichts von dem Glauben abbringen kann, daß die Haube, die mir eines Samstagabends anonym geschickt wurde, von ihr kam. Es war eine sehr feine Haube, und sie wurde von einem frechen Affen von einem Bengel in einer Wachstuchhülle abgeliefert, der mit schmutzigen Schuhen auf den sauberen Türstufen pfiff und mit einem Krinolinenreifen, der von Caroline stammte, auf dem Geländer Harfe spielte.

Welch unchristlichen Verdächtigungen Sie sich aussetzen, meine Liebe, wenn Sie sich aufs Vermieten verlegen, das zu schildern fehlen mir die Worte, aber ich war nie so unehrenhaft, Nachschlüssel zu benützen, und möchte es nicht einmal von Miss Wozenham, quer über die Straße, ein Stück weiter unten, glauben; ich kann nur innig hoffen, daß es nicht der Fall ist, wenn auch andererseits Geld von irgendwoher kommen muß, und es besteht kein Grund anzunehmen, daß Bradshaw es um ihrer schönen Augen willen hineingetan hat, so fleckig es auch ist. Ja, es ist schlimm und tut einem weh, daß die Mieter so bereitwillig den Gedanken aufnehmen, man versuche sie zu übervorteilen, und sich so hartnäckig dem Gedanken verschließen, *sie* versuchten einen zu übervorteilen, aber Major Jackman sagt mir immer: «Ich kenne diese kreisrunde Welt, Mrs. Lirriper, und so ist es überall.» Ja, manche kleine Aufregung meines Gemüts hat der Major schon besänftigt, denn er ist ein kluger Mensch und hat viel gesehen. Du meine Güte, dreizehn Jahre ist es schon her, obwohl es mir wie gestern scheint, daß ich an einem Augustabend mit der Brille auf der Nase am offenen Fenster des großen Frontzimmers sitze (das gerade leerstand) und die gestrige Zeitung lese, weil mir der kleine Druck schon Mühe macht, aber in die Ferne sehe ich gottlob noch gut, da höre ich, wie ein Herr draußen die Straße heraufkommt und die Fahrbahn überquert und mit sich selber redet, in einer furchtbaren Wut, fluchend und alle Welt zum Teufel wünschend, wie ich es gar nicht wiederholen will. «Bei Gott!» ruft er ganz laut und packt seinen Spazierstock fester. «Ich geh zu Mrs. Lirriper! Wo ist hier Mrs. Lirriper?» Dann erblickt er mich am Fenster und schwenkt seinen Hut, als wäre ich die Königin, und sagt: «Um Vergebung für die Störung, Madam, aber können Sie mir bitte sagen, Madam, in welcher Nummer dieser Straße eine wohlbekannte und allgemein geachtete Dame namens Lirriper wohnt?» Ein bißchen verwirrt, aber ich muß gestehen, auch geschmeichelt, nehme ich die Brille ab und mache einen Knicks und sage: «Sir, Mrs. Lirriper ist Ihre ergebene Dienerin.» – «Erstaunlich!» sagt er. «Bitte tausendmal um Vergebung! Madam, wären Sie so gütig, einen Ihrer Dienstboten anzuweisen, einem Herrn, der Wohnung sucht, die Tür zu öffnen. Jackman ist mein Name.» – Den Namen hatte ich nie gehört, aber einen höflicheren Herrn bekomme ich wohl nie zu Augen, denn er sagt: «Madam, ich bin tief beschämt, daß Sie sich selbst bemühen, für keinen Würdigeren als Jemmy Jackman. Nach Ihnen, Madam, wie könnte ich einer Dame vorausgehen!» Dann kommt er ins Frontzimmer, schnuppert herum und sagt: «Ha, das ist ein Zimmer! Kein muffiger Wandschrank», sagt er, «sondern ein Zimmer, und es riecht nicht nach Kohlensäcken!» Nun, meine Liebe, da von feindlicher Seite schon die Bemerkung geäußert wurde, daß die ganze Nachbarschaft nach Kohlensäcken röche, was den Mietern gegenüber nachteilig sein könnte, wenn es unwidersprochen bleibt, sage ich dem Major freundlich, aber fest, daß er vielleicht Arundel oder Surrey oder Howard meint, aber nicht Norfolk. «Madam», sagt er, «ich meine Wozenham, quer über die Straße, ein Stück weiter unten – Madam, Sie machen sich keine Vorstellung von dem Haus – Madam, es ist ein einziger Kohlensack, und Miss Wozenham hat die Grundsätze und die Manieren eines weiblichen Kohlentrimmers – Madam, aus der Art, in der ich sie von Ihnen reden hörte, sehe ich, daß sie eine Lady nicht zu schätzen weiß, und aus der Art, wie sie sich mir gegenüber aufführte, sehe ich, daß sie einen Gentleman nicht zu schätzen weiß – Madam, mein Name ist Jackman – sollten Sie außer dem bereits Gesagten noch andere Referenzen wünschen, nenne ich Ihnen die Bank von England – vielleicht ist sie Ihnen bekannt!» So fing es an, daß der Major das Frontzimmer mietete, und von jener Stunde bis zum heutigen Tage immer der gleiche und der angenehmste Mieter, pünktlich in jeder Beziehung, ausgenommen gewisse kleine Unregelmäßigkeiten, die ich nicht näher zu bezeichnen brauche, aber er gleicht es dadurch aus, daß er ein Schutz ist und jederzeit bereit, die Steuerformulare und dergleichen auszufüllen, und einmal hat er einen jungen Mann mit der Salonwanduhr unterm Rock beim Kragen genommen und einmal mit seinen eigenen Händen und ein paar Decken einen Brand im Küchenkamin gelöscht und nachher bei der Einvernahme eine sehr eindrucksvolle Rede gegen die Gemeindeverwaltung gehalten und die Feuerspritze erspart, und immer ein echter Gentleman, wenn auch voll Leidenschaft. Und daß Miss Wozenham seinen Koffer und Regenschirm zurückbehielt, war sicher nicht großmütig gehandelt, wenn auch vielleicht ihrem gesetzlichen Recht entsprechend, und keine Handlung, zu der *ich* mich erniedrigt hätte, indem der Major ein solcher Gentleman ist, obzwar durchaus nicht hochgewachsen, daß er es doch beinahe zu sein scheint, wenn er seine Hemdbrust mit der Spitzenkrause und seinen Gehrock und seinen Hut mit der geschweiften Krempe trägt. Wo er gedient hat, könnte ich Ihnen nicht zuverlässig sagen, meine Liebe, Miliz oder Kolonien, denn ich habe nie gehört, daß er sich selber Major nennt, sondern immer nur einfach «Jemmy Jackman». Einmal, bald nachdem er kam, hielt ich es für meine Pflicht, ihn wissen zu lassen, daß Miss Wozenham überall herumredete, er wäre gar kein Major, und war so frei, hinzuzufügen: «Was Sie doch sind, Sir», worauf seine Worte lauteten: «Madam, auf jeden Fall bin ich kein Minor, und es ist genug, daß jeglicher Tag seine eigene Plage habe», was unleugbar die heilige Wahrheit ist, und dazu noch seine militärische Art, daß seine Stiefel jeden Morgen, nur vom gröbsten Schmutz gereinigt, auf einer sauberen Platte ins Frontzimmer gebracht werden müssen und er sie selber wichst mit einem Bürstchen und einem Schälchen und dazu leise pfeift, sobald er nur fertig gefrühstückt hat, und so adrett, daß er nie einen Fleck auf sein Weißzeug macht, das tadellos ist, wenn auch eher der Qualität als der Quantität nach, weder das noch sein Schnurrbart, den er, nach meinem besten Wissen, gleichzeitig wichst und der so schwarz und glänzend ist wie seine Stiefel, sein Haar jedoch das schönste Silberweiß.

Nun, das dritte Jahr, das der Major im Frontzimmer wohnt, geht seinem Ende zu, als eines Morgens im Februar, wenn das Parlament tagt und man somit annehmen kann, daß eine Schar von Betrügern darauf aus ist, sich alles anzueignen, was sie nur grapschen können, ein Herr und eine Dame vom Lande den zweiten Stock besichtigen, und ich weiß noch gut, daß ich vom Fenster aus zugesehen hatte, wie sie die Straße heraufkamen und nach Möblierten Zetteln Ausschau hielten, zusammen mit dem heftigen Schneeregen. Für das Gesicht des Herrn konnte ich mich nicht recht erwärmen, obzwar er gut aussah, aber die Dame war ein hübsches, junges Geschöpf, sehr zart, und sie hätte in dem rauhen Wetter gar nicht draußen sein sollen, obwohl sie nur vom Adelphi-Hotel kamen, was bei besserem Wetter kaum eine Viertelmeile entfernt gewesen wäre. Nun traf es sich so, meine Liebe, daß ich gezwungen war, fünf Shilling mehr pro Woche für den Zweiten zu rechnen, infolge eines Verlustes, weil er nämlich, angezogen wie zu einer Abendgesellschaft, einfach auf und davon war, was sehr heimtückisch war und mich, noch dazu mit dem Parlament, ziemlich mißtrauisch gemacht hatte. Als drum der Herr sagt, sie wollten es für drei Monate fix nehmen, Zahlung im voraus und mit dem Vorrecht, es dann für weitere sechs Monate zu den gleichen Bedingungen zu mieten, sage ich, ich wäre nicht ganz sicher, ob ich es nicht schon einer anderen Partei zugesagt hätte, aber ich würde rasch hinunterlaufen und nachsehen, wenn sie inzwischen Platz nehmen wollten. Sie nahmen Platz, und ich hinunter zur Tür des Majors, denn ich hatte schon begonnen, großes Vertrauen in seinen Rat zu setzen, und an seinem leisen Pfeifen merke ich, daß er noch beim Schuhwichsen ist, was im allgemeinen als privat angesehen wurde, aber in seiner Freundlichkeit ruft er: «Wenn Sie es sind, Madam, treten Sie nur ein!», und ich trete ein und erkläre ihm den Fall.

«Tja, Madam», sagt der Major und reibt sich die Nase – einen Moment lang fürchte ich, mit dem schwarzen Bürstchen, aber es war zum Glück nur sein Handrücken, er war doch in allem, was er tat, so adrett und gewandt –, «tja, Madam, ich nehme an, Sie wären froh um das Geld?»

Aus Feinfühligkeit sage ich nicht gleich «Ja!», weil ich sehe, daß der Major ein bißchen rot wird, und es gab da gerade eine kleine Unregelmäßigkeit, die ich nicht näher bezeichnen will.

«Ich bin der Meinung, Madam», sagt der Major, «wenn Geld für Sie zu haben ist – wenn es für Sie, Mrs. Lirriper, zu haben ist –, sollten Sie es nehmen. Was spricht in diesem Fall dagegen, Madam?»

«Ich könnte wirklich nicht sagen, daß etwas dagegen spricht, Sir, aber ich dachte, ich wollte mich doch erst mit Ihnen beraten.»

«Sie sagten, glaube ich, ein jungverheiratetes Paar, Madam?» fragt der Major.

Ich sage: «Ja-a... Offenkundig. Und die junge Dame hat sogar beiläufig erwähnt, daß sie erst ein paar Monate verheiratet sind.»

Der Major reibt sich wieder die Nase und rührt mit seinem Bürstchen die Schuhwichse in dem Schälchen um und um und beginnt wieder leise zu pfeifen. Dann sagt er: «Würden Sie die Bedingungen als günstig bezeichnen, Madam?»

«O ja, gewiß. Sehr günstig, Sir.»

«Angenommen, die Leute erneuern für weitere sechs Monate. Würde es Ihnen große Ungelegenheiten bereiten, Madam, wenn – wenn es zum Schlimmsten käme?» fragt der Major.

«Ja, ich weiß nicht...», sage ich zum Major. «Es hängt von den Umständen ab. Hätten Sie zum Beispiel etwas dagegen einzuwenden, Sir?»

«Ich?» ruft der Major. «Etwas dagegen einzuwenden? Jemmy Jackman? Schließen Sie ab, Mrs. Lirriper!»

So gehe ich also hinauf und schließe ab. Sie zogen am nächsten Tag ein, was ein Samstag war, und der Major war so freundlich, einen Vertrag oder ein Memorandum aufzusetzen, in wunderschöner Rondeschrift und mit Redewendungen, die mir sowohl juristisch wie militärisch klangen, und Mr. Edson unterschrieb Montag früh, und Dienstag stattete der Major Mr. Edson einen Besuch ab, und Mittwoch erwiderte Mr. Edson den Besuch, und der Zweite und das Frontzimmer standen auf so gutem Fuß miteinander, wie man es nur wünschen konnte.

Die drei vorausbezahlten Monate waren abgelaufen, und wir traten in den Monat Mai ein, ohne daß noch etwas wegen der weiteren Zahlung gesagt worden war, als Mr. Edson sich plötzlich gezwungen sah, aus geschäftlichen Gründen quer über die ganze Isle of Man zu reisen, was für das hübsche kleine Frauchen völlig unerwartet kam und meiner persönlichen Meinung nach keine Gegend ist, die zu irgendeiner Zeit für irgendwen auf dem Weg zu irgendeinem Ort liegt, aber das ist vielleicht Ansichtssache. Der Abruf kam so plötzlich, daß er schon am nächsten Tag reisen mußte, und das arme kleine Ding weinte bitterlich, und ich weinte wahrhaftig auch, als ich sie auf dem kalten Straßenpflaster in dem scharfen Ostwind – es war ein sehr später Frühling in diesem Jahr – zum allerletztenmal Abschied von ihm nehmen sah, mit ihrem schönen blonden Haar, das wild im Winde wehte, und die Arme um seinen Hals geschlungen, und er sagte: «Aber, aber! Ich komme ja bald wieder. Jetzt laß mich gehen, Peggy.» Um diese Zeit war es schon offensichtlich, daß das Ereignis, gegen das der Major, entgegenkommend wie er war, nichts einzuwenden hatte, hier im Haus stattfinden würde, und ich machte auch eine Anspielung darauf, denn ich sagte ihr tröstend, während ich den Arm um sie legte und sie die Treppe hinaufführte: «Jetzt werden Sie Ihre Kräfte bald für jemanden anderen brauchen, mein Herzchen. Denken Sie daran!»

Sein Brief traf nicht ein, als er längst hätte eintreffen sollen, und was das arme Ding durchmachte, wenn sie Morgen um Morgen zur Haustür hinunterlief und der Briefträger wieder nichts für sie hatte, das griff sogar dem Briefträger selbst ans Herz, und dabei sollte man doch meinen, daß es die Gefühle abstumpft, wenn man von den Briefen anderer Leute immer nur Mühe und nie ein Vergnügen hat, und das meistenteils in Regen und Kälte und für ein Gehalt, das mehr nach Klein- als nach Großbritannien klingt. Aber endlich sagt er mir eines Morgens, als sie zu unwohl war, um die Treppe hinunterzulaufen, mit einem so zufriedenen Gesicht, daß ich dem Mann in seiner Uniform schier um den Hals hätte fallen können, obwohl er tropfnaß war: «Heut hab ich Sie als erste in der Straße drangenommen, Mrs. Lirriper, denn ich hab was für Mrs. Edson.» Ich laufe damit, so schnell ich nur kann, in ihr Schlafzimmer hinauf, und sie setzt sich im Bett auf, wie sie den Brief sieht, und küßt ihn und reißt ihn auf, und dann wird sie auf einmal ganz starr. «Er ist so kurz», sagt sie und sieht mich mit ihren großen Augen an. «O Mrs. Lirriper, er ist so kurz!» – «Meine liebe Mrs. Edson», sag ich, «das ist bestimmt nur, weil Ihr Mann zu dieser Zeit gerade keine Zeit hatte, um mehr zu schreiben!» – «Wahrscheinlich», sagt sie und schlägt beide Hände vors Gesicht und dreht sich gegen die Wand.

Ich schließe ganz leise die Tür und stehle mich hinunter und klopfe beim Major an, und wie der Major, der gerade seine dünnen Speckscheibchen auf seinem eigenen Ofenrost brät, mich erblickt, springt er von seinem Stuhl auf und setzt mich aufs Sofa. «Nur ruhig!» sagt er. «Ich sehe, es ist etwas passiert. Lassen Sie sich Zeit, Madam – reden Sie nicht.» – «Ach, Major», sag ich, «ich fürchte, oben steht es grausam schlimm.» – «Ja, ja», sagt er, «es hat mir etwas zu ahnen begonnen. Lassen Sie sich Zeit!» Dann bricht er, im Widerspruch zu seinen eigenen Worten, in einen fürchterlichen Zorn aus und sagt: «Ich werde es mir nie verzeihen, Madam, daß ich, Jemmy Jackman, es damals nicht gleich gemerkt habe – daß ich mit meiner Schuhbürste in der Hand nicht geradewegs hinauf bin – und ihm das Ding in seine lügnerische Kehle gestopft – und ihn auf der Stelle umgebracht habe!»

Als der Major und ich uns ein bißchen gefaßt hatten, kamen wir überein, daß wir im Moment nichts anderes machen könnten, als uns ahnungslos stellen und unser möglichstes tun, um dem armen jungen Geschöpf Ruhe zu verschaffen, und was ich ohne den Major angefangen hätte, als es unter den Drehorgelspielern ruchbar wurde, daß wir Stille verlangten, ist mir unerfindlich, denn er kämpfte wie ein Löwe und Tiger gegen sie, und hätte ich es nicht mit eigenen Augen gesehen, würde ich es nie und nimmer glauben, daß ein Gentleman es in sich hätte, mit Feuerzangen, Spazierstöcken, Wasserkrügen, Kohlestücken, Kartoffeln von seinem eigenen Tisch, ja mit dem Hut von seinem eigenen Kopf, gegen sie loszuziehen und gleichzeitig in sämtlichen fremden Sprachen so fürchterlich loszulegen, daß sie mit ihren Kurbeln in der Luft dastanden, als wären sie zu Stein erstarrt – wie im Märchen die häßliche Königstochter, denn die schöne kann ich nicht gut sagen.

Wenn ich nur den Briefträger aufs Haus zukommen sah, kriegte ich so einen Schrecken, daß es geradezu eine Erlösung war, wenn er vorbeiging, aber so zehn, vierzehn Tage später sagt er: «Da ist wieder einer für Mrs. Edson. Geht's ihr auch gut?» – «Es geht ihr gut», sag ich, «aber nicht so gut, daß sie so zeitig aufstehen kann wie früher» – was ja die heilige Wahrheit war.

Ich wanke mit dem Brief zum Major hinein, der gerade beim Frühstück ist, und sage: «Ich hab nicht den Mut, ihn hinaufzutragen, Major.»

«Ja, der sieht wie ein übler Bösewicht von einem Brief aus», sagt der Major.

Der Major sitzt tief in Gedanken versunken da, dann hebt er plötzlich den Kopf, als wäre ihm etwas Neues, Nützliches eingefallen, und sagt: «Mrs. Lirriper, ich werde es mir nie verzeihen, daß ich, Jemmy Jackman, an jenem Morgen nicht geradewegs mit meiner Schuhbürste in der Hand hinauf bin – und sie ihm in seine lügnerische Kehle gestopft – und ihn auf der Stelle umgebracht habe!»

«Es ist ein Segen, daß Sie es nicht getan haben, Major», sage ich etwas ungeduldig, «denn es hätte niemandem geholfen. Ich denke, Ihre Schuhbürste ist bei Ihren eigenen ehrenwerten Stiefeln besser am Platz.»

Nun, langsam werden wir wieder vernünftig und beschließen, daß ich nur an ihre Schlafzimmertür klopfen und den Brief draußen auf die Türmatte legen und auf dem oberen Treppenabsatz abwarten sollte, was weiter geschehen würde. Und niemals haben Schießpulver, Kanonenkugeln, Bomben oder Granaten einem Menschen mehr Angst und Grauen eingejagt als mir dieser fürchterliche Brief, den ich in den zweiten Stock trage.

Einen Moment, nachdem sie die Tür geöffnet hat, hallt ein gellender Schrei durchs Haus, und ich finde sie wie tot auf dem Boden liegend. Meine Liebe, ich habe nicht einmal einen einzigen Blick auf den Brief getan, der offen neben ihr lag, denn es war kein Anlaß dazu.

Was ich brauchte, um sie wieder zu sich zu bringen, brachte mir der Major mit seinen eigenen

Händen herauf, ganz abgesehen davon, daß er zur Apotheke hinüberlief, um zu holen, was ich nicht im Haus hatte, und gleichzeitig den hitzigsten seiner vielen Kämpfe mit einer Drehorgel auskämpfte, die einen Ballsaal, ich weiß nicht in welchem Land darstellte und eine feine Gesellschaft, die mit wild rollenden Augen zu einer Flügeltür ein- und austanzte. Als ich nach langer Zeit merke, daß sie langsam zu sich kommt, schlüpfe ich auf den Gang hinaus und warte, bis ich sie weinen höre. Dann gehe ich hinein und sage ganz munter: «Mrs. Edson, Sie fühlen sich nicht wohl, mein Herzchen, und das ist nicht zum Verwundern» – als wäre ich noch gar nicht drinnen gewesen. Ob sie mir glaubte oder nicht glaubte, weiß ich nicht, und es hätte nichts zu sagen, wenn ich es wüßte, aber ich blieb stundenlang bei ihr, und dann dankte sie mir und sagte, sie wolle jetzt zu schlafen versuchen, ihr Kopf täte so weh.

Ich gucke ins Frontzimmer hinein und flüstere: «Gehen Sie nicht aus, Major, ich flehe Sie an!»

«Madam, ich denke nicht daran, verlassen Sie sich auf mich!» flüstert der Major zurück. «Wie geht's ihr?»

«Major», sage ich, «nur der Herrgott im Himmel weiß, was in ihrem armen Gemüt tobt und brennt. Sie sitzt jetzt oben an ihrem Fenster, ich werde mich an meines setzen.»

Es wird Nachmittag, und es wird Abend. Es kann keine angenehmere Straße geben als die Norfolk Street – vorausgesetzt man geht nicht weiter hinunter –, aber an Sommerabenden, wenn alles voll Staub und weggeworfenem Papier ist und die Gassenbuben herumstürmen und die Luft wie in einem Backofen stillsteht und wie von knirschendem Sand erfüllt ist und ein Glockenspiel in der Nachbarschaft ständig die gleichen paar Töne übt – ja, dann ist sie ein bißchen langweilig. Ich habe sie seither nie um diese Stunde gesehen und werde sie nie um diese Stunde sehen, ohne an den schwülen Juniabend zu denken, als das verzweifelte junge Geschöpf am offenen Eckfenster im zweiten Stock saß und ich an meinem offenen Eckfenster (das andere Eck) im dritten. Etwas in mir, das klüger und besser war als mein eigenes Ich, hatte mich, als es noch hell war, bewogen, mich in meinem Umhang und Ausgehhut hinzusetzen, und als die Dämmerung zu fallen und die Flut zu steigen begann, konnte ich manchmal – wenn ich den Kopf zum Fenster hinausstreckte – sehen, wie sie sich unten ein wenig aus ihrem Fenster beugte und die Straße entlang schaute. Es wurde gerade dunkel, als ich sie selber auf der Straße erblickte.

So voller Angst, ich könnte sie aus den Augen verlieren, daß mir noch jetzt beim Erzählen der Atem stockt, laufe ich die Treppen hinunter, schneller als je im Leben, und klopfe nur im Vorbeigehen rasch an die Tür vom Major. Wie ich vors Haus komme, ist sie schon verschwunden. Ich laufe weiter, und wie ich bis zur Ecke der Howard Street komme, sehe ich, daß sie dort eingebogen ist und weiter gegen Westen geht. Ach, mit welch dankbarem Herzen sah ich sie vor mir hergehen!

Sie kannte sich in London nicht aus und war kaum jemals ausgegangen, außer in unserer eigenen Straße, um Luft zu schöpfen; sie kannte dort ein paar kleine Kinder aus der Nachbarschaft, und manchmal hatte ich gesehen, wie sie unter ihnen stand und zum Wasser hinüberblickte. Ich wußte, daß sie aufs Geratewohl durch die Nebenstraßen ging, aber sie irrte sich kein einziges Mal in der Richtung, bis sie schließlich zum Strand kam. An jeder Ecke sah ich sie den Kopf zur Seite wenden, immer zum Wasser hin.

Vielleicht waren es nur die Dunkelheit und Stille der Adelphi-Terrasse, die sie bewogen, dort einzubiegen, aber sie tat es so prompt, als wäre das von Anfang an ihr Ziel gewesen – vielleicht war es auch so. Sie ging geradewegs zur Terrasse hinunter und blickte über das eiserne Geländer, und ich bin seither oft voller Grauen in meinem eigenen Bett aufgewacht, weil ich sie wieder dort zu sehen glaubte. Der Kai unten war völlig verlassen, und die Flut stand hoch, das schien ihr den letzten Anstoß zu geben. Sie sah sich um, als suchte sie einen Weg hinunter, und dann schlug sie den richtigen Weg ein oder auch den falschen – ich weiß es nicht, denn ich bin weder vorher noch nachher je an dieser Stelle gewesen – und ich ihr nach.

Merkwürdig war es, daß sie die ganze Zeit kein einziges Mal zurückblickte, aber jetzt war doch eine große Veränderung in ihrem ganzen Gehaben wahrzunehmen. Statt mit gefalteten Händen rasch und gleichmäßig auszuschreiten, begann sie nun zwischen den dunklen, unheimlichen Bogen mit weit ausgebreiteten Armen ganz wild dahinzurennen, als wären es Schwingen, die sie geradewegs in den Tod trügen.

Jetzt waren wir unten auf dem Kai, und sie blieb stehen. Ich blieb stehen. Ich sah ihre Hände an ihren Hutbändern nesteln, und im nächsten Augenblick stand ich zwischen ihr und dem Wasser und umfaßte sie mit beiden Armen. Sie hätte mich mit hineinziehen und ertränken können, aber abgeschüttelt hätte sie mich nie und nimmer.

Bis zu diesem Augenblick war mein Denken ein einziger Wirrwarr gewesen, und ich hatte auch nicht die leiseste Ahnung, was ich zu ihr sagen würde, aber sobald ich sie berührte, kam es wie ein Zauber über mich. Ich hatte meine natürliche Stimme und meinen ganzen Verstand wieder und sogar beinahe meinen Atem.

«Mrs. Edson!» sage ich. «Passen Sie auf, Herzchen! Wie in aller Welt haben Sie sich an eine so gefährliche Stelle verirrt? Aber in dem Straßengewirr hier kann man leicht die Richtung verlieren; kein Wunder, daß Sie nicht herausgefunden haben. Und just an diesem Ort! Meiner Seel, ich dachte, hierher käme überhaupt nie ein Mensch, außer mir, um meine Kohlen zu bestellen – und dem Major aus dem Frontzimmer, der hier gern seine Zigarre raucht!»

Denn wen erblicke ich neben mir? Den Prachtmenschen, Gott segne ihn, der tut, als wollte er sich gerade eine anzünden!

Der Major beginnt zu husten.

«Und was sehe ich? Grundgütiger Himmel, da ist er ja!» sage ich.

«Holla! Wer da?» ruft der Major ganz militärisch.

«Das ist der Gipfel!» sage ich. «Kennen Sie uns nicht mehr, Major Jackman?»

«Holla!» sagt der Major. «Wer nennt hier Jemmy Jackman beim Namen?» (Und er war atemloser und machte es weniger naturgetreu, als ich es von ihm erwartet hätte.)

«Stellen Sie sich nur vor, Major», sage ich, «da ist unsere Mrs. Edson, die einen kleinen Abendspaziergang gemacht hat, um ihre Kopfschmerzen loszuwerden. Sie hat sich verirrt, und Gott weiß, wie sie hier herausgefunden hätte, wenn ich nicht ganz zufällig hergekommen wäre, um einen Zettel in den Briefkasten meines Kohlenhändlers zu stecken – und Sie, um wie gewöhnlich Ihre Zigarre zu rauchen! Aber Sie sind wirklich nicht wohl genug, Herzchen», sage ich zu ihr, «um allein so weit zu gehen. – Und Ihr Arm wird sicher sehr willkommen sein, Major», sage ich zu ihm, «und ich weiß, daß sie die beste Stütze daran hat.» Und jetzt hatten wir sie glücklich zwischen uns – dem Allmächtigen sei Dank! –, jeder auf einer Seite.

Eine Art Schüttelfrost hatte sie befallen, der noch lange anhielt. Ich brachte sie zu Bett und saß bis zum frühen Morgen bei ihr, während sie meine Hand umklammert hielt und stöhnte und stöhnte: «So sündhaft und böse! So sündhaft und böse!» Doch als ich dann tat, als wäre ich vom Schlaf übermannt, und meinen Kopf auf das Deckbett sinken ließ, da hörte ich das arme junge Geschöpf dem Himmel so rührend und demütig Dank abstatten, daß er sie davor bewahrt hatte, sich in ihrem Wahn selbst das Leben zu nehmen, daß ich mir schier die Augen aus dem Kopf weinte, immer in das Deckbett hinein, denn jetzt wußte ich, daß sie gerettet war.

Während sie am nächsten Tag ihre tödliche Erschöpfung ausschlief, legten der Major und ich uns einen kleinen Plan zurecht, und sobald ich es auf unauffällige Art tun konnte, sage ich zu ihr: «Mrs. Edson, mein Herzchen, als Ihr Mann mir die Miete für diese weiteren sechs Monate zahlte...»

Sie zuckt zusammen, und ich fühle ihre großen Augen auf mir ruhen, aber ich fahre ganz ruhig mit meiner Rede und meiner Näharbeit fort: «Ich bin nicht ganz sicher, ob ich die Quittung richtig datiert habe. Könnte ich sie einmal ansehen?»

Sie legt ihre eiskalte Hand auf meine und blickt mich durchdringend an, doch ich hatte zur Vorsicht meine Brille aufgesetzt.

«Ich habe keine Quittung», sagt sie.

«Ach? Nun, dann hat er sie eben», sage ich gleichgültig. «Es hat nichts auf sich. Quittung ist Quittung.»

Von der Zeit an hielt sie immer meine Hand umfaßt, soweit ich eine entbehren konnte. Das war im allgemeinen nur, wenn ich ihr vorlas, denn sie und ich, wir hatten natürlich allerlei zu nähen, und beide waren wir nicht sehr geschickt für so winzige Sächelchen, aber alles in allem bin ich noch heute ziemlich stolz auf meinen Anteil daran. Und obwohl sie an allem Gefallen fand, was ich las, bildete ich mir ein, nächst dem, was Er auf dem Berg predigte, hörte sie am liebsten von Seiner Kindheit und wie stolz Seine Mutter auf Ihn war und alles, was Er sagte, in ihrem Herzen bewahrte. In ihren Augen lag ein so dankbarer Blick, daß ich ihn niemals, niemals, niemals vergessen werde, bis ich die meinen zum letzten Schlummer schließe, und wenn ich, ohne etwas zu denken, zufällig zu ihr hinsah, begegnete ich stets diesem Blick. Oft bot sie mir auch ihre zitternden Lippen zum Kuß dar und glich dabei weit mehr, als ich es je bei einer erwachsenen Person für möglich gehalten hätte, einem zu Tode betrübten, zärtlichen kleinen Kind.

Einmal zitterten ihre armen Lippen so stark und ihre Tränen flossen so rasch, daß ich dachte, sie würde mir ihr ganzes Leid klagen, darum nehme ich ihre beiden Hände in meine und sage: «Nein, mein Herzchen, nicht jetzt, tun Sie es lieber nicht jetzt. Warten Sie auf glücklichere Zeiten, wenn das alles hinter Ihnen liegt und Sie wieder gesund und kräftig sind, dann werden Sie mir alles erzählen. Ist das abgemacht?»

Während unsere Hände noch vereint sind, nickt sie viele Male mit dem Kopf, und dann hebt sie meine Hände an ihre Lippen und drückt sie an ihren Busen.

«Nur eine einzige Frage, mein Herzchen», sage ich. «Ist jemand da?»

«Jemand da?» wiederholt sie fragend.

«Jemand, an den ich mich wenden kann?»

Sie schüttelt den Kopf.

«Niemand, den ich zu Ihnen holen sollte?»

Sie schüttelt den Kopf.

«Von mir aus braucht es auch niemanden», sage ich. «Und damit ist das erledigt und abgetan.»

Kaum eine Woche später – denn die Zeit unseres Zusammenlebens war schon weit fortgeschritten – beugte ich mich tief über ihr Bett und legte mein Ohr an ihre Lippen, um abwechselnd auf ihre Atemzüge zu lauschen und in ihrem Gesicht nach einem Lebenszeichen zu spähen. Schließlich kam es auf feierliche Art – nicht als jähes Aufzucken, sondern wie ein bleicher, matter Schein, der ganz allmählich ihr Antlitz erhellte.

Sie sagte etwas Tonloses, doch ich las die Frage von ihren Lippen ab: «Ist das – der Tod?»

Und ich sage: «Mein liebes, liebes Herz, ich glaube, das ist er.»

Weil ich irgendwie spürte, daß sie es wünschte, ergriff ich ihre kraftlose rechte Hand und legte sie ihr auf die Brust und faltete die andere darüber, und sie betete so recht von Herzen, und ich betete mit, in meinem bekümmerten Gemüt, obwohl kein Wort laut wurde. Dann brachte ich das Kleine, in seine Decke gehüllt, aus seiner Wiege und sagte:

«Mein Herzchen, dies hat der Himmel einer kinderlosen alten Frau gesandt, und sie wird treulich dafür sorgen, das gelobe ich.»

Zum letztenmal bot sie mir die bebenden Lippen dar, und ich küßte sie zärtlich.

«Ja, mein Herzchen», sagte ich, «mit Gottes gnädiger Hilfe. Ich und der Major.»

Ich weiß nicht recht, wie ich es beschreiben soll, aber in ihrem dankbaren Blick sah ich ihre Seele aufleuchten und sich frei aufschwingen und entfliegen.

So ist es also gekommen, meine Liebe, daß wir ihn «Jemmy» nannten, nach dem Major, der sein Pate ist, und «Lirriper» mit Zunamen, nach mir selber, und nie hat ein geliebteres Kind möblierte Zimmer so aufgehellt oder seine Großmutter so ergötzt wie Jemmy dieses Haus und mich, und dabei immer brav und gehorsam (im großen und ganzen) und eine reine Freude in jeder Beziehung, bis auf das eine Mal, als er seine Mütze in den Kellervorhof von Miss Wozenham hinunterwarf und man sie ihm nicht zurückgeben wollte. Ich rege mich so auf, daß ich meinen besten Hut und Sonnenschirm und Handschuhe und das Kind an die Hand nehme und sage: «Miss Wozenham, ich hätte nie gedacht, daß ich einmal *Ihr* Haus betreten würde, aber sofern die Mütze meines Enkelsohnes ihm nicht augenblicklich zurückerstattet wird, sollen die Gesetze dieses Landes, die den Privatbesitz der Einwohner schützen, zwischen Ihnen und mir entscheiden, koste es, was es wolle.» – Mit einem Grinsen auf ihrem Angesicht, das mir, ich muß schon sagen, reinen Hohn auszudrücken schien, aber sollte darüber ein Zweifel bestehen, möge er voll und ganz Miss Wozenham zugutekommen, wie es nur recht und billig ist, zieht sie die Klingel und fragt: «Jane, liegt in unserem Kellervorhof eine alte Gassenbubenmütze?» – «Miss Wozenham», sage ich, «bevor Ihr Mädchen diese Frage beantwortet, gestatten Sie mir, Ihnen ins Gesicht hinein mitzuteilen, daß mein Enkelsohn *kein* Gassenbub ist und *keine* alten Mützen zu tragen pflegt. Tatsächlich», sage ich, «bin ich durchaus nicht sicher, ob die Mütze meines Enkelsohnes nicht vielleicht neuer ist als Ihre eigene» – was absolut gemein von mir war, denn sie trug die ordinärste Maschinenspitze, ganz verwaschen und obendrein zerrissen, aber ich war in einem Zustand und jetzt noch durch ihre Unverschämtheit aufgebracht. – Miss Wozenham sagt, ganz rot im Gesicht: «Jane, du hast meine Frage gehört. Liegt eine Mütze in unserem Kellerhof unten?» – «Ja, Madam», sagt Jane, «mir scheint, ich hab so einen Lumpen herumliegen gesehen.» – «Dann», sagt Miss Wozenham, «zeig diesen Besuchern, wo die Tür ist, und nachher schmeiß das Zeug auf die Straße, ich mag es nicht im Haus haben.» – Aber da stellt sich mein Bübchen, das bisher Miss Wozenham mit großen Augen angestarrt hat, breitbeinig vor sie hin, zieht seine kleine Stirn kraus, schürzt sein Mündchen, dreht seine dicken, kleinen Fäustchen langsam umeinander wie eine kleine Kaffeemühle und sagt zu ihr: «Du bis' fech ssu meim Doßi, ich hau dich!» – «Ach!» ruft Miss Wozenham mit schneidendem Hohn. «Und dieses Kind ist kein Gassenjunge! O nein, beileibe nicht!» – Da beginne ich aber herzlich zu lachen und sage: «Miss Wozenham, wenn das in Ihren Augen kein hübscher Anblick ist, dann tun Sie mir leid, und ich wünsche Ihnen einen guten Tag. Komm mit Großi,

Jemmy.» – Und ich war in der allerbesten Laune, obzwar uns seine Mütze vor die Füße flog wie direkt aus dem Wasserfaß, und kam lachend zu Hause an, alles dank dem lieben Kind.

Wie viele Meilen und Meilen ich und der Major so zwischen Dämmerung und Lichtanzünden mit Jemmy in der Postkutsche zurückgelegt haben, das ist nicht auszurechnen. Jemmy natürlich auf dem Kutschbock, das ist nämlich das metallbeschlagene Reiseschreibpult des Majors auf dem Tisch, ich im Lehnstuhl und der Major als Postillion mit einem Posthorn aus Packpapier hinten drauf, was er wirklich großartig macht. Ich versichere Ihnen, meine Liebe, wenn ich auf meinem Kutschensitz einen Moment einnicke und dann beim Aufflackern des Feuers halb und halb aufwache und höre, wie unser Schatz die Pferde antreibt und der Major hinten in sein Horn stößt, damit die frischen Pferde schon parat stehen, wenn wir zum Wirtshaus kommen – wahrhaftig, dann ist mir beinahe, als wären wir auf der alten Nordstraße, die mein seliger Lirriper so gut kannte. Und zu sehen, wie der Junge und der Major dick eingemummt abspringen und auf und ab stapfen, um ihre Füße warmzukriegen, und jeder ein Glas Bier aus dem papiernen Zündholzbehälter auf dem Kamin trinkt, und wie der Major sich genausogut amüsiert wie das Kind, das will ich beschwören – und wie der Kutscher die Wagentür öffnet, um nach mir zu sehen, und sagt: «Jetzt sind wir aus dem finsteren Wald heraus. Hast du dich sehr gefürchtet, alte Dame?» – ja, das ist wie im Theater!

Aber was meine unbeschreibliche Angst und Besorgnis war, als uns das Kind abhanden kam, kann nur mit den Gefühlen des Majors verglichen werden, die um kein Haar anders waren, indem er nämlich mit fünf Jahren und um elf Uhr vormittags aus dem Haus verschwand und nichts von ihm gesehen und gehört wurde bis halb zehn abends, als der Major zum Herausgeber der *Times* gegangen war, um eine Anzeige in die Zeitung zu setzen; welche auch am nächsten Tag erschien, vierundzwanzig Stunden, nachdem wir ihn gefunden hatten, und ich bewahre sie sorgfältig in meiner Lavendelschublade auf, als die erste gedruckte Mitteilung über ihn. Je weiter der Tag vorrückte, desto größer meine Verzweiflung und die vom Major ebenfalls, was durch die Seelenruhe der Polizei, so höflich und dienstbereit sie auch waren, nur immer schlimmer wurde, sowie durch die Starrköpfigkeit, muß ich schon sagen, mit der sie sich nicht die Meinung zu eigen machen wollten, daß der Junge geraubt wäre. «Wir sehen in den allermeisten Fällen, Madam», sagte der Sergeant, der eigens herüberkam, um mich zu trösten, was er aber durchaus nicht tat, und er war einer von den Schutzleuten damals bei Caroline gewesen, worauf er auch mit seinen ersten Worten anspielte, welche lauteten: «Machen Sie sich keine Sorgen, Madam, es wird alles in Ordnung kommen, genau wie meine Nase, die mir damals die junge Person bei Ihnen im zweiten Stock blutig geschlagen hat. – Wir sehen in den allermeisten Fällen, Madam», sagt also dieser Sergeant, «daß die Leute gar nicht erpicht darauf sind, sozusagen Kinder aus zweiter Hand zu bekommen. Sie kriegen ihn wieder, Madam», sagt er. – «Ach, aber mein lieber, guter Herr Offizier», sage ich und ringe die Hände und falte sie zum Gebet und ringe sie dann wieder, «er ist ein so außergewöhnliches Kind!» – «Ja, Madam, das sehen wir auch in den allermeisten Fällen», sagt der Sergeant. «Die Frage ist, was seine Kleider wert waren.» – «Seine Kleider, Sir», sage ich, «waren nicht viel wert, denn er hatte nur seinen Spielkittel an, aber das Kind!» – «Schon gut, Madam», sagt der Sergeant, «Sie kriegen ihn wieder. Und sogar wenn er seine besten Kleider angehabt hätte, würde nichts Schlimmeres passieren, als daß wir ihn, in ein Kohlblatt eingewickelt, zähneklappernd hinter einer Hecke finden.» – Seine Worte durchbohrten mein Herz wie Dolche und Messer, und der Major und ich laufen den ganzen Tag wie wild ein und aus, bis der Major abends von seiner Besprechung mit dem Herausgeber der *Times* heimkehrt und ganz außer sich in meine kleine Stube stürzt und meine Hände packt und sich damit die Tränen trocknet und ruft: «Freude! Freude! Polizeidetektiv begegnet – draußen auf der Treppe – fassen Sie sich, liebste Madam! Jemmy gefunden!» Infolgedessen falle ich in Ohnmacht, und wie ich wieder zu mir komme, umklammere ich die Beine des Polizeidetektivs, der in aller Ruhe mit einem braunen Schnurrbart das Inventar der Möbel in meiner kleinen Stube aufzunehmen scheint, und rufe aus: «Gott segne Sie, Sir, wo ist mein Liebling?» – und er sagt: «Auf der Polizeiwache von Kennington.» – Ich falle wie versteinert zu seinen Füßen nieder, bei diesem Bild, eine solche Unschuld mit Mördern in einer Zelle! Und er sagt: «Er ist dem Affen nachgegangen.» – Ich halte das für Amtssprache und sage: «O Sir, erklären Sie einer liebenden Großmutter zuliebe: Was für ein Affe?» – «Der mit dem flitterbesetzten Käppchen, mit dem Riemen unter dem Kinn, das immer vom Kopf rutscht», sagt er, «der auf einem runden Tischchen die Straße fegt und seinen Säbel nicht ziehen will.» – Da begreife ich erst und danke ihm voller Dankbarkeit, und er und ich und der Major fahren hinüber nach Kennington, und da finden wir unser Bübchen, behaglich wie nur was, vor einem lustig brennenden Feuer gebettet, und er hatte sich selbst so lieb in den Schlaf gespielt auf einer niedlichen kleinen Ziehharmonika, nicht größer als ein Plätteisen, die sie ihm freundlicherweise für diesen Zweck überlassen hatten und die anscheinend auf einer sehr jungen Person festgenommen wurde.

Meine Liebe, die Methode, nach welcher der Major Jemmys Unterricht begann und, ich darf sagen, vollendete, als der liebe Schatz noch so klein war, daß man nicht über den Tisch, sondern unter den Tisch schauen mußte, um zu sehen, ob er auf der anderen Seite stünde, mit dem schönen blonden Haar seiner Mutter und so reizend gelockt, sollte dem Thron und den Lords und dem Unterhaus bekanntgemacht werden und würde dem Major vielleicht eine Beförderung eintragen, die er wahrlich verdient und die ihm (unter uns gesagt) nicht schaden könnte, geldlich gesprochen.

Bevor der Major seine Ausbildung in die Hand nahm, sagte er zu mir: «Madam», sagt er, «ich gedenke aus unserem Jungen einen mathematischen Jungen zu machen.»

«Major», sage ich, «Sie jagen mir einen Schrecken ein und könnten unserem Schatz einen bleibenden Schaden zufügen, was Sie sich nie verzeihen würden.»

«Madam», sagt der Major, «nächst meinem Bedauern, daß ich den Schurken damals, wo ich doch meine Schuhbürste in der Hand hatte, nicht damit umgebracht habe – auf der Stelle...»

«Um Gottes willen, fangen Sie nicht wieder damit an!» unterbreche ich ihn. «Überlassen Sie ihn seinem Gewissen, ohne Ihre Schuhbürste.»

«Nächst diesem Bedauern, Madam, sage ich», fährt der Major fort, «würde nichts so schwer auf meinem Herzen lasten...», und er schlägt sich auf die Brust, «wie die Reue, diesen wachen Geist nicht frühzeitig ausgebildet zu sehen. Aber verstehen Sie mich recht, Madam», fährt der Major mit erhobenem Zeigefinger fort, «ausgebildet nach einem Prinzip, welches das Lernen zum reinsten Vergnügen macht!»

«Major», sage ich, «ich will ganz offen mit Ihnen reden: Sollte ich merken, daß unser Schatz seinen gesunden Appetit einbüßt, werde ich wissen, daß es Ihre Mathematik ist, und sie schleunigst abstellen. Oder wenn ich sehe, daß sie ihm zu Kopf steigt oder sich ihm auf den Magen schlägt oder ihn schlapp in den Beinen macht, wird das Resultat das gleiche sein. Aber Sie sind ein gescheiter Mensch, Major, und haben viel gesehen, und Sie haben das Kind lieb und sind sein leiblicher Pate, und wenn Sie es für richtig halten, probieren Sie es nur.»

«Gesprochen, Madam, wie Emma Lirriper», sagt der Major. «Alles, was ich von Ihnen verlange, Madam, ist, daß Sie dem Kind und mir ein paar Wochen Zeit geben, um Sie zu überraschen. Und daß Sie mir ferner gestatten, jeweils einige kleinere Küchenutensilien zu verwenden, die nicht gerade in Gebrauch sind.»

«Aus der Küche, Major?» sage ich, mit der unbestimmten Idee, daß er das Kind am Ende sieden und braten will.

«Aus der Küche!» sagt der Major und lächelt, und seine Brust schwillt, daß er wahrhaftig größer zu werden scheint.

So willige ich also ein, und der Major und das liebe Kind schließen sich eine Zeitlang täglich für eine halbe Stunde in das Frontzimmer ein, und niemals höre ich etwas anderes als Schwatzen und Lachen, und Jemmy klatscht in die Hände und ruft Zahlen aus, so daß ich mir sage: «Es hat ihm noch nicht geschadet.» Auch sonst kann ich nirgendwo an ihm irgendwelche bedenkliche Anzeichen entdecken, was mir ebenfalls eine große Beruhigung ist. Schließlich bringt mir Jemmy eines Tages zum Spaß eine Karte in der sauberen Handschrift des Majors: «Die Herren Jemmy & Jackman geben sich die Ehre, Mrs. Lirriper zum Besuch des Jackman-Institutes einzuladen, heute fünf Uhr nachmittag, militärische Zeit, Frontzimmer, zwecks Vorführung einiger kleiner Kunststücke auf dem Gebiet der elementaren Arithmetik.» Und ob Sie mir glauben oder nicht, pünktlich auf die Minute um fünf sitzt der Major im Frontzimmer hinter dem großen Tisch, beide Blätter ausgezogen, und darauf stehen eine Menge Küchengeräte, säuberlich auf alten Zeitungen aufgereiht, und dahinter der Knirps auf einem Stuhl mit seinen roten Backen und seinen strahlenden Augen, die wie Diamanten funkeln.

«Jetzt, Großi, setz dich hin», sagt er, «und rühr die Leute nicht an!» – denn er sieht mit seinen Diamantenaugen sofort, daß ich drauf und dran bin, ihm um den Hals zu fallen.

«Zu Befehl, Sir», sage ich. «Ich will mich bemühen, mich dieser feinen Gesellschaft würdig zu erweisen.» Und ich setze mich in den Lehnstuhl, der für mich vorbereitet war, und schüttle mich innerlich vor Lachen.

Aber stellen Sie sich meine Bewunderung vor, wie der Major, flink wie ein Zauberkünstler, alle

Gegenstände, welche er nennt, vor sich hinsetzt und ausruft: «Drei Kochtöpfe, ein Plätteisen, eine Tischglocke, eine Bratengabel, ein Reibeisen, vier Topfdeckel, ein Salzstreuer, zwei Eierbecher und ein Hackbrett – wieviel macht das?» und der Knirps augenblicklich schreit: «Fünfzehn!» und dabei in die Hände klatscht und mit den Beinchen schlenkert und vor lauter Freude auf seinem Stuhl zu tanzen beginnt.

Meine Liebe, mit der gleichen erstaunlichen Leichtigkeit und Genauigkeit zählen die beiden, der Major und er, die Tische und Stühle und Kanapees, die Bilder und Feuerzangen und Schürhaken, sich selber und mich und die Katze und die Augen in Miss Wozenhams Kopf zusammen, und immer wenn eine Addition gemacht ist, klatscht mein Schatz in die Hände und schlenkert mit den Beinen und tanzt vor Freude auf seinem Stuhl herum.

Und der Stolz des Majors! («*Das* ist ein Verstand, Madam!» sagt er hinter der vorgehaltenen Hand zu mir.)

Dann sagt er laut: «Nun kommen wir zu der zweiten elementaren Grundrechnungsart, welche genannt wird...»

«Umtraktion!» schreit Jemmy.

«Richtig!» sagt der Major. «Wir haben hier eine Gabel, eine Kartoffel im Naturzustand, zwei Topfdeckel, einen Eierbecher, einen Kochlöffel und zwei Bratenspieße, von welchen aus kommerziellen Gründen abzuziehen sind ein Bratrost, ein kleines Einmachglas, zwei Zitronen, eine Pfeffermühle, eine Mausefalle und der Knopf von der Kommodenschublade – was bleibt zurück?»

«Die Gabel!» schreit Jemmy.

«In Zahlen ausgedrückt?» fragt der Major.

«Eins!» schreit Jemmy.

(«*Das* ist ein Junge!» sagt der Major hinter der Hand zu mir.)

Dann fährt der Major fort: «Wir kommen nunmehr zu der nächsten Grundrechnungsart, welche heißt...»

«Tiplikation!» schreit Jemmy.

«Richtig!» sagt der Major.

Aber wenn ich Ihnen im einzelnen beschreiben sollte, meine Liebe, wie sie vierzehn Scheit Brennholz mit zwei Ingwerwurzeln und einer Spicknadel multiplizierten oder so ziemlich alles, was noch auf dem Tisch stand, durch das Plätteisen und einen Kerzenhalter dividierten, wobei als Rest eine Zitrone blieb, würde sich mir wieder der Kopf um und um und um zu drehen beginnen, wie dazumal. Darum sage ich: «Wenn Sie mir gestatten, das Wort zu ergreifen, Herr Professor Jackman, möchte ich einer verehrlichen Versammlung zur Kenntnis bringen, daß ich den Augenblick als gekommen erachte, in dem es sich als unbedingt notwendig erweist, daß ich den jungen Gelehrten tüchtig abküsse.» Worauf Jemmy auf seinem Stuhl ruft: «Du breitest die Arme aus, Großi, und ich spring hinein!» – So tat ich meine Arme auf, wie ich mein kummervolles Herz aufgetan hatte, als seine arme junge Mutter im Sterben lag, und er tat seinen Sprung, und wir herzten und küßten einander, während der Major, stolzer als jeder Pfau, mir hinter der vorgehaltenen Hand sagt: «Sie brauchen es ihm nicht weiterzusagen, Madam» (was tatsächlich nicht nötig war, denn der Major sprach sehr vernehmlich), «aber er *ist* ein Junge!»

So wurde Jemmy groß und größer und ging in die Tagesschule, lernte aber auch mit dem Major weiter, und im Sommer waren wir so glücklich, wie die Tage lang waren, und im Winter waren wir so froh, wie die Tage kurz waren, und es schien ein Segen über den möblierten Zimmern zu liegen, denn sie vermieteten sich quasi von selbst, und wenn es zweimal soviel Räume gewesen wären.

Doch eines Tages sage ich mit blutendem Herzen und steinhart gegen meinen eigenen Schmerz zum Major: «Major, Sie wissen, was ich Ihnen zu eröffnen habe. Unser Junge muß auf eine höhere Schule.»

Es war ein trauriger Anblick, wie der Major in sich zusammensank, und die gute Seele tat mir von Herzen leid.

«Ja, Major», sage ich, «obzwar er bei den Mietern so beliebt ist wie Sie selber, und obzwar er für Sie und mich bedeutet, was nur Sie und ich wissen, ist es doch der Lauf der Welt, und Leben heißt Scheiden, und wir müssen uns von unserem Schatz trennen.»

Doch wie dreist ich auch sprach, ich sah zwei Majors und ein halbes Dutzend Feuerstellen, und als der arme Major einen seiner adretten, blankgeputzten Stiefel auf das Kamingitter setzte und den Ellbogen aufs Knie und den Kopf auf die Hand stützte und sich ein wenig hin und her zu wiegen begann, da ging mir wahrhaftig im Kopf alles durcheinander, daß es zum Fürchten war.

«Aber», sage ich, nachdem ich mich fest geräuspert habe, «Sie haben ihn so gut vorbereitet, Major – er hatte an Ihnen so einen vortrefflichen Lehrer –, daß er gar keine Anfangsschwierigkeiten haben wird. Und obendrein ist er so gescheit, daß er bald unter den Ersten sein wird.»

«Er ist ein Junge», sagt der Major und schneuzt sich, «der auf Erden nicht seinesgleichen hat.»

«Wahr gesprochen, Major, und es ist nicht an uns, aus purem Eigennutz zu verhindern, daß er eine Zierde und eine Ehre bedeutet, wo immer er hinkommt, und am Ende vielleicht sogar ein großer Mann wird, nicht wahr? Meinen kleinen Spargroschen wird er haben, wenn einmal meine Arbeit getan ist (ich hab ja sonst niemand auf der Welt), und wir müssen uns bemühen, einen klugen und einen braven Menschen aus ihm zu machen, nicht wahr, Major?»

«Madam!» ruft der Major aufspringend, «Jemmy Jackman ist ein älterer Waschlappen geworden, als ich's gemerkt hatte, und Sie beschämen ihn. Sie haben vollkommen recht, Madam, Sie haben ganz einfach unleugbar recht. – Aber wenn Sie mich entschuldigen, will ich jetzt ein wenig spazierengehen.»

Als der Major ausgegangen war, rief ich den Jungen hierher in mein kleines Stübchen und ließ ihn neben meinem Stuhl stehen und streichelte die Lokken seiner armen Mutter und sprach ernst und liebevoll zu ihm. Zuallererst erinnerte ich meinen Schatz daran, daß er jetzt schon bald zehn Jahre alt wäre, und sagte ihm über das Fortkommen im Leben so ziemlich dasselbe, was ich dem Major gesagt hatte, und dann erklärte ich ihm schonend, daß wir uns darum trennen müßten. Da mußte ich aber abbrechen, denn plötzlich sah ich die bebenden Lippen, die ich noch so gut in Erinnerung hatte! Doch tapfer, wie er war, nahm er sich alsbald zusammen und sagte durch seine Tränen mit ernsthaftem Nikken: «Das versteh ich, Großi – ich weiß, daß es sein muß, Großi – sprich nur weiter, Großi – um mich mußt du keine Angst haben.» Und als ich alles gesagt hatte, was mir nur einfallen wollte, wandte er mir sein strahlendes Gesicht zu und sagte ganz gefaßt, nur hie und da ein klein wenig stockend: «Du wirst schon sehen, Großi, daß ich ein richtiger Mann sein und dir zuliebe alles tun kann – und wenn ich nicht so werde, wie du mich haben willst – dann nur, weil ich vorher gestorben bin.» Damit setzt er sich zu mir, und ich erzähle ihm von der Schule, die man mir als besonders gut empfohlen hatte, und wo sie lag und wie viele Schüler es dort gab und was sie für schöne Spiele spielten, nach dem, was ich gehört hatte, und wie lang die Ferien dauerten, was er alles mit hellen Augen anhörte. Und zum Schluß sagt er: «Aber jetzt, Großi liebes, möchte ich hier hinknien, wo ich immer mein Gebet gesagt habe, und mein Gesicht nur einen Augenblick in deinem Rock verstecken und ein bißchen weinen – weil du zu mir besser warst als Vater – und Mutter – und besser als Brüder und Schwestern und Freunde...» Und dann weint er sich herzhaft aus und ich auch, und beiden war uns nachher viel wohler zumute.

Von da an war er so gut wie sein Wort und immer munter und fröhlich, und auch als der Major und ich ihn nach Lincolnshire hinunterbrachten, war er weitaus der Lustigste von uns dreien, wozu aber wahr und wahrhaftig nicht viel gehörte, doch er war richtig fröhlich, und erst als es zum allerletzten Lebewohl kommt, sagt er mit einem bekümmerten Blick: «Du möchtest doch nicht, daß ich traurig wäre, Großi?» – und wie ich sage: «Nein, Schatz, Gott bewahre!», sagt er: «Das ist fein!» und läuft schnell davon.

Doch als wir das Kind nun nicht mehr im Haus hatten, verfiel mir der Major richtig in Trübsal. Es wurde von allen Mietern bemerkt, daß der Major

Trübsal blies. Er machte auch nicht mehr wie früher den Eindruck, daß er doch eigentlich groß sei, und wenn er beim Stiefelputzen noch einen Schimmer von Interesse zeigte, so war das schon viel.

Eines Abends kommt der Major in mein Stübchen hier, auf eine Tasse Tee und einen Bissen Butterbrot und um Jemmys letzten Brief zu lesen, der an diesem Nachmittag eingetroffen war (durch den gleichen Briefträger wie damals, der jetzt auch schon in die Jahre kam), und da der Brief ein klein bißchen seine Stimmung hebt, sage ich zum Major: «Sie dürfen nicht in Trübsal verfallen, Major.»

Der Major schüttelt den Kopf und sagt mit einem tiefen Seufzer: «Jemmy Jackman, Madam, ist ein älterer Waschlappen geworden, als ich es ihm zugetraut hätte.»

«Trübsal blasen macht nicht jünger, Major.»

«Meine liebe Madam», sagt der Major, «gibt es überhaupt etwas, was einen jünger macht?»

Da ich dem Major in diesem Punkt nichts zu entgegnen weiß, springe ich auf einen anderen über.

«Dreizehn Jahre!» sage ich. «Dreizehn Jahre! Manche Mieter sind gekommen und gegangen, Major, seit Sie sich dazumal im Frontzimmer eingemietet haben.»

«Ha, wahrhaftig!» sagt der Major, etwas lebhafter werdend. «Eine ganze Menge, Madam!»

«Und Sie waren, denke ich, mit allen bekannt?»

«In der Regel (abgesehen von einigen Ausnahmen, wie sie jede Regel hat), meine liebe Madam», sagt der Major, «haben mich alle mit ihrer Bekanntschaft und nicht selten mit ihrem Vertrauen beehrt.»

Wie ich nun so sehe, daß der Major wieder seinen weißen Kopf hängen läßt und sich über den schwarzen Schnurrbart streicht und aufs neue in

Trübsal verfällt, hüpft mit einem Mal ein Gedanke, der sich wohl irgendwo herrenlos herumgedreht hatte, in meine alte Birne, wenn Sie den Ausdruck entschuldigen wollen.

«Ja, ja, die möblierten Wände hier», sage ich so vor mich hin - denn wenn ein Mann Trübsal bläst, meine Liebe, hat es keinen Zweck, geradeheraus mit ihm zu sprechen -, «die hätten wohl manches zu erzählen, wenn sie reden könnten.»

Der Major rührt sich nicht und sagt nichts, aber ich sehe, daß er mit den Schultern aufmerkt - mit den Schultern auf meine Worte aufmerkt, meine Liebe. Ich sehe tatsächlich seine Schultern aufmerksam werden.

«Unser lieber Junge hat immer so gern Geschichten gelesen», fahre ich ganz beiläufig fort, als ob ich mit mir selber redete. «Ach ja, dieses Haus - sein eigenes Heim - könnte ihm sicher ein paar interessante Geschichten liefern.»

Die Schultern des Majors recken sich und strekken sich, und sein Kopf taucht aus dem Hemdkragen empor. Der Kopf des Majors taucht aus dem Hemdkragen empor, meine Liebe, wie ich es seit Jemmys Abreise nicht gesehen hatte.

«Es steht außer Zweifel, meine liebe Madam», sagt der Major, «daß so in den Pausen zwischen einem Cribbage und einem freundschaftlichen Whist - und auch über dem, was man in meinen jungen Tagen - in den grünen Tagen Jemmy Jackmans - wohl ein geselliges Glas nannte, gar manche Erinnerung zwischen mir und Ihren Mietern getauscht wurde.»

Drauf bemerke ich - mit der abgründigsten, dunkelsten Hinterlist, wie ich nur gestehen will: «Ich wollte, unser lieber Junge hätte es hören können!»

«Ist das Ihr Ernst, Madam?» ruft der Major, in die Höhe fahrend, und wendet mir sein Gesicht zu.

«Warum nicht, Major?»

«Madam», ruft der Major und beginnt seinen einen Ärmel aufzukrempeln, «es soll für ihn niedergeschrieben werden!»

«Aha, jetzt reden Sie vernünftig, Major!» sage ich, erfreut in die Hände klatschend. «Jetzt kommen Sie aus Ihrer Trübsal heraus, Major!»

«Vom heutigen Tag an bis zu meinen Ferien – ich meine die Ferien des lieben Jungen», ruft der Major und krempelt seinen zweiten Ärmel auf, «kann manches getan werden!»

«Sie sind ein gescheiter Mensch, Major, und haben viel gesehen, das weiß ich.»

«Morgen», ruft der Major und sieht auf einmal so groß aus, wie ich ihn nur je erblickt habe, «morgen wird damit begonnen!»

Meine Liebe, nach drei Tagen war der Major ein anderer Mensch, und nach einer Woche war er wieder der alte, und er schrieb und schrieb und schrieb, und seine Feder kratzte wie die Ratten hinter der Täfelung. Und ob er von festen Tatsachen ausging oder ob er sich alles zusammenfabuliert hat, kann ich Ihnen nicht sagen, aber was er geschrieben hat, liegt in dem kleinen Bücherschrank hinter Ihnen, links im Glaskasten.

Wie das Frontzimmer einige Worte hinzufügte

Ich gebe mir die Ehre, mich vorzustellen, Jackman ist mein Name. Wenn ich hiermit auf die Nachwelt komme, geschieht es zu meinem Stolz auf Grund des bemerkenswertesten Jungen, der je auf dieser

Erde lebte – namens JEMMY JACKMAN LIRRIPER –, und meiner höchst achtbaren und hochverehrten Freundin, Mrs. Emma Lirriper, Nummer einundachtzig, Norfolk Street, Strand, in der Grafschaft Middlesex, im Vereinten Königreich von Großbritannien und Irland.

Es ist nicht an mir, das Entzücken zu schildern, mit dem wir den geliebten und außergewöhnlich bemerkenswerten Jungen aus Anlaß seiner ersten Weihnachtsferien willkommen hießen. Eine Bemerkung hierzu möge genügen: Als er mit zwei prächtigen ersten Preisen (Arithmetik und vorbildliche Aufführung) ins Haus stürmte, fielen Mrs. Lirriper und meine Wenigkeit einander bewegt in die Arme und führten ihn sodann augenblicklich ins Theater, wo wir uns alle drei ausgezeichnet unterhielten.

Es geschieht nicht, um den Tugenden der Besten ihres reizenden und hochverehrten Geschlechts zu huldigen (die ich hier, ihrer würdigen Bescheidenheit Rechnung tragend, nur mit den Lettern E. L. bezeichnen will), daß ich diesen Bericht dem Stoß von Papieren hinzufüge, von denen unser im allerhöchsten Grad bemerkenswerter Junge sich begeistert erklärte, bevor er dieselben wieder in das linke Glaskästchen von Mrs. Lirripers kleinem Bücherschrank zurücklegte.

Es geschieht auch nicht, um einem werten Publikum den Namen des ursprünglichen, alten, ausgedienten, obskuren Jemmy Jackman aufzudrängen, einst (zu seiner Schmach) wohnhaft bei Wozenham, längst aber (zu seiner Ehre) wohnhaft bei Lirriper. Eine solche Geschmacklosigkeit, soweit ich mich ihrer überhaupt bewußt schuldig machen könnte, ginge weit über das erlaubte Maß hinaus – jetzt, da der Name von JEMMY JACKMAN LIRRIPER getragen wird.

Nein, ich greife zu meiner bescheidenen Feder, um eine kleine Erinnerung an unseren auffallend bemerkenswerten Jungen aufzuzeichnen und so, im Rahmen meiner geringen Fähigkeiten, ein vergnügliches kleines Bild von der Geistesart des geliebten Jungen zu geben, das auch für ihn selbst interessant sein könnte, wenn er dereinst ein Mann ist.

Unser erstes wiedervereinigtes Weihnachtsfest war das schönste, das wir je zusammen verbrachten. Jemmy hielt keine fünf Minuten lang den Mund, außer in der Kirche. Er schwatzte, wenn wir am Feuer saßen, er schwatzte, wenn wir spazierengingen, er schwatzte, wenn wir wieder am Feuer saßen, er schwatzte, während wir zu Mittag aßen, obwohl er ein beinahe so bemerkenswertes Mittagessen zu sich nahm, wie er selber bemerkenswert ist. Die Quelle der Lebensfreude sprudelte und sprudelte in seinem frischen jungen Herzen und befruchtete (wenn ich mir ein so kühnes Bild gestatten darf) meine hochverehrte Freundin sowie Schreiber dieses, J. J.

Wir aßen zu dritt in dem kleinen Stübchen meiner hochverehrten Freundin und wurden aufs vortrefflichste bewirtet. Aber in diesem Betrieb mit seiner vorbildlichen Ordnung, Pünktlichkeit und Gemütlichkeit ist jederzeit alles vortrefflich. Nach dem Essen glitt unser Junge auf seinen alten Schemel zu Füßen meiner verehrten Freundin, und da hockte er, seine gebratenen Kastanien und ein Gläschen Sherry (tatsächlich ein vorzüglicher Tropfen) auf einem Stuhl vor sich, und seine Backen leuchteten röter als die Äpfel auf dem Tisch.

Wir sprachen von meinen bescheidenen Aufzeichnungen, die Jemmy inzwischen schon durch und durch gelesen hatte, und so kam es, daß meine verehrte Freundin, wie sie so dasaß und ihm über das lockige Haar strich, bemerkte: «Und weil du doch auch zum Haus gehörst, Jemmy - noch viel mehr als die Mieter, da du ja hier geboren bist -, sollte deine Geschichte auch einmal hinzugefügt werden, finde ich.»

Jemmy rief mit funkelnden Augen: «Das finde ich auch, Großi!»

Er schaute ins Feuer, und dann begann er zu lachen, als hätte er Heimlichkeiten mit dem Feuer, und dann stützte er die Arme auf den Schoß meiner verehrten Freundin, sah mit strahlendem Gesicht zu ihr auf und fragte: «Möchtest du die Geschichte von einem Jungen hören, Großi?»

«Unbedingt!» antwortete meine verehrte Freundin.

«Und du, Pate?»

«Unbedingt!» antwortete auch ich.

«Na, dann werde ich euch eine erzählen», sagte Jemmy.

Hier umarmte sich unser unleugbar bemerkenswerter Junge selber und lachte wieder. Und dann schaute er auf die gleiche Art, als ob ein heimliches Einverständnis zwischen ihnen herrschte, ins Feuer und begann: «Es war einmal, das Schwein trank Wein, das Pferd stieß mit ihm an, 's war sicher nicht zu unserer Zeit, doch darauf kommt's nicht an...»

«Gott bewahre uns!» rief meine verehrte Freundin erschrocken. «Ist das Kind verrückt geworden?»

«Das ist Poesie, Großi!» rief Jemmy mit schallendem Gelächter. «In der Schule fangen wir jede Geschichte so an.»

«Er hat mir einen richtigen Schrecken eingejagt, Major», sagte mir meine verehrte Freundin und fächelte sich mit ihrem Teller Kühlung zu. «Ich dachte schon, sein Verstand hätte sich verwirrt.»

«In jenen alten Zeiten, Großi und Pate, war einmal ein Junge - nicht ich, versteht ihr.»

«Nein, nein», sagte meine verehrte Freundin. «Natürlich nicht du. Nicht er, Major, verstehen Sie?»

«Nein, nein, natürlich nicht er», sagte ich.

«Und er war auf der Schule in Rutlandshire...»

«Warum nicht in Lincolnshire?» fragte meine verehrte Freundin.

«Aber, Großi! Weil *ich* doch auf der Schule in Lincolnshire bin, nicht wahr?»

«Natürlich!» sagte meine verehrte Freundin. «Es ist nicht die Rede von Jemmy, verstehen Sie, Major?»

«Natürlich ist nicht die Rede von ihm», sagte ich.

Unser Junge schüttelte sich vor Lachen und umarmte sich selber (wieder im Einverständnis mit dem Feuer), bevor er aufs neue zu Mrs. Lirriper aufsah und fortfuhr: «Ja, und dieser Junge war furchtbar verliebt in die Tochter seines Schuldirektors, und sie war das schönste Geschöpf, das es je gegeben hatte. Sie hatte braune Augen und wunderschöne braune Locken und eine süße Stimme und war überhaupt süß, und sie hieß - Seraphina.»

«Wie heißt denn die Tochter von *deinem* Schuldirektor, Jemmy?» fragte meine verehrte Freundin.

«Polly!» rief Jemmy und stach mit dem Zeigefinger in die Luft. «Hahaha! Jetzt hab ich dich aber drangekriegt!»

Darauf mußten sie beide furchtbar lachen und einander herzen, und dann fuhr unser anerkannt bemerkenswerter Junge mit großem Behagen fort:

«Ja also, und er war furchtbar verliebt in sie. Er dachte den ganzen Tag an sie und träumte die ganze Nacht von ihr und schenkte ihr Orangen und Nüsse und hätte ihr Perlen und Diamanten geschenkt, bloß daß sein Taschengeld dafür nicht reichte. Und ihr Vater – oh, das war aber ein richtiger Wüterich! Er war sehr streng zu den Jungen und hielt jeden Monat Prüfungen ab und hielt zu allen möglichen Zeiten Vorträge über alle möglichen Dinge und wußte alles auf der Welt aus einem dicken Buch. Und der Junge...»

«Hatte er keinen Namen?» fragte meine verehrte Freundin.

«Nein, er hatte keinen Namen, Großi! Hahaha! Hab ich dich wieder drangekriegt!»

Darauf mußten sie aufs neue furchtbar lachen und einander herzen, und dann fuhr unser Junge fort: «Ja, und der Junge hatte einen Freund, ungefähr so alt wie er und in der gleichen Schule, und der hieß (denn der hatte zufällig einen Namen, hahaha!), der hieß – wart, laß mich nachdenken –, der hieß Bobbo.»

«Nicht Bob?» sagte meine verehrte Freundin.

«Natürlich nicht», sagte Jemmy. «Wie kommst du auf die Idee, Großi? Ja, und der Freund war der klügste und tapferste und stärkste und edelste Freund, den es je gegeben hat, und er war in Seraphinas Schwester verliebt, und Seraphinas Schwester war in ihn verliebt, und dann wurden sie alle groß.»

«Bewahre, das ging aber schnell bei ihnen», sagte meine verehrte Freundin.

«Ja, sie wurden alle groß», wiederholte Jemmy lachend. «Und Bobbo und der Junge ritten miteinander in die Welt, um ihr Glück zu machen, und ihre Pferde kriegten sie halb aus Gefälligkeit und halb als Okkasion – sie hatten nämlich gemeinsam viereinhalb Shilling zusammengespart –, und die Pferde waren feurige Araber und mehr wert, aber der Mann sagte, er würde ihnen einen Gefallen tun und sie um den Preis verkaufen. Und sie machten ihr Glück, nicht wahr, und sprengten in die Schule zurück, mit allen Taschen voll Gold, genug bis an ihr Lebensende. Und sie läuteten an der Besucherglocke, nicht hinten beim Schülereingang, und als ihnen aufgetan wurde, verkündeten sie: ‹Genau wie bei einer Scharlachepidemie! Jeder Junge darf auf unbestimmte Zeit heim!› Und alle schrien Hurra, und sie küßten Seraphina und ihre Schwester – aber jeder seine eigene –, und dann verurteilten sie den Wüterich zu strengem Karzer.»

«Der arme Mann!» sagte meine verehrte Freundin.

«Ja, zu ganz strengem Karzer», wiederholte Jemmy mit lautem Lachen, obwohl er ein strenges Gesicht zu machen versuchte. «Und er bekam nichts zu essen als das Essen für die Jungen und mußte jeden Tag ein halbes Faß von ihrem Dünnbier trinken! Und inzwischen wurden die Vorbereitungen für die zwei Hochzeiten mit allem Prunk getroffen, und es gab Freßkörbe und Eingemachtes und Süßigkeiten und Nüsse und Briefmarken und alle möglichen guten Sachen. Und sie waren alle so fröhlich, daß sie den Wüterich freiließen, und er war auch fröhlich.»

«Das freut mich», sagte meine verehrte Freundin. «Er hatte doch nur seine Pflicht getan.»

«Aber er hatte dabei mächtig übertrieben!» rief Jemmy. «Ja, und dann schwang sich der Junge auf sein feuriges Roß, mit seiner Braut im Arm, und er galoppierte und galoppierte, bis er zu einem Ort kam, wo er ein Großi und einen Paten hatte – aber nicht ihr beide, wißt ihr!»

«Nein, nein», sagten wir beide.

«Und dort wurde er mit großer Freude empfangen und füllte gleich die Kommode und den Bücherschrank bis oben mit Gold und überschüttete sein Großi und seinen Paten mit Gold, weil sie die zwei liebsten, besten Menschen auf der Welt waren. Und wie sie so bis zu den Knien im Gold saßen, klopfte es an der Haustür, und es war niemand anderer als Bobbo, auch auf seinem feurigen Roß, mit *seiner* Braut im Arm. Und er war nur gekommen, um zu sagen, daß er alle möblierten Zimmer für immer und ewig mieten wollte (zum doppelten Preis), soweit der Junge und sein Großi und sein Pate nicht selbst darin wohnten, und daß sie alle immer beisammen bleiben wollten, und das taten sie auch und waren alle immer glücklich.»

«Und hatten nie Streit?» fragte meine verehrte Freundin.

«Nein, niemand hat je gestritten.»

«Und das Gold ging nicht zu Ende?»

«Nein, so viel konnte überhaupt niemand ausgeben.»

«Und wurden sie nicht alt?»

«Nein, von da an wurde niemand mehr älter.»

«Und ist niemand gestorben?»

«Nein, nein, nein, Großi!» rief unser geliebter Junge und schmiegte die Wange an ihre Brust und drückte sie fest an sich. «Niemand ist je gestorben!»

«Ach, Major, Major, das schlägt alle unsere Geschichten», sagte meine verehrte Freundin lächelnd. «Wir wollen mit der Geschichte unseres Jungen enden, Major, denn das ist die allerschönste!»

Um diesem Wunsch von seiten der Besten aller Frauen nachzukommen, habe ich die Geschichte hiermit so treulich aufgezeichnet, wie mein bestes Können im Verein mit meinem besten Wollen es gestatten, und ich unterschreibe sie mit meinem Namen

J. Jackman

Frontzimmer bei Mrs. Lirriper

Mugby Junction

«Schaffner! Wie heißt die Station?»

«Mugby Junction, Sir.»

«Ein windiger Ort!»

«Meistenteils, Sir.»

«Hier sieht's wahrhaftig trostlos aus.»

«Im allgemeinen ja, Sir.»

«Regnet es noch?»

«Es gießt, Sir.»

«Machen Sie die Tür auf. Ich möchte aussteigen.»

«Sie haben», sagte mir der vor Nässe glänzende Schaffner, während er im Licht seiner Laterne das tränenvolle Antlitz seiner Uhr betrachtete, «noch drei Minuten Aufenthalt, Sir.»

«Ich denke doch mehr», entgegnete der Reisende. «Ich fahre nicht weiter.»

«Sie haben aber ein durchgehendes Billett, Sir?»

«Das lasse ich verfallen. Ich möchte mein Gepäck.»

«Kommen Sie mit zum Gepäckwagen, um's mir zu zeigen, Sir. Und bitte machen Sie möglichst schnell, Sir. Keine Minute zu verlieren.»

Der Schaffner hastete zum Gepäckwagen, und der Reisende hastete hinter ihm her. Der Schaffner schwang sich hinein, und der Reisende schaute hinein.

«Die zwei großen schwarzen Handkoffer im Eck, gerade wo Ihre Laterne hinscheint. Die gehören mir.»

«Name drauf, Sir?»

«Barbox Brothers.»

«Aufgepaßt, Sir, wenn's beliebt! Eins! Zwei! In Ordnung!» Lampe geschwenkt, Wechsel der Signallichter, Pfeifen der Lokomotive, Zug verschwunden.

«Mugby Junction!» sagte der Reisende, seinen Wollschal mit beiden Händen fester um den Hals ziehend. «Um drei Uhr früh bei stürmischem Wetter. Na also!»

Er sagte es zu sich selber. Es war sonst niemand da, mit dem er reden konnte. Aber auch wenn jemand anderer dagewesen wäre, hätte er es vielleicht vorgezogen, mit sich selber zu reden. Der Mann, mit dem er auf diese Weise redete, war so um die fünfzig herum und vorzeitig ergraut wie ein vernachlässigtes Feuer; ein Mann von zögerndem Wesen, mit grüblerisch gesenktem Kopf und verhaltener Stimme; ein Mann, dem man anmerkte, daß er viel allein gewesen war.

Wie er jetzt auf dem verlassenen Bahnhof stand, nahm niemand von ihm Notiz, außer vielleicht Wind und Regen, zwei wachsame Gegner, die alsbald über ihn herfielen. «Meinetwegen», sagte er, ihrem Ansturm weichend. «Es kommt mir nicht auf die Richtung an.»

Und so ließ sich der Reisende um drei Uhr früh bei stürmischem Wetter in Mugby Junction vom Winde treiben.

Nicht, daß er nicht Widerstand zu leisten vermochte, wenn ihm daran lag, denn als er bis zum Ende des gedeckten Bahnsteigs kam (der in Mugby Junction ein beträchtliches Ausmaß erreicht) und in die pechschwarze Finsternis hinausblickte, die der Sturm auf noch wilderen Schwingen durchtobte, machte er kehrt und verfolgte seinen Weg ebenso unbeirrt gegen das Wetter, wie er es in der bequemeren Richtung getan hatte. So ging der Reisende mit gleichmäßigem Schritt auf und ab, auf und ab, auf und ab, suchte nichts und fand es.

Ein von schattenhaften Gestalten wimmelnder Ort, dieses Mugby Junction in dunkler Nachtstunde. Geheimnisumwobene Güterzüge gleiten, mit Bahrtüchern zugedeckt, wie lange, gespenstische Leichenzüge vorüber, als wollten sie sich schuldbewußt aus dem Kreis der paar brennenden Lampen wegstehlen, weil ihre Fracht ein heimliches, rechtswidriges Ende genommen hätte; beschattet nach bester Detektivmanier von halbmeilenlangen Kohlenwagen, die ihnen folgen, wenn sie vorausfahren, anhalten, wenn sie stehenbleiben, zurückweichen, wenn sie rückwärtsfahren. Rotglühende Asche sprüht bald in diesem, bald in jenem dunklen Durchgang zu Boden, als würden Folterfeuer geschürt, und gleichzeitig vernimmt das Ohr kreischende, stöhnende, krächzende Laute, als hätten die Gefolterten den Höhepunkt ihrer Qualen erreicht. Dazwischen dröhnen Viehwagen aus starken Eisenstangen vorbei, voll von ermatteten Tieren mit ineinander verhedderten Hörnern und schreckerstarrten Augen und Mäulern – zumindest hangen ihnen lange Eiszapfen (oder etwas, was so aussieht) von den Lefzen herab. In der Luft unbekannte Sprachen, die sich in roten, grünen und weißen Chiffren miteinander verschwören. Ein Erdbeben rast, unter Donner und Blitz, per Expreß nach London. Dann wieder alles still, alles eingerostet, Wind und Regen anheimgegeben, Lampen erloschen, Mugby Junction tot und dunkel, das Haupt vom Gewand umhüllt wie Caesar.

Und während der nächtliche Reisende so hin

und her stapfte, huschte noch ein anderer schattenhafter Zug an ihm vorüber, der nichts anderes war als der Zug seines Lebens. Aus irgendeinem nicht körperhaften Tunnel oder tiefen Graben auftauchend, glitt er ungerufen und unangekündigt heran und verschwand in der Finsternis. Da kam so traurig ein Kind vorbei, das keine Kindheit besessen und weder Vater noch Mutter gekannt hatte, nicht zu trennen von einem Jüngling, welcher sich seiner Namenlosigkeit bitter bewußt war, mit einem Mann verbunden, der seine besten Jahre über einer verhaßten, bedrückenden Tätigkeit verbracht hatte, an einen undankbaren Freund gefesselt, der die einst geliebte, treulose Frau hinter sich herzog, und als Begleitmannschaft, unter Dröhnen und Klirren und manchem schmerzhaft heftigen Ruck, schleppende Sorgen, düstere Grübeleien, vage Enttäuschungen, lichtlose Jahre, eine lange, mißtönende Folge der Dissonanzen eines einsamen, glücklosen Menschenlebens...

«Ihres, Sir?»

Der Reisende wich vor der Frage, die so abrupt kam und so merkwürdig zutreffend schien, unwillkürlich einen Schritt zurück und holte seinen starren Blick aus der Leere, in der er sich verloren hatte.

«Oh... Ich war in Gedanken. Ja. Ja, gewiß, das ist mein Gepäck. Sind Sie der Gepäckträger?»

«Nein, Sir. Ich bin die Lampen.»

Der Reisende sah etwas verwirrt drein.

«*Wer* sind Sie?»

«Die Lampen, Sir.» Wobei er statt jeder weiteren Erklärung den ölverschmierten Putzlappen in seiner Hand sehen ließ.

«Ach so – natürlich. Ist irgendein Hotel oder Gasthaus in der Nähe?»

«Nicht gerade in der Nähe, Sir. Wir haben hier ein Bahnhofbüfett, aber...», und Lampen schüttelte den Kopf mit einem mächtig ernsten Gesicht, das deutlich besagte: «... aber Sie können Ihrem Glück danken, daß es nicht offen ist.»

«Sie meinen, Sie würden es nicht empfehlen, wenn es zugänglich wäre?»

«Um Vergebung, Sir. Wenn es...?»

«Wenn es offen wäre, meine ich.»

«Es ist nicht an mir, als Bahnbeamtem, meine Meinung über die Einrichtungen der Bahn abzugeben – außer was Petroljum und Putzwolle betrifft», erwiderte Lampen in vertraulichem Ton. «Aber rein als Mensch gesprochen, Sir, würde ich meinem eigenen Vater (sofern er noch am Leben wäre) nicht empfehlen, es mit dem Bahnhofbüfett zu versuchen. Nein, rein als Mensch gesprochen, täte ich das *nicht*.»

Der Reisende nickte verständnisvoll. «Ich kann wohl irgendwo im Ort unterkommen? Es ist doch ein Ort hier?» Denn der Reisende war (obschon im Vergleich zu den meisten Reisenden ein Stubenhocker) doch schon wie viele andere so manches Mal auf den Schwingen des Dampfes über die stählernen Fluten dieses Bahnknotenpunktes getragen worden, ohne dort jemals sozusagen an Land zu gehen.

«Einen Ort gibt's schon, Sir. Doch, doch, soviel von einem Ort, daß Sie drin unterkommen, gibt's schon. Aber...» Und er folgte dem Blick, den der andere auf sein Gepäck warf. «Bei uns hier ist es um die Zeit sehr tot, Sir, die toteste Zeit. Man könnte fast sagen, die toteste und begrabenste Zeit.»

«Gibt's keine Gepäckträger?»

«Ja, sehen Sie, Sir», entgegnete Lampen, wieder

vertraulich werdend, «die gehen im allgemeinen mit dem Gas weg. So ist das hier. Und die haben Sie, scheint's, übersehen, weil Sie am anderen Ende vom Bahnsteig herumspaziert sind. Aber so ungefähr in zwölf Minuten sollte er hier durchkommen.»

«Wer sollte durchkommen?»

«Der drei Uhr zweiundvierzig, Sir. Er wird auf ein Nebengeleise verschoben, bis der Nachtexpreß hinauf durch ist, aber dann...», fuhr Lampen, von einem unbestimmten Optimismus hingerissen, fort, «dann legt er sich mächtig ins Zeug!»

«Ich fürchte, ich verstehe nicht ganz...»

«Ich fürchte, niemand versteht es ganz, Sir. Es ist eben ein Parlamentszug, Sir. Und wissen Sie, so ein Parlamentszug oder so ein Explosionszug...»

«Meinen Sie Exkursion?»

«Richtig, Sir, so heißt es. Also so ein Parlamentszug oder auch ein Explosionszug, der wird meist auf ein Nebengeleise verschoben. Aber wenn dann die Strecke frei ist, wird er herausgepfiffen, und dann!» rief Lampen, wieder mit der Miene eines unverbesserlichen Optimisten, der nie die Hoffnung aufgibt, «dann legt er sich mächtig ins Zeug!»

Und hiernach erklärte er, da der diensttuende Gepäckträger von Dienst wegen dazu verpflichtet sei, würde er zweifellos beim Eintreffen des Parlamentszuges wieder auftauchen - mitsamt dem Gas. Bis dahin aber - wenn dem Herrn der Petroljumgeruch nicht sehr zuwider wäre, in seinem Dienstraum wäre es wenigstens warm...

Der Herr, den inzwischen weidlich fror, nahm das freundliche Anerbieten ohne Zögern an.

Es war ein schmieriger, kleiner Raum, der, was den Geruch betraf, an die Kajüte eines Walfängers erinnerte, aber in der rostigen Feuerstelle brannte ein helles Feuer, und auf dem Fußboden stand ein hölzernes Traggestell mit den frischgeputzten, brennenden Lampen für den Zugdienst. Sie glänzten hell, und ihrem freundlichen Licht wie auch der wohligen Wärme war wohl die Beliebtheit des Raumes zuzuschreiben, für welche die mannigfachen Abdrücke von Kordsamthosen auf der Bank vor dem Feuer und die mannigfachen Abdrücke von rußigen und öligen Kordsamtschultern an der dahinterliegenden Wand Zeugnis ablegten. Diverse Wandbretter beherbergten ein Durcheinander von Lampen und Petroleumkannen sowie eine eindringlich duftende Sammlung von Textilien, die wie die vereinigten Taschentücher der gesamten Lampenfamilie aussahen.

Als Barbox Brothers (wie wir den Reisenden über Gewähr seines Gepäcks nennen wollen) auf der Bank Platz nahm und seine nunmehr unbehandschuhten Hände über dem Feuer wärmte, fiel sein Blick auf ein kleines, ganz mit Tinte bekleckstes Tischchen, an das er mit dem Ellbogen anstieß. Darauf lagen ein paar Zettel grobes Schreibpapier und eine ausgediente Stahlfeder in sehr herabgekommenen, verklebten Umständen.

Von den Zetteln sah er unwillkürlich zu seinem Gastgeber auf und sagte beinahe rüde: «Sie sind doch nicht etwa ein Dichter, Mensch?»

Lampen bot wahrhaftig nicht das herkömmliche Bild eines Dichters, wie er jetzt dastand und seine Knollennase bescheiden mit einem übermäßig öligen Taschentuch polierte, als hielte er sie irrtümlich für eine seiner Lampen. Er war ein dürftiges Männchen, etwa im gleichen Alter wie Barbox Brothers, mit drolligen Gesichtszügen – es sah aus, als würden sie von den Haarwurzeln nach oben gezogen. Seine Haut hatte einen sonderbar transparenten Glanz, der offenbar von der ständigen Behandlung mit Petroleum herrührte, und da sein kurzgeschnittenes, ergrauendes Haar, ebenfalls wie von einem unsichtbaren Magneten angezogen, starr in die Höhe ragte, war sein Kopf einem Lampendocht gar nicht so unähnlich.

«Aber das geht mich natürlich nichts an», fuhr Barbox Brothers rasch fort. «Verzeihen Sie meine indiskrete Bemerkung und seien Sie, was Sie wollen!»

«Manche Menschen, Sir», sagte Lampen gleichsam entschuldigend, «sind manchmal nicht, was sie wollen.»

«Niemand weiß das besser als ich», murmelte der andere. «Mein ganzes Leben lang war ich, was ich nicht sein wollte.»

«Wie ich mich zuerst dranmachte, Sir», fuhr Lampen fort, «lustige kleine Liedchen zu dichten...»

Barbox Brothers maß ihn mit höchst mißbilligendem Blick.

«... lustige kleine Liedchen zu dichten – und was noch viel schwerer war, sie dann auch zu singen», sagte Lampen, «das ging mir damals sehr gegen die Natur, wahrhaftig.»

Hier funkelte etwas, das kein Öl war, in Lampens Auge, und Barbox Brothers wandte sein eigenes etwas bestürzt ab und blickte ins Feuer. «Warum haben Sie's dann getan?» fragte er nach einer kurzen Pause unvermittelt genug, aber in milderem Ton. «Warum haben Sie's getan, wenn Sie's nicht tun wollen? Wo haben Sie gesungen? Im Wirtshaus?»

Worauf Mr. Lampen die merkwürdige Antwort gab: «Am Bett.»

In diesem Moment, während der Reisende ihn noch fragend ansah, zuckte Mugby Junction jäh zusammen, begann heftig zu zittern und schlug seine Gasaugen auf. «Das ist er!» verkündete Lampen aufgeregt. «Er legt sich ins Zeug, soviel er nur kann, manchmal mehr und manchmal weniger, aber heut legt er sich gewaltig ins Zeug!»

Kurz darauf wurde die Inschrift «Barbox Brothers» (in großen weißen Buchstaben auf zwei großen schwarzen Oberflächen) auf einem Handwagen durch eine stille Straße gekarrt. Nachdem ihr Inhaber eine halbe Stunde lang zähneklappernd auf der Straße gewartet hatte (denn so lange brauchte der Dienstmann, um mit seinem Klopfen an der Gasthaustür zuerst den ganzen Ort und als allerletztes das Gasthaus aufzuwecken), tastete er sich in die dumpfige Luft eines dunklen Hauses hinein und weiter zwischen die Laken eines dumpfigen Bettes, das man offenbar ihm zu Ehren eigens tiefgekühlt hatte.

«Erinnerst du dich an mich, kleiner Jackson?»

«Woran sollte ich mich erinnern, wenn nicht an dich? Du bist meine allererste Erinnerung. Von dir habe ich erfahren, wie ich heiße. Von dir habe ich erfahren, daß es in meinem Leben an jedem zwanzigsten Dezember einen Bußtag gibt, der Geburtstag heißt! Diese letztere Behauptung zumindest hat sich als wahr erwiesen.»

«Wie bin ich, kleiner Jackson?»

«Du liegst das ganze Jahr lang wie ein Schatten, wie ein Gifthauch über mir, du harte, strenge, schmallippige Frau mit deinem unveränderlichen Gesicht, das einer Wachsmaske ähnelt. Für mich gleichst du dem Teufel, besonders wenn du mir vom lieben Gott erzählst, denn dann muß ich ihn verabscheuen!»

«Erinnerst du dich an mich, junger Jackson?» Eine andere Stimme aus einer anderen Richtung.

«Mit der innigsten Dankbarkeit, Sir. Sie waren der einzige Hoffnungsstrahl in meinem Leben, in meinem Streben. Als ich Ihren Unterricht genoß, glaubte ich noch, daß es mir vergönnt sein würde, dereinst ein Arzt, ein großer Heiler zu sein – und ich war beinahe glücklich, obwohl ich immer noch als einziger Pensionär in dem Haus der furchtbaren Wachsmaske lebte und täglich in gedrücktem Schweigen, steif und gehemmt, unter den Augen der Wachsmaske mein kärgliches Mahl verzehrte – wie ich es meine ganze Schulzeit lang und noch früher, soweit ich zurückdenken kann, jeden, jeden, jeden Tag meines Lebens getan hatte.»

«Wie bin ich, junger Jackson?»

«Sie sind für mich ein höheres Wesen. Sie sind wie die Natur, die sich mir zu offenbaren beginnt. Ich glaube Sie heute noch zu hören wie damals, als ich einer in der andächtigen Schar von Jünglingen war, die unter der Macht Ihrer Persönlichkeit und Ihres Wissens in Liebe zur Wissenschaft erglühten. Die einzigen Freudentränen, die mir je in die Augen stiegen, haben Sie mir entlockt.»

«Erinnern Sie sich an mich, junger Mann Jackson?» Eine knarrende Stimme aus einer ganz anderen Richtung.

«Nur allzugut. Sie tauchten eines Tages wie ein böser Geist in meinem Leben auf und verkündeten mir, daß sein ganzer Lauf sich jäh und gänzlich ändern müßte. Sie wiesen mir meinen verhaßten Platz in der Galeere von Barbox Brothers an. (Wer die waren, falls sie je existierten, ist mir nicht bekannt;

als ich an das Ruder gekettet wurde, war von ihnen nur noch der Name da.) Sie erklärten mir, was ich zu tun hätte und wieviel ich dafür bezahlt bekäme. Von Ihnen erfuhr ich später, jeweils im Abstand von einigen Jahren, daß ich für die Firma zeichnungsberechtigt wäre, daß ich an der Firma beteiligt wäre, daß ich selbst die Firma wäre. Mehr weiß ich nicht von der Firma – und von mir selbst.»

«Wie bin ich, junger Mann Jackson?»

«Manchmal denke ich, daß Sie wie mein Vater sind. Sie sind hart genug und kalt genug, um einen Sohn, zu dem Sie sich nicht bekannten, auf diese Weise großzuziehen... Ich sehe Ihre dürre Gestalt, Ihren knappen braunen Anzug, Ihre kurze braune Perücke. Aber auch Sie tragen eine wächserne Maske – bis zu Ihrem Tode. Sie nehmen sie niemals ab – sie verschiebt sich niemals zufällig – und mehr weiß ich nicht von Ihnen.»

Dieses Zwiegespräch führte der Reisende mit sich selber, als er am nächsten Morgen an seinem Fenster stand, genau wie er nachts am Bahnhof zu sich gesprochen hatte; und genau wie er dort in der Dunkelheit ausgesehen hatte – wie ein Mann, der gleich einem vernachlässigten Feuer vorzeitig ausgebrannt und ergraut ist –, so sah er auch im hellen Morgenlicht aus, nur noch etwas fahler, wie ein Feuer, das im hellen Sonnenglanz erlischt.

Die Firma Barbox Brothers war irgendein wildgewachsener Schößling oder Ableger des Öffentlichen Notars- oder Wechselmaklerbaums gewesen. Sie hatte sich noch vor der Zeit des jungen Jackson den Ruf einer unbarmherzigen Raffgier erworben, und dieser Ruf war an ihr und an ihm haftengeblieben. So wie er unmerklich in den Besitz der düsteren Höhle am Ende einer von Lombard Street abzweigenden Sackgasse gelangt war, auf deren schmutzverkrusteten Fenstern die Inschrift «Barbox Brothers» ihm lange Jahre hindurch den Himmel verdeckt hatte, so unmerklich sah er sich zu einer Persönlichkeit werden, der man grundsätzlich mißtraute, die man bei jeder geschäftlichen Transaktion aufs äußerste unter Druck zu setzen trachtete, deren Wort man niemals auf Treu und Glauben hinnahm, vor der alle Handelsfirmen ganz offen auf der Hut waren. Dieser Ruf war durch keine seiner eigenen Handlungen gerechtfertigt. Es war, als hätte der ursprüngliche Barbox sich auf dem Fußboden seines Kontors ausgestreckt und den jungen Jackson im schlafenden Zustand hinbeschworen, um seine eigene Seele und Persönlichkeit mit ihm zu tauschen. Diese Entdeckung und zusätzlich dazu der Treubruch der einzigen Frau, die er je geliebt, und der Treubruch des einzigen Freundes, dem er je getraut – die zusammen flohen, um einander zu heiraten –, dies alles vollendete, was seine früheste Erziehung begonnen hatte. Er schrumpfte, geschlagen und gedemütigt, zur Gestalt von Barbox zusammen und erhob nie wieder sein Haupt und seine Seele.

Doch zum Schluß raffte er sich doch dazu auf, wenigstens die äußeren Fesseln zu sprengen. Er zerbrach das Ruder, das er so lang geführt hatte, und versenkte mit eigener Hand die Galeere. Er wandte sich aus eigener Initiative von der Geschäftswelt ab, ehe sie sich selbst allmählich von ihm abwandte. Im Besitz eines kleinen Vermögens, das ihm sein Auskommen (wenn auch durchaus nicht üppig) sicherte, strich er die Firma Barbox Brothers aus den Seiten des Handelsregisters und des Öffentlichen Adreßbuchs und löschte sie damit von der Erdoberfläche, so daß nichts von ihr zurückblieb als ihr Name auf seinen zwei Handkoffern.

«Denn der Mensch muß einen Namen haben, mit dem die Leute ihn bezeichnen können», erklärte er der Hauptstraße von Mugby durch sein Gasthoffenster, «und dieser Name war zumindest einmal etwas Wirkliches. Hingegen der junge Jackson! Ganz davon zu schweigen, daß er nur ein trauriger Hohn auf den alten Jackson wäre!»

Er nahm seinen Hut und trat auf die Straße, gerade noch rechtzeitig, um auf ihrer anderen Seite einen Mann in Kordsamt zu erblicken, der sein Mittagmahl in einem kleinen Bündel in der Hand trug (es hätte ruhig größer sein dürfen, ohne daß man ihn darum der Schlemmerei verdächtigt hätte) und mit langen Schritten dem Bahnhof zustrebte.

«Dort geht ja Lampen», sagte Barbox Brothers, «und übrigens...»

Lächerlich, wahrhaftig, daß ein so ernster, so verschlossener Mensch, der sich erst vor drei Tagen von der Sklaverei der täglichen Tretmühle befreit hatte, jetzt auf der Straße stand und sich in Grübeleien über lustige Liedchen verlor.

«Am Bett?» sagte Barbox Brothers unwirsch. «Am Bett hat er sie gesungen? Wieso am Bett, außer er geht betrunken zu Bett? Das wird es wohl sein – sollte mich nicht wundern. Na, es ist ja nicht meine Sache. Also denken wir nach. Mugby Junction, Mugby Junction. Wohin weiter? Wie ich gestern in meinem Abteil aus meinem unruhigen Schlummer erwachte und erfuhr, daß ich just hier war, ging es mir durch den Kopf, daß ich von hier aus überallhin reisen könnte. Also wohin? Ich werde mir jetzt einmal den Bahnhof bei Tageslicht besehen. Ich habe keine Eile, und vielleicht gefällt mir eine Strecke besser als eine andere.»

Aber es zweigten so viele Linien von diesem Knotenpunkt ab! Als er sie von der Höhe der Bahnhofbrücke aus betrachtete, schien es ihm, als fände eine große Ausstellung der industriellen Erzeugnisse einer besonderen, Eisen spinnenden Spinnenart statt. Und so viele Linien verfolgten so sonderbare Wege und kreuzten einander und verschmolzen ineinander und strebten wieder auseinander, daß der Blick ihnen nicht zu folgen vermochte. Manche schienen mit der festen Absicht loszuziehen, mindestens fünfhundert Meilen zurückzulegen, um plötzlich vor einer ganz unbedeutenden Schranke aufzugeben oder aber in irgendeine Werkstätte zu münden. Andere wieder liefen ein kleines Stück lang musterhaft gerade dahin und schlugen dann unversehens einen Bogen, der sie zu ihrem Ausgangspunkt zurückbrachte. Dann gab es welche, die ganz mit Kohlenzügen vollgestopft waren, und solche, auf denen, soweit das Auge reichte, Faßwagen standen, und wieder andere, auf denen es weithin nur Waggons voll Schotter zu sehen gab. Andere waren von radförmigen Dingern besetzt, welche riesenhaften Zwirnspulen glichen. Manche Schienen waren blitzblank geputzt und glänzten und gleißten nur so, während andere wieder mit Asche und Rost und arbeitslosen Schubkarren bedeckt waren (welch letztere die Beine in die Luft streckten und aussahen, als ob sie streikten); kurz, es gab kein Ende und keinen Anfang und keine Mitte der Verwirrung.

Barbox Brothers stand ganz verdutzt oben auf der Brücke und fuhr sich mit der Hand über die Linien auf seiner Stirn, die sich, wie er so hinabblickte, zu vervielfachen schienen, als ob die Eisenbahnlinien ihr photographisches Bild auf dieser lichtempfindlichen Platte hinterließen. Dann hörte man in der Ferne Glöckchen bimmeln und Pfeifen gellen. Dann guckten (aus der Entfernung gesehen) marionettenartige Männerköpfe aus verschiedenen Kasten und Kästchen und verschwanden wieder darin. Dann begannen erstaunliche hölzerne Rasiermesser, aufrecht gestellt, die Atmosphäre zu rasieren. Dann fingen verschiedene Lokomotiven aus verschiedenen Richtungen aufgeregt zu kreischen an. Dann fuhr auf einem Geleise ein Zug ein. Dann kamen auf zwei anderen Geleisen zwei Züge daher, die aber nicht einfuhren, sondern außerhalb des Bahnhofs stehenblieben. Dann bröckelten die Züge auseinander. Dann wurde ein sich sträubendes Pferd mit in die Geschichte hineingezogen. Schließlich teilten sich die Lokomotiven in die auseinandergebröckelten Zugreste und dampften mit der ganzen Gesellschaft ab.

«Mein nächster Schritt ist durch diesen Anblick nicht klarer geworden. Aber ich habe ja keine Eile. Gar keine Notwendigkeit, mich heut oder morgen oder sogar übermorgen zu entscheiden. Jetzt will ich lieber spazierengehen.»

Irgendwie ergab es sich (vielleicht hatte er es darauf angelegt), daß der Spaziergang ihn zu dem Bahnsteig, wo er nachts angekommen war, und zu Lampens Dienstraum führte. Aber Lampen war nicht dort. Ein Paar Kordsamtschultern rieben sich an einem der Abdrücke an der Wand über der Feuerstelle, doch ansonsten war der Raum leer. Als Barbox Brothers zum Bahnhofausgang zurückging, wurde ihm der Grund dieser Leere klar, denn er erblickte Lampen, der drüben auf der anderen Seite des Bahnhofs auf dem Dach eines Zuges von Waggon zu Waggon lief und Namensvettern in Empfang nahm, die ein Mitarbeiter ihm hinaufreichte.

«Er ist beschäftigt. Am Morgen hat er wohl nicht viel Zeit, lustige Lieder zu dichten und zu singen.»

Er schlug einen Weg ein, der aus dem Ort hinaus in die Landschaft führte und dicht neben einer großen Bahnlinie dahinlief, während man die anderen bequem überblicken konnte. «Ich hätte nicht übel Lust, die Frage von diesem Standort aus zu lösen», murmelte er. «Ich muß mich nur entschließen, diese oder jene oder eine dritte Strecke zu wählen, und dann dabei bleiben. Hier sind sie aus der Wirrnis heraus, und jede kennt ihren Weg.»

Er stieg eine kleine Anhöhe hinan, auf der einige Häuschen standen. Als er sich dann mit der Zurückhaltung eines sehr zurückhaltenden Mannes umsah, der sich noch nie im Leben umgesehen hatte, erblickte er eine kleine Schar von Kindern, die fröhlich plappernd und lachend aus einem der Häuschen heraushüpften und auseinanderstoben – aber nicht bevor sich jedes an dem kleinen Gartenpförtchen noch einmal umgedreht und Kußhände zu einem Fenster hinaufgeworfen hatte. Das Fenster lag nicht hoch über dem Erdboden, war aber doch das oberste Fenster, denn das ganze Häuschen bestand nur aus dem Erdgeschoß mit diesem einen Fenster.

Nun, daß die Kinder dem Fenster Kußhände zuwarfen, war nicht weiter interessant. Daß aber auf dem Sims des offenen Fensters ein Gesicht in horizontaler Lage zu sehen war, das ihnen nachschaute, und scheinbar nichts anderes als ein Gesicht, dünkte ihn doch merkwürdig. Er sah noch einmal zum Fenster auf und konnte noch immer nichts anderes sehen als ein sehr zartes, aber strahlendes Gesicht, das mit einer Wange auf dem Fenstersims ruhte. Es war dies ein lächelndes Mädchen- oder Frauenantlitz, von langem glänzendbraunem Haar eingerahmt, das mit einem hellblauen Band oder Netz zurückgebunden war.

Er spazierte ein Stückchen weiter, kehrte um, ging wieder unter dem Fenster vorbei und schaute nun verstohlen hinauf. Der gleiche Anblick. Dann schlug er einen Weg ein, der sich oben rings um den Hügel wand, wobei er die Häuschen im Auge behielt und es so einrichtete, daß er wieder auf der Hauptstraße herauskam und nochmals an dem Fenster vorbeigehen mußte. Das Gesicht lag noch immer auf dem Sims, war aber etwas von ihm abgewandt. Jetzt sah er auch zwei zarte Hände. Sie bewegten sich auf und ab, als ob sie auf irgendeinem Musikinstrument spielten, doch kein Ton drang an sein Ohr.

«Mugby Junction muß der verrückteste Ort von England sein», sagte Barbox Brothers, während er wieder den Hügel hinabstieg. «Das erste, was ich hier erblicke, ist ein Eisenbahner, der lustige Lieder dichtet und sie beim Zubettgehen singt. Das zweite ist ein Gesicht mit zwei Händen, die auf einem Instrument, das keinen Ton von sich gibt, spielen!»

Es war ein schöner, heller Tag, Anfang November. Die Luft war klar und belebend, und die Landschaft prangte in den mannigfaltigsten schönen Farben. In der Sackgasse der Lombard Street, in der City von London, hatten nur wenige, düstere Töne vorgeherrscht. Manchmal, wenn woanders das Wetter ganz besonders schön war, durften sich die Bewohner jener Zelte ein, zwei Tage lang einer graugesprenkelten Atmosphäre erfreuen (was die Schneider «Pfeffer und Salz» nennen), aber im allgemeinen kleidete sich ihre Welt schnupftabak- oder rußfarbig.

Der Spaziergang gefiel ihm so gut, daß er ihn am nächsten Tag wiederholte. Er fand sich etwas früher als am Morgen vorher bei dem Häuschen ein und hörte die Kinder oben im Takt singen und dazu rhythmisch in die Hände klatschen.

«Noch immer kein Instrument zu vernehmen», sagte er, während er lauschend an der Ecke stehenblieb, «und trotzdem habe ich wieder die spielenden Hände gesehen. Was singen die Kinder da überhaupt? Großer Gott, sie singen doch nicht am Ende das Einmaleins?»

Doch sie sangen es tatsächlich, und zwar mit der größten Begeisterung. Das geheimnisvolle Gesicht besaß auch eine Stimme, die gelegentlich den Gesang anführte oder die Kinder verbesserte – eine melodische, herzerfrischend fröhliche Stimme. Schließlich verstummte der rhythmische Gesang. Es folgte ein munteres Durcheinander von Kinderstimmen und dann ein kurzes Lied, das, soviel er ausmachen konnte, vom gegenwärtigen Monat handelte und die ländlichen Arbeiten, die er dem Bauern brachte, aufzählte. Dann hörte man das Getrippel von kleinen Füßchen, und die Kinder hüpften wie gestern lachend und schwatzend aus dem Häuschen hervor; und wie gestern drehte sich jedes am Gartentürchen um und warf Kußhände zum Fenster hinauf. Offenbar lag das Gesicht noch immer auf dem Sims, obwohl Barbox Brothers es von seinem verborgenen Lauscherposten aus nicht sehen konnte.

Als die Kinder sich zerstreuten, fing er einen

Nachzügler ab – einen kleinen Buben mit sonnverbranntem Gesicht und flachsblondem Haar – und redete ihn an: «Sag einmal, Kleiner, wem gehört das Haus da?»

Der Kleine, der einen bräunlichen Arm, halb aus Schüchternheit, halb zur Verteidigung gegen einen allfälligen Angriff, vor die Augen hielt, sagte hinter seinem Ellbogen hervor: «Phöbe.»

«Und wer», fragte Barbox Brothers, mindestens so verlegen, wie das Kind es nur sein konnte, «wer ist Phöbe?»

Worauf ihm der Kleine antwortete: «Phöbe? Na, Phöbe natürlich.»

Der jugendliche, aber scharfe Beobachter hatte den Frager genau gemustert und ihm sozusagen moralisch Maß genommen. Nun ging er aus der Deckung hervor und schlug einen etwas herablassenden Ton an – wie man eben mit einem Menschen spricht, der in der Kunst verfeinerter Unterhaltung nicht bewandert ist.

«Phöbe», sagte der Junge, «kann doch niemand anderer sein als Phöbe, oder?»

«Nein – ich denke nicht.»

«Warum fragst du dann?» entgegnete der Junge.

Barbox Brothers hielt es für geraten, seine Position zu ändern.

«Was macht ihr dort oben? Dort, wo das offene Fenster ist? Was tust du dort?»

«Schule lernen», sagte der Kleine.

«Wie?»

«Schule lernen!» wiederholte der Kleine lauter und sah den Frager an, als wollte er sagen: «Was hast du davon, daß du so groß und alt bist, wenn du keinen Verstand hast?»

«Ach, Schule! Ihr geht dort in die Schule!» rief

Barbox Brothers in jäher Erleuchtung. «Und Phöbe ist euere Lehrerin?»

Der Kleine nickte.

«Du bist ein braver Bub. Was würdest du mit einem Sixpence-Stück machen, wenn du eins bekämst?»

«Mir was kaufen», sagte der Junge.

Auf diese blitzartig prompte Antwort hin blieb Barbox Brothers nichts übrig, als die erwähnte Münze aus der Tasche zu ziehen und sich im Zustand tiefer Demütigung zu entfernen.

Als er jedoch beim Vorbeigehen das Gesicht noch immer auf dem Fenstersims liegen sah, grüßte er es mit einer Gebärde, die weder ein Kopfnicken noch eine Verbeugung, noch ein Hutlüpfen war, sondern ein schüchterner Kompromiß oder Wettkampf zwischen allen drei Begrüßungsformen. Die Augen in dem Gesicht musterten ihn amüsiert, erfreut oder beides zusammen, und die Lippen sprachen sittsam: «Einen schönen guten Morgen, Sir.»

«Ich sehe schon, ich muß eine Zeitlang hierbleiben», sagte Barbox Brothers mit großem Ernst, als er auf dem Rückweg noch einmal stehenblieb, um die Bahnlinien zu betrachten, wo sie sich trennten, um so still ihrer verschiedenen Wege zu ziehen. «Ich kann mich noch nicht entschließen, welche Strecke ich wählen soll. Wahrhaftig, ich muß mich ein bißchen an diesen Knotenpunkt gewöhnen, bevor ich mich entscheide.»

So verkündete er also im Gasthof, er würde «bis auf weiteres» hierbleiben, und vertiefte seine Bekanntschaft mit dem Bahnhof noch am gleichen Abend und dann wieder am nächsten Morgen und wieder am nächsten Abend und am nächsten Morgen. Er ging zum Bahnhof hinunter, mischte sich dort unter die Leute, sah sich auf den verschiedenen Geleisen um und begann sich für die einfahrenden und ausfahrenden Züge zu interessieren. Anfänglich streckte er öfter den Kopf in Lampens kleinen Dienstraum, traf ihn aber nie an. Gewöhnlich erblickte er dort ein oder zwei Paar Kordsamtschultern, über das Feuer gebeugt, oftmals in Verbindung mit einem aufgeklappten Taschenmesser und einem Stück Brot und Fleisch, doch die Antwort auf seine Frage: «Wo ist Lampen?» lautete entweder, er, wäre drüben, auf der anderen Seite, oder er hätte jetzt gerade frei; oder er machte (im letzteren Fall) die Bekanntschaft eines anderen Lampen, der nicht sein Lampen war. Doch er war jetzt nicht mehr so sehr auf ein Zusammentreffen mit Lampen versessen und vermochte die Enttäuschung mit Fassung zu tragen. Auch widmete er sich nicht so ausschließlich der Erforschung des Bahnhofs, daß er darüber vergessen hätte, sich Bewegung zu verschaffen. Er ging im Gegenteil täglich spazieren, immer den gleichen Weg. Doch das Wetter war kalt und regnerisch geworden, und das Fenster stand niemals offen.

Nach ein paar unfreundlichen Tagen kam endlich wieder schönes, frisches, klares Herbstwetter. Es war Samstag. Das Fenster stand offen, und die Kinder waren schon davongehüpft – was weiter nicht erstaunlich war, denn er hatte an seinem Eck geduldig gewartet und aufgepaßt, bis sie alle weg wären.

«Guten Morgen!» sagte er zum Gesicht, und diesmal zog er ganz unzweifelhaft den Hut.

«Einen schönen guten Morgen, Sir!»

«Heute sehen Sie wieder einmal blauen Himmel. Das freut mich.»

«Danke, Sir. Sie sind sehr freundlich.»

«Ich fürchte, Sie sind leidend?»

«Nein, Sir, ich bin gottlob ganz gesund!»

«Aber müssen Sie nicht die ganze Zeit liegen?»

«Das schon. Ich liege immer, weil ich nicht aufrecht sitzen kann, aber leidend bin ich nicht!»

Die lachenden Augen schienen sich höchlich über seinen gewaltigen Irrtum zu amüsieren.

«Möchten Sie sich nicht hereinbemühen, Sir? Die Aussicht vom Fenster ist so schön! Dann können Sie auch sehen, daß ich nicht leidend bin – da Sie so freundlich sind, sich dafür zu interessieren.»

Das letztere sagte sie, um ihm zu Hilfe zu kommen, weil er unentschlossen dastand und die Hand nur zögernd auf die Klinke des Gartenpförtchens legte, obwohl es ihn offensichtlich hineinzog. Es half auch, und er trat ein.

Das Zimmer war ein niedriges, weißes, sehr reinliches Zimmer. Seine einzige Insassin lag auf einem Ruhebett, das Gesicht in der gleichen Höhe wie das Fenstersims. Auch das Lager war weiß, und in ihrem schlichten hellblauen Kleid oder Umhang, mit dem hellblauen Band ums Haar, machte sie einen ätherischen Eindruck, wie eine auf Wolken ruhende Phantasiegestalt. Er spürte sogleich, daß sie instinktiv in ihm einen bedrückten, schweigsamen Menschen erkannte, und auch der Umstand, daß dieses Einverständnis so rasch und leicht hergestellt wurde, war ihm eine Hilfe.

Trotzdem lag etwas Befangenes, Gehemmtes in der Art, wie er ihr die Hand reichte und sich auf einem Stuhl neben ihrem Lager niederließ.

«Jetzt verstehe ich, was Sie mit den Händen tun», begann er, nicht sehr geläufig. «Von draußen sieht es aus, als spielten Sie auf einem Musikinstrument.»

Sie war damit beschäftigt, sehr flink und gewandt eine Spitze zu klöppeln. Ein Klöppelkissen lag auf ihrer Brust, und das rasche Hin und Her der Hände hatte ihn zu seinem Irrtum bewogen.

«Das ist merkwürdig», rief sie mit fröhlichem Lachen. «Ich stelle mir nämlich bei der Arbeit oft selber vor, daß ich Musik mache!»

«Können Sie spielen?»

Sie schüttelte den Kopf.

«Manchmal denke ich, wenn ich ein Instrument hätte, das so leicht zu handhaben wäre wie mein Klöppelkissen, könnte ich mir einfache Melodien zusammensuchen – aber wahrscheinlich bilde ich mir das nur ein. Jedenfalls werde ich es nie erfahren und also nie enttäuscht werden.»

«Sie singen sehr musikalisch. Verzeihen Sie – ich habe Sie mit den Kindern gehört.»

«Mit den Kindern?» wiederholte sie, leicht errötend. «Ach ja – mit meinen Kindern singe ich ein bißchen – wenn man das ‹singen› nennen kann.»

Barbox Brothers warf einen Blick auf die zwei niedrigen Schulbänke im Zimmer und riskierte die Bemerkung, sie habe Kinder sicher sehr gern und sei in den neuen Unterrichtsmethoden wohl bewandert?

«Kinder habe ich sehr gern», sagte sie, wieder den Kopf schüttelnd, «aber von Unterrichtsmethoden verstehe ich nichts. Es interessiert mich nur und freut mich, wenn die Kinder lernen. Sie haben wohl meine kleinen Schüler ihre Lektionen singen gehört, und das hat Sie am Ende gar auf den Gedanken gebracht, ich wäre eine großartige Lehrerin? Eben, das dachte ich mir! Ach nein, ich habe nur von dieser Methode gelesen und gehört, und es kam mir so hübsch und lustig vor, sie wie kleine

Singvögelchen zu unterrichten – das sind sie ja! –, daß ich es auf meine bescheidene Art damit versuche. *Wie* bescheiden, muß ich Ihnen nicht erst sagen, Sir», fügte sie mit einem Blick auf die einfachen Bänkchen und das kleine Zimmer hinzu.

Während dieser ganzen Zeit arbeiteten ihre Hände emsig mit den Klöppeln, und da deren leises Geklapper irgendwie ein Gespräch zu ersetzen schien, benützte Barbox Brothers die Gelegenheit, die Klöpplerin näher zu betrachten. Sie mochte etwa dreißig Jahre alt sein. Der Liebreiz ihres zarten Gesichts und der großen, leuchtenden braunen Augen lag darin, daß sie nicht etwa passive Resignation, sondern fröhliche Tatkraft ausdrückten. Sogar die fleißigen Hände, deren durchsichtige Dünnheit allein hätte Mitleid erregen müssen, vollbrachten ihre Arbeit mit so heiterem Mut, daß jedes Mitleid als unverzeihlich dreiste und überhebliche Anmaßung erscheinen mußte.

Er sah, daß sie im Begriff war, die Augen zu ihm zu erheben, und richtete seinen Blick rasch aufs Fenster. «Wie schön die Aussicht ist!»

«Ja, nicht wahr, Sir? Früher dachte ich manchmal, wenn ich mich nur ein einziges Mal aufsetzen könnte, um sie zu sehen wie andere Menschen auch! Aber das ist natürlich ein ganz törichter Wunsch! Sie kann niemandem schöner erscheinen als mir.»

Dabei schweifte ihr Blick freudig und entzückt ins Weite. Es lag nicht die leiseste Spur von rührseligem Verzicht in ihrem Ton.

«Und die Züge mit den Dampfwölkchen, die so eilig hin und her fahren, machen mir das Bild so lebendig», fuhr sie fort. «Ich denke an die vielen Menschen, die reisen können, wohin sie wollen, zum Vergnügen oder zu ihrer Arbeit. Die Dampfwölkchen zeigen mir, daß sie tatsächlich fahren, während ich hinschaue, und dadurch habe ich eine Menge Gesellschaft, sooft ich es mir wünsche. Und der große Bahnhof! Ich sehe ihn nicht, weil er gerade am Fuß des Hügels liegt, aber ich höre ihn oft und weiß immer, daß er da ist. Irgendwie bringt er mich mit all den fernen Orten und fremden Dingen in Verbindung, die ich nie sehen werde.»

Mit einer Art Beschämung dachte er, daß der Bahnhof ihn selbst schon mit etwas in Verbindung gebracht hätte, was er nie gesehen hatte, und murmelte verlegen: «Gewiß.»

«Und jetzt sehen Sie, Sir, daß ich gar nicht leidend bin und daß es mir im Gegenteil sehr gut geht!» schloß Phöbe.

«Sie haben ein glückliches Temperament», sagte Barbox Brothers – vielleicht etwas schuldbewußt in bezug auf sein eigenes Temperament.

«Ach, da sollten Sie erst meinen Vater kennen!» entgegnete sie. «Der ist das glückliche Temperament in Person! – Beunruhigen Sie sich nicht, Sir», fügte sie hinzu, da ein Schritt auf der Treppe ihn auffahren ließ und sie begriff, daß er in seiner menschenscheuen Art fürchtete, als unliebsamer Eindringling zu erscheinen. «Das ist bloß mein Vater, der jetzt heimkommt.»

Die Tür ging auf, und der Vater blieb überrascht auf der Schwelle stehen.

«Das ist ja Lampen!» rief Barbox Brothers, von seinem Stuhl aufspringend. «Wie geht's Ihnen, Lampen?»

Worauf Lampen antwortete: «So was! Der Herr nach Nirgendhin! Wie geht's Ihnen, Sir?»

Und die beiden schüttelten sich, zur größten Verwunderung und Verblüffung von Lampens Tochter, herzlich die Hand.

«Ich habe inzwischen wohl schon zehnmal nach Ihnen Ausschau gehalten und Sie nie angetroffen», sagte Barbox Brothers.

«Hab's gehört, Sir, hab's gehört», entgegnete Lampen. «Eben daß Sie so oft am Bahnhof zu sehen sind, ohne wohin zu fahren, hat Ihnen den Namen ‹der Herr nach Nirgendhin› eingetragen. Sie nehmen's mir doch nicht übel, Sir, daß ich Sie in der ersten Überraschung so genannt habe?»

«Bestimmt nicht. Es ist gar kein übler Name für mich. Aber darf ich Sie etwas fragen?»

Lampen ließ sich an einem Knopf seiner Kordsamtjacke fügsam in einen entfernten Winkel des Zimmers führen.

«Ist dies das Bett, an dem Sie Ihre Lieder singen?»

Lampen nickte.

Der Herr nach Nirgendhin klopfte ihm auf die Schulter, und sie kehrten zum Fenster zurück.

«Wahrhaftig!» sagte Lampen zu seiner Tochter, während sein Blick von ihr zu dem Besucher schweifte. «Ich bin so baff, daß du mit dem Herrn bekannt geworden bist, daß ich (falls der Herr nichts dagegen hat) mal rundrum fahren muß.»

Und Mr. Lampen demonstrierte alsbald, was er mit diesen Worten meinte, indem er sein zu einem Knäuel zusammengeballtes, überaus öliges Taschentuch hervorzog und sich damit ausführlich übers Gesicht fuhr – von hinter dem rechten Ohr die Wange hinauf, quer über die Stirn und die andere Wange hinunter bis hinter das linke Ohr. Nach dieser Operation glänzte er ungemein.

«Das ist so meine Gewohnheit, Sir, wenn ich in

eine besondere Aufregung gerate», erklärte er zu seiner Entschuldigung. «Und ich bin tatsächlich so baff, daß Sie sich mit Phöbe bekannt gemacht haben, daß ich - daß ich, wenn Sie nichts dagegen haben, Sir, noch einmal rundrum fahren muß.»

Worauf er tatsächlich in hohem Maß erfrischt schien.

Sie standen jetzt beide neben dem Lager, während sie emsig die Klöppel tanzen ließ. «Ihre Tochter hat mir erzählt», sagte Barbox Brothers in seiner gehemmten, gleichsam genierten Art, «daß sie niemals aufrecht sitzt.»

«Nein, Sir, und sie hat's auch nie getan. Wissen Sie, ihre Mutter (die starb, als sie ein Jahr und zwei Monate alt war) hatte manchmal schwere Anfälle, von den Nerven, Sir, und weil sie mir nie was davon gesagt hatte, konnte ich keine Maßnahmen dagegen treffen. Und einmal kam es über sie, als sie das Kind auf dem Arm hielt, und sie ließ es demgemäß fallen.»

«Es war sehr unrecht von ihr, Sie zu heiraten, ohne Ihnen etwas von ihrem Leiden zu sagen», versetzte Barbox Brothers mit finsterer Stirn.

«Ja, sehen Sie, Sir», brachte Lampen zur Verteidigung der längst Dahingegangenen vor, «Phöbe und ich, wir haben das auch besprochen. Und du mein lieber Gott! Ein jeder von uns hat seine Schwächen, der eine diese und der andere jene; und wenn wir sie alle gestehen müßten, bevor wir heiraten, würden wir meistenteils überhaupt nicht zum Heiraten kommen.»

«Wäre das nicht manchmal besser?»

«In diesem Fall nicht, Sir», sagte Phöbe, nach der Hand ihres Vaters greifend.

«In diesem Fall nicht, Sir», sagte ihr Vater, die

zarte Hand mit seiner mächtigen Pratze streichelnd.

«Ich habe Ihre Zurechtweisung verdient», versetzte Barbox Brothers errötend. «Ich muß Ihnen so entmenscht vorkommen, daß ich es wenigstens nicht nötig habe, mich noch ausdrücklich zu dieser Schwäche zu bekennen. Verzeihen Sie mir. Ich wollte, Sie würden mir mehr von sich erzählen. Ich weiß kaum, wie ich Sie darum bitten soll, denn es ist mir bewußt, daß ich mich steif und ungeschickt benehme und abweisend wirke – aber wenn Sie so gut wären...»

«Von Herzen gern!» rief Lampen fröhlich für beide. «Und um Ihnen vor allem einmal meinen Namen zu nennen...»

«Halt!» unterbrach der Besucher mit einiger Verlegenheit. «Was bedeutet ein Name? Mir genügt es, wenn ich Sie Lampen nennen darf. Der Name gefällt mir. Er paßt zu Ihnen. Ich brauche keinen anderen.»

«Tja, im allgemeinen kennt man mich unten am Bahnhof auch unter keinem anderen, Sir», erklärte Lampen. «Ich dachte nur, weil Sie hier sozusagen privat und Erster Klasse auftreten, würde es sich schicken...»

Der Besucher tat den Einwand mit einer Handbewegung ab, und Lampen würdigte diesen Vertrauensbeweis durch eine weitere Rundfahrt in seinem Gesicht.

«Sie haben eine schwere Arbeit, nicht wahr?» fragte Barbox Brothers, als sein Gesprächspartner noch verschmierter als zuvor unter seinem Taschentuch auftauchte.

Lampen begann: «Nicht so schlimm, Sir...», doch seine Tochter fiel ihm ins Wort.

«O ja, Sir, er arbeitet schwer, sehr schwer. Vierzehn, fünfzehn, achtzehn Stunden im Tag, manchmal auch vierundzwanzig hintereinander.»

«Und Sie, Phöbe, mit Ihrer Schule und Ihrem Klöppelkissen...», begann Barbox Brothers.

«Aber meine Schule ist doch mein größtes Vergnügen!» rief Phöbe mit weit aufgerissenen Augen, so erstaunt war sie über seine Begriffsstutzigkeit. «Damit habe ich als Kind begonnen, weil es mich mit anderen Kindern in Berührung brachte, verstehen Sie. Das war keine Arbeit, sondern Unterhaltung, und jetzt mache ich weiter, um Kinder um mich zu haben. Das ist keine Arbeit. Ich tue es zum Vergnügen, weil ich Kinder so gern habe. Und meine Klöppelei...» Ihre unermüdlichen Finger hatten einen Augenblick innegehalten, als erforderte die Erklärung ihre ganze heitere Ernsthaftigkeit, doch jetzt setzten sie sich mechanisch wieder in Bewegung. «Meine Klöppelei geht ganz von selbst voran, während ich meinen Gedanken nachhänge oder meine Liedchen vor mich hinsumme, und das ist keine Arbeit. Sie selber haben es doch für Musik gehalten, Sir, und für mich ist es auch eine Art Musik.»

«Alles ist Musik für sie, Sir! Einfach alles!» fiel Lampen strahlend ein.

«Mein Vater auf jeden Fall», rief Phöbe lachend. «In Vater steckt mehr Musik als in einer ganzen Bläserkapelle!»

«Na, na, mein Liebes! Das ist sehr töchterlich gesprochen, aber du schmeichelst deinem alten Vater», protestierte Lampen.

«Nein, wirklich nicht! Glauben Sie mir, Sir! Wenn Sie hören könnten, wie Vater singt, würden Sie es mir glauben. Bloß werden Sie ihn nie hören, weil er nur für mich singt. Wie müde er auch heimkommen mag, zuerst singt er mir immer etwas vor. Ach, wieviel hat er mir vorgesungen, als ich noch ein Kind war und wie eine zerbrochene Puppe hier lag! Und er hat sogar extra für mich Lieder gedichtet und all die kleinen Scherze hineinverflochten, die nur wir beide verstanden. Das tut er heut noch oft. Ja, ja, Vater, jetzt kommen alle deine Sünden ans Licht, weil der Herr mehr von dir wissen will. Er ist ein echter Dichter, Sir.»

Lampen wurde einen Augenblick lang ernst. «Ich würde nicht wünschen, mein Herz, daß der Herr diesen Eindruck von deinem Vater davonträgt», bemerkte er, «weil er dann vielleicht meinen könnte, daß ich die Sterne in melancholischen Tönen frage, was sie bedeuten. Eine solche Freiheit würde ich mir nie herausnehmen, und außerdem wäre es pure Zeitverschwendung.»

«Vater sieht an allen Dingen immer nur die beste und schönste Seite», fuhr Phöbe fort. «Sie haben mir vorhin gesagt, Sir, ich hätte ein glückliches Temperament. Wie könnte ich bei einem solchen Vater anders sein?»

«Ja aber, wie könnte ich bei einer solchen Tochter anders sein?» entgegnete Lampen ganz sachlich. «Bitte urteilen Sie selbst, Sir. Schauen Sie sie an. So wie jetzt ist sie immer. Ständig an der Arbeit – und unter uns gesagt, Sir, für sehr wenige Shillinge pro Woche –, immer zufrieden, immer fröhlich, immer voll Interesse und Anteilnahme für andere. Wie gesagt, so ist sie immer – mit einer kleinen Ausnahme, aber es kommt aufs gleiche heraus. Wenn ich nämlich meinen freien Sonntag habe und die Morgenglocken ausgeläutet haben, liest sie mir die Gebete und Bibelsprüche vor, so schön und rührend, wie kein Pfarrer es tun könnte, und sie singt mir die Kirchenlieder – so leise, Sir, daß Sie es außerhalb dieses Zimmers nicht mehr hören, und so süß, daß ich wahrhaftig glaube, die Töne kommen geradewegs vom Himmel herunter und steigen auch geradewegs wieder zum Himmel auf.»

Vielleicht gemahnten die Worte die Gelähmte nur an die geheiligte Sonntagsstunde, vielleicht aber auch an das erhabenere Bild des Erlösers – jedenfalls ließen die fleißigen Finger die Arbeit sinken und schlangen sich um das ergraute Haupt, das sich über sie neigte. Der Besucher konnte sehen, welch starkes natürliches Gefühl in beiden, Vater wie Tochter, lebte, aber jedes bemühte sich eher, es dem anderen zuliebe zu verbergen, als es zur Schau zu stellen, und beiden lag die Fröhlichkeit im Blut oder war ihnen zur zweiten Natur geworden. Im nächsten Augenblick fuhr Lampen noch einmal höchst vergnügt mit dem ölverschmierten Tuch über seine drolligen Züge, während Phöbes leuchtende Augen (an deren Wimpern just ein winziges, verräterisches Pünktchen glänzte) abwechselnd ihn und ihre Arbeit und Barbox Brothers anlachten.

«Wenn Vater behauptet, Sir, daß ich mich für andere Leute interessiere, die gar nichts von meinem Dasein ahnen – was ich Ihnen übrigens selber erzählte», sagte sie lustig zu Barbox Brothers, «dann müssen Sie auch erfahren, daß daran einzig und allein mein Vater schuld ist.»

«Nein, bestimmt nicht!» protestierte der.

«Glauben Sie ihm nicht, Sir! Nur er bringt mich dazu. Er berichtet mir alles, was er unten bei seiner Arbeit sieht und erlebt, und Sie würden gar nicht glauben, wieviel Neuigkeiten er mir täglich nach Hause bringt! Er guckt in die Waggons hinein und beschreibt mir genau, wie die feinen Damen angezogen sind, so daß ich immer die letzte Mode kenne! Er guckt in die Abteile hinein und erzählt mir von verliebten Paaren und von Brautpaaren auf der Hochzeitsreise, so daß ich mir ganze Romane ausdenken kann! Er sammelt alle liegengelassenen Zeitschriften und Bücher, so daß ich immer eine Menge zu lesen habe. Er erzählt mir von den Kranken, die an einen Ort reisen, wo sie Heilung zu finden hoffen, so daß ich auch darüber Bescheid weiß. Kurz, womit ich begonnen habe: Er erzählt mir alles, was er unten bei seiner Arbeit sieht und hört und herausfindet, und Sie können sich gar nicht vorstellen, wie viele und wie interessante Dinge er sieht und hört und herausfindet!»

«Was die Zeitschriften und Bücher betrifft», sagte Lampen, «ist das wahrhaftig nicht mein Verdienst, weil ich selber sie mir ja gar nicht aneignen dürfte. Das ist so, Sir: Irgendein Schaffner ruft mir zu: ‹Hallo, Lampen, da bist du ja! Ich hab diese Zeitschrift für deine Tochter aufgehoben. Wie geht's ihr denn?› Dann sagt mir wieder irgendein Gepäckträger: ‹Fang auf, Lampen, da hast du ein paar Bücher für deine Tochter. Geht's ihr auch immer ordentlich?› Und sehen Sie, Sir, das freut mich am meisten dabei. Wenn sie tausend Pfund in der Schublade hätte, würden sie sich keinen Deut um sie scheren, aber so wie die Dinge liegen – ich meine, daß sie nicht tausend Pfund in der Schublade hat», fügte Lampen etwas hastig hinzu, «will jeder ihr was Liebes tun. Und was die Liebespaare und Brautpaare betrifft, ist es nur natürlich, daß ich ihr von denen erzähle, denn es gibt wohl kein junges Paar in der ganzen Nachbarschaft, das nicht zu Phöbe käme, um ihr alles anzuvertrauen.»

Sie hob ihre leuchtenden Augen zu Barbox Brothers auf und rief triumphierend: «Ja, Sir, das ist wirklich so. Ich weiß nicht, wie oft ich schon Brautjungfer gewesen wäre, wenn ich nur aufstehen und in die Kirche gehen könnte! Aber dann wäre vielleicht auch einmal ein Mädchen auf mich eifersüchtig gewesen, und so ist keine auf mich eifersüchtig. Und es wäre auch nicht so bequem, mir heimlich ein Stück Hochzeitskuchen unters Kissen zu schieben», fügte sie lachend hinzu.

An diesem Punkt erschien ein kleines Mädchen, die Größte der Schulklasse, und Barbox Brothers erfuhr, daß sie die Haushälterin des Häuschens und gekommen war, um mit Hilfe eines Eimers, der sie glatt zugedeckt hätte, und eines Besens, der dreimal so lang war wie sie, ihrer Tätigkeit nachzugehen. Er erhob sich, um Abschied zu nehmen, und murmelte befangen, er würde wieder einmal vorbeikommen, falls Phöbe nichts dagegen einzuwenden hätte.

«Wenn mich mein Weg vorbeiführt», hatte er gemurmelt. Sein Weg schien für diesen Zweck sehr günstig gelegen, denn schon am übernächsten Tag war er wieder da.

«Sie dachten wohl, Sie würden mich nie mehr zu sehen bekommen?» sagte er zu Phöbe, während er ihr die Hand reichte und sich an ihrem Lager niederließ.

«Warum sollte ich das denken?» gab sie erstaunt zurück.

«Ach – es wäre wohl ganz natürlich, wenn Sie mir nicht trauten...»

«Ganz natürlich, Sir? Hat man Ihnen so oft mißtraut?»

«Ich glaube, die Frage darf ich mit gutem Gewissen bejahen – aber vielleicht habe auch ich zu wenig Vertrauen gehabt. Darauf kommt es aber jetzt nicht an. Wir haben das letzte Mal vom Bahnhof gesprochen. Inzwischen habe ich viele Stunden dort verbracht.»

«Sind Sie jetzt der Herr nach Irgendwohin?» fragte sie lachend.

«Sicher – ich weiß nur noch nicht, wohin. Sie würden nie erraten, vor wem ich davonlaufe. Soll ich's Ihnen gestehen? Ich laufe vor meinem Geburtstag davon.»

Sie ließ die Arbeit sinken und sah ihn mit ungläubigem Erstaunen an.

«Ja», sagte Barbox Brothers, der sich auf seinem Stuhl nicht recht behaglich zu fühlen schien, «vor meinem Geburtstag. Ich bin mir selbst ein unverständliches Buch – die ersten Kapitel sind alle herausgerissen und weggeworfen. Meine Kindheit wußte nichts von den Freuden der Kindheit, meine Jugend nichts vom Zauber der Jugend. Was kann man nach einem so verfehlten Anfang erwarten?» Doch als seine Augen ihrem eindringlichen Blick begegneten, regte sich etwas in seiner Brust, und eine leise Stimme schien ihm zuzuflüstern: «Und dieses Bett hier? Glaubst du, daß die Freuden der Kindheit und der Zauber der Jugend hier zu finden waren? Schäme dich!»

«Es ist wie eine Krankheit in mir», sagte Barbox Brothers, und es war, als hätte er Mühe, etwas hinunterzuschlucken, «daß ich immer wieder davon anfange – am falschen Ort. Ich weiß nicht, wie ich jetzt darauf kam. Vielleicht weil ich einmal einer von Ihrem Geschlecht fälschlicherweise traute – wegen eines alten bösen Verrats. Ich weiß es nicht. Ich mache alles falsch.»

Ihre Hände nahmen ruhig die Arbeit wieder auf, während ihre Augen nachdenklich auf ihm ruhten.

«Ja, ich laufe vor meinem Geburtstag davon, weil es für mich immer ein trauriger Tag war», fuhr er fort. «Und da in fünf, sechs Wochen mein erster Geburtstag als freier Mensch bevorsteht, will ich verreisen, um seine Vorgänger weit hinter mir zu lassen und den Tag auszulöschen – oder vor meinem Blick zu verbergen –, indem ich ihn mit neuen Eindrücken überschütte.»

Da er schwieg, sah sie ihn an, schüttelte aber nur den Kopf, als wüßte sie nicht, was sie sagen sollte.

«Ihrem glücklichen Temperament ist das unverständlich», begann er wieder, seinen früheren Ausdruck wiederholend, als verliehe der ihm die Kraft, sich zu verteidigen. «Ich wußte es und freue mich darüber. Jedenfalls habe ich diese Reise (die bis an mein Lebensende dauern soll, denn ich habe jeden Gedanken an ein festes Heim aufgegeben) auf dieser Station unterbrochen, wie Sie von Ihrem Vater gehört haben – und jetzt haben mich die vielen Abzweigungen verwirrt, so daß ich nicht weiß, in welche Richtung ich weiterreisen soll. Ich habe es noch immer nicht entschieden. Welche Strecke soll ich wählen? Was meinen Sie? Wie viele Bahnlinien können Sie von Ihrem Fenster aus sehen?»

Sie schaute mit lebhaftem Interesse hinaus und rief: «Sieben!»

«Sieben», wiederholte Barbox Brothers mit ernstem Lächeln. «Gut. Es sind viel mehr, aber ich beschließe hiemit, meine Wahl auf diese sieben zu beschränken und die Zahl allmählich auf eine herabzumindern – auf die aussichtsreichste, für die ich mich dann entscheiden werde.»

«Aber woher wollen Sie wissen, Sir, welche die

aussichtsreichste ist?» fragte sie ihn, während ihre leuchtenden Augen in die Weite schweiften.

«Ja eben!» sagte Barbox Brothers mit einem neuerlichen ernsten Lächeln; das Reden schien ihm jetzt viel leichter zu fallen. «Nun, ich denke es mir so: Dort, wo Ihr Vater zu einem guten Zweck täglich soviel zu entdecken findet, kann ich für einen unwichtigen Zweck vielleicht hie und da eine Kleinigkeit entdecken. Der Herr nach Nirgendhin muß mit dem Bahnhof noch besser vertraut werden. Er wird ihn weiterhin ergründen, bis er am Kopf jeder Linie etwas gesehen oder gehört oder entdeckt hat, was er dann auf die Linie selbst überträgt. Es wird also von seinen Entdeckungen abhängen, welche der sieben Linien er schließlich wählt.»

Während ihre Finger emsig weiter arbeiteten, blickte sie wieder zum Fenster hinaus, als zeigte der Ausblick etwas, was sie bisher nicht gesehen hatte, und lachte über das neue Vergnügen, das er ihr bot.

«Aber daß ich es nicht vergesse», sagte Barbox Brothers, «da ich schon so weit gegangen bin, muß ich Sie um einen großen Gefallen bitten. Helfen Sie mir bei meiner Unternehmung! Ich möchte Ihnen alles vorlegen, was ich am Kopfende der sieben Linien, die Sie von hier aus überblicken, entdecke, und dann meine Ergebnisse mit den Ihren vergleichen. Darf ich das? Es heißt, zwei Köpfe seien besser als einer. Ich persönlich würde sagen, das hängt von den betreffenden Köpfen ab. Und obwohl wir uns erst so kurze Zeit kennen, Phöbe, bin ich ganz sicher, daß Ihr Kopf und der Kopf Ihres Vaters bessere Dinge entdeckt haben, als es meinem je gelungen ist.»

Ganz entzückt von seinem Vorschlag, reichte sie ihm die Hand und dankte mit großer Herzlichkeit.

«Das wäre also abgemacht», sagte Barbox Brothers. «Aber daß ich es nicht vergesse – da ich schon so weit gegangen bin, darf ich Sie um einen zweiten großen Gefallen bitten? Wollen Sie so gut sein und die Augen schließen?»

Sie tat es, über sein seltsames Begehren lachend.

«Machen Sie die Augen nicht auf», sagte Barbox Brothers, während er leise zur Tür ging und wieder zurückkam. «Versprechen Sie mir auf Ehre, die Augen nicht aufzumachen, eh' ich es Ihnen sage?»

«Auf Ehre!»

«Gut. Darf ich einen Moment Ihr Klöppelkissen wegnehmen?»

Immer noch lachend, ließ sie es los, und er legte es beiseite.

«Sagen Sie mir, Phöbe, haben Sie gestern früh die Dampfwölkchen vom Morgenschnellzug auf der siebenten Bahnlinie von hier gesehen?»

«Die hinter der Ulmenallee und am Kirchhof vorbeiführt?»

«Jawohl, das ist sie», sagte Barbox Brothers.

«Doch, denen habe ich nachgesehen.»

«Haben diese Wölkchen Ihnen etwas Besonderes erzählt?»

«Nein», entgegnete sie lachend.

«Das ist nicht schmeichelhaft für mich, denn ich bin in dem Zug gesessen. Ich fuhr – nein, lassen Sie die Augen geschlossen – in die große erfinderische Stadt, um Ihnen dies hier zu bringen. Es ist nur halb so groß wie Ihr Klöppelkissen und findet leicht und bequem an seiner Stelle Platz. Die kleinen Tasten, die Ihre Finger spüren, sind die Tasten eines Miniaturklaviers. Mögen Sie ihm süße Melodien entlocken, liebes Kind. Inzwischen – jetzt dürfen Sie die Augen auftun – leben Sie wohl!»

Er schloß in seiner verlegenen Art die Tür hinter sich und sah nur noch, daß sie sein Geschenk hingerissen an ihre Brust drückte und es liebkoste. Der Anblick beglückte ihn und betrübte ihn zugleich, denn wenn ihre Jugend ihren natürlichen Lauf genommen hätte, dann hätte sie jetzt ihr eigenes Kindchen mit allen süßen Melodien, die in ihm schlummerten, an ihr Herz drücken können.

Barbox Brothers & Co.

Bereits am nächsten Tag begann der Herr nach Nirgendhin mit ehrlichem guten Willen und ernstem Bemühen seine Forschungen am Kopfende der sieben Bahnlinien anzustellen. Die Ergebnisse dieser Forschungen, die Phöbe und er nachher jeweils fein säuberlich aufschrieben, nehmen in dieser wahrhaften Geschichte ihren angemessenen Platz ein, doch es erforderte viel mehr Zeit, sie durchzuführen, als man je zu ihrer Lektüre brauchen wird. Und das gilt offenbar für den meisten Lesestoff, außer er ist von der (für die Nachwelt) höchst nützlichen Sorte, wie sie von den überragenden poetischen Genies, die es verschmähen, sich mit prosaischen Dingen abzumühen, «in einem müßigen Augenblick hingeworfen» wird.

Man muß jedoch gestehen, daß Barbox sich keineswegs übereilte. Die Arbeit, die er sich vorgenommen hatte, ergötzte ihn. Außerdem war es für ihn eine wahre Freude, bei Phöbe zu sitzen und anzuhören, wie sie aus ihrem Instrument mehr und mehr Musik herausholte und wie sich ihr natürliches Talent und Gehör von Tag zu Tag verfeinerten. Das war nicht nur ein Vergnügen, sondern auch eine Beschäftigung, die im Lauf der Wochen manche Stunde verschlang. So kam es, daß sein gefürchteter Geburtstag unmittelbar bevorstand, ohne daß er sich viel darum gesorgt hätte.

Die Sache wurde durch einen unvorhergesehenen Umstand noch dringlicher: Es stellte sich nämlich heraus, daß die Beratungen über die einzuschlagende Richtung (denen gelegentlich auch Mr. Lampen in seinem allerglänzendsten Zustand beiwohnte) durch seine Untersuchungen in keiner Weise gefördert wurden, denn er verknüpfte zwar dieses Erlebnis mit der einen und jenes Erlebnis mit einer anderen Bahnlinie, vermochte aber daraus keinen Grund abzuleiten, warum er der einen oder der anderen den Vorzug geben sollte. Dementsprechend standen die Dinge bei der letzten Beratung genau dort, wo sie zu Beginn gestanden waren.

«Aber eigentlich haben wir doch nur sechs Bahnlinien durchgenommen, Sir», bemerkte Phöbe. «Ist die siebente stumm?»

«Die siebente? Hm!» erwiderte Barbox Brothers, nachdenklich sein Kinn reibend. «Mit der siebenten bin ich damals gefahren, als ich das kleine Geschenk für Sie besorgte. Das ist die ganze Geschichte dieser Strecke, Phöbe.»

«Würde es Ihnen etwas ausmachen, es noch einmal damit zu probieren?» fragte sie zögernd.

«Nicht das geringste. Schließlich ist es ja die Hauptstrecke.»

«Ich wünschte, Sie täten es», versetzte Phöbe mit überzeugendem Lächeln, «um des kleinen Geschenks willen, das mir so lieb und wert ist. Ich wünschte, Sie täten es, weil diese Strecke für mich immer eine besondere Bedeutung haben wird. Ich wünschte, Sie täten es, in Erinnerung daran, daß Sie mir eine solche Guttat erwiesen und mich so glücklich gemacht haben! Wenn Sie mich mit der Bahnlinie verlassen, mit der Sie damals mir zuliebe gereist sind, und ich Ihnen von meinem Fenster hier nachsehe, werde ich das Gefühl haben, daß Sie ein glückliches Ziel erreichen und wieder zu uns zurückkehren.»

«Dann soll es geschehen, Phöbe, dann soll es geschehen.»

So nahm der Herr nach Nirgendhin schließlich eine Fahrkarte nach Irgendwohin, und sein Ziel war die große erfinderische Stadt.

Er hatte sich so lange in und um Mugby Junction herumgetrieben, daß es der achtzehnte Dezember war, als er von dort abreiste. «Höchste Zeit!» dachte er, als er in seinem Abteil Platz nahm. «Jetzt muß ich die Sache wirklich ernsthaft angehen. Du lieber Himmel, es liegt ja nur noch ein Tag zwischen mir und dem Tag, vor dem ich davonlaufe! Ich fahre gleich morgen weiter – meinetwegen nach Wales. Dort gibt es Berge.»

Er gab sich redlich Mühe, sich die unbestreitbaren Vorteile darzulegen, die ihm aus ganz neuen Eindrücken in der Form von nebelverhangenen Bergen, angeschwollenen Wildbächen, Regen und Kälte, öden Meeresküsten und unwegsamen Straßen erwachsen müßten, aber sie erschienen ihm nicht so überwältigend klar, wie er sie gern gesehen hätte. Ob das arme gelähmte Mädchen sich jetzt wohl, ungeachtet ihrer neuen Zerstreuung, der Musik, zumindest im Anfang, einsamer fühlen würde als bisher? Ob sie wohl jetzt, während er im Zug saß und an sie dachte, die gleichen Dampfwölkchen sah wie er? Ob ein leiser Schatten ihr Gesicht verdüstern würde, wenn das letzte Wölkchen ihrem Blick entschwand? Ob sie mit ihrer Beteuerung, daß er ihr eine so große Wohltat erwiesen, nicht unbewußt seine ständige Reue über sein verfehltes Leben gerügt hatte, da sie ihm zu bedenken gab, daß er, auch ohne ein großer Arzt zu sein, ein großer Heiler und Helfer sein könnte, wenn er nur wollte? Diese und andere Überlegungen drängten sich zwischen ihn und die Bilder von Wales. Er empfand auch die innere Leere und Dumpfheit, die sich stets einstellt, wenn wir uns von einem interessanten Gegenstand oder einer liebgewordenen Tätigkeit losreißen müssen, und dieses Gefühl, das ihm ganz neu war, machte ihn nervös und rastlos. Und schließlich hatte er, als er Mugby Junction aufgab, nur sich selbst wiedergefunden, und er war sich in der Zwischenzeit, auch wenn er sie in besserer Gesellschaft verbracht hatte, um nichts sympathischer geworden.

Doch nun konnte die große erfinderische Stadt nicht mehr fern sein. Das verstärkte Dröhnen und Klirren des Zuges und die vielen neuen Geräusche, die ihm gleichsam angekuppelt wurden, zeigten das Herannahen des großen Bahnhofs an. Nach einer Reihe von blitzartigen Ausblicken auf die Stadt, in Form von vorbeirasenden Häuserblocks aus rotem Backstein, hohen Fabrikschloten aus rotem Backstein, Eisenbahnviadukten aus rotem Backstein, jähen Feuerzungen, schwarzen Rauchwolken, Kanalschluchten und Kohlenbergen, fuhr der Zug laut donnernd in sein Ziel ein.

Nachdem Barbox Brothers seine zwei Koffer in dem von ihm gewählten Hotel versorgt und sein Nachtessen für eine bestimmte Stunde bestellt hatte, unternahm er einen Spaziergang durch die menschenwimmelnden Straßen. Und nun begann er zu ahnen, daß Mugby Junction ein Knotenpunkt vieler Linien, sichtbarer wie auch unsichtbarer, war und ihn mit einer unendlichen Zahl von Nebenlinien in Verbindung gebracht hatte. Während er nämlich noch vor kurzer Zeit diese selben Straßen blind in sich versunken durchwandelt hätte, hatte er jetzt plötzlich Augen und Gedanken für eine neue, äußere Welt. Wie die vielen Menschen, die sich hier um ihr tägliches Brot mühten, lebten und liebten und starben; wie deutlich die mannigfaltige Ausbildung von Auge und Hand und die sich daraus ergebenden Unterschiede in Aussehen und Verhalten sie in verschiedene Klassen und sogar noch Unterklassen von Arbeitern teilten, die dank ihren vielfachen Fertigkeiten und Kräften gemeinsam ein vollkommenes Ganzes schufen, wenn es auch vielleicht an sich nur ein billiger Artikel für den täglichen Gebrauch war; und wie beglückend, daß diese Zusammenballung zu einer Vielheit und der Beitrag ihrer jeweiligen individuellen Fähigkeiten zu einem gemeinsamen zivilisatorischen Zweck sie nicht etwa tiefer sinken ließ, wie es die hochnäsigen Eintagsfliegen der Menschheit zu behaupten beliebten, sondern ihnen im Gegenteil Selbstachtung einflößte und daneben doch den bescheidenen Wunsch, noch klüger zu werden, als sie schon waren (erstere kenntlich an der ruhigen Sicherheit ihrer Haltung und Rede, wenn er einen von ihnen anhielt, um eine Frage zu stellen; letzterer erkennbar aus den Ankündigungen ihrer volkstümlichen Studien und Belustigungen, die an den Mauern angeschlagen waren); solche und ähnliche Überlegungen in großer Zahl machten seinen Spaziergang zu einem denkwürdigen Erlebnis. «Auch ich bin nur ein kleiner Teil eines großen Ganzen», begann er zu denken, «und um mir selbst und anderen nützlich zu sein oder um mich glücklich zu fühlen, muß ich mein Interesse der gemeinsamen Sache zuwenden und es aus ihr schöpfen.»

Obwohl bereits gegen Mittag am Ziel seiner Reise angelangt, war er, ohne es selber zu merken, so weit und so lange in der Stadt herumgewandert, daß jetzt schon die Lampenanzünder an der Arbeit waren und die Geschäfte im Glanz ihrer Beleuchtung erstrahlten. Das mahnte ihn daran, in sein Quartier zurückzukehren, und er war gerade im Begriff, es in die Tat umzusetzen, als ein winziges Händchen sich in seine Hand schob und ein winziges Stimmchen sagte: «Ach bitte! Ich bin verlorengegangen!»

Er schaute hinunter und sah ein winziges, blondes, kleines Mädelchen.

«Ja», sagte sie, ihre Worte mit einem ernsthaften Nicken bekräftigend. «Ich bin wirklich verlorengegangen.»

Er blieb äußerst verblüfft stehen, sah sich nach Hilfe um, entdeckte keine und sagte, sich tief hinabbeugend: «Wo wohnst du denn, Kindchen?»

«Ich weiß nicht», antwortete sie. «Ich bin verlorengegangen.»

«Wie heißt du?»

«Polly.»

«Und wie noch?»

Die Antwort kam prompt, aber unverständlich.

Er wiederholte den Laut, so gut er ihn erfaßt hatte: «Trivits?»

Die Kleine schüttelte den Kopf: «O nein! Gar nicht!»

«Sag es noch einmal.»

Eine schwierige Geschichte, denn diesmal klang es ganz anders.

«Paddens?» versuchte er.

«O nein! Gar nicht!»

«Also probieren wir es noch einmal, Kindchen.»

Ein ganz hoffnungsloses Unterfangen, denn jetzt schien es ein viersilbiges Wort zu sein. «Es kann doch nicht etwa Tappitarver heißen?» sagte Barbox Brothers und kratzte sich in höchster Verwirrung den Kopf mit dem Hut.

«Nein, so heißt es nicht», bestätigte die Kleine in aller Ruhe.

Als sie den unglückseligen Namen mit dem angestrengtesten Bemühen um deutliche Aussprache noch einmal wiederholte, schwoll er auf mindestens acht Silben an.

«Oh! Ich fürchte, wir müssen es aufgeben», meinte Barbox Brothers mit einer Miene hoffnungsloser Resignation.

«Aber ich bin doch verlorengegangen», sagte die Kleine und schmiegte ihr Händchen fester in seine Hand, «und du mußt auf mich aufpassen, nicht?»

Wenn je ein Mensch zwischen Mitleid auf der einen Seite und dem blödesten Gefühl der Hilflosigkeit auf der anderen hin und her gerissen wurde, war es Barbox Brothers. «Verloren!» wiederholte er, auf das Kind hinabblickend. «Ich bin wahrhaftig auch verloren. Was fangen wir jetzt an?»

«Wo wohnst denn du?» fragte die Kleine.

Er wies vage in die Richtung des Hotels. «Dort drüben.»

«Sollen wir nicht hingehen?» fragte sie.

«Tatsächlich, es wird wohl nichts anderes übrigbleiben.»

So machten sie sich Hand in Hand auf den Weg

– er durch den Vergleich mit seiner kleinen Gefährtin mit einem Gefühl der Unbeholfenheit, als hätte er sich soeben zu einem dummen Klotz von einem Riesen entwickelt, sie sichtlich stolz darauf, daß sie ihn so klug aus der Verlegenheit errettet hatte.

«Und dort bekommen wir doch unser Nachtessen, nicht?» sagte Polly.

«Ja, ich... Ja natürlich... Gewiß doch.»

«Freust du dich auch immer auf dein Nachtessen?» fragte Polly.

«Hm – im allgemeinen... Ja, ich denke schon», sagte Barbox Brothers.

«Ich auch», sagte Polly. «Hast du viele Geschwister?»

«Nein, gar keine. Und du?»

«Meine sind tot.»

«Oh!» sagte Barbox Brothers. Das absurde Gefühl von Schwerfälligkeit an Geist und Körper bedrückte ihn so stark, daß er nicht gewußt hätte, wie er die Unterhaltung fortsetzen sollte, doch Polly kam ihm wieder zu Hilfe.

«Was wirst du nach dem Nachtessen mit mir spielen?» fragte sie.

«Wahrhaftig, Polly, das weiß ich nicht!» rief Barbox Brothers vollkommen hilflos. «Ich habe nicht die leiseste Ahnung!»

«Dann sag ich dir was», entgegnete Polly tröstend. «Hast du Karten in deiner Wohnung – so Spielkarten?»

«Massenhaft!» rief Barbox Brothers ganz stolz.

«Dann baue ich Kartenhäuser, und du schaust mir zu. Aber du darfst nicht blasen, weißt du.»

«O nein!» beteuerte Barbox Brothers. «Nein, nein. Nicht blasen. Blasen darf man nicht.»

Er schmeichelte sich, das sehr hübsch herausgebracht zu haben, aber Polly spürte sofort seinen unbeholfenen Versuch, sich ihrem Niveau anzupassen, und vernichtete seine selbstbewußten Hoffnungen, indem sie mit ehrlichem Mitleid sagte: «Du bist aber ein komischer Mann!»

Nach diesem betrüblichen Mißerfolg fühlte Barbox Brothers sich von Minute zu Minute körperlich größer und unbeholfener und geistig schwachsinniger werden und gab es auf. Kein Riese fügte sich je so demütig darein, von einem pfiffigen Däumling an der Nase herumgeführt zu werden, wie er sich Pollys Überlegenheit unterwarf.

«Kannst du Geschichten erzählen?» forschte sie weiter.

Er sah sich zu dem beschämenden Geständnis «Nein!» gezwungen.

«Du bist aber ziemlich dumm, nicht?» sagte Polly.

Er sah sich zu dem beschämenden Geständnis «Ja!» gezwungen.

«Soll ich dir eine Geschichte beibringen? Aber du mußt sie dir merken, weißt du, damit du sie mir dann richtig wiedererzählen kannst.»

Er versicherte, daß sie ihm keine größere Freude machen könne und daß er sich die größte Mühe geben würde, alles richtig zu behalten. Worauf Polly vergnügt ihr Händchen ganz fest in seine Hand bohrte und unverzüglich eine lange, verwickelte Geschichte zu erzählen begann, bei der ausnahmslos jeder Satz mit den Worten «Und da» anfing. – «Und da sagte der Junge...» – «Und da sagte die Fee...» – «Und da war die Torte, vier Ellen rundherum und zwei Ellen hoch...» – Die Geschichte handelte von der Gefräßigkeit des Jungen, wofür er von der Fee bestraft wurde. Zu diesem Zweck buk sie eigenhändig die besagte Torte, und der Junge aß und aß und aß, und seine Backen wurden dicker und dicker und dicker. Es gab noch viele komplizierte Begleitumstände, aber im wesentlichen ging es darum, daß der Junge die Torte aufaß und demgemäß zerplatzte. Es war wahrhaftig ein bemerkenswerter Anblick, wie Barbox Brothers, im abendlichen Gedränge der Großstadt oftmals angerempelt und herumgestoßen, sich mit ernster, aufmerksamer Miene zu seiner kleinen Begleiterin hinabneigte, um nur ja kein Wort der Erzählung zu verlieren und bei einer allfälligen Prüfung nicht durchzufallen.

So kamen sie schließlich im Hotel an, und dort mußte er dem Portier sagen – und sagte es verlegen genug: «Ich habe ein kleines Mädchen gefunden!»

Das ganze Personal stellte sich ein, um das kleine Mädchen zu besehen. Niemand kannte sie, und niemand verstand ihren Namen, mit Ausnahme eines Zimmermädchens, das behauptete, es hieße «Konstantinopel» – was es aber nicht hieß.

«Ich möchte mit der Kleinen in einem Privatzimmer essen», sagte Barbox Brothers zu den führenden Mächten des Hotels, «und vielleicht sind Sie so freundlich, die Polizei zu verständigen, daß sie mir auf der Straße zugelaufen ist. Sie wird sicher schon gesucht. Komm, Polly.»

Polly kam in aller Seelenruhe und Unbefangenheit mit, fand aber die Treppen etwas beschwerlich und wurde von Barbox Brothers hinaufgetragen. Das Mahl gestaltete sich zu einem großen Erfolg, und es war wiederum ein bemerkenswerter Anblick, mit welchem Schafsgesicht Barbox Brothers, Pollys Anweisungen genau befolgend, ihr Fleisch zerschnitt und die Sauce schön gleichmäßig über den ganzen Teller verteilte.

«Und jetzt», sagte Polly, «kannst du mir beim Essen die Geschichte erzählen, die ich dir beigebracht habe. Aber du mußt dir Mühe geben.»

Mit gewaltigem Lampenfieber (so als hätte er ein behördliches Examen abzulegen) und höchst unsicher, nicht nur hinsichtlich des Zeitpunkts, zu dem die Torte in der Geschichte auftrat, sondern auch betreffs ihrer Ausmaße, begann Barbox Brothers zitternd und zagend, machte aber dank Pollys ermunterndem Zuspruch seine Sache im großen und ganzen recht gut. Die Schilderung der Backen wie auch der Gefräßigkeit des Jungen ließ eine gewisse Breite vermissen, und auch die Fee trat ein wenig zu zahm auf, aber als erste unbeholfene Bemühung eines ansonsten gutartigen Ungetüms konnte es passieren.

«Siehst du, du kannst es, wenn du dir Mühe gibst», sagte Polly. «Du gibst dir doch Mühe?»

«Sehr», sagte Barbox Brothers.

Polly, die auf einem mittels Sofakissen erhöhten Stuhl zu seiner Rechten thronte, war mit seiner Unterwürfigkeit so zufrieden, daß sie ihm mit ihrem fettigen Suppenlöffel die Wangen streichelte und ihm sogar einen Kuß geben wollte. Doch als sie sich zu diesem Zweck auf ihrem Sitz aufstellte, purzelte sie mitten unter die Schüsseln und Teller, so daß er nach ihrer glücklichen Errettung aufatmend ausrief: «Du hast mir einen schönen Schrecken eingejagt, Polly! Um ein Haar wärst du ins Feuer gefallen!»

«Du bist aber ein Feigling, nicht?» sagte Polly.

«Ja, ich bin wohl etwas nervös», gab er zu. «Um Himmels willen, Polly, fuchtle nicht so mit dem Löffel herum, sonst kippt der Stuhl um! Und strample beim Lachen nicht so mit den Beinen, Polly, sonst fällst du mir hintenüber! Polly, Polly, oh, Polly!» rief Barbox Brothers, der Verzweiflung nahe, «wir sind von Gefahren umringt!»

Da er kein anderes Mittel sah, sie vor den ringsum lauernden Tücken zu bewahren, schlug er Polly nach dem Essen vor, sich auf ein Fußbänkchen zu setzen. «Aber du auch», sagte Polly; und Barbox Brothers, dem seine Seelenruhe jedes Opfer wert war, ersuchte den Kellner, den Tisch wegzuschieben sowie ein Päckchen Spielkarten, zwei Fußschemel und einen Wandschirm zu bringen. Schließlich saßen Polly und er gut abgeschirmt vor dem Feuer wie in einem behaglichen Stübchen innerhalb des Zimmers, und wieder war es ein höchst bemerkenswerter Anblick, wie Barbox Brothers, mit einer Flasche Wein neben sich auf dem Teppich, auf seinem Fußbänkchen hockte und mit angehaltenem Atem zusah, wie Polly Kartenhäuser baute, bis er blau im Gesicht war.

«Du starrst mich so fest an. Das gehört sich nicht», sagte Polly in einer Baupause.

Auf dieser unehrenhaften Tat ertappt, fühlte er sich zu einer Entschuldigung verpflichtet: «Ich fürchte, ich habe dich wirklich zu eindringlich angesehen, Polly.»

«Warum tust du's dann?»

«Ich komme nicht darauf...», murmelte er vor sich hin. Und laut: «Ich weiß es selber nicht, Polly.»

«Du bist aber dumm, wenn du was tust und nicht weißt warum, nicht?» sagte Polly.

Ungeachtet dieses berechtigten Vorwurfs hörte er nicht auf, die Kleine eindringlich zu betrachten, während sie das Köpfchen so eifrig über ihre Kartenhäuser neigte, daß die vollen Locken ihr ins Gesicht fielen. «Ausgeschlossen, daß ich das hübsche kleine Ding schon einmal gesehen habe», dachte er. «Aber warum kommt sie mir so bekannt vor? Habe ich von ihr geträumt – in einem wehmutsvollen Traum?»

Er kam nicht darauf. So ließ er sich von Polly als Hilfsarbeiter anheuern, und sie bauten dreistöckige und vierstöckige und sogar fünfstöckige Häuser.

«Was meinst du, wer jetzt bald kommen wird?» fragte Polly, sich die Augen reibend.

«Der Kellner?» mutmaßte er.

«Nein, das Sandmännchen. Ich bin schläfrig.»

Eine neue Verlegenheit für Barbox Brothers!

«Ich glaub, heut abend werde ich nicht mehr abgeholt», sagte Polly. «Was meinst du?»

Er glaubte es auch nicht. Als nach einer weiteren Viertelstunde der Sandmann tatsächlich eingetroffen war, wandte er sich hilfesuchend an das Konstantinopler Zimmermädchen, die es fröhlich übernahm, die Kleine in einem freundlichen, luftigen Zimmer, das sie selbst mit ihr teilen würde, zu Bett zu bringen.

«Und Sie werden gut aufpassen, nicht wahr, daß sie nicht aus dem Bett fällt?» sagte Barbox Brothers, der eine neue Gefahr aufdämmern sah.

Polly fand das so furchtbar komisch, daß sie sich bewogen fühlte, seinen Kopf mit beiden Armen zu umschlingen und ihn hin und her zu schaukeln, während er auf dem Fußbänkchen saß und die Spielkarten zusammenlas.

«Du bist aber wirklich ein Feigling! Fällst *du* aus deinem Bett?» rief sie.

«N-n-nein. Im allgemeinen nicht, Polly.»

«Siehst du, und ich auch nicht.»

Mit diesen Worten herzte Polly ihn noch einmal

ganz fest, um ihm Mut zu machen. Dann ließ sie ihr Händchen vertrauensvoll in der Hand des Konstantinopler Zimmermädchens verschwinden und trottete munter plappernd mit ihr davon.

Er sah ihr nach. Dann ließ er den Wandschirm wegschaffen und Tisch und Stühle wieder an ihren Platz stellen, während er ihr noch immer nachsah. «Ein reizendes kleines Geschöpfchen - aber das ist es nicht. Ein süßes Stimmchen - aber das ist es nicht. Es hat etwas damit zu tun - aber es ist noch mehr dabei. Wieso kommt mir dieses Kind so bekannt vor? Welche Erinnerung hat sich undeutlich in mir geregt, als ich auf der Straße ihre Berührung spürte und ihr zum erstenmal ins Gesicht sah?»

«Mr. Jackson!»

Er fuhr beim gedämpften Klang der Stimme herum und sah die Antwort auf seine Frage in der Tür stehen.

«Mr. Jackson, gehen Sie nicht streng mit mir ins Gericht! Sagen Sie mir ein tröstliches Wort - ich bitte Sie darum!»

«Sie sind Pollys Mutter!»

«Ja.»

Ja, und Polly würde ihr dereinst gleichen. Wie man in der welkenden Blüte noch die holde junge Rose erkennt, wie man in den herbstlich kahlen Zweigen des Waldes noch die grüne Fülle des sommerlichen Laubes ahnt, so würde man eines Tages in den abgehärmten Zügen einer früh ergrauten Frau noch die Spuren von Pollys frischem Gesichtchen finden. Was er vor sich sah, war die Asche eines Feuers, das einst hell gebrannt hatte. Dies war die Frau, die er geliebt, dies war die Frau, die er verloren hatte. So treulich hatte er ihr Bild in seinem Gemüt bewahrt, so wenig hatte die Zeit ihr in seiner

Erinnerung etwas anhaben können, daß sein Herz jetzt, da er sie von der unerbittlichen Hand gezeichnet sah, von fassungslosem Mitleid überquoll.

Er geleitete sie zu einem Stuhl und stand, mit halb abgewandtem Gesicht auf das Kaminsims gestützt, vor ihr.

«Sie haben mich auf der Straße gesehen und mich dem Kind gezeigt?» fragte er.

«Ja.»

«Und das kleine Geschöpf ist an der Täuschung beteiligt?»

«Ich hoffe, es ist keine Täuschung. Ich sagte ihr: ‹Wir haben uns verirrt, und ich muß meinen Weg allein suchen. Geh zu dem Herrn und sag ihm, du bist verlorengegangen. Ich werde dich zur rechten Zeit abholen.› Sie haben vielleicht nicht darüber nachgedacht, daß sie noch ein sehr kleines Kind ist.»

«Sie hat sehr viel Selbstvertrauen.»

«Vielleicht weil sie noch so klein ist.»

Er fragte nach einer kurzen Pause: «Warum haben Sie das getan?»

«Oh, Mr. Jackson, das fragen Sie noch! In der Hoffnung, daß der Anblick des unschuldigen Kindes Sie milder stimmen würde – nicht nur gegen mich, sondern auch gegen meinen Mann.»

Er wandte sich brüsk ab und ging ans andere Ende des Zimmers. Dann kam er mit langsamerem Schritt zurück und nahm wieder seine frühere Haltung ein.

«Ich dachte, Sie wären nach Amerika ausgewandert?» sagte er.

«Ja, wir waren drüben. Aber es ist uns dort schlecht gegangen, und wir sind wieder heimgekehrt.»

«Leben Sie hier in der Stadt?»

«Ja. Ich gebe Musikstunden. Mein Mann ist Buchhalter.»

«Verzeihen Sie die Frage – aber leiden Sie Not?»

«Wir verdienen genug für unsere bescheidenen Bedürfnisse. Unser Unglück ist anderer Art. Mein Mann ist krank, sehr krank. Es ist ein schleichendes Übel, von dem er nie mehr genesen wird...»

«Warum stocken Sie? Wenn Sie auf das tröstliche Wort warten, von dem Sie sprachen – hier ist es! Ich kann die alten Zeiten nicht vergessen, Beatrice.»

«Gott segne Sie!» rief sie, in Tränen ausbrechend, und reichte ihm ihre zitternde Hand.

«Fassen Sie sich. Ich kann nicht gefaßt bleiben, wenn ich Sie weinen sehe; denn es schmerzt mich unsäglich. Sprechen Sie freimütig zu mir. Vertrauen Sie mir.»

Sie zog ihren Schleier vors Gesicht. Nach kurzer Zeit begann sie wieder ruhig zu sprechen. Ihre Stimme hatte den gleichen Klang wie Pollys Stimme.

«Glauben Sie nicht, daß der Geist meines Mannes durch sein körperliches Leiden angegriffen wäre. Ich versichere Ihnen, daß es nicht so ist. Aber in seiner Schwäche und im Bewußtsein, unheilbar krank zu sein, hat ein Gedanke über ihn Macht gewonnen, der unerträglich schwer auf ihm lastet, jeden Augenblick seines qualvollen Lebens verbittert und sein Ende noch beschleunigen wird.»

Da sie aufs neue stockte, wiederholte er: «Sprechen Sie offen mit mir. Vertrauen Sie mir.»

«Wir hatten fünf Kinder, bevor uns unsere kleine Polly geschenkt wurde – und mußten sie alle begraben. Er ist überzeugt, daß sie unter einem Fluch dahingewelkt sind – und daß derselbe Fluch auch Polly dahinraffen wird.»

«Ein Fluch?»

«Wir haben beide schwer gegen Sie gesündigt, und das liegt uns auf dem Gewissen. Wenn ich so krank wäre wie er, käme ich vielleicht auf ähnliche Gedanken. Er sagt mir immer wieder: ‹Beatrice, ich war der einzige Mensch, den Jackson je seiner Freundschaft gewürdigt hat, obwohl ich soviel jünger war als er. Je größer sein eigener Einfluß in der Firma wurde, desto mehr förderte er mich. Er schenkte mir als einzigem sein volles Vertrauen. Ich bin zwischen ihn und dich getreten und habe dich ihm geraubt. Wir hielten es beide geheim, und der Schlag kam für ihn gänzlich unerwartet. Einen Menschen seiner Art mußte ein solcher Schmerz entsetzlich schwer treffen, und sein Zorn muß furchtbar gewesen sein. Zorn aber besitzt eine unheilvolle eigene Macht. So fiel ein Fluch auf unsere zarten Blümchen, und sie welkten dahin.›»

«Und Sie, Beatrice», fragte er nach einem langen Schweigen, «was sagen Sie?»

«Bis vor ein paar Wochen hatte ich Angst vor Ihnen. Ich dachte, daß Sie uns nie und nimmer vergeben würden.»

«Bis vor ein paar Wochen», wiederholte er. «Und seit ein paar Wochen haben Sie Ihre Meinung über mich geändert?»

Sie nickte.

«Wie kam das?»

«Ich war in einem Musikgeschäft, um Noten zu besorgen, als Sie zu meinem Schrecken hereinkamen. Während ich meinen Schleier herunterzog und mich im dunkelsten Winkel des Ladens zu verbergen suchte, hörte ich Sie erklären, daß Sie ein Musikinstrument für ein gelähmtes Mädchen suchten. Ihre Stimme und Ihre ganze Art waren so mild,

Sie zeigten ein solches Interesse für das Instrument und nahmen es so liebevoll und erfreut in Empfang, daß ich erkannte, wie gütig und weichherzig Sie sind. Ach, Mr. Jackson, Mr. Jackson, wenn Sie wüßten, wie mich die Tränen erleichterten, die ich nach diesem Zusammentreffen weinte!»

Ließ Phöbe auf ihrem fernen Lager in diesem Augenblick ihr Instrument erklingen? Er glaubte es zu hören.

«Ich fragte in dem Laden nach Ihrer Adresse, konnte aber keine Auskunft bekommen. Da ich Sie sagen hörte, Sie müßten mit dem nächsten Zug abreisen (aber nicht wohin), beschloß ich, sooft ich zwischen meinen Stunden Zeit fände, um diese Tageszeit den Bahnhof aufzusuchen. Ich war sehr oft dort, doch erst heute sah ich Sie wieder. Sie gingen tief in Gedanken versunken durch die Straßen, und Ihr mildes Gesicht gab mir den Mut, mein Kind zu Ihnen zu schicken. Als ich dann sah, wie liebevoll Sie sich zu ihm hinabbeugten, flehte ich Gott an, mir den Schmerz, den ich Ihnen angetan habe, zu verzeihen. Jetzt flehe ich *Sie* an, mir und meinem Mann zu verzeihen. Ich war noch sehr jung, auch er war jung, und im bedenkenlosen Ungestüm der Jugend begreift man nicht, wie tief man jene verwundet, die ihre Gefühle besser beherrschen. Sie großmütiger Mann! Sie guter Mann! Daß Sie mich so gütig aufheben und mir verzeihen!» Denn er ertrug es nicht, sie vor ihm knien zu sehen, und beschwichtigte sie, wie ein gütiger Vater eine fehlbare Tochter beschwichtigt hätte. «Gott segne Sie! Ich danke Ihnen!»

Er ging zum Fenster, zog den Vorhang auf und blickte eine Weile hinaus. Erst dann sprach er wieder: «Schläft Polly oben?»

«Ja. Als ich herkam, begegnete ich ihr auf der Treppe und brachte sie selbst zu Bett.»

«Lassen Sie das Kind morgen noch bei mir, Beatrice. Schreiben Sie mir Ihre Adresse hier in mein Notizbuch. Morgen abend bringe ich sie Ihnen – und ihrem Vater.»

«Hallo!» rief Polly am nächsten Morgen, ihr strahlendes, keckes Gesichtchen ins Zimmer streckend, wo schon das Frühstück bereitstand. «Hat meine Mama mich nicht gestern abgeholt?»

«Ja, Polly, aber ich habe sie gebeten, dich heute noch behalten zu dürfen. Ich bringe dich dann abends nach Hause.»

«Du bist mir einer!» rief Polly.

Doch sie schien es für eine gute Idee zu halten und fügte hinzu: «Ich muß dir aber trotzdem einen Kuß geben!»

Nachdem das erledigt war, setzten sie sich vergnügt zum Frühstück nieder.

«Wir werden aber was Lustiges machen, nicht wahr?» fragte Polly.

«Natürlich werden wir was Lustiges machen», bestätigte Barbox Brothers.

Angesichts dieser erfreulichen Aussicht fand Polly es unerläßlich, ihren Toast hinzulegen, ihre rundlichen Beinchen übereinanderzuschlagen und in ihre rundlichen Händchen zu klatschen. Nachdem sie sich auf diese Weise gesammelt hatte, fragte Polly, deren Gesicht mittlerweile eine einzige Anhäufung von Grübchen war, in ihren einschmeichelndsten Tönen: «Was werden wir denn machen?»

«Ja, ich hatte gedacht – aber magst du Pferde gern leiden, Polly?»

«Ponys mag ich sehr», sagte Polly, «besonders wenn sie einen langen Schwanz haben. Aber Pferde – nein. Die sind so groß, weißt du.»

«Jetzt hör zu, Polly», erklärte Barbox Brothers in geheimnisvollem Ton, wie er einer so ernsten und wichtigen Beratung angemessen war, «ich habe gestern zufällig auf einem Plakat Bilder von zwei Ponys mit ganz langen Schwänzen gesehen, die über und über gescheckt sind...»

«Nein, nein, nein!» rief Polly begeistert, von dieser Einzelheit hingerissen. «Nicht über und über gescheckt!»

«Doch, über und über gescheckt. Und diese Ponys können durch einen Reifen springen...»

«Nein, nein, nein!» rief Polly noch entzückter als zuvor. «Sie können bestimmt nicht durch Reifen springen!»

«Sie springen durch Reifen, das kannst du mir glauben. Und sie bekommen Lätzchen umgebunden und essen Kuchen...»

«Nein, nein, nein!» rief Polly. «Was du dir für Geschichten ausdenkst!»

«Aber sie essen wirklich mit Lätzchen. Und sie schießen mit Schießgewehren.»

(Die Notwendigkeit dieser letzteren Tätigkeit schien Polly nicht recht einzuleuchten.)

«Und ich dachte», fuhr Barbox Brothers fort, «wenn wir beide in den Zirkus gingen, wo diese Ponys zu sehen sind, würde uns das einen gewissen seelischen Auftrieb verleihen.»

«Heißt das, daß es lustig ist?» fragte Polly. «Was du für lange Wörter gebrauchst!»

«Ja, das heißt es ganz genau. Und dort gibt es außer den Ponys noch viele wunderbare Dinge zu sehen: Herren und Damen in Flitterkleidern, die alle möglichen Kunststücke machen, und Elefanten und Löwen und Tiger.»

Polly schaute etwas unsicher drein.

«Sie tun uns aber nichts, gelt?» bemerkte sie im Ton einer rein rhetorischen Frage.

«Die Elefanten und Löwen und Tiger? Nein doch, auf keinen Fall!»

«Nein doch, auf keinen Fall!» sagte Polly. «Und die Ponys erschießen natürlich niemand mit dem Schießgewehr?»

«Nicht im geringsten!»

«Nicht im geringsten!» wiederholte Polly.

«Und ich dachte auch», fuhr Barbox Brothers fort, «wenn wir vorher in ein Spielzeuggeschäft gingen, wo du dir eine Puppe aussuchst...»

«Doch nicht zum Anziehen!» rief Polly in höchster Aufregung. «Nein, nein, nein, doch nicht zum Anziehen!»

«Doch, mit vielen verschiedenen Kleidern. Und mit einem eigenen Haus und Eßgeschirr und Kochgeschirr und allem, was dazugehört...»

Polly stieß einen leisen Schrei aus. Sie lehnte sich ganz matt in ihren Sessel zurück und schien in Gefahr, vor Entzücken zu vergehen.

«Was du für ein lieber alter Herr bist!» hauchte sie. «Komm her, damit ich dir einen Kuß gebe, sonst muß ich zu dir kommen und dir einen Kuß geben!»

Dieses großartige Programm wurde nun mit der äußersten Strenge des Gesetzes durchgeführt. Da es notwendig war, die Puppe zuerst zu erwerben – sonst wäre diese Dame um den Anblick der Ponys gekommen –, erhielt die Expedition in das Spielzeuggeschäft den Vorrang. Mit einer lebensgroßen Puppe unter jedem Arm und einer weiteren Auswahl von etwa zwanzig oder mehr auf dem Ladentisch, bot Polly in dem Zauberladen allerdings ein Bild qualvoller Unentschlossenheit, das mit ungetrübtem Glück nicht völlig in Einklang stand, doch dieses leichte Wölkchen verflog. Das holde Exemplar, das am öftesten gewählt, am öftesten wieder hingelegt und schließlich doch auserkoren wurde, war tscherkessischer Abstammung und von so kühner Schönheit, als es mit einem äußerst kleinen Mündchen vereinbar schien. Sie trug eine hellblaue Seidenpelerine zu rosafarbenen Atlashosen und einen großen schwarzen Samthut, den sie nach den Porträts der seligen Herzogin von Kent kopiert zu haben schien. Der Name dieser distinguierten Fremden, den sie aus den glühenden Zonen eines sonnigeren Himmels an unsere nördlichen Küsten mitgebracht hatte, war (laut Polly) Miss Melluka. Für die Pracht ihrer Ausstattung mögen hier nur zwei Beispiele angeführt werden: ihre silbernen Teelöffel waren ebenso groß wie die Kohlenschaufel in ihrer Küche, und ihre Uhr hatte den gleichen Umfang wie die Bratpfanne. Miss Melluka geruhte gnädig, dem Zirkus ihren vollsten Beifall zu spenden, und Polly ebenfalls. Die Ponys waren tatsächlich gescheckt und erschossen niemanden, als sie ihre Gewehre abfeuerten, und die Wildheit der wilden Bestien schien eitel Rauch und Dunst zu sein – welchen Artikel sie wirklich in großen Mengen aus ihrem Inneren förderten. Es war wieder ein bemerkenswerter Anblick, wie gänzlich sich Barbox Brothers dem Genuß aller Vorführungen hingab, und nicht minder beachtlich schien es, wie er beim Nachtessen Miss Melluka zutrank, die in steifer Haltung Polly gegenübersaß (an die Lehne ihres Stuhls angebunden, denn die edle Tscherkessin besaß ein unbeugsames Rückgrat), und sogar den

Kellner anwies, die Dame mit aller gebührenden Hochachtung zu bedienen. Dazu kam noch die fieberhafte, aber erfreuliche Aufregung, mit der Miss Melluka mitsamt ihrer Garderobe und ihren köstlichen Besitztümern mit Polly zusammen in einen Einspänner gepackt wurde, um sie nach Hause zu bringen. Doch unterdessen war Polly nicht mehr fähig, dieses Übermaß an Freuden mit wachen Augen zu genießen, und hatte sich in das himmlische Paradies des Kinderschlafs hineingeflüchtet. «Schlaf, Polly, schlaf», murmelte Barbox Brothers, als ihr Köpfchen an seine Brust sank, «aus diesem Bett sollst du nicht so leicht herausfallen!»

Von dem leise knisternden Papier, das er aus seiner Brieftasche zog und sorgfältig in das Brusttuch von Pollys Kleidchen steckte, wollen wir hier nicht reden. Er erwähnte nichts davon, und so schweigen wir auch. Sie fuhren in eine ärmliche Vorstadt der großen erfinderischen Stadt und hielten vor einem bescheidenen Häuschen. «Wecken Sie die Kleine nicht», sagte Barbox Brothers leise zum Kutscher. «Ich trage sie hinein.»

Die Tür wurde von Pollys Mutter geöffnet, und Pollys Träger trat mit ihr und dem Kind in ein Zimmer zu ebener Erde ein. Dort lag auf einem Sofa ein jämmerlich abgezehrter Mann, der die Augen mit seiner mageren Hand bedeckte.

«Ich habe dir deine Polly fest schlafend zurückgebracht, Tresham», sagte Barbox in freundschaftlichem Ton. «Gib mir die Hand und sag, daß es dir besser geht.»

Der Kranke streckte seine Rechte aus und neigte den Kopf über die Hand, die sie ergriff, um sie zu küssen. «Ich danke dir! Jetzt kann ich sagen, daß ich wohl und glücklich bin!»

«Das ist tapfer», versetzte Barbox. «Tresham, ich habe eine Grille... Kannst du mir ein bißchen Platz neben dir machen?»

Er setzte sich neben den Kranken aufs Sofa und streichelte dabei die zarte Pfirsichwange, die an seiner Schulter ruhte.

«Ich habe eine wunderliche Grille, Tresham. Weißt du, ich werde allmählich ein alter Kauz, und ein alter Kauz setzt sich manchmal etwas Wunderliches in den Kopf. Jetzt, da ich Polly gefunden habe, möchte ich sie nur dir persönlich übergeben. Willst du sie mir abnehmen?»

Während der Vater die Arme nach seinem Kind ausstreckte, sahen die beiden Männer einander fest in die Augen.

«Sie ist dir sehr lieb, nicht wahr, Tresham?»

«Unsagbar lieb und teuer.»

«Gott segne sie! Es bedeutet nicht viel, Polly», fuhr er fort, während sein Auge auf dem unschuldigen Gesichtchen ruhte, «es bedeutet nicht viel, wenn ein sündiger und verblendeter Mann Gottes Segen auf ein kleines Kind herabfleht, das etwas soviel Besseres ist als er. Aber es würde viel – unendlich viel – Schuld über sein ruchloses Haupt und seine schuldhafte Seele bringen, wenn er verworfen genug wäre, einen Fluch auszusprechen. Lieber sollte man ihm einen Mühlstein umbinden und ihn ins tiefste Meer versenken! Mögest du froh und glücklich heranwachsen, du liebliches Kind!» Hier küßte er sie. «Mögest du froh und glücklich leben und dereinst die Mutter von anderen frohen, glücklichen Kindern werden!»

Er küßte sie noch einmal, übergab sie sanft ihren beiden Eltern und ging.

Doch er fuhr nicht nach Wales. Nein, er fuhr

überhaupt nie nach Wales. Er machte geradewegs einen weiteren Spaziergang durch die Stadt und sah den Leuten bei ihrer Arbeit und ihren Vergnügungen zu, hier und dort, überall und allenthalben. Denn jetzt war er Barbox Brothers & Co. und hatte Tausende von Kompagnons in seine Einzelfirma aufgenommen.

Schließlich kehrte er doch in sein Hotel zurück. Er stand vor dem Feuer in seinem Zimmer und labte sich an einem Glas heißem Wein, das er auf das Kaminsims gestellt hatte, als er ringsum in der Stadt die Uhren schlagen hörte. Ein Blick auf seine Taschenuhr zeigte ihm, daß der Abend unvermerkt verflossen war und daß sie Mitternacht schlugen. Als er die Uhr wieder einsteckte, fiel sein Blick auf den Spiegel über dem Kamin, der sein eigenes Bild zurückwarf.

«Nanu, heut ist ja dein Geburtstag!» sagte er lächelnd zu dem Spiegelbild. «Du siehst vorzüglich aus, alter Junge. Ich wünsche dir noch viele glückliche Jahre!»

Noch niemals hatte er sich selber Glück gewünscht! «Beim Jupiter, das ändert ja die ganze Situation!» rief er erstaunt aus. «Das ist etwas anderes, als vor dem eigenen Geburtstag davonrennen! Die Entdeckung muß ich Phöbe berichten. Übrigens habe ich ihr ja eine lange Geschichte von der Bahnlinie ohne Geschichte zu erzählen. Ich muß zurückfahren, anstatt weiterzufahren. Ich fahre sogleich zu meinem Freund Lampen zurück.»

So fuhr er also nach Mugby Junction und ließ sich sogar in Mugby Junction nieder. Es war der geeignetste Ort, um in Phöbes Nähe zu bleiben und ihr das Leben zu erleichtern. Es war der geeignetste Ort, um ihr Musikunterricht von Beatrice erteilen zu lassen. Es war der geeignetste Ort, um sich gelegentlich Polly auszuleihen. Es war der geeignetste Ort, um nach Lust und Laune mit allen möglichen angenehmen Orten und Menschen in Verbindung zu treten. So ließ er sich dort nieder und baute sich ein hübsches Haus auf dem Hügel. Und so können wir zum Abschluß von ihm sagen, was Polly (ohne respektlos zu sein) vielleicht mit dem folgenden Sprüchlein ausgedrückt hätte:

's war einst ein alter Barbox,
der wohnte an diesem Ort,
und wenn er nicht schon fort ist,
wohnt er noch immer dort.

* * *

Der Streckenwärter auf Linie 1

«Hallo, dort unten!»

Er stand mit seinem roten Fähnchen in der Hand vor der Tür des Stellwerks. Angesichts der Lage des Ortes hätte man meinen sollen, er könnte nicht zweifeln, woher der Anruf käme; doch anstatt in die Höhe zu blicken, wo ich fast genau über seinem Kopf am Rande des steilen Einschnitts stand, in dem hier die Bahnstrecke verläuft, drehte er sich um und blickte die Geleise entlang. Es lag etwas Merkwürdiges in der Art, wie er das tat, wenn ich auch um mein Leben nicht hätte sagen können, was; aber ich weiß, daß es merkwürdig genug war, um mir aufzufallen, obwohl ich seine Gestalt in dem tiefen Graben unter mir nur verkürzt und überschattet sah, während ich hoch über ihm in der grellen Glut eines zornigen Sonnenuntergangs stand, so daß ich ihn überhaupt erst wahrnahm, als ich die Augen mit der Hand beschirmte.

«Hallo, dort unten!»

Er holte seinen Blick von dem Geleise zurück und drehte sich wieder um. Jetzt hob er den Kopf und sah mich oben stehen.

«Gibt's einen Weg, auf dem ich zu Ihnen hinunter könnte?»

Er blickte zu mir hinauf, ohne zu antworten, und ich blickte auf ihn hinunter, ohne allzu rasch eine Antwort auf meine müßige Frage zu fordern. In diesem Moment war ein unbestimmtes Vibrieren der Erde und der Luft zu verspüren, das rasch in ein heftiges Beben und einen mächtig heranbrausenden Sturm überging, so daß ich unwillkürlich zurückwich, als hätte er die Kraft, mich hinunterzureißen. Als die bis in meine Höhe aufsteigende Rauchfahne des vorüberjagenden Expreßzugs sich verzogen hatte, schaute ich aufs neue hinunter und sah, wie der Mann die Signalfahne, die er präsentiert hatte, wieder zusammenrollte.

Nun wiederholte ich meine Frage. Nach einer Pause, während der er mich mit großer Aufmerksamkeit zu betrachten schien, wies er mit der zusammengerollten Fahne auf einen Punkt in meiner Höhe, etwa zwei-, dreihundert Schritt von mir entfernt. «Danke!» rief ich hinunter und ging zu der bezeichneten Stelle. Dort entdeckte ich nach einigem Suchen die Andeutung eines Zickzackwegleins, das steil hinabführte.

Der Einschnitt war sehr tief, und die Wände fielen ungewöhnlich schroff ab. Der Steig war roh in das feuchtschlüpfrige Gestein eingehauen und wurde immer nasser und glitschiger, je tiefer ich kam. So fand ich den Weg lang genug, um mir den sonderbaren Ausdruck von Widerwillen oder Gezwungenheit ins Gedächtnis zurückzurufen, mit dem er mir den Abstieg gezeigt hatte.

Als ich so tief war, daß ich ihn wieder sehen konnte, stand er zwischen den Schienen, über die soeben der Zug gefahren war, als wartete er auf mein Auftauchen. Er stand, das Kinn in die linke Hand und den linken Ellbogen in die rechte Hand gestützt, mit so unruhiger und gespannter Miene da, daß ich einen Augenblick lang verwundert anhielt.

Als ich schließlich auf dem Bahnkörper ankam und mich ihm näherte, sah ich, daß er ein dunkler, blasser Mann mit schwarzem Haar und buschigen Augenbrauen war. Sein Posten war ein so einsamer, düsterer Ort, wie ich es nur je gesehen habe. Auf beiden Seiten schlossen die tropfenden, steilen Felswände jegliche Aussicht bis auf einen schmalen Streifen Himmel aus. Sein ganzer Ausblick bestand auf der einen Seite aus der gekrümmten Verlängerung dieses langgestreckten Verließes; auf der anderen Seite endete die kürzere Perspektive bei einem düster brennenden roten Licht und der noch düstereren Einfahrt in ein pechschwarzes Tunnel, dessen massiger Bau etwas Barbarisches, Niederdrückendes, Abweisendes an sich hatte. So wenig Sonnenlicht fand seinen Weg hierher, daß der ganze Ort einen Geruch nach Erde und Tod ausströmte, und er wurde so oft von kalten Winden durchbraust, daß mich ein eisiger Schauer überlief – als hätte ich die Welt der Lebenden verlassen.

Ich war dem Mann so nahe, daß ich ihn hätte berühren können, bevor er eine Bewegung tat. Erst dann gab mich sein Blick frei. Er trat einen Schritt zurück und hob die Hand zum Gruß.

Dies wäre ein einsamer Posten, sagte ich, darum hätte er meine Aufmerksamkeit gefesselt, als ich von oben hinunterschaute. Besucher wären hier wohl eine Seltenheit – hoffentlich keine unwillkommene? In mir sähe er bloß einen Menschen, der sein Leben in einem eng begrenzten Kreis verbracht hätte und jetzt, da er endlich vom täglichen Trott befreit sei, ein neues Interesse für die großen Bauwerke unserer modernen Zeit in sich entdeckte. Dies war der Sinn meiner Worte, aber ich weiß keineswegs, welche Ausdrücke ich gebrauchte. Abgesehen davon, daß es mir überhaupt schwerfällt, ein Gespräch zu beginnen, hatte der Mann etwas Einschüchterndes an sich.

Er warf einen ganz sonderbaren Blick auf das rote Signallicht vor dem Tunnel und musterte es argwöhnisch, als vermißte er dort etwas. Dann sah er mich an.

Er hätte wohl die Verantwortung für dieses Signal? fragte ich.

Er antwortete leise: «Wissen Sie das nicht?»

Angesichts seiner starren Augen und seines düsteren Gesichts schoß mit der ungeheuerliche Gedanke durch den Kopf, daß er kein Mensch, sondern ein Geist wäre. Ich habe seither darüber nachgedacht, ob es nicht vielleicht ansteckende Ideen gibt.

Jetzt war es an mir zurückzuweichen, doch dabei entdeckte ich in seinen Augen so etwas wie heimliche Furcht, und das verscheuchte meinen verrückten Einfall.

Ich zwang mich zu einem Lächeln und sagte: «Sie schauen mich an, als hätten Sie Angst vor mir!»

«Ich habe mich gefragt – ob ich Sie nicht schon gesehen hätte», erwiderte er.

«Wo sollte das gewesen sein?»

Er wies auf das rote Licht, das er so eindringlich angeblickt hatte.

«Dort?» rief ich.

Während er mich noch immer scharf beobachtete, antwortete er (aber tonlos): «Ja!»

«Mein lieber Freund, was hätte ich dort tun sollen? Aber wie dem auch sei, ich war noch niemals hier, das dürfen Sie mir glauben!»

«Ja, das darf ich wohl», erwiderte er. «Ja, jetzt bin ich sicher.»

Sein Wesen wurde freier und meines auch. Er beantwortete meine Fragen und Bemerkungen bereitwillig und in gebildeter Ausdrucksweise. Ob er viel Arbeit hätte? – Ja, das heißt, er hätte eine gewisse Verantwortung zu tragen; doch dabei käme es vor allem auf Zuverlässigkeit und Aufmerksamkeit an; eigentliche Arbeit – körperliche Arbeit – gäbe es so gut wie gar nicht. Die Signale auswechseln, die Lampen putzen, ab und zu den eisernen Hebel nach der anderen Seite legen – das wäre alles, was er in dieser Beziehung zu leisten hätte. Was die langen, einsamen Stunden betraf, von denen ich soviel Aufhebens machte, könne er nur sagen, daß sein Tagesablauf sich eben so gestaltet hätte und ihm zur Gewohnheit geworden wäre. Um sich zu beschäftigen, hätte er hier unten ganz allein eine fremde Sprache gelernt – wenn man es so nennen könnte, daß er die Worte, die er las, verstand und sich einen ungefähren Begriff ihrer Aussprache gebildet hatte. Er hätte sich auch mit Bruch- und Dezimalrechnung und etwas Algebra befaßt, aber Mathematik wäre ihm schon in der Schule schwergefallen. – Ob er seine ganzen Dienststunden in diesem feuchten Loch zwischen den Felswänden verbringen müsse und nie in die Sonne hinauf könnte? – Ja, das hinge von der Zeit und den Umständen ab. Unter gewissen Bedingungen gäbe es auf dieser Strecke weniger zu tun, und das gleiche gälte für bestimmte Tages- und Nachtstunden. Bei gutem Wetter nütze er dies tatsächlich aus, um ein wenig aus der Tiefe herauszukommen, doch da er jederzeit gewärtig sein müsse, vom Geklingel seines elektrischen Apparates zurückgerufen zu werden, und in solchen Fällen besonders ängstlich darauf lausche, wären solche Ausflüge weniger erquicklich, als ich wohl meinte.

Er ließ mich in sein Stellwerk eintreten; dort gab es ein Feuer, ein Schreibpult mit einem dienstlichen Journalbuch, in das er seine Eintragungen zu machen hatte, einen Telegraphenapparat mit Zifferblatt und Zeigern und das kleine Läutwerk, von dem er gesprochen hatte. Als ich äußerte, er möge mir die Bemerkung verzeihen, daß ich ihn erstaunlich gebildet und (wenn ich es sagen dürfe) vielleicht über seinen Stand hinaus gebildet fände, antwortete er, daß es wohl in keiner größeren Menschengruppe an Beispielen für derartige kleine Unstimmigkeiten fehle; er habe gehört, daß sie in Armenhäusern, in der Polizeitruppe und sogar in der Armee, dieser letzten Zuflucht der Verzweifelten, anzutreffen wären, und vom Eisenbahnpersonal wäre es ihm selbst bekannt. In seiner Jugend wäre er (falls ich es glauben könnte, wenn ich ihn in diesem Schuppen sitzen sähe – er selber glaubte es kaum noch) Student der Naturwissenschaften gewesen und hätte Vorlesungen besucht. Doch er hätte es im jugendlichen Übermut zu wild getrieben und seine Chancen vergeudet. So sei er immer tiefer gesunken und hätte sich nicht mehr erheben können. Nicht, daß er sich deswegen beklagte. Er hätte sich sein Bett gemacht und müsse darauf liegen. Jetzt wäre es viel zu spät, sich anders zu betten.

Alles, was ich hier kurz zusammenfasse, sagte er in sehr ruhigem Ton, während sein ernster, dunkler Blick zwischen mir und dem Feuer hin und her wanderte. Ab und zu flocht er das Wörtchen «Sir» ein, besonders wenn er von seiner Jugend sprach – als wolle er mir zu verstehen geben, daß er nicht anders und nicht besser zu erscheinen suchte, als ich ihn fand. Mehrmals wurde er durch das Läutwerk unterbrochen und hatte Meldungen entgegenzunehmen und zu beantworten. Einmal mußte er vor die Tür treten, einem vorbeifahrenden Zug ein Zeichen mit seiner Fahne machen und dem Fahrer eine mündliche Botschaft übermitteln. Ich bemerkte, daß er sich bei der Erfüllung seiner Pflichten einer bemerkenswerten Genauigkeit und Aufmerksamkeit befleißigte; er brach seine Rede jeweils mitten im Wort ab und nahm sie erst wieder auf, wenn alles getan war, was er zu tun hatte.

Kurz gesagt, ich hätte mir keinen zuverlässigeren und vertrauenswürdigeren Mann für diesen Posten vorstellen können, wenn er nicht zweimal mitten im Gespräch jäh verstummt wäre und sich sichtlich erbleichend dem Läutwerk zugewendet hätte, das aber *nicht* läutete, worauf er jedesmal die Tür öffnete (die er sonst geschlossen hielt, um die ungesunde, feuchtkalte Luft auszuschließen) und zu dem roten Licht am Eingang des Tunnels hinüberspähte. Bei beiden Gelegenheiten kehrte er mit dem undefinierbaren Gesichtsausdruck zum Feuer zurück, der mir schon aus der Ferne aufgefallen war, ohne daß ich es hätte erklären können.

Als ich mich erhob, um Abschied zu nehmen, sagte ich: «Fast könnte ich glauben, einem vollkommen zufriedenen Menschen begegnet zu sein.»

(Ich muß gestehen, daß ich es sagte, um ihn ein wenig an der Zunge zu ziehen.)

«Ich glaube, bis vor kurzem war ich es», erwiderte er in dem leisen Ton, in dem er anfänglich gesprochen hatte. «Aber ich bin beunruhigt, Sir, ich bin sehr beunruhigt.»

Er hätte die Worte wohl gern zurückgeholt. Doch sie waren ausgesprochen, und ich nahm sie rasch auf.

«Wieso? Was beunruhigt Sie?»

«Es ist schwer zu erklären, Sir. Es läßt sich nur sehr, sehr schwer davon sprechen. Wenn Sie mich noch einmal besuchen, will ich probieren, es Ihnen zu sagen.»

«Ich habe ohnehin die feste Absicht wiederzukommen. Sagen Sie nur, wann es Ihnen recht ist.»

«Morgen früh gehe ich zeitig weg und trete um zehn Uhr abends wieder meinen Dienst an, Sir.»

«Gut, ich komme um elf.»

Er dankte mir und begleitete mich vor die Tür. «Ich werde mein weißes Licht zeigen, Sir», sagte er in seinem eigentümlich leisen Ton, «bis Sie zum Aufstieg kommen. Rufen Sie nicht, wenn Sie ihn gefunden haben! Und rufen Sie auch nicht, wenn Sie oben angelangt sind.»

Die Art, in der er dies sagte, ließ mir den Ort plötzlich kälter erscheinen, doch ich erwiderte nur: «Gut.»

«Und rufen Sie mich nicht laut an, wenn Sie morgen abend wiederkommen! Aber lassen Sie mich zum Abschied noch eine Frage stellen: Was hat Sie heute bewogen, ‹Hallo, dort unten!› zu rufen?»

«Weiß der Himmel! Wenn ich etwas Ähnliches rief...»

«Nicht etwas Ähnliches, Sir. Es waren genau diese Worte. Ich kenne sie gut.»

«Schön, dann waren es genau diese Worte. Ich habe wohl einfach gerufen, weil ich Sie dort unten sah...»

«Aus keinem anderen Grund?»

«Welch anderen Grund könnte ich denn haben?»

«Sie hatten nicht das Gefühl, daß – daß die Worte Ihnen auf irgendeine – eine übernatürliche Art eingeflüstert würden?»

«Nein, wahrhaftig nicht!»

Er wünschte mir gute Nacht und hielt sein weißes Licht in die Höhe, um mir zu leuchten. Ich ging neben den Schienen her (mit dem äußerst unangenehmen Gefühl, daß hinter meinem Rücken ein Zug heranraste), bis ich den Aufstieg fand. Hinauf ging es leichter als hinunter, und ich kehrte ohne weiteres Abenteuer in meinen Gasthof zurück.

Am nächsten Abend war ich pünktlich zur Stelle. Ich setzte gerade meinen Fuß auf die erste Zacke des steilen Wegleins, als die Uhren in der Ferne elf schlugen. Er erwartete mich mit dem weißen Licht unten. «Ich habe nicht gerufen», sagte ich, als ich nahe genug heran war. «Darf ich jetzt sprechen?» – «Selbstverständlich, Sir.» – «Nun denn guten Abend, und hier ist meine Hand.» – «Guten Abend, Sir, und hier ist die meine.» – Wir schritten nebeneinander zu seiner Hütte, schlossen die Tür hinter uns und setzten uns ans Feuer.

Sobald wir Platz genommen hatten, neigte er sich vor und sprach beinahe flüsternd: «Ich habe jetzt beschlossen, Sir, daß Sie mich nicht zweimal fragen sollen, was mich beunruhigt. Gestern abend hatte ich Sie zuerst für jemand anderen gehalten. Das ist es, was mich beunruhigt.»

«Dieser Irrtum?»

«Nein. Dieser – andere.»

«Wer ist es?»

«Ich weiß nicht.»

«Ist er mir ähnlich?»

«Ich weiß nicht. Ich habe sein Gesicht nie gesehen. Er hält den linken Arm vors Gesicht und winkt mit dem rechten – sehr heftig. So.»

Er führte mir die Bewegung vor. Es war, als gestikulierte jemand in der größten Aufregung, um einem anderen zu bedeuten: «Um Gottes willen, aus dem Weg!»

«In einer Mondnacht», fuhr der Mann fort, «saß ich hier, als ich plötzlich laut rufen hörte: ‹Hallo, dort unten!› Ich fuhr auf und sah zur Tür hinaus. Da stand dieser Jemand neben dem roten Licht vor der Tunneleinfahrt und winkte wild, wie ich es Ihnen soeben gezeigt habe. Seine Stimme klang vor Schreien ganz heiser, und er rief: ‹Aufpassen! Aufpassen!› und dann wieder: ‹Hallo, dort unten! Achtung, um Gottes willen!› Ich packte meine Laterne, stellte sie auf Rot und rannte zu ihm hin, während ich schrie: ‹Was ist geschehen? Ist etwas passiert? Wo?› Ich kam dem Mann so nahe, daß ich mich wunderte, warum er noch immer den Arm vors Gesicht hielt. Ich rannte dicht an ihn heran und streckte die Hand aus, um ihn am Arm zu packen – da war er verschwunden.»

«In den Tunnel hinein?» fragte ich.

«Nein. Ich lief in den Tunnel hinein, wohl fünfhundert Schritt weit. Dann blieb ich stehen und leuchtete mit hoch erhobener Lampe alles ab und sah die Meilenzahlen und sah die feuchten Streifen an der Wand, wo Wasser über das Gestein sickert. Ich lief noch schneller hinaus, als ich hineingerannt war (denn ein tödliches Entsetzen hatte mich gepackt), und leuchtete die ganze Umgebung des roten Signallichts mit meinem eigenen roten Licht ab und kletterte die eiserne Leiter zur Rampe über der Tunneleinfahrt hinauf und wieder hinunter, und dann rannte ich hierher zurück. Ich telegraphierte in beide Richtungen: ‹Habe Alarm erhalten! Ist etwas passiert?› Von beiden Seiten kam die Antwort zurück: ‹Alles in Ordnung.›»

Obwohl mir war, als tastete ein eisiger Finger langsam über mein Rückgrat, suchte ich ihm zu beweisen, daß diese Gestalt eine Sinnestäuschung gewesen sein müsse; ich erklärte ihm, daß solche Scheinbilder, die auf irgendeine Funktionsstörung der sehr empfindlichen Augennerven zurückzuführen sind, durchaus nichts Seltenes seien und daß viele Menschen, die davon befallen würden, sich ihrer trügerischen Natur durchaus bewußt wären und sie sogar durch Experimente an ihrer eigenen Person bewiesen hätten. «Und was den vermeintlichen Schrei betrifft», fuhr ich fort, «horchen Sie nur einen Augenblick lang auf den Wind, der diese künstliche Schlucht durchbraust, und auf die wilden Harfenklänge, die er den Telegraphendrähten entlockt.»

Das wäre alles gut und schön, erwiderte er, nachdem wir noch ein Weilchen gelauscht hatten, und schließlich sollten ihm die Geräusche des Windes und der Telegraphendrähte nicht unbekannt sein, da er hier doch viele lange Winternächte einsam durchwachte; aber er möchte bemerken, daß er mit seiner Erzählung noch nicht zu Ende sei.

Ich entschuldigte mich, und er fügte langsam

hinzu, während er meinen Arm berührte: «Sechs Stunden nach der Erscheinung ereignete sich auf dieser Strecke das schwere Eisenbahnunglück, das soviel Aufsehen erregt hat. Binnen zehn Stunden wurden die Toten und Verletzten durch den Tunnel befördert, gerade über den Fleck, auf dem die Gestalt gestanden war.»

Ein unangenehmes Frösteln lief mir über den Rücken, aber ich kämpfte, so gut ich konnte, dagegen an. Ich sagte, das wäre allerdings ein merkwürdiges Zusammentreffen, das einen wahrhaftig beeindrucken könnte; aber merkwürdige Zufälle ereigneten sich ständig, und man müsse mehr oder weniger mit ihnen rechnen – obwohl natürlich, fügte ich hinzu (denn ich glaubte, den Einwand auf seinen Lippen zu sehen), der sogenannte gesunde Menschenverstand bei seinen Berechnungen nicht eben viel Raum offen ließe für solch merkwürdige Zufälle.

Er erlaubte sich noch einmal zu bemerken, daß er noch nicht zu Ende erzählt hätte, und ich bat ihn wieder um Entschuldigung, daß ich mich zu einer Unterbrechung hatte hinreißen lassen.

«Das war jetzt gerade vor einem Jahr», sagte er, während er wieder die Hand auf meinen Arm legte und aus hohlen Augen über seine Schulter blickte. «Sechs oder sieben Monate waren vergangen, und ich hatte mich von meinem Schock erholt, als ich eines Morgens bei Tagesanbruch vor diese Tür hier trat und das Gespenst wieder bei dem roten Licht stehen sah.» Er verstummte und schaute mich starr an.

«Hat es Sie wieder angerufen?»

«Nein, es war still.»

«Und winkte es wieder?»

«Nein, es stand gegen den Lichtstrahl gelehnt und hatte beide Hände vors Gesicht geschlagen. So.»

Wieder führte er mir die Bewegung vor. Es war eine Gebärde tiefer Trauer, wie man sie manchmal an steinernen Grabfiguren sieht.

«Gingen Sie zu ihm hin?»

«Nein, ich wich in den Raum hier zurück und setzte mich hin – teils um mich zu sammeln, teils weil ich halb ohnmächtig war. Als ich wieder vor die Tür trat, war es heller Tag und der Geist verschwunden.»

«Aber es gab keine Folgen? Kein neues Unglück?»

Er tippte zwei-, dreimal mit dem Zeigefinger auf meinen Arm und nickte jedesmal dazu.

«Am gleichen Tag sah ich durch das offene Fenster eines Zuges, der aus dem Tunnel kam, ein wildes Durcheinander von Köpfen und Armen, und jemand schien verzweifelt zu winken. Ich bemerkte es gerade noch rechtzeitig, um dem Lokomotivführer das Haltsignal zu geben. Er bremste sofort, aber der Zug kam erst nach etwa hundertfünfzig Schritt oder mehr zum Stillstand. Ich lief ihm nach und hörte bald fürchterliches Schreien und Heulen. In einem Abteil war eine schöne junge Frau ganz plötzlich gestorben. Man brachte sie her und legte sie hier auf den Fußboden – gerade zwischen uns.»

Unwillkürlich schob ich meinen Stuhl zurück und blickte von den Dielenbrettern, auf die er zeigte, in sein Gesicht auf.

«Ja, gerade hier, auf dieser Stelle. Es ist wahr, Sir. Ich erzähle es Ihnen genau, wie es sich zugetragen hat.»

Ich wußte nichts zu sagen, mein Mund war

plötzlich ganz trocken. Der Wind und die Telegraphendrähte stimmten mit einem langgedehnten Klagelaut in die Geschichte ein.

«Und jetzt, Sir, hören Sie zu und bedenken Sie, wie verstört ich bin. Vor einer Woche kam der Geist wieder, und seither zeigt er sich immerfort in unregelmäßigen Abständen.»

«Beim Licht?»

«Ja, beim Warnsignal.»

«Was tut er diesmal?»

Er wiederholte, womöglich mit noch größerer Heftigkeit und Leidenschaft, die frühere Gebärde: «Aus dem Weg, um Gottes willen!»

«Ich finde nicht Rast noch Ruhe», fuhr der Mann fort. «Es ruft mir minutenlang wie in höchster Todesangst zu: ‹Hallo, dort unten! Aufpassen! Achtung!› Es steht da und winkt mir. Es läutet meine Glocke...»

Ich hakte rasch ein. «Hat es gestern abend, als wir hier saßen und Sie zur Tür gingen, Ihre Glocke anschlagen lassen?»

«Zweimal.»

«Da sehen Sie, wie Ihre Phantasie Sie in die Irre führt», rief ich triumphierend aus. «Meine Augen waren auf das Läutwerk gerichtet, und meine Ohren waren offen, und so wahr ich lebe, es hat *nicht* angeschlagen. Auch zu keiner anderen Zeit, außer im natürlichen Ablauf der Dinge, wenn Ihnen eine dienstliche Meldung gemacht wurde.»

Er schüttelte den Kopf. «In diesem Punkt habe ich mich noch nie geirrt, Sir. Ich habe bisher noch nie das gespenstische Geläute mit dem normalen Geläute verwechselt. Das gespenstische Geläut besteht in einem starken Vibrieren der Glocke, das sich sonst nie zeigt, und ich habe festgestellt, daß man es mit dem Auge nicht wahrnimmt. Es wundert mich nicht, daß Sie es nicht hörten – aber *ich* habe es gehört.»

«Und war das Gespenst da, als Sie hinausschauten?»

«Ja, es war da.»

«Beide Male?»

«Beide Male», antwortete er bestimmt.

«Möchten Sie jetzt mit mir zur Tür kommen und nach ihm ausschauen?»

Er biß sich auf die Lippen, als täte er es nicht gern, folgte mir aber zur Tür. Dort war das Warnsignal, dort der finstere Schlund des Tunnels. Da waren die hohen, feuchten Felswände. Und dort oben leuchteten die Sterne.

«Sehen Sie es?» fragte ich, während ich sein Gesicht scharf beobachtete. Die Augen quollen ihm aus den Höhlen, aber vielleicht nicht stärker als die meinen, als ich sie vorhin angestrengt auf die gleiche Stelle gerichtet hatte.

«Nein, es ist nicht da.»

«Einverstanden», sagte ich.

Wir gingen wieder hinein, schlossen die Tür und setzten uns ans Feuer. Ich überlegte gerade, wie ich meinen Vorteil, wenn man so sagen kann, am besten ausnützen sollte, als er das Gespräch so sachlich wieder aufnahm und dabei so selbstverständlich voraussetzte, daß in der Sache selbst keine Meinungsverschiedenheit zwischen uns bestehen könnte, daß ich mich in einer sehr schwachen Position sah.

«Jetzt werden Sie verstehen, Sir, was mich so furchtbar beunruhigt. Es ist die Frage, was das Gespenst mir mitteilen will.»

Ich sagte, ich verstünde ihn nicht ganz.

«Wovor warnt es mich?» fragte er, starr ins Feuer blickend und nur hin und wieder die Augen zu mir aufhebend. «Wo liegt die Gefahr? Worin besteht sie? Irgendeine Gefahr droht der Strecke. Irgendein furchtbares Unglück steht bevor. Daran ist dieses dritte Mal nach allem Vorangegangenen nicht zu zweifeln. Aber warum quält es just mich so grausam? Was kann *ich* dagegen tun?»

Er zog sein Taschentuch hervor und fuhr sich über die Stirn.

«Wenn ich in die eine oder andere Richtung oder nach beiden Seiten Gefahr signalisieren wollte, so könnte ich meine Warnung nicht begründen», fuhr er fort, während er sich die feuchten Handflächen trocknete. «Ich würde mir nur Unannehmlichkeiten zuziehen und nichts Gutes bewirken. Man würde mich für verrückt halten. Es würde folgendermaßen vor sich gehen: Meldung: ‹Achtung! Gefahr!› – Antwort: ‹Welche Gefahr? Wo?› – Meldung: ‹Ich weiß nicht. Aber Achtung, um Gottes willen!› – Daraufhin würde man mich entlassen. Was bliebe ihnen sonst übrig?»

Es war mitleiderregend, zu sehen, wie er sich quälte. Es war die seelische Marter eines pflichtbewußten Menschen, dem eine unzumutbare Verantwortung für das Leben anderer Menschen aufgebürdet wird.

«Als es zuerst neben dem Warnsignal stand», sagte er, sein dunkles Haar aus der Stirn streichend und in fieberhafter Erregung die Hände auf die Schläfen pressend, «warum teilte es mir nicht mit, wo der Unfall stattfinden würde – wenn er stattfinden *mußte*? Warum sagte es mir nicht, wie man ihn abwenden könnte – falls er abzuwenden war? Als es beim zweiten Mal sein Gesicht verhüllte – warum warnte es mich nicht lieber: ‹Sie wird auf dieser Reise sterben. Laßt sie daheimbleiben!› Wenn es beide Male kam, um mir zu demonstrieren, daß seine Warnungen eintrafen, wenn es mich auf diese Weise auf die dritte vorbereiten wollte – warum sagt es mir nicht klar und deutlich, was bevorsteht? Und ich, Gott helfe mir! Ein einfacher Streckenwärter auf dieser einsamen Bahnlinie! Warum geht es nicht zu jemandem, der die Macht und den Einfluß besitzt, etwas gegen die Gefahr zu tun?»

Als ich ihn in diesem Zustand sah, wurde mir klar, daß man den armen Menschen vor allem einmal beruhigen müßte, um seiner selbst wie um der allgemeinen Sicherheit willen. Ich ließ daher jede Frage nach der Realität oder Irrealität der Erscheinung beiseite und redete ihm gut zu: Man könne von niemandem mehr verlangen, als daß er gewissenhaft seine Pflicht erfülle; und daß er dies aufs beste täte, diesen Trost habe er, auch wenn er die sonderbaren Erscheinungen nicht zu deuten wüßte. Tatsächlich hatte ich damit weit mehr Erfolg als mit dem Versuch, ihm seine Ideen mittels Vernunftgründen auszureden. Er beruhigte sich, und je weiter die Nacht vorrückte, desto mehr nahmen seine dienstlichen Pflichten seine Aufmerksamkeit in Anspruch. Ich verließ ihn um zwei Uhr früh. Ich hatte mich erbötig gemacht, über Nacht bei ihm zu bleiben, doch davon wollte er nichts hören.

Daß ich während des Aufstiegs mehr als einmal auf das rote Licht zurückblickte, daß mir das rote Licht nicht sympathisch war und daß ich wohl ziemlich schlecht geschlafen hätte, wenn mein Bett darunter gestanden – das zu verhehlen, sehe ich gar keinen Grund. Auch die Geschichte von dem schweren Eisenbahnunglück und dem Tod der jungen Frau gefiel mir nicht; das zu verhehlen, sehe ich gleichfalls keinen Grund.

Doch mehr als dies alles beschäftigte mich die Überlegung, was ich jetzt, da er mich ins Vertrauen gezogen und mir seine Befürchtungen offenbart hatte, tun sollte. Der Mann war intelligent, wachsam, peinlich gewissenhaft und zuverlässig; doch wie lange mochte er bei seinem krankhaften Gemütszustand so bleiben? Wenn auch in untergeordneter Stellung, hatte er doch eine große Verantwortung zu tragen. Würde ich (nur zum Beispiel) mein eigenes Leben auf die Wahrscheinlichkeit setzen, daß er seine Pflichten weiterhin mit der gleichen Genauigkeit erfüllte?

Dennoch vermochte ich mich nicht über das Gefühl hinwegzusetzen, daß ich einen Verrat begehen würde, wenn ich seine Bekenntnisse seinen Vorgesetzten mitteilte, ohne zuvor offen mit ihm zu reden und ihm einen Ausweg vorzuschlagen. So beschloß ich letzten Endes folgendes: Ich wollte mich erbötig machen, mit ihm (während ich vorläufig sein Geheimnis wahrte) zu dem tüchtigsten Arzt zu gehen, der im Umkreis aufzutreiben wäre, und dessen Meinung einzuholen. Er hatte mich davon in Kenntnis gesetzt, daß er morgen früh kurz nach Sonnenaufgang abgelöst und seinen Dienst bei Einbruch der Dunkelheit wieder antreten würde, und ich hatte versprochen, dann wieder zu ihm zu kommen.

Der nächste Abend war wunderschön, und ich verließ meine Wohnung früher als notwendig, um ihn zu genießen. Die Sonne war noch nicht ganz untergegangen, als ich den Feldweg am Rande des Einschnitts entlang wanderte. Ich nahm mir vor, noch eine Stunde lang weiterzuspazieren, eine halbe Stunde hin, eine halbe zurück, dann würde es gerade Zeit sein, mich wieder im Stellwerk einzufinden.

An der Stelle, von der aus ich ihn zum erstenmal erblickt hatte, trat ich mechanisch an den Rand des Abgrunds und schaute hinunter. Ich kann nicht beschreiben, welcher Schrecken mich packte, als ich knapp vor der Tunneleinfahrt einen Mann stehen sah, der den linken Arm vors Gesicht hielt und mit dem rechten verzweifelt winkte!

Das namenlose Entsetzen, das mich bei diesem Anblick überfiel, verschwand sofort wieder, denn im nächsten Moment erkannte ich, daß es ein wirklicher Mensch war und daß in geringer Entfernung einige andere Menschen standen, denen er diese Gebärde vorzuführen schien. Das rote Warnsignal war noch nicht angezündet. Dicht daneben stand etwas, das ich bisher bei keinem meiner Besuche erblickt hatte – etwas wie ein behelfsmäßiges Zelt, eine Zeltleinwand, die man über ein paar hölzerne Stützen geworfen hatte, das Ganze nicht größer als ein Bett.

Mit dem unabweisbaren Gefühl, daß hier etwas Furchtbares geschehen sei – daß es zu einer Katastrophe gekommen war, weil ich meinen Freund alleingelassen hatte, ohne dafür zu sorgen, daß jemand käme und ihn kontrollierte –, lief ich, von rasender, schuldbewußter Angst erfüllt, so schnell ich konnte, den Zickzackpfad hinunter.

«Was ist geschehen?» rief ich den Leuten zu.

«Der Streckenwärter ist überfahren worden, Sir.»

«Was, der Mann vom Stellwerk hier? Der Mann, den ich kannte?»

«Wenn Sie ihn kannten, werden Sie ihn wiedererkennen, Sir. Sein Gesicht ist unversehrt geblieben.» Und der Sprecher hob ein Ende der Zeltleinwand auf, während er ehrfürchtig sein eigenes Haupt entblößte.

«Wie ist es geschehen? Mein Gott, wie konnte das nur geschehen?» rief ich, von einem zum andern blickend.

«Die Lokomotive hat ihn erwischt, Sir. Er war der genaueste, zuverlässigste Mensch, den man sich denken kann, und kannte seinen Dienst wie kein anderer! Und bei hellichtem Tag! Es ist nicht zu begreifen – aber er stand mitten auf dem Geleise, mit dem Rücken zum Tunnel, als der Zug herauskam. Der Lokomotivführer hier hat uns gerade den Hergang des Unglücks beschrieben. Zeigen Sie es dem Herrn noch einmal, Thomas.»

Der Lokomotivführer, der in einen rauhen, dunklen Mantel gehüllt war, trat an seinen früheren Platz in der Tunneleinfahrt zurück.

«Wie wir um die Kurve im Tunnel biegen, sehe ich ihn gerade hier vor der Mündung stehen, Sir, wie durch ein Fernglas. Ich konnte nicht mehr rechtzeitig anhalten – und ich kannte ihn ja und wußte, wie vorsichtig er war. Ich pfeife und pfeife, aber er scheint nicht drauf zu achten. Da stelle ich die Pfeife ab und rufe und schreie aus Leibeskräften…»

«Was haben Sie gerufen?»

«Was ich gerufen habe? ‹Hallo, dort unten! Achtung! Aus dem Weg! Um Gottes willen aus dem Weg!›»

Ich fuhr zusammen.

«Ja, das war furchtbar, Sir! Ich rufe und schreie die ganze Zeit, ich halte mir den Arm vors Gesicht, um es nicht zu sehen, und winke und winke bis zuletzt… Aber es war zu spät…»

Ohne meine Erzählung dadurch zu verlängern, daß ich bei einer ihrer merkwürdigen Einzelheiten länger verweile als bei einer anderen, möchte ich nur noch auf den Umstand hinweisen, daß der Ruf des Lokomotivführers nicht nur die Worte enthielt, die der unglückselige Streckenwärter selbst mir wiederholt hatte, sondern auch die Worte, die ich – nicht er – in meinen unausgesprochenen Gedanken der stummen Gebärde, die er mir vorgeführt hatte, unterlegte.

Doktor Marigolds Rezepte

Sofort einzunehmen

Ich bin ein Billiger Jakob, und mein leiblicher Vater hieß Willum Marigold. Zu seinen Lebzeiten wurde manchmal die Vermutung geäußert, daß sein Name in Wirklichkeit William lautete, worauf mein leiblicher Vater jedoch standhaft zu erwidern pflegte: Nein, er heiße Willum. Was mich betrifft, möchte ich zu dieser Meinungsverschiedenheit nur vom folgenden Standpunkt aus Stellung nehmen: Wenn es einem Mann in einem freien Land nicht erlaubt sein soll, seinen eigenen Namen zu kennen, was ist ihm dann in einem Land der Sklaverei erlaubt? Für den Fall, daß man die Meinungsverschiedenheit durch das Mittel des Personenstandsregisters betrachten wollte – Willum Marigold wurde geboren, bevor amtliche Register aufkamen, und verließ sie auch vorher; und wenn sie zufälligerweise vor ihm aufgekommen wären, hätte er auch nicht viel davon gehalten.

Das Licht der Welt erblickte ich auf der öffentlichen Landstraße, und mein leiblicher Vater holte einen Doktor für meine leibliche Mutter. Da dieser ein sehr gutherziger Herr war und außer einem Teebrett keinerlei Bezahlung annehmen wollte, wurde ich ihm zur Ehre und zum Dank «Doktor» genannt. Da habt ihr mich. Doktor Marigold.

Gegenwärtig bin ich ein untersetzter Mann in mittleren Jahren, in Kordsamthosen, hohen Ledergamaschen und einer Ärmelweste, deren Schnüre hinten ständig kaputtgehen. Man mag sie reparieren, wie man will, sie sind gleich wieder kaputt. Ihr seid im Theater gewesen und habt gesehen, wie der eine oder andere Geiger an seiner Geige herumschraubt, nachdem er sie ans Ohr gehalten und ihr aufmerksam gelauscht hat, als flüstere sie ihm heimlich ihre Befürchtung zu, daß sie nicht in Ordnung sei – und dann hört ihr die Saite springen. Genauso geht es mit meiner Weste, soweit eine Weste und eine Geige einander genau gleichen können.

Ich trage gern einen weißen Hut und einen Schal, leicht und lose um den Hals geschlungen. Sitzen ist meine Lieblingsstellung, und soweit ich etwas für persönliche Schmuckstücke übrig habe, sind es Perlmutterknöpfe. Da habt ihr mich noch einmal in Lebensgröße.

Aus dem Umstand, daß der Doktor ein Teebrett als Honorar annahm, werdet ihr schließen, daß auch mein Vater ein Billiger Jakob war. Richtig geschlossen. Das war er. Das Teebrett war sehr hübsch. Es stellte eine große Dame dar, die einen kiesbestreuten Serpentinenweg hinanstieg, um die kleine Kirche oben auf dem Hügel zu besuchen, dazu noch zwei Schwäne, die sich offenbar mit der gleichen Absicht dorthin verirrt hatten. Wenn ich die Dame groß nenne, meine ich nicht ihren Rang, der mir unbekannt blieb, sondern ihre Länge. Ihre Länge war – kurz gesagt, die Höhe.

Ich sah das Teebrett häufig wieder, nachdem ich zum unschuldig lächelnden (oder, noch wahrscheinlicher, brüllenden) Anlaß geworden war, daß der Doktor es in seinem Sprechzimmer aufrecht auf ein Tischchen stellte. Wann immer meine leiblichen Eltern in jene Gegend kamen, pflegte ich meinen Kopf (der nach Aussage meiner Mutter damals flachsblond gelockt war, den ihr aber heute nicht von einem alten Besen unterscheiden würdet, bis ihr zum Stiel kämt und daran merktet, daß ich es nicht bin) zur Tür hineinzustrecken, und der Doktor freute sich immer, mich zu sehen, und sagte: «Aha, mein Herr Kollega! Komm nur herein, kleiner Doktor Med.! Wie stehst du zu einem Sixpence-Stück?»

Der Mensch kann nicht ewig weitermachen, und auch meine Eltern konnten es nicht. Wenn es einen nicht zur gegebenen Zeit als Ganzes erwischt, erwischt es einen gern stückweise, und meist ist der Kopf das betreffende Stück. Nach und nach ging es auch meinen Eltern so. Mein Vater war nicht mehr richtig im Kopf, und meine Mutter war nicht mehr richtig im Kopf. Sie waren ganz harmlos, aber es regte die Familie auf, bei der ich sie untergebracht hatte. Obzwar die beiden alten Leutchen sich vom Geschäft zurückgezogen hatten, hatten sie auch jetzt nichts anderes im Kopf. Sobald der Tisch gedeckt war, begann mein Vater mit Schüsseln und Tellern zu klappern, wie wir es in unserem Gewerbe zu tun pflegen, wenn wir Geschirr versteigern, bloß hatte er nicht mehr die Hand dazu, so daß es meist Scherben gab. Und genau wie meine Mutter im Wagen gesessen war und dem Vater die Waren Stück für Stück gereicht hatte (während er auf dem Trittbrett stand und sie ausrief), genauso pflegte sie ihm jetzt jedes Stück, das ihren Hausleuten gehörte, zu reichen, und in ihrer Einbildung verkauften sie den Besitz der Familie vom frühen Morgen bis zum späten Abend. Zum Schluß konnten sie ihr Bett nicht mehr verlassen und lagen im selben Zimmer. Nachdem der alte Herr zwei Tage und zwei Nächte lang völlig still gewesen war, beginnt er eines Morgens plötzlich ganz in seiner alten Art auszurufen: «Hierher, meine Herrschaften! Beim letzten Konzert des Gesangvereins im Wirtshaus ‹Zum Fröhlichen Fressen›, da hätten die Sänger wohl jedem gefallen, hätten sie nur eine Stimme besessen! Hierher, meine verehrten Herrschaften! Hier sehen Sie das naturgetreue Modell eines alten Billigen Jakob, garantiert gebraucht, ohne einen Zahn im Mund und ohne einen Knochen im Leibe, der ihm nicht weh täte! So naturgetreu, daß es genauso gut wäre, wenn es nicht besser wäre, genauso schlecht, wenn es nicht schlechter wäre, und genauso neu, wenn es nicht abgetragen wäre. Was bietet ihr für das naturgetreue Modell des alten Billigen Jakob, der zu seiner Zeit mehr Schießpulvertee mit den Damen getrunken hat, als es braucht, um den Deckel vom Waschkessel fortzublasen, soviel Meilen über den Mond hinaus wie nix mal nix, dividiert durch die Nationalschuld, bleibt als Rest das Armenhaus. Hierher, tapfere Söhne des Vaterlandes, was bietet ihr für den ganzen Posten? Zwei Shilling, einen Shilling, Tenpence, Eightpence, Sixpence, Fourpence, Twopence? Wer sagt Twopence? Der Herr mit dem Vogelscheuchenhut? Ich schäme mich für den Herrn mit dem Vogelscheuchenhut! Ich schäme mich, weil er keinen Gemeinschaftssinn offenbart. Jetzt werde ich euch aber sagen, was ich tue. Seht her! Ich gebe noch das naturgetreue Modell einer alten Frau drauf, die einmal mit dem alten Billigen Jakob getraut wurde – lang, lang ist's her, so lang, daß die Hochzeit auf mein Ehrenwort in der Arche Noah gefeiert wurde, bevor noch das Einhorn herbeieilen konnte, um Einspruch zu erheben. Nun? Was sagt ihr dazu? Was bietet ihr für die beiden? Ich werde euch sagen, was ich tue. Ich nehme es euch nicht übel, daß ihr so schwer von Entschluß seid. Wenn ihr mir ein Angebot macht, daß euerer Stadt nur ein bißchen zur Ehre gereicht, gebe ich noch eine Wärmflasche gratis drauf und leihe euch lebenslänglich einen Bratenrost. Nun, was sagt ihr zu diesem großartigen Angebot? Sagt zwei Pfund, sagt ein Pfund, zehn Shilling, fünf Shilling, einen Shilling! Was, ihr sagt nicht einmal einen Shilling? Ihr sagt einen halben Shilling? Nein, für einen halben Shilling kriegt ihr den Posten nicht. Da schenke ich ihn euch lieber. He, gute Frau dort! Schmeißt den alten Mann und das alte Weib auf den Karren, spannt das Pferd vor, fahrt sie zum Kirchhof und begrabt sie!»

Das waren die letzten Worte von Willum Marigold, meinem leiblichen Vater, und sie wurden von ihm und seiner Frau, meiner leiblichen Mutter, an ein und demselben Tag wahrgemacht, was ich wissen muß, weil ich hinter ihrem Sarg herging.

Mein Vater war zu seiner Zeit ein großartiger Billiger Jakob, wie noch seine letzten Worte bezeugen. Doch ich bin ihm über. Das sage ich nicht, weil es um mich geht, sondern weil es allgemein anerkannt wird, von allen, die eine Vergleichsmöglichkeit haben. Ich habe hart daran gearbeitet. Ich habe mich an anderen öffentlichen Rednern gemessen, an Parlamentsmitgliedern, Pfarrern, Advokaten, Volksrednern; wenn ich sie gut fand, machte ich mir etwas vom Guten zu eigen, und wenn ich sie schlecht fand, ließ ich sie sein. Jetzt werde ich euch aber was sagen. Noch wenn man mich ins Grab senkt, werde ich behaupten, daß in Großbritannien der Billige Jakob von allen Berufen am schlechtesten wegkommt. Warum gelten wir nicht als freier Beruf? Warum besitzen wir keine besonderen Privilegien? Warum sind wir gezwungen, einen Hausiererschein zu erwerben, während von den politischen Hausierern nichts dergleichen verlangt wird? Wo ist der Unterschied? Außer daß wir Billige Jakobs sind und sie sind Teuere Jakobs. Wenn ein Unterschied besteht, dann nur zu unseren Gunsten.

Denn paßt auf! Sagen wir einmal, es finden gerade Wahlen statt. Samstag abend stehe ich auf dem Trittbrett meines Wagens, auf dem Marktplatz, und rufe einen Posten Verschiedenes aus. Dabei sage ich: «Jetzt, meine verehrten, freien und unabhängigen Wähler, biete ich euch eine Chance, wie sie euch in euerem ganzen bisherigen Leben noch nicht geboten wurde und auch vorher nicht. Jetzt werde ich euch zeigen, was ich tue. Hier ist ein Rasierzeug, das euch sauberer rasieren wird, als die Insassen des Altersheims ihre Teller ablecken, hier ein Bügeleisen, das sein Gewicht in Gold wert ist, hier eine Bratpfanne, künstlich mit Bratenduft imprägniert, so daß ihr bis an euer Lebensende nur noch Brot darin zu braten braucht, wenn es euch nach Beefsteak gelüstet, und hier eine echte Präzisionstaschenuhr mit einem so soliden Silberdeckel, daß ihr nachts, wenn ihr vom Stammtisch heimkommt, damit Weib und Kinder wachklopfen könnt, um den Türklopfer nicht abzunützen; und hier ist ein halbes Dutzend Fleischteller, mit denen ihr Tschinellen spielen könnt, um das Baby zu beruhigen, wenn es brüllt. Wartet! Ich lege noch einen anderen Artikel drauf, gratis und franko, und das ist dieses prachtvolle Nudelholz! Wenn das Baby am Zahnen ist und es nur richtig in den Mund steckt und das Zahnfleisch damit reibt, dann kommen die Zähne bloß so herausgeschossen, daß es ein Pläsier ist. Halt! Ich lege noch was drauf, weil mir euere Gesichter nicht gefallen, denn ihr seht aus, als ob ihr heut erst etwas kaufen wollt, wenn ich draufzahlen muß, und heut abend möchte ich lieber draufzahlen, als überhaupt nichts einnehmen. Was lege ich noch drauf? Diesen erstklassigen Handspiegel, damit ihr seht, wie häßlich ihr ausschaut, wenn ihr nicht bietet! Na, was sagt ihr jetzt? Also los! Sagt ihr ein Pfund? Nein, soviel habt ihr nicht! Sagt ihr zehn Shilling? Nein, denn die seid ihr für die letzte Rate schuldig! Also, ich werde euch sagen, was ich tue. Schaut her, ich lege alles hierher aufs Trittbrett – so, das hätten wir! Rasierzeug, Bratpfanne, Präzisionsuhr, Fleischteller, Nudelholz und Spiegel – für vier Shilling könnt ihr den ganzen Posten wegtragen, und ich schenke euch noch Sixpence für euere Mühe!»

So rede ich – der Billige Jakob. Aber am Montagmorgen erscheint auf dem selbigen Marktplatz der Teuere Jakob auf der Wahltribüne – in *seinem* Wagen –, und was sagt der? «Jetzt, meine hochverehrten, freien und unabhängigen Wähler, biete ich euch eine Chance» (er beginnt genau wie ich), «wie sie euch in euerem ganzen bisherigen Leben noch nie geboten wurde, und das ist die Chance, *mich* als eueren Vertreter ins Parlament zu schicken. Jetzt werde ich euch sagen, was ich für euch tun will. Hier sind die Interessen dieser prächtigen Stadt, die vor den Interessen der gesamten übrigen zivilisierten und unzivilisierten Welt den Vorrang erhalten werden. Hier ist euere Eisenbahnlinie, die gefördert, und hier die Eisenbahnlinie euerer Nachbarn, die zu Fall gebracht werden soll. Hier sind euere sämtlichen Söhne bei der Post angestellt. Hier ist Britannia, die euch zulächelt. Hier sind die Augen von ganz Europa auf euch gerichtet. Hier ist allgemeiner Wohlstand für euch, alle Tage Schweinebraten, goldene Kornfelder, ein glückliches Heim und schallender Applaus aus euerem eigenem Herzen, alles in einem Posten, und das bin ich. Wollt ihr mich, wie ich dastehe, nehmen? Nein, ihr wollt nicht? Na, dann werde ich euch sagen, was ich euch für euch tun will. Also los! Ich gebe alles drauf, was ihr nur verlangt. Da! Kirchensteuer, Abschaffung der Kirchensteuer, höhere Malzzölle, keine Malzzölle, kostenloser allgemeiner Unterricht bis zur höchsten Stufe oder kostenlose allgemeine Ignoranz bis zur tiefsten Stufe, sofortige Abschaffung der militärischen Prügelstrafe oder jeden Monat ein Dutzend Hiebe für jeden Soldaten, gleiche Rechte für Frauen oder gleiche Unrechte für Männer – ihr braucht nur zu sagen, was ihr wollt, und ich bin uneingeschränkt euerer Meinung. Na also, wollt ihr mich zu eueren Bedingungen nehmen? Nein? Noch immer nicht? Na also, dann werde ich euch sagen, was ich für euch tun will. Ihr seid so freie und unabhängige Wähler, und ich bin so stolz auf euch – ihr seid ein so edler und aufgeklärter Wahlkreis, und mir liegt soviel an der Ehre und Auszeichnung, euch zu vertreten, was bei weitem das höchste Ziel ist, zu dem die Schwingen des menschlichen Ehrgeizes emporstreben können –, daß ich euch sagen werde, was ich tun will. Ich lege noch alle Wirtshäuser in euerer prächtigen Stadt drauf – gratis. Seid ihr jetzt befriedigt? Was? Noch immer nicht? Nun, ehe ich das Pferd wieder einspannen lasse und davonfahre, um es mit der nächsten prächtigen Stadt, die aufzutreiben ist, zu probieren, werde ich euch sagen, was ich für euch tun will. Nehmt den ganzen Posten (nämlich mich), und ich streue zweitausend Pfund auf die Straßen euerer prächtigen Stadt, so daß jeder, der Lust hat, sie aufklauben kann. Noch immer nicht genug? Also paßt auf – aber das ist das Äußerste, was ich zu tun gewillt bin: Ich streue zweitausendfünfhundert Pfund aus! Was? Ihr wollt noch immer nicht? Holla, Herr Wirt! Einspannen! Nein, halt! Wartet noch einen Augenblick... Ich möchte mich um eines solchen Bettels willen nicht von euch abwenden und gehe bis zu zweitausendsiebenhundertfünfzig Pfund! Da, schaut her! Nehmt den ganzen Posten (nämlich mich) zu euerem eigenen Preis, und ich zähle zweitausendsiebenhundertundfünfzig Pfund hier aufs Trittbrett meines Wagens hin, um sie in den Straßen euerer prächtigen Stadt auszustreuen, für jeden, der Lust hat, sie aufzuklauben. Was sagt ihr jetzt? Also los! Besser werdet ihr es nicht treffen! Ihr nehmt es? Hurra! Ich habe meinen Sitz!»

Diese Teueren Jakobs seifen das Volk erbärmlich ein; wir Billigen Jakobs tun das nicht. Wir sagen ihm die Wahrheit ins Gesicht und verschmähen es, ihm um den Bart zu gehen. Und was die Marktschreierei betrifft, schlagen uns die Teueren Jakobs mit Abstand. In unserem Gewerbe heißt es mit Recht, daß man in puncto Geschwätz aus einer Schießwaffe mehr herausholen kann als aus jedem anderen Artikel im Wagen – ausgenommen eine Brille. Ich selber lasse mich oft eine Viertelstunde lang über eine Flinte aus und denke, ich könnte ewig so weiterreden. Aber wenn ich den Leuten erzähle, was dieses Gewehr leistet und welches Wild schon mit diesem Gewehr erlegt wurde, gehe ich längst nicht halb so weit wie die Teueren Jakobs, wenn sie Lobreden über *ihre* Kanonen loslassen – die großen Kanonen, in deren Auftrag sie stehen. Außerdem betreibe ich mein Geschäft für mich selber, ich werde nicht auf höheren Befehl auf den Marktplatz geschickt – wie sie. Und obendrein wissen meine Schießgewehre nicht, was ich zu ihrem Lob zusammenschwatze, aber die großen Kanonen der Teueren Jakobs wissen es nur zu gut, und sie sollten sich alle zusammen schämen, bis ihnen übel wird. Das sind ein paar Gründe von vielen, warum ich behaupte, daß unser Gewerbe in Großbritannien schlecht wegkommt, und warum ich hitzig werde, wenn ich dran denke, wie die Teueren Jakobs sich aufspielen, als wären sie Gott weiß was und dürften verächtlich auf uns hinabschauen.

Um meine Frau habe ich vom Trittbrett meines Wagens aus geworben, wahrhaftig! Und das ging so zu: Sie war ein Mädchen aus Suffolk, und ich hatte meinen Stand auf dem Marktplatz von Ipswich, gerade gegenüber der Kornhandlung. Eines Samstags erblickte ich sie oben an einem Fenster, und sie gefiel mir auf den ersten Blick. Ich hatte mich verliebt und sagte mir: «Den Posten schlage ich mir zu, wenn er noch zu haben ist.» Am nächsten Samstag stelle ich mich mit dem Wagen auf den gleichen Fleck und beginne meinen Kram auszurufen. Ich war in großer Form, so daß die Leute aus dem Lachen nicht herauskamen und die Ware abging wie warme Semmeln. Ganz zum Schluß ziehe ich aus meiner Westentasche ein winziges Päckchen in Seidenpapier und lege los (indem ich zum Fenster hinaufrede, an dem sie steht): «Und hier, meine reizenden jungen Damen und Fräuleins, ist ein besonderer Artikel, der letzte des heutigen Abendverkaufs, den ich nur einer einzigen zudenke, der Allerschönsten, und ich würde ihn keiner anderen lebenden Seele verkaufen, nein, nicht für tausend Pfund. Was ist das für ein Artikel? Das werde ich euch sagen. Er ist aus reinstem Gold und nicht zerbrochen, obzwar er ein Loch in der Mitte hat, und er ist stärker als jede eiserne Fessel, die je geschmiedet wurde, obzwar so klein, daß keiner von meinen zehn Fingern hineinpaßt. Wieso zehn? Das werde ich auch sagen. Als meine seligen Eltern mir ihre Habe vermachten, und das ist so wahr, wie ich hier stehe, da bestand sie aus zwölf Bettüchern, zwölf Tischtüchern, zwölf Handtüchern, zwölf Messern, zwölf Gabeln, zwölf Suppenlöffeln und zwölf Teelöffeln; nur bei meinen Fingern fehlten zwei aufs Dutzend, und ich konnte bisher keine finden, die im Muster gepaßt hätten. Was ist dieser Artikel weiterhin? Das werde ich euch sagen. Es ist ein Reif aus massivem Gold – in einen Haarwickel aus Silberpapier verpackt –, den ich persönlich aus den glänzenden Locken der ewigschönen alten Dame in der Threadneedle Street, in der City von London*, gelöst habe. Ich würde es euch nicht erzählen, wenn ich nicht das Silberpapier als Beweisstück hätte, sonst würdet ihr es nicht glauben, nicht einmal mir. Was ist es noch? Es ist eine Männerfalle und eine Handfessel, ein unerschütterlicher Grundstein und ein fester Riegel, alles in einem und alles aus purem Gold. Und was ist es noch? Es ist ein Ehering! Jetzt werde ich euch aber sagen, was ich damit tue. Ich gedenke diesen Artikel nicht zu verkaufen, um keinen Preis, den ihr mir bietet, sondern ich will ihn derjenigen schenken, die zuerst lacht – und morgen früh, mit dem Glockenschlag zehn, werde ich ihr einen Besuch abstatten und sie zu einem Spaziergang einladen, damit wir das Aufgebot bestellen.» Da lachte *sie,* und der Ring wurde ihr von Hand zu Hand zum Fenster hinaufgereicht. Als ich sie am nächsten Morgen besuchte, sagte sie: «Ach du meine Güte!

* Die Bank von England (Anm. d. Übers.).

Sie sind doch nicht am Ende wirklich gekommen? Sie haben es doch nicht am Ende ernst gemeint?» – «Ich bin wirklich gekommen», sage ich, «und ich meine es ernst, und ich bin auf ewig der Deine!» So heirateten wir, nachdem wir dreimal aufgeboten wurden – was, nebenbei gesagt, ganz unserer Geschäftspraxis entspricht und wieder einmal zeigt, wie die Methoden des Billigen Jakob in der ganzen Gesellschaft verbreitet sind.

Sie war keine schlechte Frau, aber sie hatte ein hitziges Temperament. Wenn sie diesen einen Artikel mit Verlust hätte abstoßen können, hätte ich sie gegen keine andere Frau in ganz England eingetauscht. Nicht, daß ich sie überhaupt eintauschte, denn wir blieben bis zu ihrem Tode beisammen, dreizehn Jahre lang. Jetzt, meine Damen und Herren und verehrten Anwesenden, will ich euch ein Geheimnis verraten, wenn ihr es mir auch nicht glauben werdet. Dreizehn Jahre hitziges Temperament in einem Palast würden den Ungeduldigsten von euch auf die Probe stellen, aber dreizehn Jahre hitziges Temperament in einem Fuhrwerk würden den Sanftmütigsten von euch auf eine sehr harte Probe stellen. In einem Fuhrwerk wohnt man so eng beisammen! Es gibt Tausende von Ehepaaren unter euch, bei denen es in fünf- und sechsstöckigen Häusern glatt wie Öl auf dem Schleifstein geht, aber falls sie in einem Fuhrwerk zusammenleben müßten, würden sie vor dem Scheidungsrichter enden. Ob das Rütteln und Schütteln etwas damit zu tun hat, wage ich nicht zu entscheiden, aber in einem Fuhrwerk trifft einen alles stärker und wird nicht so bald vergessen. Heftigkeit in einem Fuhrwerk ist gar so heftig, und Verdruß in einem Fuhrwerk ist gar so verdrießlich.

Dabei hätten wir ein so schönes Leben führen können! Ein geräumiger Wagen, die sperrigen Artikel außen angehängt und das Bett tagsüber unter dem Wagen verstaut, ein Kochtopf und ein Teekessel, ein Hängeschrank und ein Wandbord, eine Feuerstelle für kaltes Wetter und ein Schornstein für den Rauch, ein Hund und ein Pferd - was will man mehr? Man hält auf einem grünen Rasenfleck neben dem Feldweg oder der Landstraße an, bindet das alte Roß an einen Pflock und läßt es grasen, zündet ein Feuer auf der Asche der letzten Gäste an, kocht sich seine Suppe und möchte nicht mit dem Kaiser von Frankreich tauschen! Wohingegen, wenn man ein hitziges Temperament im Wagen hat, das einem giftige Worte und die härtesten Artikel vom Warenlager an den Kopf wirft - mit wem möchte man da nicht tauschen?

Unser Hund wußte genausogut wie ich, wann es in ihr zu kochen begann. Bevor sie noch loslegte, heulte er auf, und dann nichts wie davon! Wie er es merkte, ist mir ein Rätsel geblieben, aber er wußte es so sicher, daß es ihn aus dem tiefsten Schlaf aufriß - noch bevor sie loslegte. Dann heulte er auf, und nichts wie davon. In solchen Augenblicken hätte ich gern mit ihm getauscht.

Das Schlimmste war, daß wir ein Töchterchen bekamen, und ich habe Kinder von Herzen lieb. Wenn die Frau in Zorn geriet, schlug sie das Kind. Als es vier oder fünf Jahre alt war, wurde das so schlimm, daß ich so manches Mal mit der Peitsche über der Schulter neben dem Pferd einherging und schmerzlicher weinte und schluchzte als unsere kleine Sophy selber. Denn was konnte ich dagegen tun? Gegen ein solches Temperament kann man - in einem Fuhrwerk - nichts unternehmen, ohne handgreiflich zu werden. Es liegt in der Natur und der Größe eines Fuhrwerks, daß man handgreiflich werden muß. Und dann erschrak das arme Kind noch mehr und kriegte es meistens noch schlimmer zu spüren, und die Mutter beklagte sich bei den nächsten Leuten, denen wir begegneten, und dann hieß es: «Dieser Lümmel von einem Billigen Jakob prügelt seine Frau!»

Die kleine Sophy war so tapfer! Und sie hing so zärtlich an ihrem armen Vater, obwohl der nur so wenig tun konnte, um ihr zu helfen. Sie hatte eine wunderbare Fülle von glänzendem schwarzen Haar, das in natürlichen Locken um ihr Gesichtchen fiel. Ich wundere mich noch heute, daß ich nicht rasend wurde, wenn ich sah, wie sie vor ihrer Mutter davonzulaufen versuchte, und die Mutter ihr nach und erwischte sie beim Haar und zerrte sie daran und prügelte sie!

So tapfer war sie, hab ich gesagt. Man kann es wohl sagen.

«Mach dir nichts draus, Vater!» flüsterte sie, während ihr noch die Tränen in den leuchtenden Augen standen. «Wenn ich nicht schreie, tut es mir nicht gar so weh, und sogar wenn ich schreie, schreie ich nur, damit Mutter mich losläßt!» Was habe ich sie nicht alles tapfer ertragen gesehen – mir zuliebe –, ohne zu schreien!

In jeder anderen Hinsicht pflegte ihre Mutter sie aber aufs beste. Sie war stets hübsch und sauber angezogen, und die Mutter wurde nicht müde, für sie zu waschen und zu nähen und zu stricken. So widersprüchlich geht es zu auf dieser Welt. Einmal bekamen wir ungesundes, feuchtes Wetter, als wir uns in der Moorgegend aufhielten, und das ist meiner Meinung nach der Grund, warum Sophy an einem bösen schleichenden Fieber erkrankte. Aber woher es auch kommen mochte – als sie krank war, wandte sie sich endgültig von ihrer Mutter ab und wollte nicht einmal mehr die Berührung ihrer Hand dulden. Wenn die Mutter ihr nur nahekam, begann sie zu zittern und rief: «Nein, nein, nein!» und klammerte sich fester an mich und verbarg ihr Gesicht an meiner Schulter.

Das Geschäft war aus diesem und jenem Grund (und nicht zuletzt wegen der Eisenbahn, die es mit der Zeit wohl gänzlich zugrunde richten wird) so schlecht gegangen wie nie zuvor und mein Geldbeutel leer. Darum mußte ich eines Abends, als es Sophy sehr schlecht ging, meinen Verkaufsstand aufschlagen, sonst hätten wir am nächsten Tag nichts zu essen und zu trinken gehabt.

Ich konnte Sophy nicht dazu bewegen, mich loszulassen und sich in ihr Bettchen zu legen, und ich brachte es auch nicht über mich. So trat ich also mit dem Kind auf dem Arm auf mein Trittbrett. Bei unserem Anblick erhob sich ein Gelächter, und ein blöder Tölpel (dem ich am liebsten den Hals umgedreht hätte) bot Twopence für sie.

«Nun, meine lieben Leute», begann ich, und das Herz lag mir wie ein schwerer Stein in der Brust, «zuerst einmal tue ich euch kund und zu wissen, daß ich euch das Geld aus den Taschen zaubern werde. Ich gedenke euch nämlich viel mehr dafür zu geben, als es wert ist, so daß ihr von nun an Samstag abend eueren Lohn nur darum beziehen werdet, weil ihr mir wieder zu begegnen und ihn bei mir günstig anzulegen hofft. Aber ihr werdet mich nie mehr wiedersehen. Warum? Darum, weil ich mein Glück gemacht habe. Ich habe nämlich mein ganzes Warenlager in Bausch und Bogen abgestoßen, um fünfundsiebzig Prozent billiger, als ich dafür bezahlt hatte, und infolgedessen werde ich nächste Woche in den Adelsstand erhoben. Da schaut ihr, was? Ihr erblickt in mir den künftigen Herzog von Billigen und Marquis von Jakobshausen, drum will ich euch heut abend geben, was euer Herz begehrt. Vorher muß ich euch aber noch erklären, warum ich diese kleine Dame auf dem Arm halte. Ihr wollt es gar nicht wissen? Dann sollt ihr es erfahren. Sie ist nämlich ein Feenkind und weiß alles. Sie flüstert mir zu, was es mit jedem von euch auf sich hat und was jeder braucht. Braucht ihr zum Beispiel eine Säge? Nein, sagt sie, denn ihr seid zu ungeschickt, um damit umzugehen. Sonst hätte ich hier eine prachtvolle Säge, die jedem tüchtigen Mann zum lebenslänglichen Segen gereichen würde, für nur vier Shilling - dreieinhalb Shilling - zweieinhalb - zwei - anderthalb Shilling! Aber keiner von euch kriegt sie um diesen Preis, von wegen eueres bekannten Ungeschicks, denn das würde zu Mord und Totschlag führen. Das gleiche gilt für diesen erstklassigen Hobel hier. Aber bietet nicht darauf, denn den kriegt ihr auch nicht. Jetzt werde ich sie fragen, was ihr braucht.» (Dabei flüsterte ich ihr ins Ohr: «Dein Kopf ist so heiß, mein Liebling, tut er dir sehr weh?» - und sie antwortet, ohne die schweren Augenlider aufzuschlagen: «Ein bißchen, Vater!») «Ei, sieh da! Meine kleine Wahrsagerin sagt, ihr braucht ein Notizbuch. Warum habt ihr das nicht gleich gesagt? Hier haben wir eines. Bitte seht es euch an. Zweihundert Seiten vom feinsten satinierten Velinpapier - zählt sie nach, falls ihr mir nicht glaubt -, prachtvoll gleichmäßig liniiert, dazu ein unverwüstlicher Bleistift, um euere Ausgaben einzutragen, ein Taschenmesser mit zwei

Klingen, um sie wieder auszuradieren, gedruckte Rechentabellen, um euer Einkommen zu kalkulieren, und einen Feldstuhl, damit ihr euch zu dieser Tätigkeit bequem hinsetzen könnt. Halt! Da ist noch ein Sonnenschirm als Draufgabe, um euch vor dem Mondschein zu schützen, falls ihr euch in einer stockfinsteren Nacht damit befaßt. Jetzt frage ich euch nicht, wieviel für diesen ganzen Posten, sondern wie wenig? Wie wenig meint ihr wohl? Geniert euch nicht, es zu sagen, denn meine kleine Wahrsagerin weiß es schon.» (Während ich tat, als flüsterte ich mit ihr, küßte ich sie, und sie küßte mich mit ihren heißen Lippen.) «Was! Sie sagt, ihr meint bloß drei Shilling und drei Pennies! Das hätte ich nicht gedacht, nicht einmal von euch, wenn sie's mir nicht sagte. Drei Shilling und drei Pennies! Und dabei Rechentabellen, mit denen ihr ein Einkommen bis zu vierzigtausend Pfund jährlich berechnen könnt! Bei einem Einkommen von vierzigtausend Pfund jährlich geizt ihr mit drei Shilling und drei Pennies! Na, dann werde ich euch was sagen: Die drei Pennies verachte ich dermaßen, daß ich das Ganze lieber für drei Shilling hergebe. Da habt ihr es! Drei Shilling - drei Shilling - drei Shilling - weg ist es! Reicht's dem glücklichen Käufer hinüber!»

Da niemand geboten hatte, sahen sich alle um und grinsten einander an, während ich Sophys Gesichtchen berührte und sie fragte, ob ihr schwindlig wäre. «Nicht sehr, Vater. Es ist schon wieder besser», flüsterte sie. Ich wandte mich von den lieben, geduldigen Augen ab, die jetzt offen waren, und da ich über meine Ölfunzel hinweg nur grinsende Gesichter sah, fuhr ich in der besten Billigen-Jakob-Manier fort: «Wo ist der Metzger?» (Mein kummervoller Blick war gerade auf einen dicken jungen Metzger gefallen, der am äußersten Rand der Menge stand.) «Sie sagt, der glückliche Käufer wäre der Metzger. Wo ist er denn?» Alle schoben unter schallendem Gelächter den errötenden Metzger in die erste Reihe, und er fühlte sich gezwungen, in seine Tasche zu greifen und den ganzen Posten zu übernehmen. Wenn eine Person auf diese Art persönlich angesprochen wird, fühlt sie sich meist gezwungen, den Posten zu übernehmen – in gut vier Fällen von sechs. Dann hatten wir das genaue Gegenstück zu diesem Posten, das um einen halben Shilling billiger verkauft wurde – was immer große Freude erregt. Hierauf kam die Brille. Das ist kein sehr profitables Geschäft, aber ich setze sie auf und sehe, um wieviel der Lordkanzler die Steuern ermäßigen wird, und was der Liebste von dem jungen Mädchen in dem blauen Tuch jetzt gerade bei sich zu Hause tut, und was der Bischof zu Abend ißt, und alle möglichen anderen Dinge, die selten verfehlen, die Stimmung zu heben, und je gehobener die Stimmung, desto williger bieten die Leute. Dann kam ein Posten für die Damen – Teekanne, Teebüchse, Zuckerschale, sechs Teelöffel und eine Zukkerzange –, und die ganze Zeit erfand ich Vorwände, um meinem armen Kind einen Blick zu schenken oder ein paar Worte zuzuflüstern. Während des zweiten Postens für die Damen spüre ich auf einmal, wie sie sich an meiner Schulter ein wenig aufrichtet und über die dunkle Straße hinwegblickt. «Tut dir etwas weh, Liebling?» – «Jetzt tut mir nichts mehr weh, Vater, mir ist so leicht und gut. Aber ist dort drüben nicht ein hübscher Friedhof?» – «Ja, mein Herz.» – «Dann gib mir einen Kuß, Vater, und noch einen, und leg mich dort drüben in das weiche grüne Gras...» Ihr Köpfchen sinkt auf meine Schulter, und ich stolpere in den Wagen zurück und sage zur Frau: «Mach die Tür zu – schnell! Damit diese lachenden Menschen es nicht sehen!» – «Was ist geschehen?» schreit sie. – «Ach, Frau, Frau!» sage ich. «Du wirst meine kleine Sophy nie mehr an den Haaren zerren. Sie ist von dir fortgeflogen.»

Vielleicht klang das härter, als ich's meinte – aber von der Zeit an wurde die Frau hintersinnig und verfiel in die Gewohnheit, stundenlang mit verschränkten Armen und gesenktem Blick im Wagen zu sitzen oder nebenher zu gehen. Wenn der Jähzorn sie überkam (was jetzt eher seltener geschah), packte er sie auf eine andere Art, und sie schlug wild um sich, daß ich sie mit Gewalt festhalten mußte. Daß sie manchmal etwas über den Durst trank, machte die Sache auch nicht besser. So trottete ich ein paar Jahre lang neben dem alten Pferd einher und fragte mich, ob wohl viele Wagen durchs Land zogen, in denen solch eine Trübsal herrschte wie in dem meinen – wenn ich jetzt auch allgemein als der König unter den Billigen Jakobs angesehen wurde. Wir lebten traurig dahin, bis wir eines Sommerabends nach Exeter kamen und zufällig sahen, wie eine Frau grausam auf ein Kind losschlug, und das Kind schluchzte: «Schlag mich nicht! Ach, Mutter, Mutter, Mutter!» Da hielt meine Frau sich die Ohren zu und lief wie wild davon. Und am nächsten Tag fanden wir sie im Fluß.

Jetzt waren der Hund und ich allein im Wagen. Der Hund lernte, ein kurzes Bellen von sich zu geben, wenn niemand bieten wollte, und nochmals zu bellen und mit dem Kopf zu nicken, wenn ich ihn fragte: «Wer hat eine halbe Krone geboten? Sind Sie der Herr, Sir, der eine halbe Krone geboten hat?» Er brachte es zu einer ungeheueren Popularität, und ich werde bis zu meinem letzten Tag glauben, daß er ganz von selbst darauf kam, jeden anzuknurren, der weniger als einen halben Shilling bot. Aber er wurde langsam alt, und als ich eines Abends mit meiner Vorführung der Brille ganz York in Lachkrämpfe versetzte, verfiel er neben mir auf dem Trittbrett auf eigene Rechnung in Krämpfe und verschied.

Da ich von Natur aus zärtlich veranlagt bin, überkam mich von da an ein fürchterliches Gefühl der Einsamkeit. Während des Verkaufens kämpfte ich es nieder, weil ich ja meinen guten Ruf aufrecht zu erhalten hatte (ganz zu schweigen davon, daß ich mich selber zu erhalten hatte), aber privat übermannte es mich und drückte mich zu Boden. Das ist bei uns öffentlichen Persönlichkeiten oft der Fall. Wenn ihr uns auf dem Trittbrett seht, möchtet ihr euer ganzes Vermögen hergeben, um mit uns zu tauschen, aber wenn ihr uns privat seht, würdet ihr gern noch was drauflegen, um von dem Handel wieder loszukommen. Unter diesen Umständen schloß ich Bekanntschaft mit einem Riesen. Ohne meine Vereinsamung wäre ich vielleicht zu hochmütig gewesen, um mit ihm ins Gespräch zu kommen, denn beim fahrenden Volk gilt allgemein die Regel, daß die Gemütlichkeit beim Verkleiden aufhört. Sobald ein Mensch nicht imstande ist, seinen Lebensunterhalt mit Hilfe seiner unverkleideten Fähigkeiten zu erwerben, sehen wir auf ihn hinab. Und dieser Riese trat als Römer verkleidet auf.

Er war ein schlaffer junger Mensch, was ich der großen Entfernung zwischen seinen Extremitäten zuschreibe. Dazu hatte er einen kleinen Kopf und noch weniger drin, schwache Augen und schwache Knie, und überhaupt konnte man ihn nicht anschauen, ohne zu denken, daß viel zuviel von ihm da wäre, sowohl im Verhältnis zu seinen Gelenken wie zu seinem Verstand. Aber er war ein lieber, sehr schüchterner junger Mensch (seine Mutter vermietete ihn und verbrauchte das ganze Geld für sich), und wir wurden miteinander bekannt, als wir zu Fuß von einem Jahrmarkt zum anderen zogen, um es den Pferden leichter zu machen. Er nannte sich Rinaldo di Velasco. In Wirklichkeit hieß er Pickleson.

Dieser Riese, recte Pickleson, vertraute mir unter dem Siegel der Verschwiegenheit an, daß er nicht nur sich selber zur Last lebte, sondern daß sein Dasein ihm obendrein durch die Grausamkeit seines Meisters gegen dessen taubstumme Stieftochter verleidet war. Die Mutter dieses Mädchens war tot, sie hatte keine lebende Seele, die sich ihrer annahm, und wurde sehr schlecht behandelt. Der Schausteller schleppte sie in seinem Wagen mit durchs Land, weil er nicht wußte, wo er sie sonst lassen sollte, und der Riese, recte Pickleson, ging so weit, zu glauben, daß der Schausteller schon öfter versucht hätte, sie unterwegs zu verlieren. Ich weiß nicht mehr, wie lange Pickleson brauchte, um diese Geschichte aus sich herauszuquetschen, denn er war so schrecklich schlaff und träge, aber mit der Zeit gelangte sie durch seine mangelhafte Zirkulation doch bis in den Kopf hinauf.

Als ich diesen Bericht des Riesen, recte Pickleson, vernahm und obendrein hörte, daß das arme Mädchen wunderschönes, langes, dunkles Haar hätte und oft daran gezerrt und dann verprügelt würde, konnte ich den Riesen nicht deutlich sehen; es war mir etwas in die Augen gekommen. Nachdem ich sie getrocknet hatte, schenkte ich ihm einen halben Shilling (denn er wurde so kurz gehalten, wie er lang war), den er in Gin mit Wasser anlegte. Das munterte ihn so auf, daß er mit lauter Stimme das lustige Lied vom Zähneklappern sang – eine höchst beliebte komische Darbietung, die sein Meister auf jede nur mögliche andere Art aus ihm als Römer herauszupressen versucht hatte, aber gänzlich ohne Erfolg.

Sein Meister, ein sehr heiserer Kerl, hieß Mim, und ich kannte ihn so weit, daß wir bei unseren zufälligen Begegnungen ein paar Worte zu wechseln pflegten. Zu diesem Jahrmarkt begab ich mich in Zivil, das heißt, ich ließ meinen Wagen vor der Stadt. Während der Vorführung sah ich mir die Fuhrwerke von hinten an und stieß schließlich auf das arme taubstumme Mädchen, das an ein kotiges Wagenrad gelehnt dasaß und vor sich hindöste. Auf den ersten Blick hätte ich fast gemeint, sie wäre aus der Raubtiermenagerie entsprungen, doch als ich näher hinschaute, hielt ich mehr von ihr und dachte, wenn sie besser gepflegt und menschlicher behandelt würde, könnte sie meinem Kind gleichen. Sie war gerade so alt, wie meine Tochter jetzt gewesen wäre, wenn ihr hübsches Köpfchen nicht an jenem unglückseligen Abend auf meine Schulter gesunken wäre.

Um es kurz zu machen: Ich sprach vertraulich mit Mim, während er zwischen zwei von Picklesons Darbietungen vor dem Zelt den Gong schlug, und sagte zu ihm: «Sie ist eine Belastung für Euch. Was wollt Ihr für sie haben?» – Mim war ein grausamer Flucher. Unter Weglassung dieses Teils seiner

Rede, der bei weitem der längste war, lautete seine Antwort: «Ein Paar Hosenträger.» – Worauf ich erwiderte: «Jetzt werde ich Euch sagen, was ich tue. Ich bringe Euch augenblicklich ein halbes Dutzend erstklassige Hosenträger aus meinem Wagen und nehme das Mädel dann gleich mit.» – Mim sagte darauf (wieder unter Weglassung der grausamen Flüche): «Ich werde es glauben, wenn ich die Ware in der Hand habe, und keinen Augenblick früher.» – Ich beeilte mich, so sehr ich konnte, damit er es sich nicht noch anders überlegte, und der Handel wurde abgeschlossen. Pickleson war darüber so beglückt, daß er sich zum Abschied der Länge nach aus seinem kleinen Hintertürchen herausschlängelte wie die leibhaftige Boa constrictor und uns zwischen den Wagenrädern das lustige Lied vom Zähneklappern in Flüstertönen zum besten gab.

Es war ein glücklicher Tag für uns beide, als ich Sophy in meinen Wagen brachte. Ich nannte sie sofort Sophy, um sie ein für allemal an die Stelle meiner eigenen Tochter zu setzen. Und sobald sie begriff, daß ich es gut und lieb mit ihr meinte, begannen wir uns, dem gütigen Himmel sei Dank, sehr rasch zu verständigen. Nach ganz kurzer Zeit hatte sie mich unglaublich lieb. Ach, ihr könnt euch nicht vorstellen, was es heißt, wenn jemand einen unglaublich lieb hat, sofern ihr nicht selbst einmal von dem oben erwähnten Gefühl der Vereinsamung übermannt und zu Boden gedrückt worden seid.

Ihr hättet gelacht – oder das Gegenteil getan; je nach euerer Veranlagung, hättet ihr zusehen können, wie ich Sophy zu unterrichten versuchte. Meine ersten Helfer waren – ihr werdet es nicht erraten – die Meilensteine am Wege. Ich hatte mir einen ABC-Kasten angeschafft, die einzelnen Buchstaben jeweils groß auf beinernen Plättchen, und wenn wir beispielsweise nach WINDSOR unterwegs waren, legte ich die Buchstaben in dieser Reihenfolge vor sie hin und zeigte ihr bei jedem Meilenstein die gleichen Buchstaben in der gleichen Reihenfolge, während ich auf das Königliche Schloß wies. Oder ich gab ihr die Buchstaben WAGEN und malte sie gleichzeitig außen auf den Wagen. Dann gab ich ihr DOKTOR MARIGOLD zu lesen und heftete einen Zettel mit dieser Inschrift an meine Weste. Wenn wir Leute trafen, starrten sie uns an und lachten wohl auch ein bißchen, aber was lag mir dran, wenn sie nur begriff, was ich meinte! Es brauchte sehr viel Mühe und Geduld, bis sie es begriff, doch dann kamen wir wahrhaftig flott voran! Im Anfang neigte sie allenfalls dazu, mich als den Wagen anzusehen und den Wagen als das Königliche Schloß - aber das verging bald.

Wir hatten auch unsere eigenen Zeichen, viele hundert an der Zahl. Manchmal sah sie mich an und dachte angestrengt nach, wie sie mir etwas Neues verständlich machen, wie sie nach einer bestimmten Erklärung fragen sollte - und dann glich sie (oder ich bildete es mir ein, aber das kommt aufs gleiche heraus) dermaßen meiner Tochter, wenn sie um die paar zusätzlichen Jahre älter geworden wäre, daß ich halb und halb glaubte, sie sei es wirklich und versuche mir zu erzählen, wo sie dort oben im Himmel gewesen wäre und was sie seit jener unseligen Nacht, in der sie uns entflog, alles gesehen hätte. Sie besaß ein liebliches Gesicht, und jetzt, da niemand sie an ihrem schönen dunklen Haar zerrte und es glatt und glänzend um ihren Kopf lag, hatte sie etwas Rührendes an sich, das den Wagen still und friedlich, aber durchaus nicht melancholisch machte. (N. B. Im Billigen-Jakob-Geschwätz pflegen wir gern «lemancholisch» zu sagen, was das Publikum garantiert zum Lachen bringt.)

Es war wahrhaftig erstaunlich, wie sie jeden Blick von mir verstehen lernte. Wenn ich abends meinen Verkauf abhielt, pflegte sie, vor den Blicken der Leute draußen verborgen, im Wagen zu sitzen, und sobald ich mich zu ihr wandte, sah sie mir aufmerksam in die Augen und reichte mir genau den Artikel, den ich haben wollte. Dann lachte sie und klatschte vor Freude in die Hände. Und was mich betraf – wenn ich sie so lebhaft und fröhlich sah und mich erinnerte, wie ich sie zuerst erblickt hatte, wie sie verhungert, verprügelt, zerlumpt an dem kotigen Wagenrad lehnte und vor sich hindöste, geriet ich in eine so frohe Stimmung, daß mein Ruf immer noch glänzender wurde; und ich vermachte in meinem Testament Pickleson (unter der Bezeichnung «Mims reisender Riese, recte Pickleson») eine Fünfpfundnote.

Unser Glück im Wagen dauerte an, bis sie sechzehn Jahre alt war. Dann begann ich allmählich zu denken, daß ich nicht genug für sie getan hätte und daß sie eine bessere Erziehung und Unterweisung haben sollte, als ich ihr zu geben vermochte. Es kostete uns beide viele Tränen, als ich ihr meine Ansicht zu erklären anfing, aber was recht ist, muß recht bleiben, und man kann weder durch Tränen noch durch Lachen etwas davon abhandeln.

So nahm ich sie eines Tages bei der Hand und ging mit ihr in das Taubstummeninstitut von London. Als der Herr dort mit uns zu sprechen begann, sagte ich: «Jetzt werde ich Ihnen sagen, was ich tun will, Sir. Ich bin bloß ein Billiger Jakob, aber in den letzten Jahren habe ich mir doch einen kleinen Notgroschen zurückgelegt. Dies ist mein einziges Kind (adoptiert), und sie könnte nicht tauber und nicht stummer sein, als sie ist. Bringen Sie ihr bei, was ihr überhaupt beizubringen ist, und dies in der kürzesten Zeit, die wir getrennt bleiben müssen. Sagen Sie mir, was es kostet, und ich bezahle es. Ich werde Ihnen keinen Rappen abhandeln, Sir, sondern das Geld jetzt und hier auf den Tisch legen und aus Dankbarkeit noch ein Pfund draufgeben. So!» – Der Herr lächelt und sagt: «Nun, nun, das werden wir sehen. Erst muß ich wissen, was sie schon kann. Wie verständigen Sie sich mit ihr?» – Ich erklärte es ihm, und sie schrieb in Druckbuchstaben den Namen vieler Dinge auf, die er ihr zeigte, und dann redeten wir, Sophy und ich, munter über eine kleine Geschichte in einem Buch, die der Herr ihr zu lesen gab und die sie ohne weiteres verstand. «Das ist unglaublich!» sagt der Herr schließlich. «Ist es möglich, daß Sie ihr einziger Lehrer waren?» – «Außer ihr selber, Sir», sage ich. – «Dann», sagt der Herr, und willkommenere Worte habe ich nie vernommen, «dann sind Sie ein kluger Mensch und ein guter Mensch obendrein.» – Das macht er auch Sophy verständlich, und sie küßt ihm die Hand und klatscht in ihre eigenen Hände und lacht und weint zugleich.

Wir sprachen im ganzen viermal mit dem Herrn. Als er meinen Namen aufschrieb und fragte, wieso in aller Welt ich «Doktor» hieße, stellte es sich heraus, daß er der leibliche Neffe schwesterlicherseits des Doktors war, nach dem ich getauft wurde, ob ihr's glaubt oder nicht.

Das brachte uns auf einen noch freundschaftlicheren Fuß, und er sagt mir: «Also jetzt erklärt mir, Marigold, was soll Euere Adoptivtochter nach Euerem Wunsch eigentlich noch lernen?»

«Sir, ich möchte, daß sie so wenig von der Welt abgeschnitten bleibt, wie ihr Gebrechen es nur zuläßt. Sie sollte imstande sein, alles, was je geschrieben wurde und wird, mit Leichtigkeit und Vergnügen zu lesen.»

Der Herr reißt die Augen weit auf und ruft: «Aber lieber Mann, das kann nicht einmal ich!»

Nun, ich quittiere seinen Scherz mit einem Lachen (weil ich ja aus Erfahrung weiß, wie einem zumute ist, wenn ein Witz nicht ankommt) und wiederhole meine Bitte in etwas anderen Worten.

«Und was gedenkt Ihr nachher mit ihr anzufangen?» fragt der Herr einigermaßen bedenklich. «Soll sie weiterhin mit Euch durchs Land ziehen?»

«Ja, Sir, aber nur im Wagen. Sie soll in meinem Wagen ein ganz privates Leben führen, verstehen Sie. Ich würde nie daran denken, sie dem Publikum vorzuführen. Ich würde um keinen Preis ihr Gebrechen zur Schau stellen.»

Der Herr nickte und schien das zu billigen.

«Könntet Ihr Euch zwei Jahre lang von ihr trennen?» fragt er.

«Wenn es zu ihrem Besten ist – ja, Sir.»

«Es besteht aber noch eine andere Frage», sagt der Herr, sich zu ihr wendend. «Könnte sie sich so lange von Euch trennen?»

Ich weiß nicht, ob das an sich ein schwererer Verzicht war (der meine fiel mir schwer genug), aber es war schwerer, sie dazu zu bringen. Schließlich sah sie es aber doch ein, und unsere Trennung war beschlossene Sache. Wie weh es uns beiden tat und wie mir zumute war, als ich sie eines Abends hinbrachte und mich an der Tür von ihr verabschiedete, will ich nicht erzählen. Doch eines weiß ich: In Gedenken an jenen dunklen Abend kann ich nie mehr an diesem Haus vorbeigehen, ohne daß sich mir das Herz in der Brust zusammenkrampft, und in Sichtweite dieses Hauses könnte ich meine größten Schlager - auch das Gewehr und die Brille - nicht mit meiner gewohnten Munterkeit anpreisen. Nein, nicht einmal wenn mir der Innenminister eine Belohnung von fünfhundert Pfund verspräche und als Draufgabe noch die Ehre, hinterher meine Beine unter seinem Mahagonitisch ausstrecken zu dürfen!

Doch bei alldem war die Einsamkeit, die jetzt in meinem Wagen herrschte, etwas anderes als meine frühere Einsamkeit, weil ihr eine Grenze gesetzt war, wie lang es auch bis dahin dauern mochte; und wenn es mir einmal gar zu schwer ums Herz war, konnte ich denken, daß sie zu mir gehörte und daß ich zu ihr gehörte. Immer in Hinblick auf ihre Rückkehr kaufte ich mir nach ein paar Monaten einen neuen Wagen - und was glaubt ihr wohl, was ich mit dem vorhatte? Ich werde es euch sagen. Ich nahm mir vor, ihn mit Bücherregalen und einem gemütlichen Sitzplatz auszustatten, wo ich sitzen könnte und ihr zuschauen, wie sie las, und daran denken, daß ich ihr erster Lehrer gewesen war. Ohne Übereilung ließ ich die einzelnen Teile der Einrichtung unter meiner ständigen Oberaufsicht zusammenfügen und einpassen, und hier war ein Wandbett mit Vorhängen, und dort war ihr Lesetischchen und ihr Schreibpult, und da standen die Bücher, reihenweise, mit Bildern und ohne Bilder, gebunden und ungebunden, mit vergoldetem Schnitt oder einfach, so wie ich sie partienweise im ganzen Land zusammenkaufen konnte, in Nord und Süd, in Ost und West, über Berg und Tal und fern und nah, daheim ist's am best'. Aber als ich gut und gern so viele Bücher zusammengebracht hatte, wie der Wagen nur zu fassen vermochte, ging mir eine neue Idee durch den Kopf, die, wie es sich bald zeigen sollte, meine Zeit und Aufmerksamkeit völlig in Anspruch nahm und mir über die Zweijahreshürde hinweghalf.

Ich bin nicht geizig, aber ich lege einen gewissen Wert auf eigenen Besitz. Ich möchte zum Beispiel, was mein Fuhrwerk betrifft, nicht mit euch in Kompanie gehen. Nicht, daß ich euch mißtraute, aber es ist mir lieber, wenn das Fuhrwerk mir allein gehört, genau wie es euch an meiner Stelle vermutlich lieber wäre, wenn es euch allein gehörte. Nun also! Allmählich überkam mich etwas wie Eifersucht, wenn ich bedachte, daß andere Leute alle diese Bücher gelesen hatten, lange bevor Sophy sie lesen würde. Es war mir, als würde dadurch irgendwie ihr Besitz geschmälert. Und auf die Art verfiel ich auf die Idee: Könnte ich nicht ein neues Buch eigens für sie herstellen lassen? Ein Buch, das noch niemand vor ihr gelesen hätte?

Der Gedanke gefiel mir, und da ich nie der Mann war, einen Gedanken einschlafen zu lassen (wenn man es als Billiger Jakob zu was bringen will, muß man alle Gedanken, die einem nur in den Kopf kommen, munter halten und arbeiten lassen), so machte ich mich alsbald daran, ihn auszuführen. In Anbetracht der Tatsache, daß ich ständig im Land herumzog und hier und dort und anderswo, wie es sich eben ergab, jeweils ein literarisches Individuum ausfindig machen und mit ihm handelseinig werden müßte, kam ich auf die Idee, daß dieses selbige Buch ein Posten Vermischtes werden sollte – so wie Rasierzeug, Bügeleisen, Präzisionsuhr, Fleischteller, Nudelholz und Spiegel – und nicht ein einzeln anzupreisender Artikel wie etwa die Brille oder das Schießgewehr. Nachdem ich zu diesem Schluß gekommen war, kam ich noch zu einem weiteren, den ich euch gleichfalls darlegen werde.

Ich hatte oft bedauert, daß sie mich nicht hören konnte, wie ich auf dem Trittbrett stand und meine Waren anpries. Nicht, daß ich so besonders eitel wäre, aber im allgemeinen stellt man sein Licht nicht gern unter den Scheffel. Was ist unser ganzer Ruhm wert, wenn wir dem Menschen, an dessen Wertschätzung uns am meisten liegt, nicht die Gründe dafür zur Kenntnis bringen können? Jetzt werde ich *euch* die Frage vorlegen: Ist er Sixpence, Fourpence, Threepence, Twopence, einen Penny oder auch nur einen halben Penny wert? Nein, keinen roten Heller! Also schön. Mein Schluß ging dahin, daß ich ihr Buch mit einem Bericht über mich selber beginnen wollte, so daß sie ein paar Muster von meinen Vorführungen auf dem Trittbrett lesen und sich selbst ihre Meinung über meine diesbezüglichen Verdienste bilden könnte. Ich war mir bewußt, daß ich mir selber nicht gerecht werden könnte. Ein Mensch kann nicht seinen Blick niederschreiben (zumindest wüßte ich nicht, wie er das anstellen soll), noch seine Stimme oder seinen raschen Redefluß oder seine flinken Bewegungen. Aber wenn er ein öffentlicher Redner ist, kann er zumindest seine Redewendungen niederschreiben – und ich habe gehört, daß er das wirklich sehr oft tut, bevor er sie spontan vorbringt.

Nun schön. Nachdem ich diesen Beschluß gefaßt hatte, erhob sich die Frage, wie man das Buch nennen sollte. Wie hämmerte ich dieses heiße Eisen in die richtige Form? Folgendermaßen: Bei all meinen Unterweisungen war mir nichts so schwergefallen wie die Erklärung, wie es kam, daß ich «Doktor» genannt wurde und doch kein Doktor war. Sosehr ich mich bemüht hatte, war es mir, glaube ich, nicht gänzlich gelungen, ihr das klarzumachen. Doch im Vertrauen auf die Fortschritte, die sie in diesen zwei Jahren erzielt haben mußte, hoffte ich, daß sie es verstehen würde, wenn sie es nun in meiner eigenen Darstellung las. Ferner dachte ich: Ich würde einen Scherz wagen und beobachten, wie sie ihn aufnähme, woraus ich schon klar ersehen würde, wie weit sie mich verstünde. Wir hatten unser Mißverständnis entdeckt, als sie mich einmal bat, ihr eine Medizin zu verschreiben, weil sie mich für einen richtigen Doktor im ärztlichen Sinn hielt. Darum dachte ich jetzt: Wenn ich diesem Buch den Titel «Rezepte» gebe und sie erfaßt, daß meine Rezepte bloß ihrer Unterhaltung und Erhebung gelten – um sie nämlich zu einem heilsamen Lachen oder zu ebenso heilsamen Tränen zu bringen –, wird es für uns beide ein beglückender Beweis sein, daß wir unser Mißverständnis aufgeklärt haben. Und es glückte im höchsten Maß! Als sie nämlich das Buch, richtig gedruckt und gebunden, wie ich es vorbereitet hatte, auf ihrem Tisch im Wagen liegen sah und den Titel «Doktor Marigolds Rezepte» las, schaute sie mich einen Moment lang höchst erstaunt an. Dann blätterte sie es durch – und dann brach sie in helles Lachen aus! Auf die reizendste Art fühlte sie sich den Puls und schüttelte bedenklich den Kopf. Dann wandte sie die Seiten um und tat, als studiere sie es mit größter Aufmerksamkeit – worauf sie das Buch küßte und es an ihr Herz drückte und mir schließlich lachend um den Hals fiel. Nie im Leben hatte ich eine größere Freude!

Aber ich will nicht vorgreifen. (Diese Wendung entnehme ich den Romanen, die ich für sie kaufte. Ich habe niemals einen aufgeschlagen - und ich durchblätterte viele davon -, ohne daß mein Blick auf die Worte fiel: «Aber ich will nicht vorgreifen.» Wobei ich mich jedesmal fragte, warum der Verfasser trotzdem vorgriff oder wer es von ihm verlangte.) Also, wie gesagt, ich will nicht vorgreifen. Das Buch nahm meine ganze freie Zeit in Anspruch. Es war nicht leicht, die einzelnen anderen Beiträge für diesen Posten Vermischtes zusammenzukriegen, aber das war nichts gegen meinen eigenen Artikel. Nie hätte ich geglaubt, wie viele Tintenkleckse und Mühe und Geduld es braucht, bis so eine Seite geschrieben ist. Was wieder meine Erfahrungen vom Trittbrett bestätigt: Das Publikum hat keine Ahnung von den Schwierigkeiten eines Berufs.

Doch endlich hatte ich es geschafft, und die zweijährige Wartezeit war verflossen, wie alle Zeit es seit jeher tut, und ich fragte mich nur: Wohin? Der neue Wagen war fertig - außen gelb angestrichen, mit zinnoberroten Verzierungen und blanken Messingbeschlägen -, das alte Roß wurde vorgespannt, ein neues junges Roß und ein Bursche für das Billige-Jakob-Fuhrwerk angestellt, und ich machte mich nett und sauber, um nach London zu fahren und sie abzuholen. Es war klares, frostiges Wetter, der Rauch stieg fröhlich aus den Schornsteinen auf.

«Marigold», sagt der Herr und schüttelt mir herzlich die Hand. «Ich freue mich sehr, Euch zu sehen.»

«Und doch habe ich meine Zweifel, Sir», sage ich, «ob Sie auch nur halb so froh sind wie ich.»

«Die Zeit hat Euch lang gedünkt, nicht wahr, Marigold?»

«Das möchte ich nicht sagen, Sir, in Anbetracht ihrer wirklichen Länge, aber...»

«Oh, mein Gott, wie Ihr zusammenfahrt, lieber Freund! Habt Ihr so einen Schreck bekommen?»

Das konnte man wohl sagen! Ach, wie sie sich verändert hatte! So damenhaft, so hübsch, so klug, so ausdrucksvoll! Damals begriff ich, daß sie wirklich wie mein eigenes Kind sein mußte, sonst hätte ich sie nie und nimmer erkannt, wie sie so still und regungslos an der Tür stand.

«Ihr seid bewegt», sagt der Herr in gütigem Ton.

«Es kommt mir zum Bewußtsein, Sir», sage ich, «daß ich nur ein grober Kerl in einer Fuhrmannsweste bin.»

«Und mir kommt zum Bewußtsein», sagt er, «daß Ihr es wart, der sie aus ihrem Elend und ihrer Erniedrigung befreit und sie in den Kreis ihrer Mitmenschen geführt hat. Aber warum unterhalten wir uns allein miteinander, wenn wir uns so gut mit ihr unterhalten könnten? Redet sie auf Eure Weise an.»

«Ich bin nur ein grober Kerl in einer Fuhrmannsweste, Sir», sage ich, «und sie ist eine so feine, zarte Dame und steht so still an der Tür!»

«Probiert, ob sie noch die alten Zeichen kennt», sagt der Herr.

Sie hatten sich die Komödie ausgedacht, um mir eine Freude zu bereiten! Denn sobald ich das alte Zeichen mache, stürzt sie auf mich zu und fällt vor mir auf die Knie und streckt die Hände zu mir empor, während ihr vor lauter Liebe und Freude die Tränen über die Wangen strömen. Und als ich ihre Hände ergriff und sie zu mir aufhob, fiel sie mir um den Hals und verbarg das Gesicht an meiner Brust.

Und ich weiß gar nicht, was für Narrheiten ich aufführte, bis wir uns beruhigten und alle drei tonlos miteinander zu plaudern begannen – und niemand kann sagen, wie mild und hell die ganze Welt für uns geworden war.

Und jetzt werde ich euch sagen, was ich tue. Hiermit biete ich euch den ganzen Posten Vermischtes an, ihr eigenes Buch, das noch kein Mensch außer mir gelesen hat, von mir selber ergänzt und erweitert, nachdem sie die erste Fassung gelesen hatte; achtundvierzig Druckseiten oder sechsundneunzig Spalten*, gedruckt von Whiting in Person, will sagen auf der neuesten dampfbetriebenen Maschine im Beaufort House, auf dem feinsten Papier mit dem schönsten grünen Einband, so sauber gefaltet wie frischgestärkte Wäsche aus der erstklassigsten Wäscherei und so ausgezeichnet geheftet, daß es, rein als Handarbeit betrachtet, das Mustertuch einer Weißnäherin übertrifft, die vor der amtlichen Prüfungskommission am Wettbewerb für Hungerleiden teilnimmt. Und wieviel verlange ich für den Posten? Acht Pfund? Nein, nicht soviel. Sechs Pfund? Noch weniger! Vier Pfund? Ja, ihr werdet es kaum glauben, aber so wenig kostet es! Bloß vier Pfund! Das Heften allein hat mehr als die Hälfte gekostet! Hier, mein verehrtes Publikum, sind achtundvierzig Originalseiten, sechsundneunzig Spalten, für bloß vier Pfund! Ihr möchtet mehr für euer Geld? Bitte! Drei ganze Seiten mit hochinteressanten Inseraten werden gratis draufgegeben. Lest sie und glaubt sie. Was, noch mehr? Dann

* Beschreibung des Formats, in dem diese und die andern Weihnachts-Extranummern von *All the Year Round* erstmalig erschienen (Anm. d. Übers.).

also meine besten Wünsche für euere diversen fröhlichen Weihnachten und glücklichen neuen Jahre und langes Leben und dauernden Wohlstand – im Wert von mindestens zwanzig Pfund, falls sie unbeschädigt bei euch eintreffen. Bedenkt das! Und außerdem noch ein zusätzliches Rezept, «Lebenslänglich einzunehmen», aus dem ihr erfahren werdet, wie das Fuhrwerk zusammenbrach und wo die Fahrt endete. Ihr findet vier Pfund zu teuer? Ihr findet es immer noch zu teuer? Also – dann werde ich euch was sagen: Bezahlt vier Pennies, aber sagt es nicht weiter!

Lebenslänglich einzunehmen

Sophy las alles Vorstehende mehrmals hintereinander, und ich saß auf meinem Platz im Büchereiwagen (wie wir ihn nannten) und sah ihr dabei zu, stolz wie ein Mops, der mit schwarzgefärbter Schnauze und maschinell gekräuseltem Schwanz zu einer Abendgesellschaft geht. Mein Plan war in all seinen Einzelheiten von Erfolg gekrönt. Unser wiedervereintes Leben übertraf alle unsere Hoffnungen. Glück und Zufriedenheit begleiteten jede Umdrehung der Wagenräder und verweilten bei uns, wenn die beiden Wagen irgendwo verweilten.

Bloß eines hatte ich bei meinen Berechnungen nicht in Betracht gezogen. Was hatte ich nicht in Betracht gezogen, verehrtes Publikum? Damit ihr leichter draufkommt, sage ich: eine Figur, eine bekannte Figur. Also ratet einmal! Aha, sagt ihr, eine Figur! Ein Kreis? – Nein. – Ein Dreieck? – Nein. – Ein Viereck? – Nein, auch nicht. Also, um euch weiterzuhelfen, werde ich sagen, daß es keine geometrische Figur ist. – Aha, dann also eine menschliche Figur! – Nein. – Eine tierische Figur? – Nein. – Aber doch eine sterbliche Figur? – Nein, auch keine sterbliche Figur. Jetzt habt ihr euch in eine Klemme hineinmanövriert und müßt wohl oder übel erraten, daß es eine unsterbliche Figur ist. Stimmt! Warum habt ihr das nicht gleich gesagt?

Ja, es war eine unsterbliche Figur, die ich bei meinen Plänen ganz außer acht gelassen hatte. Eine männliche Figur? Nein, und auch keine weibliche – eine kindliche Figur. Bub oder Mädel? Bub. Jetzt haben wir es. Ein Knäblein mit Pfeil und Bogen!

Wir waren unten in Lancaster, und ich hatte zwei Abende lang überdurchschnittlich gute Geschäfte gemacht (wenn ich auch, um der Wahrheit die Ehre zu geben, das dortige Publikum nicht als übermäßig vif bezeichnen kann). Wir standen auf dem großen Platz, am Ende der Straße, in der das *King's Arms and Royal Hotel* von Mr. Sly liegt, und «Mims reisender Riese», recte Pickleson, befand sich zufällig auch auf Tournee in der Stadt. Er war inzwischen mächtig vornehm geworden. Keine Spur mehr von einem Planwagen. Die Vorstellung fand in einem grün ausgeschlagenen Saal statt. Gedruckter Anschlagzettel: «Keine Freikarten außer für die Vertreter einer freien Presse, den Stolz eines freien Landes! – Besonderes Arrangement für Schulen, nach vorheriger Anmeldung. Familienprogramm. Entspricht den strengsten Anforderungen des feinen Anstands!» In einem rosafarbigen Kassenzelt Mim, der aufs gräßlichste über die Interesselosigkeit des Publikums fluchte. In den Schaufenstern der Geschäfte wissenschaftlich getönte Anzeigen, die besagten, daß es unmöglich sei, die Geschichte von David und Goliath richtig zu verstehen, sofern man nicht Pickleson gesehen hätte.

Ich begab mich in den betreffenden Saal und stellte fest, daß er bis auf ein hohles Echo und einen dumpfigen Geruch nichts enthielt als einzig Pickleson auf einem roten Wollteppich. Das paßte mir gut, weil ich privat und vertraulich mit ihm zu reden wünschte, nämlich folgendermaßen: «Pickleson! Da ich Euch viel verdanke, gedachte ich, Euch testamentarisch eine Fünfpfundnote zu vermachen. Aber um amtliche Umtriebe zu ersparen, gebe ich Euch hiermit viereinhalb Pfund in bar, womit Euch wohl ebenfalls besser gedient ist, und wir schließen die Transaktion auf der Stelle ab.» Pickleson, der bis dahin den traurigen Eindruck einer lang ausgezogenen Wachskerze gemacht hatte, die absolut nicht brennen will, leuchtete bei dieser Mitteilung an seinem oberen Ende auf und stattete seinen Dank mit einer (für seine Verhältnisse) geradezu parlamentarischen Beredsamkeit ab. Ferner erzählte er, da er als Römer nicht mehr zöge, hätte Mim ihm vorgeschlagen, als indianischer Riese, den «des Milchmanns Töchterlein» zum wahren Glauben bekehrte, aufzutreten. Weil Pickleson das Traktätchen, das von dieser jungen Person handelt, nicht kannte und Possen seiner ernsten Lebensauffassung nicht entsprachen, hatte er den Vorschlag abgelehnt, was zu bösen Worten und einer totalen Biersperre für den unglücklichen jungen Menschen führte. Dies alles wurde durch das wütende Knurren Mims in seinem Kassenverschlag bestätigt, das während unserer ganzen Unterredung nicht aufhörte und bewirkte, daß der Riese wie ein Blatt im Winde bebte.

Was jedoch an seinen Bemerkungen für mich

interessant war, lag in den folgenden Worten (die ich wörtlich wiedergebe, obwohl ich nicht hoffen kann, einen Eindruck von ihrem kraftlosen Ton zu vermitteln): «Doktor Marigold, wer ist der fremde junge Mann, der sich um Euere Wagen herumdreht?» – «Der fremde junge *Mann*?» wiederhole ich, weil ich denke, daß er *sie* meint und infolge seiner trägen Zirkulation nicht das richtige Wort herausbringt. – «Doktor», entgegnet er in einem Ton, der dazu angetan ist, auch einem männlichen Auge eine Träne zu entlocken, «ich bin schwach, aber nicht so schwach, daß ich nicht weiß, was ich rede. Ich wiederhole meine Worte, Doktor: Der fremde junge Mann.» Dann kam es langsam heraus, daß Pickleson, der sich die Beine nur zu einer Zeit vertreten durfte, wenn keine Gefahr bestand, daß ihn jemand gratis besichtigen könnte (also mitten in der Nacht oder in der frühesten Morgendämmerung), in dieser selbigen Stadt Lancaster, wo ich mich erst zwei Tage und zwei Nächte lang aufhielt, den fremden jungen Mann zweimal um meine Wagen herumschleichen gesehen hatte.

Das ging mir irgendwie gegen den Strich. Was es wirklich bedeutete, dämmerte mir damals so wenig, wie es euch jetzt dämmert, aber es ging mir irgendwie gegen den Strich. Pickleson gegenüber tat ich es leichthin ab und verließ ihn mit der Ermahnung, sein Erbteil zur Erfrischung seiner Körperkräfte zu verwenden und seinem frommen Lebenswandel auch weiterhin treu zu bleiben. Aber bei Tagesanbruch hielt ich Ausschau nach dem fremden jungen Mann, und was noch mehr heißt – ich erblickte ihn auch! Er war gut aussehend und gut gekleidet. Er drehte sich ganz in der Nähe meiner beiden Wagen herum und beobachtete sie so scharf, als wäre er zu ihrer Bewachung angestellt. Als es hell wurde, ging er. Ich rief ihn laut an, doch er schaute sich nicht um und fuhr nicht zusammen und gab auch sonst nicht das kleinste Anzeichen, daß er mich gehört hätte.

Ein paar Stunden später zogen wir von Lancaster fort nach Carlisle, und bei Tagesanbruch sah ich mich wieder nach dem fremden jungen Mann um. Ich erblickte ihn nicht. Doch als ich am nächsten Morgen nochmals Ausschau hielt, war er tatsächlich wieder da! Wieder rief ich ihn laut an, und wieder war es, als hätte er mich überhaupt nicht gehört. Das brachte mich auf einen Gedanken. Demgemäß beobachtete ich den fremden jungen Mann zu verschiedenen Zeiten und bei verschiedenen Gelegenheiten, auf die ich hier nicht näher einzugehen brauche, bis ich entdeckte, daß er taubstumm war!

Diese Entdeckung traf mich wie ein Schlag, denn ich wußte, daß es in der Taubstummenanstalt, wo sie gewesen, auch eine Abteilung für junge Männer gab (manche aus wohlhabenden Familien), und dachte bei mir: «Wenn sie ihm wohlgesinnt ist, wo bleibe dann ich, und wo bleibt alles, wofür ich gearbeitet und was ich erhofft habe?» In der Hoffnung – zu diesem selbstsüchtigen Gefühl muß ich mich bekennen –, daß sie ihm *nicht* wohlgesinnt wäre, machte ich mich daran, der Sache auf den Grund zu gehen. Schließlich wurde ich zufällig Zeuge einer Begegnung zwischen ihnen, draußen im Freien. Ich stand hinter einer Tanne versteckt und sah alles mit an, ohne daß sie es merkten. Es war eine aufregende Begegnung für uns drei. Ich verstand jedes Wort, das sie tauschten, so gut wie sie selber. Ich horchte mit meinen Augen, die unterdessen mit der Taubstummensprache so vertraut waren wie meine Ohren mit der Rede normaler Menschen. Er war im Begriff, nach China zu reisen – als Buchhalter in einer Handelsfirma, der schon sein Vater angehört hatte –, und in der Lage, eine Familie zu gründen. Er bat sie, als seine Frau mit ihm zu kommen. Sie weigerte sich standhaft. Er fragte, ob sie ihn denn nicht liebe. Doch, sie liebe ihn, so sehr, so sehr, aber nie und nimmer würde sie ihren geliebten, gütigen, edlen, großmütigen und was sonst noch alles Vater (damit meinte sie mich, den Billigen Jakob in der Fuhrmannsweste) im Stich lassen, sie würde bei ihm bleiben, und wenn es ihr das Herz bräche! Darauf begann sie bitterlich zu weinen, und das brachte mich zu einem Entschluß.

Solang ich nicht gewußt hatte, wie sie zu dem jungen Mann stand, hatte ich unvernünftigerweise eine solche Wut gegen Pickleson gehegt, daß er froh sein konnte, sein Erbteil bereits in der Hand zu haben, denn ich hatte oft gedacht: «Ohne diesen schwachsinnigen Kerl müßte ich mir jetzt keine überflüssigen Gedanken und Sorgen machen!» Doch jetzt, da ich wußte, daß sie ihn liebte – da ich sie um ihn weinen sah –, lag die Sache anders. Ich söhnte mich in meinem Herzen augenblicklich mit Pickleson aus, und dann schüttelte ich mich zurecht, um zu tun, was rechtens war.

Sie war unterdessen gegangen (denn es dauerte ein paar Minuten, bis ich mich gründlich zurechtgeschüttelt hatte), und der junge Mann stand an eine andere Tanne gelehnt (es gab dort ein ganzes Wäldchen) und hatte das Gesicht auf den Arm gelegt. Ich berührte seinen Rücken. Er blickte auf, und als er mich sah, sagte er in der Taubstummensprache: «Seien Sie mir nicht böse!»

«Ich bin dir nicht böse, mein lieber Junge, ich meine es gut mit dir. Komm mit.»

Ich ließ ihn unten vor dem Büchereiwagen warten und ging allein hinein. Sie war gerade dabei, sich die Augen zu trocknen.

«Hast du geweint, Liebling?»

«Ein bißchen, Vater.»

«Weshalb denn?»

«Ich habe Kopfweh, Vater.»

«Nicht Herzweh?»

«Kopfweh, habe ich gesagt, Vater.»

«Da muß Doktor Marigold dir ein Rezept verschreiben.»

Sie nahm mein Rezeptbuch zur Hand und hielt es mit einem gezwungenen Lächeln in die Höhe, doch da ich ernst blieb und schwieg, legte sie es wieder hin und sah mich mit großer Aufmerksamkeit an.

«Da steht das Rezept nicht drin, Sophy.»

«Wo steht es denn?»

«Hier, mein Liebling.»

Ich holte nun ihren zukünftigen Gatten in den Wagen und legte ihre Hand in die seine, während ich nur noch sagte: «Das ist Doktor Marigolds letztes Rezept. Lebenslänglich einzunehmen.» Worauf ich mich davonmachte.

Bei der Hochzeitsfeier prangte ich zum ersten und letzten Mal im Leben in einem Frack (blau mit blanken Knöpfen) und führte Sophy mit eigener Hand ihrem Bräutigam zu. Außer uns dreien war nur noch der Herr von der Taubstummenanstalt dabei. Es gab ein großes Hochzeitsmahl für vier im Büchereiwagen: Taubenpastete, eine gepökelte Schweinskeule, zwei gebratene Enten und allerlei Gemüse, dazu den besten Wein. Ich hielt eine

Tischrede, und der Herr hielt eine Tischrede. Alle unsere Witze zündeten, und alles ging so glänzend wie ein Feuerwerk. Im Lauf der Unterhaltung erklärte ich Sophy, ich würde den Büchereiwagen als mein Standquartier behalten, um dort zu wohnen, wenn ich nicht auf der Tour wäre, und alle ihre Bücher, wie sie dastanden, aufbewahren, bis sie wiederkäme und sie abholte. So zog sie mit ihrem jungen Gatten ins ferne China, und der Abschied fiel uns beiden sehr schwer. Ich verschaffte dem Burschen, den ich angestellt hatte, eine andere Arbeit, und dann trottete ich, mit der Peitsche über der Schulter, wieder allein neben dem alten Pferd einher wie damals, als ich mein Kind und mein Weib verloren hatte.

Sophy schrieb mir viele Briefe, und ich schrieb ihr viele Briefe. Als etwa ein Jahr vorbei war, schrieb sie mir mit unsicherer Hand: «Liebster Vater, unsere süße kleine Tochter ist noch nicht einmal eine Woche alt, aber es geht mir so gut, daß ich Dir diese Zeilen schreiben darf. Liebster, bester Vater, ich hoffe und bete, daß mein Kind nicht taubstumm sein wird, aber man kann es noch nicht wissen.» In einem späteren Brief berührte ich diese Frage, doch da Sophy nicht darauf antwortete, dachte ich, es wäre ein schmerzlicher Punkt, und kam nie wieder darauf zurück. Lange Zeit korrespondierten wir regelmäßig, doch dann wurde Sophys Mann auf einen abgelegenen Posten versetzt, und da ich ja auch immer unterwegs war, hörten wir oft lange nichts voneinander. Doch wir dachten treulich aneinander, mit oder ohne Briefe, das wußte ich.

Fünf Jahre und etliche Monate waren seit Sophys Abreise vergangen. Ich war noch immer König unter den Billigen Jakobs und populärer denn je.

Im letzten Herbst war das Geschäft besonders gut gegangen, und am dreiundzwanzigsten Dezember des Jahres eintausendachthundertundvierundsechzig befand ich mich, gänzlich ausverkauft, in Uxbridge, Middlesex. So trottete ich mit dem alten Pferd leicht und unbeschwert nach London, um mir bei einem guten Feuer im Büchereiwagen einen gemütlichen Heiligen Abend und Weihnachtstag zu machen und mir danach ein reguläres, neues Warenlager anzulegen.

Ich verstehe mich nicht schlecht aufs Kochen, und jetzt werde ich euch sagen, was für ein leckeres Weihnachtsmahl ich mir in meinem Büchereiwagen bereitete: eine wohlgelungene Pastete, gefüllt mit Rindfleisch, zwei gebratenen Nieren, einem Dutzend Austern und einer Handvoll Pilze! So eine Pastete versetzt den Menschen in gute Stimmung und vermag ihn mit allen Dingen auf Erden zu versöhnen, ausgenommen die zwei untersten Knöpfe an seiner Weste. Nachdem ich also meine Pastete glatt weggeputzt und alles wieder schön sauber aufgeräumt hatte, schraubte ich die Lampe tiefer und setzte mich ans Feuer, dessen freundlicher Schein auf Sophys Bücher fiel.

Sophys Bücher brachten mir Sophys Bild so deutlich in Erinnerung, daß ich ihr liebes Gesicht vor mir zu sehen glaubte, bevor ich vor dem Feuer einnickte, und während ich schlief, schien Sophy mit ihrem taubstummen Kind in den Armen die ganze Zeit schweigend neben mir zu stehen. Ich fuhr über die Landstraße oder nicht über die Landstraße, durch alle möglichen Orte, Nord und Süd, Ost und West, in Wind und Regen und Sonnenschein, über Berg und Tal, fern und nah, und die ganze Zeit stand sie mit ihrem stillen Kind in den

Armen still neben mir; und sogar als ich erwachte und ihr Bild verschwand, war es mir, als wäre sie noch vor einem Augenblick genau auf diesem Fleck neben mir gestanden.

Ich erwachte von einem wirklichen Geräusch, und das Geräusch kam vom Trittbrett des Wagens her. Es war, ich erkannte es genau, der leichte Fuß eines Kindes, der das Trittbrett erklomm. Dieser Schritt war mir einst so vertraut gewesen, daß ich einen Moment lang wahrhaftig glaubte, ich würde einen kleinen Geist erblicken.

Doch jetzt berührte eine Kinderhand die Türklinke, und die Klinke drehte sich, und die Tür öffnete sich einen Spalt weit, und ein wirkliches Kind guckte herein. Ein hübsches kleines Mädchen mit großen dunklen Augen.

Die Kleine trat vor mich hin und sah mich zutraulich an. Sie nahm ihr winziges Hütchen ab, und eine Fülle von glänzenden schwarzen Locken fiel ihr ins Gesicht. Dann öffnete sie ihr Mündchen und sagte mit einem süßen Stimmchen: «Großvater!»

«Herrgott!» schreie ich auf. «Sie kann sprechen!»

«Ja, Großvater, und ich soll dich fragen, ob ich dich nicht an jemanden erinnere?»

Im nächsten Augenblick hing Sophy mitsamt dem Kind an meinem Hals, und ihr Mann zerquetschte mir beide Hände, und wir hatten alle eine Weile lang zu tun, bevor wir uns wieder gefaßt hatten. Doch als wir uns dann gefaßt hatten und als ich sah, wie das hübsche kleine Mädchen so flink und fröhlich und eifrig und wichtig mit ihrer Mutter in der Zeichensprache redete, die ich ihre Mutter zuerst gelehrt hatte, da liefen mir Tränen der Freude, aber auch des Mitleids über die Wangen.

Nachwort

Charles Dickens (1812–1870) ist mit gutem Recht der Shakespeare des neunzehnten Jahrhunderts genannt worden. Beide, der Romancier und der Dramatiker, schufen in ihrem Werk eine Welt von ungewöhnlichem Reichtum an Situationen und Charakteren, die selbst für ein heutiges Lese- und Theaterpublikum noch nichts von ihrem Reiz eingebüßt hat. Allerdings: Die Welt des Elisabethaners Shakespeare umfaßt alle Länder und Zeiten vom Rom Caesars über das Dänemark Hamlets bis zum Märchen-Athen von *A Midsummer-Night's Dream.* Diejenige des Viktorianers Dickens dagegen beschränkt sich weitgehend auf England im letzten Jahrhundert (davon ausgenommen sind einzig zwei historische Romane und einer, der in Amerika spielt).

Aus heutiger Sicht erscheint es wie eine Laune der Weltgeschichte, daß das Erscheinen des ersten Buchs von Dickens (1836) praktisch mit dem Amtsantritt von Königin Viktoria (1837) und so mit dem Beginn einer entscheidenden Epoche der englischen Geschichte zusammenfällt: Unter Viktoria wurde England zur wirtschaftlichen und militärischen Großmacht und zum Zentrum eines weltweiten Kolonialreiches; unter ihr wandelte sich England aber auch von einem Agrar- zu einem Industriestaat mit all seinen positiven und negativen Aspekten. Heute ist man geneigt, die düsteren Seiten dieser Epoche besonders kritisch zu sehen: Elendsquartiere, Schmutz, mangelhafte Hygiene, Krankheiten, Armut, Unwissenheit, Kinderarbeit und Kriminalität, um nur einige zu nennen. Im Unterschied zu vielen Zeitgenossen konnte Dickens seine Augen vor diesen Übeln nicht verschließen: Angetrieben von einem ausgeprägten sozialen Gewissen, wurde er nie müde, sie in seinen Werken mit spitzer Feder anzuklagen und so für ihre Beseitigung zu kämpfen. Er erreichte dies um so eher, als sein Leserpublikum vorwiegend aus dem durch Handel und Wirtschaft groß gewordenen Bildungsbürgertum, also den einflußreichen Schichten, bestand: aus Leuten, die lesen konnten und auch Zeit zum Lesen hatten. Wenn Dickens sie einerseits mit realistischen Schilderungen der sozialen Zustände seiner Zeit schockierte und aufrüttelte, so kam er andererseits auch ihren Erwartungen entgegen: England hat eine lange, letztlich auf den Puritanismus zurückgehende Tradition der unterhaltsamen Erbauungsliteratur, die von Bunyans *Pilgrim's Progress* (1678) über die Romane Defoes und Richardsons im achtzehnten Jahrhundert bis weit in die neuere Zeit reicht. Mit seiner Tendenz, zu moralisieren, seinem Hang zur Sentimentalität, seinen idealisierenden Darstellungen des Familienlebens und seiner Prüderie in geschlechtlichen Dingen reihte sich Dickens in diese Tradition ein und fand damit bei seinen Zeitgenossen großen Anklang. In der heutigen Zeit ist es jedoch gerade dieser Aspekt seines Werks, der dem Leser als ausgesprochen «viktorianisch» erscheint und ihm oft Mühe bereitet. Dickens als Sozialkritiker dagegen, als Humorist, Satiriker und als Schöpfer unvergeßlicher Charaktere ist so «modern» wie eh und je.

1837 veröffentlichte Dickens seinen ersten Roman, *The Pickwick Papers;* 1870 starb er über der Arbeit am fünfzehnten, *The Mystery of Edwin Drood.* Neben diesem umfangreichen Werk, für das er heute vor allem bekannt ist, betätigte er sich aber stets auch als Erzähler, Journalist und Redaktor. Schon mit sechzehn Jahren begann er seine schriftstellerische Laufbahn als Gerichtsreporter; von 1833 an veröffentlichte er außerdem in verschiedenen Zeitungen und Zeitschriften kurze Skizzen «über das tägliche Leben und alltägliche Menschen» – so der Untertitel der Sammlung *Sketches by Boz,* die 1836 erschien. Sie sollte für Dickens' Karriere als Romancier eine entscheidende Rolle spielen: Ein Verleger wurde auf den offensichtlich begabten «Boz» aufmerksam und gab ihm den Auftrag, humoristische Kurztexte zu Illustrationen des damals bekannten Zeichners Seymour zu verfassen. Dickens nahm an – doch aus den geplanten Begleittexten entstanden die *Pickwick Papers!* Dem Erstling folgten in kurzer Zeit *Oliver Twist* (1837/38), *Nicholas Nickleby* (1838/39) und weitere Werke im Abstand von meist zwei bis drei Jahren.

Für seine Romane erfand Dickens eine Publikationsart, die sich sofort als populär erwies und später oft nachgeahmt wurde: Vor ihrer Veröffentlichung als Buch erschienen sie alle in wöchentlichen oder monatlichen Fortsetzungen, und zwar als Beiträge in Zeitschriften oder in Form billiger Broschüren. Dickens, der eine Familie von zuletzt zehn Kindern zu ernähren hatte und vom sofortigen Ertrag seiner Arbeit abhängig war, wählte diese Publikationsform vor allem aus kommerziellen Gründen: Die so veröffentlichten Werke brachten ihm wesentlich mehr ein, als wenn sie von Anfang an in verhältnismäßig teuren gebundenen Ausgaben erschienen wären. Überdies war es ihm so möglich, einen Roman in Druck zu geben, bevor er ihn beendet hatte.

Abgesehen von diesem ökonomischen Gesichtspunkt läßt sich der Fortsetzungsroman auch im Licht von Dickens' Anfängen als Geschichtenerzähler betrachten. Die Handlung der frühen Werke, vor allem der *Pickwick Papers* und des *Nicholas Nickleby,* besteht im wesentlichen aus lose verknüpften, lediglich durch den oder die Titelhelden zusammengehaltenen Episoden, die dem Leser viel besser in Erinnerung bleiben als der Roman als Ganzes. Dickens hatte wohl hauptsächlich die einzelnen Fortsetzungen – quasi Erzählungen – vor Augen und kümmerte sich erst in zweiter Linie um den Gesamtzusammenhang. Seine späteren Romane entwickeln sich zwar weit über dieses einfache Muster des Episodenromans hinaus zu höchst vielschichtigen Gebilden; doch neben ihnen nahm stets auch die Erzählung einen wesentlichen Platz in seinem Schaffen ein.

Die vorliegende knappe Auswahl solcher Erzählungen möchte einen Eindruck von diesem oft unterschätzten Teil seines Werks vermitteln.

Dickens' heute bekannteste Erzählung, *A Christmas Carol,* «Ein Weihnachtslied», ist zugleich die erste, die er im Hinblick auf eine Veröffentlichung zu Weihnachten schrieb. Es ist nicht genau bekannt, wie er auf die Idee der Weihnachtsgeschichten kam; gewiß ist aber, daß diese ihm Gelegenheit boten, sozialkritische Themen auf eine etwas leichtere und versöhnlichere Weise zu behandeln, als er es in den Romanen zu tun pflegte. Angeprangert werden in *A Christmas Carol* der Geiz und die Hartherzigkeit eines reichen Geschäftsmannes und die Not der von ihm Abhängigen. In Dickens' Zeitungsartikeln und auch in den Romanen wird ein solcher Gegenstand ernsthaft und auf bitter-satirische Weise behandelt, hier aber erhält er die Form eines Märchens mit glücklichem Ausgang. Im Untertitel wird diese Erzählung eine «Gespenstergeschichte» genannt, und es ist in der Tat ein märchenhaftes Gespenst, das Ebenezer Scrooges Bekehrung bewirkt, indem es ihn mit Visionen der vergangenen, gegenwärtigen und zukünftigen Weihnacht konfrontiert und ihm einen einsamen, elenden Tod voraussagt. Dickens versteht es, dieser auf den ersten Blick unglaubwürdigen Bekehrungsgeschichte eine psychologisch überzeugende Grundlage zu geben. Scrooge steht der Firma «Scrooge und Marley» vor, die noch immer so heißt, obwohl der Partner Marley vor sieben Jahren gestorben ist. Scrooge identifiziert sich aber dermaßen mit seiner Firma, daß er auf beide Namen hört. Und nun ist es niemand anders als Marley, der ihm im Traum quasi als Alter ego, als Verkörperung des eigenen schlechten Gewissens, erscheint und ihn mit Visionen plagt, die den Misanthropen und Geizhals in einer Nacht zum freigebigen Menschenfreund werden lassen. *A Christmas Carol* ist also weit mehr als eine Gespenstergeschichte: Unter der «sensationellen» Oberfläche steckt wie im Volksmärchen eine Moral, die zudem noch psychologisch begründet ist.

Zum Märchencharakter des *Christmas Carol* gehören auch die Schilderungen üppiger, ja überschwenglicher Weihnachtsfreuden im Familien- und Freundeskreis mit Essen, Trinken, Tanz, Spielen und viel Gemütlichkeit. Diese Art von Weihnachtsfeier war natürlich nicht Dickens' Erfindung, aber in ihrer Verbindung von häuslichem Glück und tätiger Nächstenliebe übte sie eine unwiderstehliche Anziehungskraft auf ihn aus. Durch Darstellungen wie im *Christmas Carol* half er mit, sie literarisch zu verklären und ihr damit eine Form zu geben, die den Engländern noch heute vertraut ist.

Die Mischung von märchenhafter Gespenstergeschichte, Sozialkritik und Weihnachtsseligkeit erwies sich als höchst erfolgreich: Vom Erscheinen des *Christmas Carol* Ende November 1843 bis zu Weihnachten wurden 6000 Exemplare verkauft – und die Nachfrage war damit noch lange nicht befriedigt. Dickens erkannte sofort die geschäftlichen Möglichkeiten seines Rezeptes und verwendete es auch für Weihnachtsgeschichten in den Jahren nach 1843. Abgesehen vom Erscheinungsdatum und dem im weitesten Sinne «weihnächtlichen» Thema der Nächstenliebe haben die Nachfolger von *A Christmas Carol* zwar nichts mit Weihnachten zu tun, doch profitierten sie vom Erfolg des Erstlings und wurden gesamthaft als *Christmas Books* bekannt.

Von den oben erwähnten drei Ingredienzien der *Christmas Books* dominiert im *Christmas Carol* das Gespenster- und Märchenhafte, in den 1844 in Italien geschriebenen *Chimes* jedoch die Sozialkritik. Dickens attackiert in dieser Erzählung zeitgenössische Theorien, wonach die Armen von Natur aus schlecht und verderbt und damit wert- und nutzlose Mitglieder der Gesellschaft seien. Der bittere und unversöhnliche Ton der *Chimes* fand nur beschränkte Zustimmung, denn vom *Christmas Carol* her war man anderes gewohnt! Es ist deshalb wohl kaum zufällig, daß Dickens in seiner nächsten Weihnachtsgeschichte, *The Cricket on the Hearth,*

«Das Heimchen am Herd», viel von seinem dritten Ingrediens verwendete: der Schilderung trauten Familienlebens mit – wie sich am Ende herausstellt – kleinen Sorgen und großen Freuden. Übernatürliches und Sozialkritik sind dagegen nur noch in Spuren vorhanden: Der die Handlung begleitende gute Hausgeist, das Heimchen, erinnert von ferne an Marleys Geist; und der hartherzige Spielzeugfabrikant Tackleton (auch er verkörpert übrigens eine Firma: «Gruff und Tackleton») ist ein zur Randfigur gewordener und leicht zu bekehrender Scrooge. Mit *The Cricket on the Hearth* traf Dickens den Geschmack seiner großen Leserschaft genau: Die Erzählung wurde zur beliebtesten seiner Weihnachtsgeschichten. Beredtes Zeugnis ihrer damaligen Popularität ist neben der großen Auflage die Tatsache, daß sie in siebzehn verschiedenen Dramatisierungen auf den Bühnen von London erschien – und dies innerhalb eines Monats nach der Herausgabe.

Dickens' letzte *Christmas Books, The Battle of Life* (1846) und *The Haunted Man* (1848), kommen nicht mehr an ihre Vorgänger heran. Schon die zeitgenössische Kritik empfand sie als künstlerisch unbefriedigend, doch profitierten sie noch von der Beliebtheit der ersten drei Bände: Beide Erzählungen wurden in je über 20000 Exemplaren verkauft. Dickens war zu jener Zeit wieder mit einem Roman beschäftigt (*Dombey and Son,* 1847/48) und fand kaum noch Zeit, sich daneben etwas anderem zu widmen. Als er 1849 die Arbeit an *David Copperfield* aufnahm, konnte von anderen Projekten vollends keine Rede mehr sein.

Als Dickens 1853 begann, aus seinen Werken öffentlich vorzulesen, erwiesen sich die *Christmas*

Books als ideale Vorlesetexte. Leicht gekürzt ergaben die ersten drei Erzählungen Lesungen von etwa zwei Stunden Dauer und machten Dickens in seinen späteren Jahren als Vorleser und «Schauspieler» (die Erzählungen enthalten viele «Rollen», die er genußvoll ausspielte) mindestens so berühmt wie als Verfasser. Dickens' erste Lesungen dienten wohltätigen Zwecken, doch ermunterte ihn der überwältigende Erfolg, ab 1858 auf professionell organisierte, gut bezahlte Vortragstourneen durch England und Amerika zu gehen. Neben Ausschnitten aus den Romanen bildete jeweils eines der *Christmas Books,* meist *A Christmas Carol,* das Pièce de résistance jeder Lesung. Dickens gab sich bei diesen Auftritten allerdings so aus, daß sie seiner Gesundheit stark zusetzten und nicht unwesentlich zu seinem frühen Tod beitrugen: 1870 brach er auf seiner Abschiedstournee durch England zusammen und starb bald darauf.

Die *Christmas Books* waren bereits zu Dickens' Lebzeiten dreimal (1852, 1859 und 1868) gesammelt veröffentlicht worden, doch ihr Erfolg hielt auch nach seinem Tod an. Sie bilden heute einen integralen und vielgeliebten Teil des Gesamtwerks, und es ist nicht zuletzt ihnen zuzuschreiben, daß Dickens überhaupt als Verfasser von Erzählungen bekannt ist. Im kurzen Vorwort zu den Sammelausgaben ist noch einmal auf das Anliegen hingewiesen, das er mit den *Christmas Books* verfolgen wollte: «Mein Hauptziel war, durch eine phantasievolle dramatische Erzählung, die sich aus der Stimmung der Jahreszeit ergab, Mitgefühl und Nächstenliebe zu wecken, die in einem christlichen Land nie fehl am Platz sind.»

Als Journalist wie als Geschäftsmann trug sich Dickens zeitlebens mit dem Gedanken herum, eine eigene Zeitschrift herauszugeben. Zwei frühe Versuche schlugen fehl: *Bentley's Miscellany* (1837) fand beim Verleger, *Master Humphrey's Clock* (1840) beim Publikum keinen Anklang. 1845 plante er eine Zeitschrift mit dem Titel *The Cricket*, doch blieb von der Idee nur die Erzählung *The Cricket on the Hearth* übrig. 1846 wurde Dickens sogar Chefredaktor der neuen Tageszeitung *Daily News*, trat jedoch wegen Schwierigkeiten verschiedenster Art schon nach siebzehn Tagen von seinem Posten zurück. 1850 war es endlich soweit: Dickens gründete die Wochenzeitschrift *Household Words;* 1859 wurde sie wegen Differenzen mit dem Verlag durch *All the Year Round* abgelöst, welche bis zu Dickens' Tod erscheinen sollte. Die Beiträge in diesen Zeitschriften waren informativer und unterhaltender Art; sie wurden von einer ganzen Reihe heute meist vergessener Autoren verfaßt, anschließend jedoch von einem Redaktionskollektiv unter Dickens' Leitung in seinen «Hausstil» umgeschrieben und ohne Verfassernennung publiziert. Recht viele Stücke stammen von Dickens selbst, doch ist es aus dem oben erwähnten Grund schwierig, die Autorschaft aller Beiträge einwandfrei festzustellen.

Als Herausgeber von *Household Words* und *All the Year Round* griff Dickens die einmal so erfolgreiche Idee einer speziellen Publikation für Weihnachten wieder auf, und zwar in der Form von Weihnachtsnummern, welche Geschichten von Dickens' Mitarbeitern enthielten, die durch eine von ihm selbst geschriebene Rahmenerzählung zusammengehalten wurden. Doch mit Ausnahme der wenigen von ihm selbst verfaßten Stücke (das hier abgedruckte

Nr. 1 Branch Line: The Signalman, «Der Streckenwärter auf Linie 1», Seite 483, ist ein Beispiel) sind die «Füllungen» heute vergessen, Dickens' Rahmenerzählungen werden jedoch mehr und mehr als selbständige kleine Kunstwerke anerkannt. Sie erscheinen in den Gesamtausgaben gesammelt unter dem Titel *Christmas Stories,* obwohl sie wie schon die *Christmas Books* abgesehen vom Erscheinungsdatum wenig mit Weihnachten zu tun haben.

Für Dickens stellte sich jeweils die Aufgabe, eine Situation zu erfinden, in der auf glaubwürdige Weise Geschichten erzählt, geschrieben oder gesammelt werden. Er tat das mit einem Einfallsreichtum, der den *Christmas Stories* eigentlich einen Platz unter den großen Erzählzyklen der Weltliteratur von *Tausendundeine Nacht* über Boccaccios *Decamerone,* Chaucers *Canterbury Tales* und Goethes *Unterhaltungen deutscher Ausgewanderten* bis hin zu Kellers *Sinngedicht* sichern sollte. Einer solchen Neubewertung steht allerdings die uneinheitliche Autorschaft und die künstlerische Minderwertigkeit vieler Binnenerzählungen entgegen.

Der Reiz von Dickens' frühen Rahmenerzählungen erschöpft sich weitgehend in ihrer Funktion als Rahmen; in ihnen wird lediglich das Geschichtenerzählen des Hauptteils motiviert: Ein Reisender wird in einem einsamen Wirtshaus eingeschneit und läßt sich vom Personal mit Geschichten unterhalten (*The Holly-Tree,* «Die Stechpalme»); oder: Schiffbrüchige halten ihre Moral mit Geschichtenerzählen aufrecht; oder: eine Gruppe von Freunden verbringt drei Monate in einem Gespensterhaus und vertreibt die Zeit mit Erzählungen.

In den von 1862 bis 1866 geschriebenen fünf Rahmenerzählungen ging Dickens allerdings wesentlich weiter. Ihnen allen ist gemeinsam, daß das Thema der Mitmenschlichkeit, das schon die *Christmas Books* verbunden hatte, auf eine ganz neue Weise aktualisiert und mit den Binnenerzählungen verknüpft wird. In jeder dieser Erzählungen sammelt ein Mensch Geschichten, schreibt sie auf oder publiziert sie, aber er tut es letztlich immer zum Wohl eines andern.

So findet der Kellner Christopher in *Somebody's Luggage,* «Das Gepäck von einem Herrn» (1862), im liegengebliebenen Gepäck eines spurlos verschwundenen Reisenden Manuskripte, die ihn so faszinieren, daß er sie veröffentlicht – und damit dem plötzlich wieder auftauchenden «Somebody» die Freude seines Lebens macht. Diesem war es nämlich trotz vielen Bemühungen nie gelungen, seine Texte bei einem Verleger unterzubringen. Mrs. Lirriper – in den beiden nach ihr benannten Erzählungen (1863 und 1864) – sammelt mit ihrem Untermieter Geschichten zur Belehrung und Unterhaltung eines Waisenknaben, den die beiden bei sich aufgenommen haben *(Mrs. Lirriper's Lodgings,* «Möblierte Zimmer zu vermieten»). *Doctor Marigold's Prescriptions,* «Doktor Marigolds Rezepte» (1865), sind Erzählungen, die der fahrende Händler Marigold seiner taubstummen Pflegetochter «verschreibt». In *Mugby Junction* (1866) sammelt ein am Leben Verzweifelnder Geschichten zu jeder der sieben Eisenbahnlinien, die vom Knotenpunkt Mugby ausgehen. Er tut es eigentlich nur, um selbst wieder einen Weg ins Leben zu finden, doch bedeutet die Lösung, auf die er schließlich kommt, auch Glück für andere Menschen.

Diese knappen Hinweise sollen zeigen, wie Dickens geschickt die Absicht, die er mit seinen

Christmas Stories verfolgte, zu ihrem eigentlichen Thema machte: Genauso wie die Binnenerzählungen einem guten Zweck dienen, der jeweils in der Rahmengeschichte dargelegt wird, so sollen die *Christmas Stories* als ganze Folge die Leser nicht nur unterhalten und erheitern, sondern ihnen auch vorbildhaft praktische Nächstenliebe vor Augen führen.

Dickens vergaß selbst bei so viel Menschenfreundlichkeit das Geschäft nie, doch war er ehrlich genug, das auch zuzugeben. In zwei der *Christmas Stories* thematisiert er deren wirtschaftliche Aspekte mit viel Humor und Selbstironie: Der Kellner Christopher verkauft die Manuskripte des unbekannten Autors an niemand anders als den Herausgeber von *All the Year Round,* das heißt an Dickens selbst, und lobt diesen erst noch für sein großzügiges Honorar! Werden in *Somebody's Luggage* also die Beziehungen zum Verleger ironisiert, so geht es in *Doctor Marigold's Prescriptions* um den Verkauf von Büchern: Marigold, ein redegewandter «Billiger Jakob», verhökert die von ihm gesammelten Erzählungen selbst, und zwar genau in der Ausstattung und zu dem Preis, welche für Dickens' Leser von 1865 galten!

Von den *Christmas Stories* steht inhaltlich *Mugby Junction* den *Christmas Books* am nächsten. Schon die Ausgangssituation ist durchaus mit der von *A Christmas Carol* zu vergleichen. Der Geschäftsmann Jackson hat sein bisheriges Leben genau wie Scrooge verbracht: eingeschlossen in einem kleinen Büro, auf Eigennutz bedacht, allen andern Menschen gegenüber grundsätzlich mißtrauisch und durch die Arbeit von seinem wahren Selbst entfremdet. Wie oft bei Dickens ist diese Selbstentfremdung im Namen ausgedrückt. Leute wie Jackson sind mit ihrer Firma so eins und haben so wenig «Leben» außerhalb ihrer beruflichen Tätigkeit, daß der Name der Firma auch der ihrige ist: «Scrooge und Marley», «Gruff und Tackleton» und nun hier «Barbox Brothers». Anders als bei Scrooge und Tackleton braucht es aber bei Jackson keinen äußeren Anstoß zur Umkehr. Eine Art innere Lebenskrise – Jackson ist um die fünfzig Jahre alt und steht kurz vor seinem Geburtstag – bringt ihn dazu, sein Geschäft aufzugeben und mit seinem Leben ganz neu anzufangen. Seine Situation ist nicht ausweglos, ganz im Gegenteil: Der Eisenbahnknotenpunkt, bei dem er, einer Eingebung folgend, den Zug verläßt, ist ein eindrückliches Symbol für die vielen Wege, die ihm nun offenstehen. Eine innere Stimme sagt ihm, daß nur eine dieser Routen für ihn bestimmt sei; er scheint sie auch zu finden, wählt aber am Schluß doch den Kreuzweg als Wohnort: Er legt nicht fest, engt nicht ein und läßt dem Menschen verschiedene Wege offen. Für den «neuen Menschen» Jackson gibt es mindestens deren zwei: Der eine führt zu zwei Menschen, die ihm ehemals sehr lieb waren, der andere zum gelähmten Mädchen Phöbe und ihrem Vater «Lampen» – eine Variation des Themas «alleinstehender Vater mit behinderter Tochter», das wir von Caleb Plummer und Bertha in *The Cricket on the Hearth* kennen. Rührende Themen dieser Art werden bei Dickens nie ohne eine Portion Sentimentalität behandelt. Daß diese in *Mugby Junction* kein Gegengewicht durch Ironie oder Humor erhält, wird allerdings mancher heutige Leser bedauern: Die Erzählung, die mit der Schilderung der Ankunft auf dem nächtlichen, fast menschenleeren Bahnhof so pakkend begonnen hat, endet mit einem der versöhnlichen, etwas rührseligen Märchenschlüsse, wie sie auch für die *Christmas Books* charakteristisch sind.

Dickens war ein Meister im Wiedergeben gesprochener Sprache. Er liebte es, nachts durch die Straßen von London zu streifen, die Bewohner «seiner» Stadt auf ihre Lebensweise hin zu beobachten und ihnen aufs Maul zu schauen. Wie kaum ein anderer Schriftsteller konnte er die verschiedensten Idiome, Sprachgewohnheiten und -eigentümlichkeiten reproduzieren und karikieren, was ihm ermöglichte, seine Charaktere ganz aus der Sprache heraus zu gestalten. Diese Stärke kommt dann besonders zur Geltung, wenn eine Geschichte dem Leser nicht «neutral», in der dritten Person, sondern ganz aus der Sicht und mit den Worten eines einzigen Sprechers erzählt wird: in der Ich-Erzählung also. Mit Ausnahme von *Mugby Junction* sind alle hier abgedruckten *Christmas Stories* solche Ich-Erzählungen oder dramatische Monologe, wie sie in Anlehnung an eine in der englischen Literatur seit Browning verbreitete Gedichtform auch genannt werden.

Der Ich-Erzähler hat also einerseits die Macht, Menschen, Situationen und Ereignisse ganz aus seiner Perspektive darzustellen, mit seinem Bericht gewissermaßen eine Welt zu erschaffen, anderseits verrät er dem Leser durch seinen einseitigen Standpunkt auch viel über sich selbst. Seine Sprache ist damit der Spiegel der Außen- wie auch seiner Innenwelt, obwohl oder gerade weil dieser letztere Aspekt dem Erzähler oft gar nicht bewußt ist. In den Worten Christophers (in *Somebody's Luggage)* entsteht so eine Welt aus der Sicht des Kellners, der Menschen danach beurteilt, wie sie sich im Wirts-

doch: Von den Monologen der Mrs. Lirriper bis zum großen Schlußmonolog der Molly Bloom in James Joyces *Ulysses* (veröffentlicht 1922) sollten noch fast sechzig Jahre vergehen!

In den hier vorgestellten Erzählungen präsentiert sich der Romanschriftsteller Dickens mit all seinen Eigenheiten in nuce: als phantasievoller und manchmal etwas sentimentaler Erzähler, als gewandter Schilderer von Charakteren und Szenen, als Sozialkritiker mit einem scharfen Auge für Ungerechtigkeiten und Mißstände und nicht zuletzt als virtuoser Sprachkünstler.

Andreas Fischer